1941

Cuba, la revolución: ¿mito o realidad?

CARLOS FRANQUI

Cuba, la revolución: ¿mito o realidad?

Memorias de un fantasma socialista

EDICIONES PENÍNSULA

BARCELONA

Primera edición en Ediciones Península: mayo de 2006.
Primera edición en México: octubre de 2006.

VÍCTOR IGUAL • fotocomposición
IMPRESOS Y ENCUADERNACIONES SIGAR • impresión
DEPÓSITO LEGAL: B. 24.99.-2006

ESPAÑA
© Grup Editorial 62, S.L.U.,
Ediciones Península
Peu de la Creu, 4
08001-Barcelona
grup62.com
correu@grup62.com
ISBN: 84-8307-725-6

AMÉRICA
© Editorial Océano de México, S.A., de C.V.
Eugenio Sue, 59
Colonia Chapultepec Polanco
Miguel Hidalgo, Código Postal 11560
México D.F.
Tel. 52799000 – Fax 52799006
info@oceano.com.mx
ISBN: 970-777-137-2

A MARGOT, CON AMOR.

ADVERTENCIA

Estas memorias siguen un orden cronológico, histórico y personal,
pero cada uno de los libros que las integran puede leerse
de forma independiente.

CONTENIDO

4. 1959: LA FIESTA DE LA LIBERTAD

5. ENCUENTROS CON GUEVARA

1

AL CANTÍO DE UN GALLO

EL AGUACERO

De niño nada me gustaba tanto como la lluvia. Las grandes gotas de agua caían con fuerza sobre mi cuerpo (alegría, éxtasis, orgasmo), golpeaban las copas y las hojas verdes de los árboles, limpios, brillantes. Los animales corrían, saltaban. Las gallinas cloqueaban, el gallo las perseguía, la vaca se protegía bajo el frondoso algarrobo. Una fiesta.

Cuando comenzaba a llover no tenía para cuando parar. Saltarinas, las gotas caían sobre las aguas azul oscuro del río Sagua. Llovía horas y horas. Bajaban de las montañas del Escambray, crecidos, los arroyuelos y afluentes; las aguas amarillentas y tumultuosas desbordaban sus riberas.

Había una serenidad bajo el aguacero torrencial, la tierra reseca se abría y mojaba, cambiaban los olores de plantas y flores, el olor de tierra mojada era maravilloso, todo parecía limpiarse, brillar, florecer, vivir, revivir.

A veces la lluvia venía acompañada por el viento y entonces aquella naturaleza horizontal y vertical se volvía curva, ondulosa, cobraba vida y movimiento. Los árboles parecían querer huir libres, y los pobres pájaros, que se protegían entre sus grandes ramas, volaban asustados en busca de otros refugios.

Si a la lluvia y el viento acompañaba la tempestad, desaparecía la calma. Sordos, los truenos hacían sentir sus descargas. Los campesinos sabían que trueno que oyes, relámpago que ves, no te matará.

Era triste entonces ver aquel árbol de tronco blanco, altísimo, verde, erguido y desafiante, amarillear, volverse negro y secarse en breves días. La lluvia era el amor, el orgasmo de la naturaleza. Cielo y tierra se comu-

15

orillos

nicaban. Me gustaba correr sin zapatos por los campos, sentir el golpe de las gotas sobre mi cuerpo y, si no tronaba, montarme en mi yegüita y correr por los campos mojados a orillas del río.

El agua es el primer recuerdo de mi vida.

El segundo son los inmensos cañaverales verdes, que se extendían por los campos y producían el azúcar de los muchos ingenios de la zona.

Y aun si la caña cristalina era muy dulce, delicioso chupar sus guarapos. Este recuerdo no es tan agradable como el del agua. Nací, crecí y viví muchos años de mi vida entre cañaverales. Sólo el maravilloso olor del azúcar que en tiempo de zafra el viento metía en mi nariz es agradable en mi recuerdo. La dureza del trabajo, la violencia del calor, del sol que te golpeaba, lo poco que pagaban por ese trabajo que había que hacer durante doce o catorce horas, cortando la caña, o si eras carretero como mi padre, era siempre muy duro, y cuando los macheteros por protesta daban candela a los cañaverales y venía la guardia rural, con su plan de machete, las enormes llamas elevadas al cielo, entre corrientes de viento y contracandelas hacían que adorase aquel fuego, bello y peregrino, que hacía impotente el plan de machete de la guardia rural. Odiaba la caña. Adoraba el fuego.

Nací en Clavellinas, a orillas del río Sagua, cuyas crecidas eran frecuentes por las lluvias tropicales que desbordaban sus cauces. Sus aguas amarillas y revueltas inundaban campos y sembrados. A veces eran rechazadas por el dique de cemento que protegía la ciudad de Sagua, que dos o tres veces fue arrasada por unas crecidas tan altas y poderosas que los viejos recordaban aquel mulo muerto, clavado en la aguja de la iglesia de los Jesuitas, la más alta del pueblo. Esas aguas se extendían kilómetros y kilómetros, entre Sagua y Sitiecitos, mientras los buenos nadadores rescataban vacas y caballos, refugiados en los islotes, que alrededor de las palmas se defendían de las turbulentas aguas.

La lluvia, el rocío de la noche, su refrigeración natural, delicioso dar un puñetazo a un melón y comerse su corazón rojo, recoger las mangas amarillas que caían de los mangales y devorarlas frescas y sabrosas.

A veces el sol, ese enemigo mío, violento, te abrazaba de calor. Con él desaparecían los matices, las sombras. La luz, implacable, casi no te dejaba ver. Me gustaba el misterio del atardecer, o del amanecer, la poesía de la noche pura que imponía miedo, devorando el espacio, lo desconocido, como si se hubiesen perdido los ojos. Me fascinaba el misterio de su oscuridad, en que todo parece ser y no ser.

Lluvia, viento y truenos, en la noche de tempestad, te sobrecogían, pero cuando estallaba el relámpago, el cielo se iluminaba con la velocidad bellísima de sus rayos.

No tenía ojos para mirar, a pesar del miedo, el frío del agua, el volar de las hojas, el viento que batía en la copa de los grandes árboles y el huir de los pájaros mojados, la oscuridad, el sol rojizo que desaparecía y los sonidos de los truenos, sólo prestaba atención a los relámpagos, iluminando de vez en cuando el camino.

La tierra me atraía. Tocarla con mis manos era un acto de amor. Me las enfangaba con ella mientras cubría los bejucos de boniato, puestos en el fondo del surco, que el arado de mi padre halado por los bueyes, había más gozo que trabajo. Sembrar es un acto creador: echar dos o tres semillitas de maíz en la tierra surcada y cubrirlas con los pies, esperar que después nacieran las maticas pequeñas, verlas crecer, limpiarlas, regarlas y abonarlas. Todo ello era una relación entre el campesino y la tierra.

El boniato, como el maíz, crecía rápido. En tres meses, sus frutos maravillosos podían comerse; no ocurría así con otros frutos, como el plátano, la malanga o la yuca, que necesitaban un año.

El boniato crecía, era una enredadera verde que cubría los campos horizontalmente. El maíz, vertical, podía alcanzar hasta dos metros de alto; la mazorca, su fruto, crecía visible. El boniato, escondido en la tierra, estaba en las raíces de los bejucos, como la malanga o la yuca. El platanal representaba muchas cosas para el guajiro. Crecía verde, vertical y ahijaba de continuo, durando muchísimo tiempo. No terminaba nunca. Si cortabas el racimo, la mata se secaba, pero nacía otra. Sus hojas eran suaves, eran el papel higiénico de los campos. Bajo el platanal podías echar un sueño, masturbarte o hacer el amor, sus sombras mitigaban los rayos del sol y sus frutos eran delicias al paladar.

Mi abuelo Manuel era poeta. Vivía en Guayabo, bastante lejos de mi casa y no lo veía mucho. Siempre que lo encontraba me hacía cuentos maravillosos, recitaba décimas y me hablaba de la lucha de los cubanos por la libertad, con gran amor. Fue allí y en la casa de la tía Laureana, hermana de mi padre, donde leí los primeros libros de José Martí y las historias de otros patriotas cubanos.

Fue mi madre Caruca la que me enseñó a leer, aun antes de ir a la escuela. Ella y mi padre sembraron en mí el afán de aprender, no querían que sufriera como ellos el destino de sus pobres vidas y pensaban que sólo el estudio me conduciría a una vida diferente.

La abuela Hilaria Suárez tenía conmigo una relación maravillosa. En muchas ocasiones vivía con ella y el tío Manuel y sus hijos en Carolina, donde fui a la escuela por primera vez.

CAROLINA

Tío Manuel vivía en el viejo fuerte de Carolina, con mi abuela Hilaria y mis primos. El fuerte era una de esas raras construcciones militares españolas de fin de siglo, cuando la Guerra de Independencia, construidas de piedras, en una zona peligrosa, como protección de ataques mambises.

Un cubo de piedras de forma poligonal, alto, con aspilleras en la parte superior, rodeado de cercas de piedra. Allí vivía y se protegía una guarnición española, que desde él disparaba su fusilería, usando los huecos de las aspilleras, bien protegidas de los furiosos ataques al machete de las caballerías cubanas. Terminada la guerra, quedó allí, abandonado. Si bien caliente, no había ciclón que lo moviera, y mi tío lo arrendó barato, con un pedazo de tierra, en la que hizo una colonia de cañas y frutos menores.

Tío Manuel tenía arrendada una finquita a orillas de la línea del ferrocarril. Estar con mis primos y mi abuela era una alegría que me hacía olvidar lo demás. Ella era canaria, cocinaba maravillosamente, sobre todo los muchos platos que hacía con el maíz tierno, los huevos, los pollos, las viandas y la carne de cerdo. Los amigos le hacían bromas por su origen canario y le decían: «En el fondo del mar había una guanajita que cantaba los isleños no son gente». Ella se enfurecía un segundo, era muy expresiva y abueleaba maravillosamente conmigo. El arroz era un cultivo difícil, necesitaba agua y se daba sólo cerca de los arroyos. Sus espigas doradas crecían y, cuando amarilleaban, las cortábamos y hacíamos mancuernas, que después descascarábamos en el pilón de madera a ritmo de un, dos, un, dos, con la maceta de palo cayendo sobre los granos que, blancuzcos, comíamos el domingo. Un plato sabroso, con huevos fritos y plátanos maduros; le decíamos arroz de la tierra y otras veces arroz con frijoles negros o rojos, que por allí se daban muy bien.

Me disgustaba la harina de maíz seco, la ruñidera o la guardia rural, que así le decían por lo mala que era y por su color amarillo. Nací de una familia muy pobre y en un año de vacas flacas: 1921. A Clavellinas le llamaban también la Garrapata, nombre de un bichito negro y rojo que devoraba la sangre de las vacas que, a grandes rabazos sacudidos, no lograban desprenderlo de sus cuerpos. Pero lo de vacas flacas no era porque hubiese sequías ni por las garrapatas. Era una vieja historia que tenía que ver con la caña de azúcar: algunos años vacas gordas, precios altos en el mercado mundial; muchos otros vacas flacas, caída de los precios.

Aquella de 1921 produjo quiebras y hambre, e inició un período de crisis económica que duraría casi veinte años.

El tabaco era un fruto delicado. Del semillero al sembrado, había que limpiarlo, quitarle las plagas que lo atacaban, deshojarlo de los botones y, cuando crecía, a veces casi un metro, y el esplendor de su verdura impresionaba tus ojos, había que cortarlo y colgarlo, y después llevarlo a despalillar y a separar sus distintas hojas—algunas de capa y otras de tripa—antes de enviarlo a la fábrica de tabaco o de cigarros.

Me encantaba ver el humo del tabaco haciendo volutas en el aire, pero cogía unas borracheras tremendas, que me impedían fumarlo.

Las frutas eran mi alegría. Me levantaba como a las tres de la mañana, ordeñaba las vacas y, si era tiempo de zafra, ayudaba a mi padre a enyugar la yunta de los bueyes que llevaban la carreta de caña al central. Si era tiempo muerto, mudaba los animales antes de ir al pueblo a vender dos o tres litros de leche y comprar pan para ir por los campos al amanecer y venderlo a los macheteros, al llegar a la panadería de Cifuentes. El olor del pan era maravilloso. Comerte un pan caliente con una fruta era un placer de dioses.

Un atardecer, un aguacero nos sorprendió a mi padre y a mí, cuando mirando a caballo íbamos para Guayabo, a la casa de mis abuelos. Mi padre, silencioso y mojado, el cielo, sereno; yo, asustado por los rayos que caían sobre las palmas y por el ruido de los truenos, que parecían cañonazos naturales. Mi padre me decía: «Pronto llegaremos, Carlos, nos cambiaremos la ropa mojada y la abuela te hará una sopa caliente, no tengas miedo, apártate de la cerca, porque si cae un rayo, los alambres pueden transmitir la electricidad durante kilómetros».

El agua caía con fuerza, aplastando las ramas de los árboles movidas por el viento; los rayos de la tempestad cortaban con sus luces rojas el oscurecer. Los goterones de lluvia empapaban nuestros cuerpos. Mi padre, en silencio, delante, en su caballito rosillo, que marchaba casi como si no se moviera; mi yegüita alazana, azorada con relámpagos y truenos, abría su nariz asustada. Un rayo trazó un hilo blanco, rojo, amarillo, en el casi negro cielo. Sabía que el trueno que oyes, aun si parece que te va a matar, no te hace nada, pues antes de oír su sonido, ha estallado el rayo; el relámpago que ves, aun si pasa raspándote y cae sobre el cogollo de una palma real, no es para ti. Aquel que puede matarte, está en el aire, no lo oirás ni verás.

El peligro venía de la proximidad de las palmas reales, pararrayos naturales, sus veinte metros de altura, sus puntas verdes disparadas al cielo, que atraen los rayos; quemadas las puntas, volaban por sus grandes pencas verdes y bajaban a tierra por su tronco blanco y redondo, y si por acaso calaban sobre las cercas de alambre que servían de linderos de fincas o potreros de ganado, con el camino real, el alambre transmitía por la distancia la corriente del rayo, hasta que hacía tierra en alguna parte.

Lo invisible que no mata, aterra. Asusta lo visible, físico, gigantesco, cuando sus demonios naturales queman árboles gigantescos y el cuerpo vegetal erguido y fuerte de la palma real, un cielo en el cielo, golpeado por el rayo, muere instantáneamente y la muerte verde, vegetal, la ven ojos habituados a distinguir la naturaleza viva de la naturaleza muerta, aquella muerte vegetal, instantánea, casi no visible, que produce después sequedad, enormes pencas ennegreciendo, secándose la madera, como si fueran dos muertes: una, la primera, matando la vida, el—para nosotros—espíritu del árbol; otra lenta, semanas, matando su cuerpo seco resistiendo al aire, duro a caer, a volverse tierra, o el peligro del rayo, real y raro. Me impresionaba el imponente espectáculo de la tempestad tropical, de belleza y furia inusitadas. Enormes gotas de agua caían, limpiando árboles de tierra, con fuerza; mil verdes del trópico, desnudos brillantes, los amarillos, rojos con manchas violentas, el cielo negro y dramático a esta hora del oscurecer, con el sol que sale de pronto, y un arco iris, violín pintando el cielo, y los olores de tierra mojada, flores de aguinaldos blancos, enredándose, cubriendo cercas de bienvestidos, el aguacero destrozando, regando de prodigiosos olores los campos bañados de flores llevadas por el viento.

En el trópico, bajo la lluvia y la tempestad, en esa hora de tramonto del día, es como si todas las estaciones que nos faltan llegaran simultáneamente, de improviso, como si nacieran y murieran en instantes, primavera y verano, otoño e invierno, como a contraluz del blanco y el negro, develando los colores sordos dormidos que la demasiada luz niega.

Con la misma rapidez y violencia que vinieron, aguacero y tempestad desaparecieron y dejaron, ya venida la noche, en el cielo espléndido, clarísimo, millones de estrellas en la noche clara, dibujando contornos misteriosos y fantasmales de árboles y sombras, mientras la voz de mi padre, del silencio, me decía que pronto llegaríamos a casa de los abuelos y nos cambiaríamos las frías y mojadas ropas empapadas de agua.

UN ATAQUE DE APENDICITIS

Allá por 1932, cuando uno de esos terribles huracanes que azotaban la isla, por el mes de octubre, estando en Carolina, en la casa de la abuela Hilaria y el tío Manuel, sufrí unos dolores que me hicieron perder el conocimiento. Manuel, un hombre altísimo y fuerte, ensilló su caballo, se montó en él y me puso en la parte delantera de la montura.

Las aguas fortísimas y el viento jorobaban los árboles, y el descomunal aguacero parecía que nos iba a tumbar del caballo. Manuel se puso una capa que nos cubría a los dos, las gotas de agua que caían, golpeaban mi cara, me revivieron bajo aquella terrible tempestad, y furioso ciclón, corrimos horas de Carolina a Sagua la Grande; había varias leguas. Una imagen permanece: el río crecido bramaba, arrastraba troncos, animales muertos y toda clase de cosas. Manuel obligó al caballo a lanzarse a sus aguas, que nos tiraron río abajo. Como lo conocía desde niño, se iba dejando arrastrar por la corriente acercándose poco a poco a la otra orilla; sabía que por allí había un recodo donde las aguas perdían fuerza, y por ahí salimos, extenuados pero vivos. Llegamos al hospital de Sagua, y los doctores de esa hora, Abril y Alvaré, los cirujanos, dijeron que mi estado era muy grave, que podía morir en la operación (oí esas palabras, no sé si entendí su significado, sí recuerdo que, como me sentía mejor, quise ir caminando hacia la mesa de operación con grandes sorpresas del enfermero Peraza). Cuando los doctores pidieron gasa, algodón y las medicinas necesarias para la operación, la enfermera contestó que no había nada en el hospital, era en la época peor de la crisis del Machadato, y entonces dijeron a Manuel que al lado había una farmacia que tenía de todo, le dieron una receta que Manuel dio al farmacéutico, y cuando éste trajo el paquete, lo tomó con su mano izquierda y dijo: «Doctor, me llamo Manuel Mesa, soy un hombre honrado, si no operan a mi sobrino, se muere, no tengo dinero pero le juro por mi honor de campesino que mañana vendo un animal y le pago—y, como viera una cierta indecisión en sus ojos, agregó, tocando con su mano derecha el machete que le colgaba del cinturón—, no me obligue a que me las lleve por las malas, yo le voy a pagar». El farmacéutico accedió y Manuel cumplió su palabra. Aquellos bravos cirujanos me operaron enseguida. Estuve tres meses en aquel hospital al principio entre la vida y la muerte por aquella apendicitis supurada, ya peritonitis, que impidió que pudieran cerrar la herida con los puntos y me dejó una enorme cicatriz, que me ha acompañado toda la vida.

Me parece que fue aquélla mi primera visita a una ciudad. Ya en mi convalecencia salía con mi madre al mercado cercano, donde tenían un puesto Severino, tito Suárez y otros primos de mi madre: el mercado de Sagua, que era maravilloso. Después fuimos a la casa de Florentino Rodríguez, un capitán de la Guerra de Independencia que le decían el Muengo, porque en un combate le habían arrancado una oreja. Tenía una linda casa y una de sus hijas era la novia del doctor Alvaré. Allí estuvimos unos días y pasé una vergüenza: ni en mi casa, ni en los alrededores de ella, no había otra cosa que el platanal cercano; allí había un inodoro y a su lado un bidé, que nunca había visto. Hice la caca en el lugar equivocado y, riéndose, la criada de la casa me lo dijo, con gran vergüenza de mi parte.

En la misma sala del hospital estaba Raúl Cepero Bonilla, pariente lejano de mi padre, de una rama de la familia de los Cepero que, según la abuela Nena, en una época habían sido gentes pudientes ilustres, y allí tenían un gran colegio, el colegio laico Martí, donde la tía Charo, que era una magnífica maestra, enseñaba. Allí hice amistad con Raúl Cepero Bonilla, cuya aparición en mi historia no es todavía tiempo de contar, y también con las primas Montero, bellas, bailadoras y graciosas.

EL MAÍZ

La punta de madera del arado rompía la tierra negra. Mi padre afincaba con fuerza para que penetrara bien, gritando a los bueyes: «Bandolero», «Cimarrón». Yo, sin zapatos, la tierra fresca pegada a las manos, regaba los granos amarillos de maíz, metro a metro, tres a tres, tapaba con mis pies; dos golpes a cada lado del surco, la tierra los cubría.

Me gustaba sembrar, sentir el frescor de la tierra en mi cuerpo, el acto creador de pequeñas semillas que se transformarían en grandes matas, florecerían y darían frutos, el trabajo. Oía la voz de mi padre, hablando con sus bueyes; pensaba en el campo de maíz, qué nacería: tamales en cazuela, hojas de plátanos, tayuyos, majarete, pan con maíz, torticas... los platos exquisitos que abuela Hilaria haría, gran cocinera de tradición canaria criolla.

Mi padre decía que era mejor sembrar tres granos de maíz cuando las maticas nacieran y, si los bichos no se las comían, arrancar dos. La mata restante crecía sola. Chupando jugos de la tierra húmeda, más grande, fuerte, podía dar dos mazorcas enormes, verdes; meses después la cortaríamos y despajaríamos, quitando los pelos del maíz, barbas vegetales, y a rallar, en mítico guayo: lata clavada sobre un cuadrado de madera, cinco pulgadas de alto, ahuecado desde abajo con una gruesa puntilla, que hacía que sólo el corazón del maíz, al rallarse, pasara, y quedara arriba la corteza de los granos.

Maíz, ceremonia maravillosa: crecía verde, rápido, aun más en temporada de lluvia, si llovía. «Crece como maíz de agua»—decían de los jovencitos espigados, de las muchachas que a los quince mostraban, altas, bien formadas, sus cuerpos hermosos, sonrosadas ya ante las insinuantes miradas campesinas.

Cuando el maíz estaba bien tierno, se hacían sabrosas sopas, atol, arroz con maíz, albóndigas que se comían con arroz, masitas de puerco fritas, cocinadas las tiernas mazorcas en agua. Días después el grano se endurecía, era el momento de los deliciosos tayuyos; veinte buenas mazorcas, ni tiernas, ni aguachentas, ni secas, a la sazón, bien despajadas, cortando en redondo, abajo las hojas, que en matrimonio guardarían el maíz molido en el guayo, dos ariquitos de yagua para que el tayuyo no se zafara, zás, a la lata de agua, hirviendo con sal. Una hora después el calor endurecía el tayuyo, se sacaba, se quitaba el saquito, las hojas que lo cubrían, y a la boca el delicioso manjar hirviendo.

Con el maíz verde, molido, se hacían otros platos aún más refinados: harina con cangrejos moros, langosta, langostinos, camarones... Harina con carne de puerco en cazuela y en hojas de plátano. Harina con codornices de Amaro y con otros pájaros de sabor exquisito.

El maíz y el boniato, por su crecer rápido, podían comerse en tres meses, eran nuestra alimentación base. La yuca, la malanga y el plátano necesitaban un año y se alternaban. Cuando el maíz se secaba, ya no más verde, venía el odiado momento de la ruñidera, plato de miseria, el único que no me gustaba.

Los boniatos eran muy lindos: bejucos verdes pródigos en raíces; en cada raíz una maravillosa batata americana, pulposa, dulce, compañía de la ropa vieja y el tasajo.

Los platanales se hacían esperar un año, cuando ya podías cortar los enormes racimos de machos, guineos, burros, manzanos y enanos, tantas eran sus variedades; unas dulces, otras como viandas, fritas: tostones, a puñetazos, chicharritas, salcochados. Lo bueno del platanal era que no se acababa nunca su reproducción por cepas; esto hacía que, cuando cortabas la mata del racimo, crecían una y otra más y siempre otra. Frescos platanales que servían para un amor clandestino, jugar al escondido, hacer necesidades, papel higiénico del guajiro. Platanal: segunda casa campesina; reposo, sueño, amor. Frescos, te protegían del sol, con su sombra, te alimentaban, con sus frutos.

Francisco Yanes, un ilustre guajiro, dueño de la finca La Aguada de la Piedra, de entre las mejores y más cultivadas de la región, era famoso, no sólo por su gran paraguayo, sino también por su humor. Una vez en un velorio campesino, a Francisco, que era muy serio pero que había comido aguacates—a cualquiera se le muere un tío—se le escapó un gran peo que provocó una risotada. Francisco, serio, paraguayo en mano, aguantó las risas, diciendo: «Coño, al que se ría le corto el culo».

Francisco disfrutaba las maravillas del Nacional, el famoso hotel habanero, pero perdida la costumbre campesina de hacer sus necesidades en el platanal, estreñido y disgustado, un día, iracundo, sacó un montón de oro, gritando, ante el asombro de la gente: «Cincuenta Luises por un platanal de La Aguada de la Piedra».

El fruto del plátano, grande, redondo, fálico, instrumento y símbolo del deseo, sexualidad, naturaleza, era entre todos los vegetales, el preferido. Con él jugaban, excitándose, tocándose, acariciándose los muslos, como si tuvieran el gran macho; la educación y los prejuicios campesinos, les imponían llegar al lecho matrimonial, ser desvirgadas por su marido. Su juventud, ardor y sensualismo de la naturaleza eran más fuertes; entonces el plátano era su macho, masturbador, novio. Con las delicias del viento, agua, sombra o sol entrando por sus jóvenes y erectos senos, muslos redondos, penetrando el negro rojo sexo venusiano, las redondas nalgas, espalda cubierta de largas cabelleras, enloquecidas, se metían los grandes plátanos con furia, acto, amor total con la naturaleza, allí donde todo era erótico, sensual, color y frescor de la tierra que se abría femenina, agua orgasmo natural, viento que tocaba sus cuerpos.

Hojas como nalgas, ellas, masturbadoras de los muchachos, hojas, tierra, agua, viento, la leche blanca describiendo una parábola, penetrando la tierra negra, la fresca y suave mata de plátano, dándote su agua, bañado tu sexo, bañada la mata. Amores vegetales: grandes amores campesinos.

Qué naturaleza aquella: yucas fálicas, «el bobo de la yuca, se quiere casar», tabacos, mulatas y mulatos: «Se te cayó el tabaco, mi hermano». Los colores brillantes, olores incitantes te hacían resoplar la nariz: nariz que miras, sexo que adivinas. Como la nariz, es la mujer, decían...

Flores, pájaros que hacían el amor, cantos enamorados, frutos femeninos o masculinos: plátano o papaya, gran templadora lechosa, leche que soltaba, la cabrona. Plátano verde: falo preferido por ella; el sexo prohibido, demonio, mal, pecado deseado, imposible casi atrayéndote, perdiéndote.

No era raro el joven que se hería el pito en uno de aquellos amores vegetales: sangre, no leche. Leche herida, clandestina, a lavar el calzoncillo, a pedirle remedios secretos, y en secreto, al boticario del pueblo, para curar el pito herido.

¡Qué jodedera! Horror: alguna muchacha en su furia sexual terminaba desvirgada por un plátano; su sangre virginal manchada de verde. El plátano partido, enterrado en el sexo: dolor, vergüenza. Entonces, entre lágrimas y suspiros, y la pateadura de mamá, había que recurrir a las hábiles manos del médico Amasvindo Arce, confiando en su discreción: secreto bien guardado. Extraía aquellos sexos vegetales, plátanos partidos entre púberes bellos y adoloridos de las llorosas guajiritas.

Boda, amor, de la naturaleza y sus hijos.

Tú también, Carlos.

LA NOCHEBUENA

El día de Nochebuena era el día más esperado del año. Ese día se tiraba la casa por la ventana. Nos reuníamos todos en casa de mis abuelos de Guayabo, que vivían al lado de la tía Laureana, maestra de la familia. Los Franqui eran muchos hermanos, mi padre y José Ramón, varones, siete hembras, un saco de primos y primas. En aquella casa se respiraba cubanía, cultura: libros de historia de la patria, novelas y poesía. Leyendas del tío Eligio, poeta y mambí, capitán muerto en la Guerra de Independencia, sus décimas famosas. Mi abuelo, conspirador y poeta. Se leían periódicos y revistas. Se recitaba El Cucalambé, Heredia, Martí, Darío, Bolívar... Era la fiesta grande, la Nochebuena.

Éramos muy pobres: dureza y monotonía del trabajo, vida campesina difícil de soportar. Sembrar, guataquear y cortar caña bajo el sol caliente, un calor de fuego, sueldos miserables, cultivo del conuco para resistir el largo tiempo muerto que comenzaba en abril o mayo, al terminar la zafra, y los primeros trabajos en los retoños meses después. Años de vacas flacas aquellos, comiendo ruñidera; harina con leche o azúcar, casi sin manteca, se te atragantaba dura y seca en el gaznate.

El domingo era día de fiesta: pilábamos una mancuerna de arroz, que cultivábamos cerca de la cañada, dando un, dos, mi padre y yo, el palo golpeando el fondo de madera dura, de tronco ahuecado, los granitos blancuzcos, amarillos, ¡qué delicioso después comer aquel arroz criollo! Mi madre cocinaba y revolvíamos con un huevo frito, tostones, aguacates frescos y deliciosos.

El banquete del domingo. Nos echábamos un traguito de ron, un buen café carretero y a cantar una décima o visitar a las muchachas, con la guayabera de holanda bien planchadita y la yegüita bien ensillada.

Era muy pequeño nuestro conuco y había que cultivar cada pedazo con cuidado. Alrededor de la casa, la arboleda sembrada por mi padre y por mí: mangos, cocos, ya empezaban a parir grandes racimos, aún a nivel de la mano y qué fríos; al amanecer, bebíamos. Limas, toronjas, aguacates, naranja agria, mamey colorado, fruta roja que parecía sexo de mujer y que tenía su sabor, la papaya, pintada con puntos rojos o amarillos, venusiana y sabrosa, y las flores cultivadas por mi madre: rosas rojas y amarillas y blancas; sus perfumes, abejas robándoles el polen, olores que se te metían en la nariz, suaves o salvajes. Un campo para el maíz, los frijoles, la yuca, el boniato y los plátanos. Un pedazo de tierra para el caña-veral de cristalinas y cintas dulces, que nos garantizaban un saco grande de azúcar prieta para el consumo del año y unos realitos para pagar con el tiro de carreta de mi padre la deuda en la bodega del chinito Joaquín, donde comprábamos fiado lo imprescindible para vivir y algo para las medicinas, no el médico, que curaba de gratis, que terminaba de alcalde o representante.

Era la fiesta grande, Nochebuena. Sobre el gran fogón de la cocina, el tío Telesforo, colocaba las chucherías de Navidad: el turrón duro, almen-drado, con extraño sabor de miel de abejas, de Alicante, el suave amante-cado, el de Jijona, el de yemas y frutas sabrosas, las duras nueces y avella-nas de color rojizo oscuro, el jamón serrano de fuerte sabor, los quesos españoles, el amarillo y algo picante holandés, el blanco azuloso, Roque-fort, los vinos rojos riojanos, rosados de Cataluña, blancos y el dulce Lá-grima Christi, uvas moradas y blancas, rojas manzanas, peras blancas. Los ojos y la boca se nos hacían agua.

Todo exótico: un remontarse a los orígenes españoles y cristianos. Revivir una vieja memoria histórica, que ahora con el lechón y los tayu-yos se volvía tropical y cubana, y en la ciudad y barracones, africana, ne-gra, con ritos, toques de santos, bongós y ponches raros, de ron y sangre. Enloquecido por el ritmo, que le dio, que le dio el santo, caías por tierra, bailando, con un ataque casi de locura, temblando, sin conocimiento, que se te quitaba el santo y el espíritu se alejaba de ti.

Era la Nochebuena negra.

La Nochebuena campesina, la nuestra, era más canaria, árabe y es-pañola. Guitarras, décimas improvisadas, palabras viejas, clásicas, ya en desuso: juir, dir, después. Yo era el negro de la familia, aun si no tenía la pata buena para el baile, me fascinaba la alegría, el ritmo, la fuerza y mú-sica del mundo negro. Mis amigos de Sitio Grande, que lo sabían, me lle-vaban a sus fiestas, donde las negras me recibían con grandes risas: «Este blanquito petrolero». Aquella tarde de diciembre la familia fue llegan-do de todas partes: Viana, Calabazar, Sagua, Sietecito, Cifuentes, Sitio Grande. Abrazos, más abrazos, hijo único, ver a mis primos y primas, ¡qué fiesta!

Debajo de una gran mata de almendras, que nos cubría del sol de la tarde, bajo su copa verde, mi padre, que era el mejor asador de lechón, el lechonero, hizo un hoyo en la tierra, de casi un metro; allí encendió troncos secos de guayabo. Cuando fueron brasas ardientes, sin humo, amarró de un gajo la zaranda de guayabo verde, bien asegurada, sobre ella colocó el lechoncito, lo rodó bien, mojando las hojas de maíz, en una salsa de naranja agria, ajo, pimienta y grasa, suavemente sobre el cuerpo del cochinito de carnes buenas, alimentado con palmiche, y comenzó a mecerlo sobre el fuego.

Los olores del asado volaban por el aire incitando estómagos; recuerdos de otras ceremonias. Mi padre, sentado en un taburete criollo, de madera y cuero, muy cómodo, bebía cerveza y cuidaba el delicado asado, para que no se quemara. Asar un lechón llevaba horas. Mis primos y yo nos turnábamos un rato, mientras mi padre se reponía del abrasante calor, bebiendo una cerveza bien fría. Las gotas de manteca chisporroteaban, cayendo a tierra, sobre el fuego. El pellejo del lechón dorándose, tostándose. El sabor penetrando en la nariz, el paladar. Todos queriendo robar un pedacito del maravilloso lechón asado; mi padre dándonos pedacitos del rabo: «Rabo encendido, muchachos».

Entonces aparecía el mítico viejo Herrera, con su barba blanca, un Santiclós campesino, compadre de mi abuelo, padrino de mi padre, que saludábamos con respeto. Mi padre: «La bendición, padrino». Comenzaba a echarnos cuentos. El día que hizo una casilla y atrapó una paloma, pasó mi abuelo y, viendo la paloma prisionera, quiso liberarla sin faltar el respeto a su compadre, escribió cuatro décimas, con un pie forzado: «Que pierda por un granito, amor, vida y libertad». Entonces él, el compadre Herrera—contaba mi abuelo interrumpiéndole—soltó la paloma, con la leña de la casilla, hizo un buen café y me invitó a tomarlo».

El olor de fricasé de guanajo que venía de la cocina competía con el del lechón ya casi dorado. Después de virarlo, y cuando los pellejitos caían solos sobre el fuego, era la hora de comerlo. Los frijoles negros bien sazonados, comenzaba a cocinarse el arroz blanco, buen arroz criollo pilado por los primos. Las primas preparaban ensaladas frescas de lechuga, berros, rojos tomates pintones, aguacates y un buen mojito, y freían tostones o plátanos a puñetazos en manteca hirviendo.

Se cantaban las últimas décimas, pues la comida estaba ya casi pronta. Sonaba el tres, las maracas y el güiro: historias de amor, doble sentido, socarronería guajira, sátira, cantos a la naturaleza y a las muchachas hermosas.

Mi abuela Nena nos pidió que abriésemos la gran mesa de cedro. Era como un acordeón, una mesa saliendo de otra mesa, siempre más larga: gran mesa familiar, que acogía a todos. La cubrieron con un mantel de colores brillantes y sobrios, tejido por mis primas. Comenzaron a servir los deliciosos manjares de la Nochebuena. Era la medianoche, hora de la tradición. Mi padre picaba el lechón, lo colocaba sobre una yagüita verde. Pellejitos dorados, masitas, costillas bien asaditas, yuca con mojo, en una fuente abierta, ensaladas verdes, el oloroso y como desbaratado fricasé de guanajo, en su salsita, los frijoles negros, el arroz blanco, desgranado, el tamal de maíz tierno en cazuela, los tayuyos de maíz verde, bien amarraditos, en sus hojas con el ariquito de palma, las copas de vino rojo y las chucherías de Navidad, que una vez al año comíamos, en aquella noche maravillosa, en que viajábamos por extraños mundos desconocidos y saboreábamos los manjares de nuestros antepasados. Mi abuelo y mi abuela, sentados en la cabeza de la gran mesa, y todos a su alrededor, esperando que la abuela diera las gracias a Dios por tenernos con salud, reunida la familia. Y con el primer brindis de Rioja, ofrecido por mi abuelo, comenzaba la maravillosa cena.

CAÑAVERALES

Los cañaverales de Unidad que veían mis ojos desde que nací, cada año cortados, retoñaban, nuevos. No sé si por la fecundidad de las tierras negras y húmedas, el abono de cachaza de azúcar o la variedad de las cañas criollas, blancas y de cinta morada, ya casi en extinción en otros campos de Cuba, que bien atendidas no eran atacadas por las plagas. La caña cristalina, dulce y suave, su cáscara no dura, una blanca, la otra de rayas moradas y lilas. Aquellos cañaverales, decía mi abuelo, eran de principio de siglo, y su rendimiento todavía alto. Las variedades extranjeras: la coimbatore, flaca, más dura, más fuerte que las malas yerbas; la peojota 36, verde, dura, recta, gruesa, que no se revolcaba por el suelo, más fácil de despajar y cortar, y de peso y rendimiento buenos.

El trabajo cañero, mal pagado, para ganar unos reales. Debías trabajar doce horas, bajo el sol y calor de fuego del trópico. La caña nueva alcanzaba una altura de tres metros. Si caían buenos aguaceros, en diciembre o enero, y enfriaba un poco, daba un doce por ciento de azúcar y se cortaba mejor. Cortar trescientas arrobas a mano, trozo a trozo, era tarea monstruosa, si la caña era vieja y dura, quedaba mala, imposible. Cortar menos no alcanzaba para comer. En cada zafra, cientos de miles de macheteros dejaban pedazos de sus vidas cortando caña. En Bellavista, cortaban muchos. Mi padre era uno de los carreteros de la finca. Se levantaba a la una de la madrugada, enyugaba las cuatro yuntas de bueyes y partía con la primera carreta cargada del día anterior. Como a las cinco volvía. A esa hora yo tenía ordeñada la vaca, mudado los animales, y mi madre Caruca preparados el café con leche y las galletas, que yo llevaba. Alzábamos los macheteros; yo en menos de una hora; él cargaba y partía con la carreta para el central, a unos tres kilómetros. Cada día daba cuatro viajes; terminaba al anochecer. Dormía unas horas y comenzaba de nuevo: día a día, domingo incluido, cien o ciento veinte días, que duraba la zafra. La protesta sorda, el calor, la irritación, los bajos salarios, las necesidades, el pago con vales y los abusos provocaban frecuentes candelas en los cañaverales. El fuego extendía sus enormes bocas de candela bajo el sol del trópico a velocidad tremenda, ennegreciendo el cielo, que se volvía rojo y pajizo; cada pavesa llevada por el viento pegaba candela a otro cañaveral. No bastaban las guardarrayas. Entonces los macheteros, a todo correr, cortaban cuatro metros de caña de un lado a otro del cañaveral, daban candela en sentido contrario la contracandela. Las dos candelas chocando producían una llama roja, que subía al cielo y acababa con el fuego. La caña verde, quemada, se volvía negra, sin paja, más fácil de cortar, pero había que molerla enseguida. El cañaveral quedaba afectado y era necesario sembrarlo de nuevo. La guardia rural a caballo perseguía a los candeleros, casi imposible de sorprender, y detenía a sindicalistas y sospechosos.

El fuego duraba horas, bello, dramático. Símbolo de la protesta, el espectáculo de su belleza me fascinaba. Desde niño me fascinaba. Desde niño me sentí identificado con él. No creo que por el esteticismo de la violencia. Allí, donde todo era violento, yo era un niño que no mataba pájaros, ni jugaba operando lagartijas, que sufría con la muerte de los animales que se comían.

Aquel fuego tenía un misterio: era como si la naturaleza pintara. Su violencia tremenda facilitaba el trabajo y era, es verdad, una protesta. ¿En secreto yo amaba aquel fuego purificador, destructor, arrasador, justiciero, bello...? No lo sé. No lo sé.

Con débiles fuerzas empuñaba la mocha, tiraba las cañas a la pila, que parecía siempre igual. Pensaba, me decía: «¿He nacido para esclavo? ¿Por qué son los otros mejores que yo? ¿Qué sentido tiene una vida como la de mi padre, abuelos, tíos, primos, amigos y conocidos?».

El dueño de la tierra, a caballo, revólver al cinto, viviendo en la gran casa, riquezas, comodidades, mayorales, guardias. Al que jueces, alcaldes y políticos obedecían. Incumplía las leyes, prohibía los sindicatos, mandaba a prisión, pagaba salarios de hambre, te desalojaba de tus tierras, te botaba del trabajo, te negaba el saludo, te miraba arrogante, como si fuera el dueño del mundo.

¿Era aquel hombre Dios? ¿Era aquella tierra ganada con el sudor de su frente? Él, que nunca trabajó. Nosotros que la trabajábamos, ¿por qué éramos tan pobres y él tan rico?

No me parecían éstos, los ideales martianos, por los que algunos de mi familia, y muchos cubanos, murieron en la Guerra de Independencia, ni los que yo leía en los libros de los patriotas cubanos, ni en las leyes nuevas, aprobadas por la Revolución del Treinta, que ahora el coronel Batista con su dictadura suprimía.

Intuía que si aquélla era mi tierra, aquél no podía ser mi mundo, ni el mundo de nadie. Pensaba, alentado por mi maestra y mis padres, que sólo en el estudio, en los libros, encontraría respuestas. No quería ser abogado ni doctor. Ni señor. Ni diferente a los otros. Quería saber por qué las cosas eran así y si era posible cambiarlas.

Pintar algún letrero subversivo, dar fuego al cañaveral, ir escondido a manifestaciones y descargar por el amplificador de Chacho Arce, en Cifuentes, los días de la patria, actos individuales no me parecía suficiente.

No comprendía la hostilidad de muchos campesinos, ni de sus hijos, que no simpatizaban con mis deseos de estudiar, con mis esfuerzos en la escuela de la Duda, donde una maestra extraordinaria, Melania Cobos, me hacía conocer la historia de Cuba, el pensamiento de José Martí, la justicia social, amar el estudio, la belleza misteriosa de la poesía y el arte. Me descubría otro mundo fascinante.

Era un bicho raro: no tenía hermanos, ni casi amigos, ni juguetes, ni tiempo para distraerme. Los viejos campesinos me decían que si me iba de la tierra sería siempre un desarraigado; que era la tierra la única cosa bella, después de la familia; que un guajiro fuera de la tierra es un bicho raro en cualquier ciudad que viviese. Amaba la naturaleza, sus frutas y palmas, mangos, gozaba cuando sembraba, cuando comía los frutos de la tierra, me sentía identificado con ella. Me era insoportable la brutalidad, la resignación, el fatalismo, quizás la sabiduría y estoicismo de mi padre para aceptarlo. Era un solitario. Hablaba con mis amigos los árboles, tan vivos, parecía oír sus respuestas. Aquella naturaleza sensual, agua, hojas grandes y redondas, como el culo de las muchachas, el viento, sus manos que lo tocaban todo, definiendo formas femeninas, olor y sabor, aire, luz, la noche misteriosa, suave, el atardecer melancólico, en esa hora triste de la muerte del día, el amanecer, la vida que nacía de nuevo. Era la mía una relación sensual, sexual, con aquella naturaleza que me decía sí, y me integraba y disolvía en ella, en un orgasmo de amor.

Carecía de la fuerza física para seguir a mis primos y amigos en el corte de la caña, la guataquea. Ellos cortaban trescientas arrobas de caña, y yo a pura voluntad, ochenta. Las burlas, apodos y chistes me volvían el hazmerreír. Si miraba el cielo, tenía que ser a escondidas. Tocar una rosa, un acto clandestino.

Escribir unos versos, ser mirado con sospecha. Leer, manía de locos. Los libros, cosa peligrosa, subversiva. Hablar de sindicatos, locura. Me reventaba la cabeza. ¿Era yo menos que los otros, era diferente, por qué no me comprendían? Difícil lucha. Cada vez que regresaba derrotado por no conseguir una beca de estudio, veía en las miradas burlonas, en los chistes socarrones de los conocidos, como una alegría por mis fracasos. Mis padres y Melania me alentaban. Yo volvía a estudiar más y más y me parecía que la naturaleza me impulsaba, diciendo: «Donde quiera que estés, estaré contigo».

EL DESALOJO CAMPESINO

En la finquita de al lado vivían los Domínguez, nuestros amigos y vecinos: Cheo, que tenía el labio roto, hablaba fañoso, su hermano Perico, apodado Perico Bobo, con cierta crueldad, Lalo y su familia, en la casa de Margarito Acosta, muerto de la patada de una yegua, Francisco, el joven carpintero.

Molíamos la ruñidera en el molino de piedra de Cheo, famoso porque Perico, en su inconsciencia, se limpiaba los mocos con el dedo índice y los tiraba con energía sobre la tierra, mientras molía maíz, y mi padre con su humor negro escandalizaba a mi madre cuando decía: «Cuidado con la leche condensada, Perico».

Los Domínguez eran muy trabajadores, pero los tiempos eran malos, no siempre podían pagar la renta de la finquita y la comida del año al gallego Pereiras, bodeguero de Cifuentes, el propietario, que les fiaba de año en año. El precio del azúcar era bajo, y cuando Unidad hacía la liquidación de la zafra, el dinero no alcanzaba para la renta y las deudas que aumentaban de año en año. Un día le pusieron pleito en el juzgado del pueblo a Lalo Domínguez por falta de pagos, y el juez de Sitio Grande, el cojito Rodríguez, que tenía fama de duro, ordenó el desalojo. Vino el cabo Felipe, con otros guardias rurales, montados en sus grandes caballos, sable al cinto, uniformes amarillos, revolvón 45 a la cintura: el cabo, famoso por el plan de machete para disolver manifestaciones o protestas, y que consistía en golpearte con el lomo del paraguayo, la parte que no tenía filo, no hería pero derrengaba. Los Domínguez, que no encontraban casa donde ir con su familia, se quedaron unos días más después de la sentencia del juez, que ordenó expulsarles por la fuerza.

Los guardias de Felipe obligaron a los Domínguez a cargar por la fuerza sus pertenencias—calderos, vestidos, sábanas, gallinas, puercos, guanajos, la vaca lechera, el molino de piedra de Perico—y a dejar la casa vacía.

Los llevaron al camino real—tierra de nadie—, y allí les advirtieron de irse enseguida y de no interrumpir el paso. Mujeres y niños llorando, hombres en silencio haciendo jolongos, colocando sus cosas en un carretón que el viejo Chichí les prestó, en fila india, jolongo al hombro, en el palo los matules. Los Domínguez tomaron la dirección de Sitio Grande, donde esperaban que un pariente los alojara provisionalmente. Avergonzados por su desgracia, sin mirar ni saludar, pasaron frente a mi casa, que estaba pegada al camino real.

Aquella mañana vi todo con mis ojos y me parecía que no estaba viendo lo que veía: indignación, dolor, gritos de la guardia rural; mi madre callándome, por miedo de que me llevaran preso; yo gritando, queriéndome ir con mis amigos; niños y mujeres abrazándome. La imagen de aquel desalojo y de aquella marcha por el camino real no me abandonó en mucho tiempo. La tenía clavada, me daba vueltas y más vueltas en la cabeza. Pensaba: «Esta forma de vivir—de no vivir—es inaceptable».

¿Por qué quien trabaja la tierra como un burro, no es su propietario, por qué no le respetan el usufructo, por qué la tierra tiene que ser de quien no la trabaja? Hacer algo, me decía. «No permitir el desalojo campesino: la tierra para el que la trabaja», con mis lápices de colores, me fui a pintar letreros en los puentes de Sitio Grande, pensando que hay que cambiar el mundo donde vivía.

Aquellos Domínguez, mis amigos, perdiéndose bajo el sol de mediodía, entre los árboles del camino, su dignidad propia del campesino, en busca, no de la tierra perdida, sino de la tierra de nadie; ellos, mis hermanos, a aquellos otros que con el dinero y a la fuerza les robaron sus tierras, mis enemigos.

Lección que no olvidaría, algo que te desborda, cambia tu vida. Era aquélla una tierra maldita: yo ya desconfiaba del cura, me parecía que su mirada del cielo era neutral. Las palabras del cura no parecían las de Cristo, sus actos los de un Anticristo, jugador de barajas, seductor de muchachas. Padre, no de Dios. Padre de muchos hijos de carne y hueso. Que si no tenías dinero no te bautizaba o te mandaba al infierno sin confesarte. Cura no de los humildes, de los buenos. Cura de ricos. Cura que en la Guerra de Independencia disparaba a los mambises, desde la iglesia, defendiendo a España. Aquél no podía ser el cura de los Domínguez, de mi padre y mi madre, creyentes humildes, cristianos verdaderos.

La finca ganó fama de maldita: suicidios, muertos. Una familia, los Acosta, semidestruida, otra, los Domínguez, igual. Leyendas y fantasmas comenzaron a poblar la fértil imaginación campesina: no faltó el dorado tesoro escondido y maldito. Decían, que en la noche, cuando atravesabas la finca, el sonido, el tintinear de las monedas de oro—doblones o luises—te acompañaba. Sólo cuando el oro fuese desenterrado, el espíritu de aquel muerto, un rico avaro, condenado a la eternidad, se calmaría: la maldición del avaro.

Otro muerto buscaba su perdido caballo. En la medianoche caía desde un árbol sobre las ancas del caballo de los caminantes que por allí pasaban, que huían aterrados, ante aquel extraño jinete del otro mundo, que sólo desaparecería al salir de la finca. No faltaban luces, aparecidos, gritos, fantasmas. Visiones no siempre misteriosas del otro mundo.

Algunos bromistas se divertían metiendo un cráneo animal en una güira, coco o calabaza vacíos, les ponían una vela en el interior, a medianoche, con un largo cordón los amarraban de un gran árbol, los bajaban y subían, ante el terror de los pasantes, que huían despavoridos.

Alguna vez asustados fueron los bromistas, cuando un campesino de aquellos de pelo en pecho decidió desafiar al muerto, sacó su revólver y disparó seis balazos, y cuando vio caer el cráneo del muerto a tierra, fue a ver a su enemigo y se encontró la calabaza, el corre-corre de los graciosos, que emprendieron una veloz carrera por la manigua, hacia el montecito, el guajiro gritándoles: «Huyan, pendejos, que los mato, carajo».

Yo tenía que pasar por la maldita finca todas las noches, pasaba un miedo tremendo en aquel combate con lo invisible, aun si nunca sentí ni vi nada, excepto el canto de algún pájaro misterioso, la sombra fantasmal de un árbol, los ruidos de la noche o los mil luminosos cocuyos. Todo crecía en la sombra.

La luz del día hacía aparecer otra verdad: la maldición de la luna no era metafísica, era real, del más acá.

EL CICLÓN

La mañana amaneció rara. Las nubes venían bajas, cargadas, casi negras. La naturaleza parecía detenida: ni una gota de viento, el aire pesante, los árboles inmóviles, el calor sofocante, irrespirable. Era raro este clima dramático, en los campos apacibles, poco lluviosos de septiembre, ¿se aproximaría un ciclón? Septiembre era famoso por sus ciclones y por el golpe de los sargentos batistianos en 1933, el cuartelazo, que nos robó la revolución guiterista y ocasionó una década de luchas contra la dictadura de Machado.

Con el pasar de las horas el clima ciclonero se hizo pesante, las noticias venían una tras otra alarmantes, vientos de gran velocidad, de ciento ochenta kilómetros hora; el centro del ciclón avanzaba por el Caribe y en las próximas horas la costa sur de Las Villas y las provincias centrales de Cuba serían tocadas por las primeras ráfagas de viento.

Apresuramos los preparativos contra el ciclón, aseguramos el vara en tierra, clavamos con tabla y puntillas las paredes más débiles de la casa, protegida por cortinas de matas de coco, mangos, aguacates y frutales, que harían la primera resistencia a los vientos. Si los árboles, como era probable, caían, el peso del viento atacaría de pleno nuestro bohío, bien construido, pero no fuerte.

Se ponían a salvo puercos, gallinas, guanajos y otros animalitos. Se preparaban provisiones: carne de puerco y yuca frita, jugos de frutas y agua, por si el ciclón duraba mucho. Último recurso: abandonar la casa. Atravesaríamos el camino real y pediríamos protección en la Residencia.

Mi padre miraba el cielo una y otra vez. Por experiencia sabía que se metía mal, que un ciclón como el que se aproximaba no lo resistiría nuestro bohío. Cruzamos el camino, nos encaminamos al batey de Bellavista, aquella gran finca que le traía tantos acuerdos: buenos y malos. Allí había conocido a mi madre, en los tiempos en que Bellavista era de Perico Suárez, pariente de mi madre, que con mi abuela Hilaria y el tío Manuel tenían allí una casita. Primos pobres y primos ricos iban juntos a las mismas fiestas: los Suárez eran muchos, más mujeres que hombres, bellas muchachas y tantas que ellas solas eran una fiesta, romería, baile. Montaban bailando por los lindos caballos o carretas, iban cantando por los campos, y en una de aquellas romerías mi padre y mi madre se conocieron, enamoraron y, allá por el año veinte, se casaron. Uno de aquellos períodos frecuentes en la historia de iba. Cuando el precio del azúcar subía, el país que de ella dependía nadaba en dinero. Cuando caía, la crisis y la miseria eran tremendas. El año en que yo nací, 1921, fue uno de aquellos años terribles, llamados «de vacas flacas». No se sabía si yo vine a este mundo de mensajero de la miseria o si era la miseria la que me había traído. Extraña relación con la miseria iba a ser la mía.

Los Suárez en desgracia perdieron Bellavista, se fueron a vivir a una finca más pequeña en Clavellinas, y nuestra familia fue arrastrada con ellos. Vivíamos cerca del río Sagua, que cuando crecía se volvía un mundo de aguas.

De allí fuimos a Sitio Grande y de aquel caserío vinimos a San Vicente, donde vivimos ahora.

Mi padre habló con el mayoral de la finca: en caso de necesidad, ¿podríamos protegernos allí? La respuesta: no. Todo ocupado: vacas, caballos, la residencia principal llena de parientes del dueño... No cabía uno más. Mentira evidente. La casa de vivienda era enorme. ¿Cómo íbamos a estar juntos ricos y pobres, aun con el ciclón? Estas cosas sucedían todos los días y me hacían hervir la sangre, odiar a los ricos, su injusto mundo, donde mi padre, mi abuelo, yo y los otros obreros y campesinos de la zona no éramos otra cosa que bestias de carga. Nuestra miseria y trabajo, su riqueza.

Era casi de noche, las ráfagas de viento golpeaban los árboles con violencia. Mi padre decidió que había que irse a casa de Miguel Mesa, tío de mi madre, que era grande y fuerte, aun si por sus muchos hijos, casi no se cabía.

El viento hacía vivir la naturaleza que salía de su quietud, comenzaba a moverse, a estar viva. Cuando el viento era mucho y se volvía ciclón, la naturaleza perdía su serenidad, parecía enloquecer. Esa locura producía una extraña euforia, un sentido de la aventura, casi una fiesta. No se ignoraban los peligros del ciclón, que arrasaba campos y sembrados, arrancaba gigantescos árboles centenarios tumbados vivos y causaba muerte y destrucción, pero en la atmósfera ciclonera, cuando las nubes cargadas y oscuras bajaban casi a ras de tierra cargadas de dramaticidad y los remolinos de vientos agitaban árboles y plantaciones, se apoderaba de la gente una extraña sensación de desafiar el peligro, de solidaridad. Era como una batalla que nos cambiaba. Se olvidaban enemistades y antipatías. Ante su amenaza el campesino, siempre individualista y reservado, se volvía generoso y se preocupaba de ayudar a los vecinos. A veces nos metíamos en los vara en tierra: un hueco abierto en la tierra que se cubría con tablas de palmas, de un poco más de un metro, y se protegía con la madera y con un techo de guano que no sobresaliera mucho, seguro refugio familiar, en que se depositaba agua y alimentos ligeros para soportar las muchas horas en que el huracán batía. La naturaleza en su locura nos enloquecía.

El clima del ciclón, angustioso, deprimente en la espera, cuando se sentía ya su proximidad, atmósfera y presencia. Entonces el peligro se volvía incitante, como si aquella locura de la naturaleza, que es un ciclón, trajera un clima de euforia, despertara aquel espíritu cubano que hace que aun el peligro sea una fiesta. El ciclón una fiesta de la naturaleza. El momento de los cicloneros, voluntarios que se ofrecían a salvar personas, casas, animales, árboles y cuanto estuviese en peligro. Ya con el ciclón embravecido, gajos de grandes árboles volaban; otros, acostados por el viento, tocaban casi tierra. Estos cicloneros con su espíritu de aventura, como queriendo demostrarse que no tenían miedo: muy machos. Impresionaba a las muchachas su valor. El ciclón era una guerra contra la naturaleza, de la naturaleza enloquecida contra sí misma y contra los hombres.

Durante la noche el viento batió intenso. Panchita, la mujer de tío Miguel, colaba una y otra vez café y lo servía con galletas. Mi padre contaba cuentos picantes que hacían sonrojar a mi madre. La bisabuela Villavicencio, muy viejita, repetía la historia fabulosa de un tesoro de familia: puros doblones de oro, de su herencia, depositada, decía, en el banco de Inglaterra, dejada allí por su padre, un noble y rico español. En América todos descienden de un grande de España, grande por nobleza y fortuna, que ha dejado un fantasmal tesoro. Son millones del futuro. Yo me sentía más fascinado por la belleza de mis primas, una más linda que otra, que por la historia de la bisabuela. El ciclón batía fuerte. La casa resistía bien.

Miguel, con sorna campesina, decía que era mejor buscar otro tesoro: el tesoro escondido, enterrado en la tierra, cuyo dueño, ahora un fantasma, vagaba en las noches, tintinando monedas de oro, en el batey de Margarito. Al amanecer vino la quietud. Rara calma. Nada se movía. Cuando llegaba aquella extraña calma, quería decir que estábamos en el ojo del ciclón, que los sabihondos llamaban «vórtice», centro. Entonces era mayor el peligro, cuando a la calma que duraba poco le seguían vientos endemoniados, que venían de dirección contraria y atacaban árboles y casas, ya debilitados. Era el momento decisivo. Salimos afuera aprovechando la calma momentánea, vimos el campo impresionante: grandes cañaverales y sembrados de yuca, platanales, mangales, cocoteros, palmas... todo a tierra.

Encontramos otros vecinos. Nos contaron que la casa de los Niebla estaba partida por un enorme árbol, que le cayó sobre el techo; la familia que estaba en el vara en tierra sintió un ruido infernal, asomaron la cabeza, vieron la casa derrengada; el enorme árbol la partía en dos. Instantes después arreció de nuevo el viento, esta vez en dirección contraria; una enorme mata de mangos, batida en remolino, la tierra levantada, reventando, las grandes raíces resistían. Una ráfaga gigantesca la arrancó de cuajo, la tiró por el aire cerca del patio de la casa. La naturaleza parecía enloquecida. Agarrándonos unos a otros volvimos a la casa que comenzaba a moverse ante nuestras caras de susto. «¿Caería o no caería?» —pensábamos en silencio, mirándonos, dándonos ánimo. Mi padre, para entretenernos, contaba la historia de un joven campesino enamorado. Cada domingo al salir a visitar se despedía de su madre, bien vestido, preparado para pasar un potrero de vacas, con un «si Dios quiere mamá». Un domingo lo corrió una de aquellas vacas fajadoras que te embestían sin cerrar los ojos, como los toros, y el pobre guajiro se salvó por un pelito, con una tremenda carrera, saltando la cerca. Al otro domingo, al responder al saludo de la madre, dijo: «si Dios y la vaca, quieren, mamá». Las risas y el café de Panchita nos hicieron pasar las últimas horas del ciclón. La casa bailaba pero no cayó.

Salimos angustiados de casa de Miguel, ¿estaría en pie nuestra casita, estaríamos sin techo? Caminamos unos minutos entre aquella naturaleza, antes erguida, viva y hermosa, ahora destrozada, muerta, por tierra. Desolador el efecto de aquel enemigo natural del campesino. Es un ciclón. Pasamos la cañada. Allí, en pie, estaba la casita. Por tierra, cocoteros, mangales, aguacates, lima, que la habían protegido de la furia del viento. Nos miramos con alegría: al menos teníamos casa.

«Los cocos se salvarán—dijo mi padre—. Las raíces estaban vivas, los cocoteros se levantarán otra vez de la tierra. Tenemos que empezar a plantar y sembrar de nuevo, Carlitos».

Si el ciclón era malo, la caña era más mala que el ciclón. Vientos enfurecidos ponían por tierra los verticales campos de caña, acostadas, horizontales, las ráfagas de viento pasando por encima de sus cuerpos verdosos.

Pasado el ciclón, la caña crecía por tierra, jorobada, larga, difícil de cortar. Al quemarla, se volvía caña mulata, sin paja. Cortabas poca, ganabas menos. La caña era más brava que el ciclón, no así el largo cocotero, la flaca palmera de cocos de agua deliciosa. «Largo, largo, tieso, tieso y con los huevos en el pescuezo, ¿qué es?: el cocotero». Larga, flaca palma que el viento acostaba, de raíces más débiles, cedía, caía por tierra; si era joven, volvía a levantarse, a darte cocos casi en la mano.

SAN ISIDRO LABRADOR, QUITA EL AGUA, PON EL SOL

Cuando la sequía era grande, se secaban los arroyos, yerbas y cultivos. La tierra se endurecía, cuarteaba, abría. No se podía sembrar, no crecían los sembrados. Los guajiros maldecían, diciendo: «Se va a secar hasta la madre de los tomates».

Las mujeres que creían en él hacían invocaciones, cruces de tiza blanca en un círculo blanco, bajo ciertos árboles, procesiones, rogativas a san Isidro, dueño de las aguas.

«El tiempo es caprichoso como una mujer»—decían los guajiros. La sequía prolongada, un desastre para los cultivos, darle por no llover y no parar las lluvias.

Enormes aguaceros, temporales de agua, noche y día cayendo agua, diluviando, arroyos y ríos crecidos, cañadas desbordadas, caminos fangosos, empantanadas carreteras atascadas, los frutos de la tierra pudriéndose.

Maldiciones, rezos: san Isidro Labrador, quita el agua, pon el sol. A Dios rogando, a san Isidro dando.

Caprichosa, femenina, natura nos hacía depender de sus azares. Los campesinos ojeaban el cielo, oteaban el horizonte: lluvia o sequía, vientos o granizadas, unas horas arruinaban un año de trabajo.

Cuando la buena natura se portaba bien (buen sol, fríos de invierno) maduraban los frutos de la tierra. El agua los agigantaba; el sol y los fríos les daban sabor. Humores raros de madre naturaleza: ella te manda lo bueno y lo malo.

Prodigiosa isla: sin terremotos, sin fieras, plagas mortales, tierra pródiga. Podías dormir a pierna suelta, en la noche fresca, sin miedo a una serpiente.

Con los días algo fríos de diciembre, el fruto era bueno, óptimo rendimiento. El maíz necesita agua. Agua, mucha agua, como el arroz, siempre agua, dentro del agua, mejor.

Sol amigo, sol enemigo de cada día. Sol violento, rompedor de piedras y vidas, treinta y tantos grados de calor, el duro trabajo de la tierra, el de la caña, un infierno: despaje de retoños o cañas nuevas, la paja cortaba como cuchillo, guataquear, corte de caña, diez o doce horas, trabajo del diablo.

«El hombre; el guajiro, es el único animal que se acostumbra a todo»—decía mi padre. El sol, ya de tanto quemar, no quemaba. No murió nunca un guajiro de insolación.

SAGUA LA GRANDE

Sagua la Grande, distante unos veinte kilómetros, era para nosotros, jóvenes campesinos, el gran río, sus corrientes, remolinos y crecidas. Su dique: placa de cemento de varios metros de profundidad y altura, que por kilómetros rechazaba las aguas revueltas, enloquecidas, que bajaban de las montañas del Escambray y se dirigían impetuosas a la costa, en busca del mar. Sagua, su mercado: mangos, piñas, melones, mameyes, anones, aguacates, canisteles, naranjas, toronjas, limas, cajeles, guayabas, papayas... Fiesta de las frutas, de los sabrosos frutos de la tierra: maíz, boniato, malanga, quimbombó, ñame, yuca, calabaza... listas para el apetitoso ajiaco: cocido de viandas tropicales, trozos de tocino, tasajo y carnes. Frijoles negros, blancos, caritas, colorados.

El guarapo—jugo de caña—frío, costaba un kilo prieto. Sus vendedores, chinos heladeros. Fondas chinas: sopa de tiburón. Fondas criollas: frijoles negros, arroz, picadillo, fruterías, máquinas de pelar naranjas, cinco por un kilito; lechones asados, guanajos, carneros, chivos, pollos, gallinas, guineas, pescados (pargo colorado y sabroso, serrucho para escabeche, conservado en vinagre picante, chernas, agujas, biajacas de río), grandes y maravillosos mariscos (cangrejos moros, langostinos, langostas mordiéndose la cola, ostras, ostiones eróticos) y míticos huevos de tortuga.

Sagua, su famoso Instituto y Colegio Laico Martí, estudiantes contestadores, bromistas. Sagua, sus lindas muchachas, sus bailes y orquestas, charangas, calles, paseos. La iglesia jesuita, su leyenda: en una de aquellas crecidas del río, quedó el pueblo bajo las aguas, en la cúpula de la iglesia, crucificado un enorme mulo muerto, «Lento es el paso del mulo en el abismo». Sagua, su puente sobre el río, camino del central. Resulta, el río, la carretera, camino de la Isabela, casas sobre el agua, dos mares, el Atlántico y la boca del río, en su desembocadura, su arquitectura marina, salinas que de blancas no se dejaban mirar, grandes barcos cargando, descargando, marineros, pescadores. El mar, el mar que en la isla estrecha, casi veías de costa a costa. El mar, un barco que te hacía viajar con los ojos, única manera de viajar de los pobres. Aguas azules, transparentes, violentas o calmadas que te refrigeraban el cuerpo del calor tropical. Lindas muchachas, sus trusas mostraban sus cuerpos incitantes, tocados por las manos del agua y del viento, el gran rascabucheador, y de manos menos platónicas, bellos cuerpos que nosotros, campesinos, asombrados mirábamos casi desnudos, desnudándolos con los ojos, como un sueño real, imposible de tocar. Ostiones con limón: viaje al erotismo, a lo afrodisíaco, al clandestino manuelismo: la Manuela, nuestra autogestión sexual.

Deseos que terminaban en los bayuses de Cocosolo: casi una escalera sobre el río, zona peligrosa en las crecidas. Cuando las corrientes del Sagua, rechazadas por el dique, subían, se llevaban casas y muebles, entre los gritos de las putas por sus perdidos instrumentos de trabajo y la coña de la gente: «¡Que se ahoga el colchón de la Chelito!», en el que media Sagua perdió su virginidad y que ahora flotaba entre viejos condones inflados, nadando en las aguas, camino de la Isabela, en la no muy buena compañía de vacas ahogadas, mulos, caballos muertos, árboles, troncos, yerbas, palos arrastrados en aquel mar de condones flotantes. Chelito, ¡qué mulata!: color tabaco, cabellera negra, larga, una penca de guano, caderas estrechísimas, tetas puntiagudas, pezones oscuros, un culo de etcétera; su movimiento continuo: exprime, remoja, zas. Su golpe maestro: «Échame la rumbita, Nene». Un solo golpe na más, con él: «Ay, mamá, que me la rompes».

Cara, la Chelito: un coco el palo. Eso sí, muchacho, sin gono ni sífilis: flagelos de aquellos tiempos, aún no penicilínicos. El colchón flotando, la Chelito gritando. Entonces Juanito, el nadador, tiró la ropa y se lanzó al río, desapareciendo entre las aguas. Todo el mundo con aquello de me faltan las palabras, pensando que se lo tragó el río, Chelito llorando, cuando sobre el colchón flotante, en medio de la corriente, apareció Juanito, se paró sobre las aguas, con el palo. Remando cortaba la corriente, evitaba los remolinos, y allá lejos, río abajo, salió a la orilla, colchón en mano y Chelito gritando: «¡Macho, macho!».

Sagua, la ciudad: libertad, fiesta, espectáculo, amor, peligro. Muchachas, estudios, distracción, pelota; el mítico Conrado Marrero, el guajiro de Laberinto, su bola de saliva, que lo llevaría a las grandes ligas, que le decían el bola muerta, nadie le bateaba la bola.

Sagua, sus ingenios azucareros, ocho en su cercanía. Sus sindicatos, huelgas, manifestaciones estudiantiles, jóvenes tirando piedras a la policía, problemas raciales: un negro, un chino o un mulato valían la mitad de los «otros», pobre, obrero, campesino casi igual. Épocas hubo donde un negro no podía pasar de ciertos barrios, ahora superadas por luchas y protestas. Si tambores, negros y sus fiestas entraban en las casas de los ricos, era sólo como músicos. «Lo blanquito no son blavo tocando tambó»—decía el chinito Joaquín. Sí, tenían la oreja y la pata gallega muchos de aquellos blanquitos, negados para el toque y el ritmo. Los negros eran la música, los bailes: son, danzón, danzonete, rumba, conga, bolero, guaracha. Allí estaban: tocadores sí, bailadores no. Prohibido bailar, entrar en un baile de blancos, tocado por negros.

Andaba yo casi siempre con negros. «Petrolero, petrolero»—choteaban los viejos. Eran mis amigos. No sé si porque era de los jodidos, como ellos, aun si mi piel de pobre, pero blanca, era una ventaja. No me sentía extraño entre negros ni ellos me veían como un blanco paternalista. Tenía una bella relación. Aun si no vivían en los campos cerca de mi casa. Vivían en las afueras de Sitio Grande, Sagua, Cifuentes, en barracones de ingenios azucareros.

Allí hacían su vida medio clandestina: ancestrales ritos, culturas, religiones africanas, toques, misas, bautizos, fundamentos. Ceremonias que tenían la pureza transmitida por sus antecesores, esclavos africanos traídos a Cuba, de tierras diferentes, de aquel gran continente.

Un negro para adorar a Changó, dios del fuego, guerra y amor, tenía que hacerlo el 4 de diciembre, día de la católica santa Bárbara; quizás por haber nacido ese día, me sentí siempre próximo a Changó y de ahí venía mi negritud. Sus religiones penetraron la blanca católica. Era una, eran dos. Eran tres, religiones, digo.

El mundo blanco impuso sus estructuras, academias, normas, poderes; el mundo negro su ritmo, potencias, fuerza, alegría, animismo, magia, misterio, poesía, música. Se volvió de conquistado a conquistador. Penetró en el mundo blanco. Ambas culturas, la blanca y la negra, se fundieron en nuestra geografía: trópico, luz, sensualidad. De ellas surgió en la isla ya no india, antillana, casi marina, un pez nadando entre las aguas del Caribe: Cuba.

Cuba, su vitalidad, juventud, humor, alegría, irreverencia, encanto, tan distinta de madre España, tan parecida a mamá África, tan cubana como sus verdes palmas. Aun si España nos dejó la maravilla de su lengua. Europa (Francia, Italia, Grecia), la cultura occidental, Renacimiento, cristianismo, Revolución Francesa. Estados Unidos, su poderío económico y asfixiante presencia, el deseo de democracia, nacido de su revolución independentista y del pensamiento inglés. Era como si nosotros negros de cuerpos, españoles de alma, conservásemos caudillismo, intolerancia, desprecio por la cultura, genialismo, aventura, militarismo, incapacidad de crear instituciones. Cosas que teníamos metidas en el tuétano de los huesos. Cierto que los campos occidentales de la isla y Santa Clara, mi provincia, están poblados por blancos, casi siempre canarios, grandes agricultores, cultivadores de tabaco y frutos menores, que hablaban un español, risa y burla de los sabihondos de la ciudad, no otra cosa que la forma de hablar de la época clásica española. Su cantar, la décima, ahora cubanizada, venía de una vieja octava italiana, el tres como instrumento de base, una tonada, y si acaso un güiro, maracas o claves, aun si era costumbre que el cantaor se acompañase con su tres, como hacía el famoso Chanito Isidrón: su décima pícara, de doble sentido, socarrona, humorista y sabrosa, como una taza de café hirviendo o las nalgas de una mulata.

No era yo en la medida que aprendía en libros ciertas verdades verdaderas, de los que convencían las dos constantes afirmaciones sobre nuestro destino americano. Una: «Todos los males vienen de fuera». España, como herencia; Estados Unidos, como imperio. La verdad de izquierda. Otra, por supuesto contraria, de derecha: «Todos nuestros males vienen de nuestra incapacidad». Me inclinaba a la primera, aun si no me convencía del todo. Dos verdades que ponían dos soluciones opuestas: la primera, la lucha contra Estados Unidos; la segunda, la virtud doméstica. Una, demagógica y demoníaca; la otra, acomplejada e irrealizable. Eran creo dos realidades y dos verdades, y no una sola. Fisti, fisti, mielmano.

Dos medias verdades, o una sola verdad.

Sagua, la ciudad me fascinaba. Me contagiaba, me hacía pensar. Cuando volvía a la Duda, que así llamaban al apeadero de la guagua Ranchuelera, después de pasar el puente Felipe Pazos, de ver una vez más abajo, profundo el río, los cañaverales azucareros, las chimeneas humeantes del central Santa Teresa, los campos verdes, ya camino de mi casa, con los pies en el fango del camino, iba dudando, dudando: duda que me rompía el coco. Su respuesta iba a ser mi vida. O quizás su pregunta. «Tienes la cabeza por otros mundos, Carlitos»—me decía mi madre—, «despierta, despierta, ponte a estudiar la lección».

NACHO, EL CAPADOR

Nacho Martínez vivía en una finca que lindaba con nuestro conuco. Los Martínez eran muchos. Eleuterio, el padre, flaco, con su perro y su bastón. Simpático, parecía un san Lázaro campesino. Yo le robaba las guayabas y él choteaba, riendo, al sorprenderme al salir del guayabal, frente a su casa, comiendo aquellas guayabas blancas y grandes, las más sabrosas de los alrededores.

Tomasa, su mujer, gordita, muy buena gente. Juanita, Virula y Bibí eran mis compañeros de escuela. Juanita, bella muchacha, muy inteligente. Marcos y Nacho, los mayores. Nacho era de oficio capador. Ponía los toros amarrados, las cuatro patas bien seguras debajo de las cañas bravas del arroyo. Y allí daba con una maceta de palo, en forma de bate de pelota, de un solo golpe sobre los enormes cojones del toro, que lanzaba un terrible berrido. Y ya el toro estaba capado.

Los cojones se le iban encogiendo, secando, hasta casi desaparecer. El toro bravo se convertía en buey, se volvía manso, obediente, buen trabajador. Enyugado con otro hacía la yunta que halaba el arado que rompía la tierra, o para el tiro de caña, llevando la carreta de cuatrocientas arrobas, con tres yuntas más, desde el cañaveral al chucho o al batey de «Unidad».

A los potros cerreros capaba Nacho, no con la maceta, sino con un afilado cuchillo. Abría y sacaba los huevos del animal, y después cerraba la herida, curada con ungüentos caseros.

A cierta edad todos los animales machos eran capados, excepto los mejores, que se dejaban para padres. Capados servían para el trabajo, vender o comer. ¿Quién se comía un varraco con el berrenchín que tenía? Capado el machito no tenía olor y así el chivo, más apestoso que el puerco, el carnero, listos para el chilindrón que robado sabía mejor.

Furiosos, violentos, indomables, inquietos, rebeldes, iban creciendo bellos, peleaban, se soltaban, daban patadas, montaban las yeguas, potrancas y terneras.

Como si el sexo fuera la vida.

Los capaban y el cambio de aquellos animales era extraordinario. Les entraba una mansedumbre, se volvían tranquilos, gordos y feos, bestias de trabajo, víctimas del cuchillo del carnicero. No parecían los mismos animales. Castrados eran como vegetales. Los toros padres y los potros para cría seguían violentos. El suyo era un oficio mejor: montar vacas y yeguas. Verdaderos padres padrones del campo.

Relinchaban, corrían bellos por campos y potreros y algunos, como el gallo, eran el marido de todas las gallinas y el reloj campesino. El buen despertar, el anuncio de que pronto se colarían las jícaras del café y se ordeñarían las vacas, en esa hora linda del amanecer en el campo.

El canto del gallo sonaba como una trompeta china en la madrugada. Lejos, lejos, se oía su canto.

Cuando preguntabas a un guajiro por alguien que vivía por allí, no lejos, socarronamente, te respondía: «Al cantío de un gallo, mi amigo, al cantío de un gallo».

EL MELONAR

El melonar estaba a la orilla del camino, sus frutos verdes, moteados de blanco, cilíndricos, redondos, grandes, de medio metro de largo, mojados, fríos, en esta hora del amanecer, refrigerados en la noche. Entraba, ansioso en el melonar, visión: una orgía de melones en mis ojos, soñando, saboreando el placer gustoso, recreando jugos para materializar el acto, que raramente sucede, superior a lo imaginado. Ritual de cada amanecer: mirar entre los claros del día el melón más oscuro, verde negro, bañado de rocío, tocar su cáscara suave, descargar con furia un piñazo en su lomo verde. Se rompía el cuerpo rojo del melón, con mi mano izquierda evitaba que el líquido rojo cayese por tierra pegando mi boca como un animal, bebía la sangre del melón, su néctar, maravilloso desayuno, tragaba. Respiraba fuerte, con las dos manos desprendía el apetitoso corazón del melón, me lo pegaba a la cara (gran primer plano: amores con la naturaleza), la barriga se me inflaba, un sopor me invadía. Y si aún era temprano, me acostaba con un melón de almohada a contemplar millones de estrellas que formaban en el cielo extrañas figuras campesinas: caminos, arados, árboles; el cielo, ciudad idealizada, extraños mundos, puntos caminando por el azul. Me dormía y despertaba al canto del gallo. Entonces con modorra, pesado el estómago, comenzaba el trabajo del día.

Cada día una fruta diferente: de los melones a los mangos; a chupar amarillas manzanas pulposas, dulces, mangos de sabor yodado, caídos en la noche, frescos, tumbados por el vientecito del amanecer, tirándoles mangazos, divertido, al racimo en alto, que caía, lluvia vegetal. Banquete, pesada digestión, promesa incumplida, no volver a hacerla, empacho, dolores de barriga. Demasiado sensual aquel comerme la naturaleza, volverme mango, mamey, piña, zapote, lima, toronja, naranja, cala, anón, caimito, canistel...

A veces conseguía cambiar de fruta, reposar el cansado estómago, yéndome a las matas de coco, que trepaba al atardecer. Cortaba un racimo de un cuchillazo, lo dejaba sobre la yerba y la noche lo enfriaba. Con el machetico le levantaba la tapa de la boca de un tajazo, viraba el coco y me lo bebía fresco, sin respirar: medio litro de agua dulce, diurética, que mejor no podía saber y me la iba meando por los campos, soltando agua por todas partes. Las frutas son las fiestas de la naturaleza, me ofrecían sus jugos, frescura, sabor, carne, esplendor, colores, amores, pintura, orgía espléndida que me compensaba de la dureza del día, la violencia del trabajo, las injusticias.

Eran mías, me entregaban sus carnosas carnes, sexo, orgasmo de la naturaleza ofrecido, en aquel nacer y renacer de cada día, cuando la luz optimista, íntima, dejaba atrás lo oscuro, el miedo, y aún no era el sol asesino del mediodía. Cuando no teníamos frutas, robarlas a los señores era incitante placer: ellos las protegían clavando infinidad de vidrios rotos sobre los muros de piedra, que impedían, aun al viento, tirar una manga sobre el camino, y a mí brincar el muro. Allí se pudrían privadas, mejor podridas que comidas por bocasucias como yo.

Para protegerlas ponían cercas de alambre de púas, serenos, guardias, perros. Pensaba en su doble robo, robo a los jugos de la tierra, al trabajo campesino. Sembrárselas, sí. Comerlas, no. Si alguien humilde las pedía, un seco «no» y al corral de cochinos. Nosotros, a piedra limpia, desafiábamos perros, cercas, policías. Desafío a la fruta prohibida del señor. «No al Señor del cielo, padre—decían—de aquellas frutas». Al señor de la tierra. De la tierra, que decían tierra de los hombres.

GUERRA DE LAS FRUTAS

El enorme melonar de los Parra daba sobre el río Sagua, cuyas aguas revueltas y amarillas, medio crecidas, corrían con fuerza, río abajo, camino de Sagua. Río enorme, sus remolinos te tragaban y no salías más. Güijes misteriosos, mitológicas figuras, sirenas, entre mulatas y mitos, llamaban, entrabas en las corrientes profundas del río y te desaparecían. «Río caudaloso, qué corretón estás, ni yo me tiraré, ni tú me llevarás»—cantaba mi abuelo, aconsejándome no desafiar al río.

Parra tenía un perro. Pero el perro de Parra, no ciego, sino tuerto, viejo y sordo, veía sólo del ojo derecho. ¿Cómo conseguir su complicidad, evitar su ladrido, su aviso? Le tirabas un hueso al perro de Parra, un pellejo, y el perro agradecido, te ignoraba. Hacíamos una fila en el melonar y rápidos, melón a melón, a mano, los pasábamos hasta que llegaban al último muchacho, que estaba sobre la barranca del río, y melón al agua. Uno tras otro, diez, doce, quince, melones, el tiempo que el hueso del perro de Parra nos concedía; melones al agua, flotando, extraño melonar río abajo, escondido. El resto de la pandilla, esperaba. Allí donde el río tenía un recodo, sus aguas se ensanchaban, se volvían más tranquilas, donde los mejores nadadores nuestros pescaban los melones, nadando.

Verde, grande, escapaba algún melón por la corriente del río, veloz, abajo. Entonces era peligroso perseguirlo. El cañón del Sagua no perdonaba. Lo abandonábamos y veíamos perderse, desaparecer, entre las corrientes, distante. El melón del río pasaba frente a la ciudad, aparecía bajo los puentes, era pescado por algún buen nadador o botero o se perdía en el remolino en el fondo misterioso del río. Los melones pescados los metíamos en saco, los escondíamos en el cañaveral a la sombra, y después nos citábamos a una hora dada. La hora del festín del melón robado terminaba, hartos de comer, en una guerra a melonazos.

EL PAN DE CAMOMILA

A las cuatro de la madrugada regresaba mi padre del primer tiro de caña al ingenio. Mi madre me despertaba, me daba una jícara de café carretero, y yo me iba a cargar la carreta. Alzar enormes puñados de caña requería destreza, fuerza de muñeca. Yo, mal machetero, peor guataqueador, era bueno alzando, nadie me daba un doble. Mi padre no era fuerte, pero tenía mucha voluntad; sus tres macheteros y yo estábamos siempre en la culata de la carretera, caña en mano. No se hacía esperar, cargando a velocidad. La primera tonga subía, la pila bajaba, así la segunda, la tercera, a veces la cuarta. Bien cargada la carreta de cañas, peojota 78, pasaba de trescientas cincuenta arrobas en una hora. Mi padre, puñado a puñado, la cargaba y gritándole a los bueyes «Cimarrón, Bandolero», se perdía por la guardarraya del ingenio, todavía oscura.

Entonces yo iba a ordeñar la vaca, cuidando que el goloso ternero no se mamase la leche. Era un juego: cuando la madre sentía la boca del hijo mamándole la teta, bajaba su líquido blanco y calientico, y yo pasaba la boca del ternero a otra teta. Así ordeñaba las cuatro, sacándole, si estaba recién parida, seis o siete litros de leche: uno para la casa, el resto para vender. Algunos campesinos aumentaban la leche al pasar por el arroyo, agregando un poco de agua en la botija, nosotros no.

A las cinco de la mañana, bien oscuro, en mi yegüita partía con la leche para Cifuentes, distante una legua. Era la hora del miedo, el desafío, entre imaginación, misterios, leyendas, visiones, la necesidad de ir y vencerlos. Casi corriendo en mi yegüita a pelo, silbando (el sonido del silbido era mi compañía), entraba por la finca maldita, recordaba mis amigos suicidados o muertos, entre cantos de tojosas, que eran, decían, el canto de los muertos.

Noche tras noche. El misterio de la noche en los campos, la imaginación volando, pasaba el pequeño monte, el camino estrecho, luego la guardarraya de palmas, entre grandes cañaverales. Allí perdía el miedo con el sonido de la guámpara de los macheteros, sonando su batería de metales; alguna vez, pero rara, una candela, quemando el cielo rojizo, con lenguas de fuego, el sonido de ametralladora de la paja seca, ardiendo, las pavesas que me calaban sobre el sombrero de guano, volando por el aire. No. No, era la madrugada, su rocío, el momento privilegiado del fuego. Sólo si había mucha seca ocurría al amanecer. Tarde, medio día reventados de sol y resplandor, era el momento de las grandes candelas, contracandelas y aun en el anochecer. Al llegar a la carretera mi miedo desaparecía, aun si no veía un alma. Pasaban veloces con sus luces amarillas y gran ruido, automóviles, guaguas y camiones. Me aproximaba a Cifuentes, a vender la leche, a recoger en el horno cien panes de kilo. Olor de pan fresco, maravilla. Amanecer. Cuando aparece el día, sus primeros claros, la naturaleza canta. No más tinieblas, miedos, ni misterios. Luz que lo descubre todo. El sol, pintor de fuego, jugando en el cielo, los campos verdes, llenos de rocío, frescor inusitado.

Cifuentes, aun en su fealdad y monotonía, al fin ciudad, me parecía maravillosa. El puente sobre el río, el cuartel, sus amarillos, caballos, rifles, revolvones, paraguayos: garantía de un orden, que no me parecía justo ni mío. El garaje de Pedro, el libertario, las bodegas de chinos: Manuel, Joaquín, Francisco. Para la gente un chino valía menos que un gollejo de naranja, yo los sentía amigos. Muchas cosas debía Cuba a su cultura: arroz, helados, dulces, hortalizas, azar, juego, dibujos, poesía.

El horno de Camomila: ¡qué maravilla de pan caliente!

Llenaba el saco, me comía uno, corriendo regresaba a los cortes de caña a vender. Cien panes. Ganaba cinco centavos, tres panes para la casa, dos para mí. Los macheteros hambrientos se desayunaban con agua de azúcar caliente y pan. Me recibían bromeando. En una hora vendía mis panes, corriendo regresaba a la casa. Tomaba mi café con leche y pan, me sentía como un general.

Mudaba los animales, sacaba unos cangres de yuca y boniatos, cortaba maíz tierno y, si era época de mangos, iba a tirarles piedras a los racimos.

Mangos machos verdes, rojizos, punteados de rojo y negro, las dulces mangas manzanas, las hilachosas amarillas que se chupaban.

Me volvía loco comiendo mangos. A veces me empachaba y tenía unos enormes dolores de barriga que me curaba la pobre Panchita, que se suicidaría años después. Me quitaba la indigestión dándome unos halones tremendos en los pellejos de la espalda, que debía sonar por arte de magia, y pasándome suavemente sus manos finas por la hinchada barriga.

Dolores que años después resultaron ser apendicitis crónica, que por un pelo estuvo a punto de llevarme la pelona.

Terminadas mis obligaciones partía contento para la Escuela de la Duda. Allí pasaba horas y horas aprendiendo. Mi sed de aprender era tan grande como la capacidad de enseñar de aquella maestra rural: Melania Cobos. La escuela era mi liberación: conocía misterios de la naturaleza, ciencias, historia de mi patria, del mundo, geografía, poesía, arte... Revolución: su mítico prestigio, ideales de libertad. Era descubrir la vida. Bellezas y amores. La realidad no era inmutable, podía cambiarse.

Soñar un futuro que me sustraía del mal presente, al que podía llegarse con esfuerzos y luchas.

Descubría la escritura. Hacía periodiquitos infantiles. Artículos patrióticos, versos de amor—eran lindas mis compañeras, estaba enamorado de todas.

NATURALEZA ERÓTICA

Incitante, erótica, la naturaleza contagiaba. El viento, sus manos libres, marcaba las formas, tocándolas suavemente, descubriéndolas. Un soplo fuerte alzaba sus vestidos, bellas pantorrillas trigueñas mostraban sus redondeces. Rápidas las muchachas, se cubrían, sonrojadas, eróticas, no respetadas por el gran rascabucheador. Un soplo más poderoso volvía a medio desnudarlas, y si al viento, y no era raro, se unía lluvia, los goterones empapaban los cuerpos, modelaban. Agua, escultor que trabaja con delicada materia: vestidos blancos, de colores, pegados al cuerpo, no más misteriosos, constreñidos, casi desnudos de agua. Las negras cabelleras cubriendo jóvenes espaldas, metiéndoseles en los senos. El agua, orgasmo de la naturaleza, fecundaba la tierra, abría las plantas, verdes, brillantes, rojas, amarillas, intensas, envolvía lo creado, en un acto de amor al que nada se sustraía.

El instinto de los animales no frenado por conciencias raras, brutal, libre, estallaba. El potro alazán relinchaba su grito de amor; las nalgas enormes de la potranca negra respondían, agrandándose con fuerza. Corrían, jugaban enloquecidos, la lluvia y el viento los impulsaban, se mordían y en un instante el potro arrinconaba la yegua y la montaba. Su sexo enorme, negro, un hongo gigante, entraba entre las patas de la potranca una, otra vez, la clavaba. Entonces se transformaba en un extraño animal, seis patas, dos cabezas, unidos en furioso acto de amor.

No menos sexual, el poderoso toro perseguía a las vacas. Sexo afilado, larguísimo, fino; una vara, que servía para fecundar una vaca, hacer un lazo de cuero, construir el famoso bicho de buey, cuando el pene de toro disecado, seco, curtido, con una bola de hierro en la punta, era usado por guardias y policías, para marcar con rayas, quemar a cuerazos espaldas y carnes de los presos. Tortura, el más brutal acto de posesión, amor y muerte, en que uno, el torturador, gozaba matando; viendo sufrir al torturado; sus gritos, dolores horrorosos, confesiones, carnes rotas, heridas, medio muerto. Sangre: leche de los torturadores, muerte del orgasmo.

El gallo cantaba tres veces y comenzaba su ronda de subir gallinas cacareantes, gritonas, ponedoras. El gallo hermoso, de colores fuertes, picassiano, tropical, héroe eterno, sin riesgo de ser comido; dura su carne: el que se come un gallo se empacha. Único buen oficio: templar gallinas, pollonas, aumentar con sus palos la producción de huevos, que el maíz, el palmiche y las buenas yerbas hacían grandes y amarillos y rompían el culo de las pobres gallinas. Pisaba y cantaba, alzando su cabeza roja, gran pico, incansable pisador. Sólo mantenía en producción un harén de gallinas.

El misterioso pájaro, paloma o tojosa, picándose la cabeza, volando sobre los gajos, hojas y ramas, en un instante se volvían uno solo.

El camaleón, la camaleona, ya difíciles de ver, camuflados, travestidos, color de hojas, vigilados por nuestros ojos, aparecían, desaparecían entre mil verdes. Difícil verles cuando se volvían un solo verde.

Los gatos bulleros, aullido a maullido de amor, sonaba un saxo enfermo, roto, sonando su filin: ay, ay, ay. El agresivo gato, su pene de gatillo entraba bien, salía mal, hería, su sexo hiriente se volvía grito de gata herida.

Perros más grotescos: «Está descompuesta», se decía, como si su amor fuera una enfermedad. Enfermedad femenina, la hembra mala, el macho no, mundo campesino machista. Macho. Cuando la pobre perra tenía calentazón, su sexo se hinchaba, sus olores se hacían fuertes, el viento avisaba a los perros machos que se reunían en jauría. Banda persecutora de perros, una perra. Un verdadero pleito de perros, cuando los perros disputaban para poseerla primero. Unos perros se mordían o mataban, otros aprovechaban, la subían. La pobre perra no podía más ser hembra de tantos perros. Exhausta, corría, perseguida por una jauría de «jau, jau, jau».

El amor entre animales ocurría entre un macho y muchas hembras. Diferente en el perro: muchos machos, una sola hembra. Los perros no eran capados como los animales de trabajo y comida. ¿Qué era un perro sin huevos? Nada, no servía ni para ladrarle a un ladrón de pollos, ni para ahuyentar pájaros glotones.

Chivos nariceros: el olor del sexo excitaba el chivo macho, que metía su boca y su nariz en el sexo hinchado de la chiva. Se daban grandes besos, tan raros, tarros de toro, barbas de hombres, extraños seres minotáuricos y mitológicos: «Chivo tiene dos cabezas. Coño me equivoqué —decía el chinito—ta templando».

Masturbarse con una papaya, deporte preferido. Penetrar con el sexo aquella fruta que parecía un seno redondo, abrirla roja, ya madura. Sus puntos negros, un pubis vegetal. ¿Cuál de las dos papayas fue primera? De ahí su nombre o sobrenombre, o quizás el nombre o sobrenombre del sexo femenino, cuyo nombre, papaya, en los campos no podía decirse: se llamaba fruta bomba. Fruta maravillosa, la papaya: dulce, acuosa, suave. Leche.

SUICIDIOS

Estelo, un joven alto, fuerte, pleno de vida, tenía veinticinco años, era muy simpático. Yo le tenía como uno de mis amigos grandes. Entre su casa y la mía, la distancia era de unos trescientos metros. Allí vivía con Rafael, su padre y su familia. Estelo cortó un gajo de guayabo, hizo una horqueta de madera del largo de su brazo izquierdo, tomó la vieja escopeta de caza, le metió un cartucho en el cañón, se echó otros cartuchos al bolsillo y salió caminando. Se internó en la manigua.

Sonó un disparo seco. Estelo, buen tirador, practicaba disparándole al gavilán, ave de rapiña que, volando alto, rápido, hacía presas sobre los pollos. «Quizás—pensaba Rafael—Estelo persigue la banda de negritos, insaciables devoradores de los exquisitos granos de arroz, en los surcos sembrados a orillas del arroyito».

Pasaron minutos, no se sintieron más disparos. Estelo no regresaba a la casa. Rafael, su padre, entró en la manigua. Allí, sobre la tierra, encontró el cuerpo de Estelo, un hueco rojo sobre el corazón, un charco de sangre, cubriendo, roja, la camisa, el pecho, la tierra. Estelo estaba muerto.

Sentí los gritos de dolor, fui corriendo, vi por primera vez suicidado, muerto, un amigo. Su cuerpo al caer aplastó las malvas. La escopeta a un lado, al otro el gancho-horqueta de guayabo. Estelo había apoyado el cañón de la escopeta sobre su corazón, haciendo palanca con su mano izquierda, con el gancho en forma de horqueta, y movió con la derecha el gatillo.

Su rostro blanco, sereno, pálido. La sangre salía roja, a borbotones, empapando la tierra, yerbas verdes; la familia desesperada, gritaba. Allí tirado, muerto, quedó Estelo. La familia, aterrada, lo miraba sin creerlo. Su madre le abrazaba, le hablaba, como si él pudiera oírlo.

Un vecino fue corriendo al pueblo a dar cuenta a las autoridades para que vinieran a levantar el cadáver. Uno de esos grandes aguaceros del trópico, que vienen y van, en unos minutos descargó sus aguas sobre nosotros. El agua limpiaba la sangre, que se volvía rojiza. Su hermana menor trajo una sábana blanca y la puso sobre su cuerpo. Allí quedó, blanca, volviéndose roja sobre la tierra mojada.

Marcial era muy madrugador. Iba todos los días a Sitio Grande antes del amanecer a vender pollos y huevos, y embarcar maíz o puercos en el camión de Chicho Tápanes, que se los vendía en el mercado de Sagua. Compraba pan, regresaba a su finquita, que era muy buena. Lindaba con la de Julio Piloto, de la otra parte del camino real, frente a mi casa.

Aquella madrugada, Marcial, en su caballo moro, medio dormido, tomó el camino para la carretera, atravesando la finca, cuando dos zapatos le dieron en los ojos. Marcial se aterrorizó pensando en el aparecido, abrió los ojos desmesuradamente y entonces vio colgado, guindando del árbol, al viejo Rafael, el padre de Estelo, ahorcado. Dio un grito de miedo y despertó a la familia.

La vieja guásima en la que Rafael pendía, ahorcado, con una coyunda de buey al cuello, estaba en el patio de la casa, sobre el camino. Rafael, de tiempo enfermo, con un tumor que le daba atroces dolores, desconsolado por el suicidio de su joven hijo Estelo, aquella madrugada había decidido ahorcarse, en aquella mata grande y vieja, que tantos años antes había sembrado. Ahora formaba parte de ella. En pocos días fue el segundo muerto que vi. Esta vez un anciano que jugaba conmigo. Su suicidio no era menos impresionante que el de su hijo. Aquellas visiones se me clavaron en la memoria.

Marcial, horrorizado, tuvo un choc por mucho tiempo; en las pesadillas huía a caballo de un hombre que caminaba por el aire, que le golpeaba los ojos con dos enormes zapatos.

Panchita, muy gorda y simpática, buena dulcera, madre de tantos hijos, muchos de ellos lindas muchachas, no era como Ana, también gorda, pero como un globo. Los muchachos le cantaban: «¡Ana la jicotea no tiene cintura! ¡La jicotea no puede caminar!». Enrique, su marido, de mal genio, los perseguía con su machete; ellos escapaban corriendo.

Panchita: curandera, desempachadora, dadora de conocimientos, mastuerzo para los riñones, leche de papaya, piña salvaje para las lombrices, yerbajos no siempre agradables que curaban todos los males. Panchita, mi padre y mi madre pusieron una tarde mi pie izquierdo en el tronco del almácigo, raspando con el cuchillo la cáscara verde amarilla, resinosa. Pisada en el árbol que debía caminar, subir, desaparecer con los años. Sí, mi pata subía, un testículo que tenía suspendido, bajaría. Más bien escéptico, pensaba que si bajaba, como bajó, sería por ley natural. Ellos convencidos que por su arte de magia.

Miguel Mesa, el marido de Panchita, tenía dos voces. El chinito Joaquín, el bodeguero decía: «Migué, tú tiene do baliga». Su voz fuerte, de bajo, se volvía falsete, fañosa, tina, provocando la risa de los muchachos, la coña de los vecinos y la ira del viejo Miguel.

Miguel guataqueaba, un mediodía, caliente, sudado, bajo un sol que rompía las piedras, sediento. Bajó su cabeza, la metió en la cañada de agua fría y allí estuvo largo rato, refrescándose, entre el agua y las piedras.

Parece que, sofocado como estaba, estuvo mucho tiempo bebiendo agua fría y se resfrió. El resfriado le afectó las cuerdas vocales. Desde entonces Miguel habló con dos voces.

Panchita se encerró un día en su cuarto, se roció sobre el vestido un litro de aceite de carbón, encendió un fósforo y se prendió fuego. Corriendo, una antorcha humana, pedía auxilio. Sus hijas le tiraron agua, sábanas, tierra, inútilmente. Murió horriblemente carbonizada. Causaba una impresión tremenda ver a las mujeres quemadas. Era costumbre de la mujer campesina suicidarse así. La variación no era menos espantosa. Muchachas decepcionadas de amor, dejadas por su novio, avergonzadas por tener relaciones sexuales o quedar en estado de gracia, se suicidaban bebiendo aquel horrible líquido negro: tinta rápida de teñir zapatos. Morían envenenadas. Dos formas de suicidio femenino. Los hombres se disparaban con el revólver, usaban la escopeta o la soga, ahorcándose.

Aquellos suicidios impresionaron mi imaginación adolescente.

Margarito, viejo, sabio, socarrón, bromista como mi padre, buen contador de cuentos y chistes. Yo me ponía rojo recordando el día en su casa en que me di un atracón de aguacates y se me fue un sonoro peíto, escandaloso, como una trompetilla guajira y la ocurrencia de Margarito: «Carlitos, Carlitos, tírale duro a los mosquitos». La risa de todos, mi cara roja.

La finca de Margarito lindaba con la casa nuestra. Allí detrás la arboleda tenía su casa, que yo visitaba con frecuencia. Iba a jugar con sus hijos, compañeros de escuela, a comer amarillos, filipinos, biscochuelos, dulces limas, toronjas, caimitos morados y blancos.

Margarito tenía una potranca negra, con un lucero blanco en la frente, medio cerrera, pero gualtrapeadora. Margarito le ponía la montura, vestido con su guayabera de hilo crudo, zapatos carreteros, machete al cinto, elegante. Se iba a visitar amigos: «a pie ni para coger impulso».

Él mismo herraba su yegua, clavándole con sus manos las herraduras de hierro para protegerle los cascos de alambres y piedras. Las herraduras eran bonitas y se colgaban en las casas como amuleto de la buena suerte.

La yegua negra, arisca, no gustaba que la herraran. Un día dio una patada que destrozó el hígado de Margarito. Con la herradura en la mano, fue recogido por sus hijos. Le llevaron al hospital de Sagua. Días después murió.

Entonces sí que no hubo campesino que no pensase que aquel pedazo de tierra estaba maldito: Heriberto desalojado; Estelo, suicidado con su escopeta; Rafael ahorcado; Panchita, quemada; Margarito, matado por la yegua.

Tiempo después sus hijos dejaron la finca en que nadie quería vivir. El gallego Pereiras, el bodeguero, desesperado, no encontraba a quién venderla o arrendarla.

LA CEIBA

Ceiba: madre, árbol misterioso y sagrado, árbol de Dios, casa de Dios; de un dios al que nunca se llega. Ceiba protectora. Enorme. Casa verde. Madre campesina. Árbol al que todo le está permitido, que no puede cortarse. Si se corta una ceiba, ocurre desgracia. La ceiba debía estar lejos de las casas. Sus grandes raíces se metían por la tierra, una fortaleza, destruían a quien se interpusiese en su camino. ¿Quién se atrevía con las raíces de una ceiba?

Si nacía silvestre, cerca del bohío, mejor ver destruidos los pisos que arrancar el árbol madre, que traía desgracia. En el jardín de la casa de los Niebla, verde, gigante, crecía una ceiba milenaria. Su cáscara arrugada parecía la piel de un viejo elefante. Ceiba, al decir de los viejos, tan vieja como aquella de Trinidad.

La ceiba de Casilda, en la embocadura del río, que vio partir las naves de vela de Hernán Cortés, en 1518, en la expedición hacia la conquista de México.

Ceiba que ocultó y protegió a los hombres de Cortés, ya perseguidos por el gobernador Velázquez, celoso de la gloria y el poder que la isla no le daba. Ceiba que incitó a los trinitarios a enrolarse en la expedición, dar víveres y ayudar a los hombres de Cortés.

Sombra protectora de la ceiba de Cortés, que oyó una voz negra esclava, voz africana, como la ceiba, implorando protección, y Cortés diole libertad. Y la ceiba agradecida, pidió a su dios, Oddudumare, al que nunca se llega, que abriese las puertas del nuevo mundo al capitán, naves y hombres; y al viento, su hermano, que las impulsase tan rápidas que nadie pudiera darles alcance. Matusalén, llamaban irreverentes, los muchachos a la vieja ceiba de los Niebla. Matusalén por vieja y borracha. Bajo su sombra se hacían fiestas y grandes borracheras. Aquel ron peleón de bembés y sangre de gallo, el ron de Matusalén. El ron que cura cuando no mata.

El viejo Niebla y la ceiba se entendían.

Un campesino conoce a sus árboles y plantas, habla con ellos, oye sus palabras. Otro lenguaje universal, mudo, viene de la tierra, vive en sus árboles, naturaleza viva, habla con su voz, voz bien oída, del oído de tierra a tierra, de quien en la tierra nace. Sentida por el cuerpo, los sabios de la ciudad no oyen; ellos adoran un palo muerto, naturaleza muerta, no naturaleza viva. Sus doctas religiones. Burlas del animismo. Magia, poesía de la naturaleza. Ellos se ríen de los conocimientos guajiros, pero buscan en la botánica campesina, fuente para sus medicinas. Ceiba vieja, con sus raíces debilitadas, enferma, se resistía a morir. Un peligro para la casa cuando venían los grandes ciclones.

Ciclonera, aquella ceiba había visto pasar todos los ciclones. Ahora dos famosos observatorios, el de Millás y el de Belén, anunciaban que uno de los ciclones más fuertes azotaría Cuba, pasaría sobre Sagua, su región. No hubo consejo que valiera con el viejo Niebla. No. Él no dejaría ni su casa ni su ceiba. A ruegos accedió a que la familia se protegiese en el vara en tierra de un vecino. Se quedaría con su ceiba. Durante la noche vientos furiosos batieron de todas partes, arrasando árboles, casas y sembrados. De mañana amainó el ciclón, y cuando la familia regresó a la casa, allí la encontró sin puertas ni techos ni paredes, el viento había arrancado todo. Los duros horcones de jiquí, los cujes de arabo, quedaron firmes.

El viejo Niebla se refugió en el hueco del tronco de la ceiba. Allí, vivo, protegido, abrazado a ella, lo encontró su familia. Ceiba, árbol de Dios, al que nunca se llega, ceiba madre.

«Al que a buen árbol se arrima, buena sombra le cobija».

UN OCTUBRE LLUVIOSO

Era octubre. Octubre lluvioso, ciclonero, campos inundados de agua, maizales, yucales, boniatales amarillos, podridos. Hambre, hambre. Dura crisis económica, el azúcar no valía nada, el machadato violento reprimía feroz en La Habana y provincias. Muertos tirados en las carreteras, ahorcados, atentados, bombas, desaparecidos, casi siempre jóvenes. Protestas, manifestaciones, alzados. Andrecito, el bravo guajiro, con su guerrillita, no dejaba salir al cabo Felipe del cuartel a meterse con los campesinos. Tiroteos serios, otros humorísticos. Un comevaca menocalista, alzado, sintiendo el ruido de una avioneta, creyéndose atacado en el susto, cayó de la yegua gritando: «Me rindo, me rindo. Cabo de la guardia, siento un tiro». Era la montura, que le había caído encima, y amoscado se levantó ante la risa de sus compañeros.

Una mañana, al entrar en la escuela, vimos un pleito impresionante: varios ferroviarios que arreglaban la línea se fajaron. De golpes a mano, pasaron a darse con sus pesados instrumentos de trabajo (picos, palas, azadones). Una pelea entre asturianos y criollos. Era tal su violencia, que nadie se atrevía a separarlos. Enloquecidos, ensangrentados, caían, se levantaban, volvían a pegarse.

El más grande de todos dio una patada a un hombrecito que cayó sobre el hierro de la línea. Allí en el suelo, caído, le pateaba la cara. Entonces otro alzó un enorme pico de romper piedras y se lo clavó en la cabeza. Los sesos volaron por el aire, regándose en la tierra, bañada de sangre. Un grito de horror detuvo la pelea.

El hombre sin cabeza quedó extendido entre las travesañas del ferrocarril, rojas de sangre.

Cuando iba a la escuela miraba la línea, manchada de sangre seca. Me parecía ver aquel hombre sin cabeza, dentro de mi cabeza. Visión que no me abandonó en años.

ELIGIO, EL TÍO ABUELO

La fiesta estaba en su furor. La orquesta tocaba una contradanza. El capitán español, arrogante, tenía el derecho de comenzar el baile. Se levantó, tomó de la mano a la muchacha más linda del baile, una trigueña de ojos negros. Era la enamorada de Eligio, que miraba desafiante mientras el oficial y ella danzaban. Terminada la pieza, el capitán colocó en el pecho de la muchacha una flor amarilla, símbolo de España.

Eligio tomó su tres, improvisando una décima:

> Quítate esa flor canaria,
> que te hace poco favor,
> y ponte en el pecho mejor
> una estrella solitaria.
> Mira que es ordinaria,
> y no te ofrece nada bueno.
> Si prendido de tu seno
> se enamora un español,
> dale en prueba de tu amor,
> una copa de veneno.

Era mi abuelo Manuel quien me contaba la historia de su hermano Eligio. Era 1895, estaba por comenzar la Guerra de Independencia. Eligio, al ofrecer la estrella solitaria, símbolo mambí, defendía su amor y la libertad, a riesgo de su vida. El oficial español quiso detenerle. Eligio, rápido, saltó sobre su caballo, desenvainando su paraguayo y gritando: «Pelea como los hombres». Firme le esperó, al fondo del camino.

Aquel duelo a machete, a caballo, terminaría con uno de los contendientes muerto. Furioso, el español se lanzó a galope, sable en mano, sobre Eligio: los aceros se cruzaron, sin herirse. Sonaban los machetes una y otra vez. El español hundió su sable en la pierna izquierda de Eligio. Sangrante su cuerpo se aflojó, tocado otra vez en su mano izquierda. Pareció caer, ante nuestro terror y el de los amigos que corriendo habían dejado el baile por la pelea. Eligio, que no se sostenía, no podía guiar su caballo. Con la mano del machete tiró de las riendas, viró en redondo y se perdió en la manigua.

El oficial español, gritándole «Cobarde», se lanzó en su persecución, seguro de la victoria. El caballo de Eligio, sin jinete, volvió desbocado por el camino, ante el miedo y asombro de todos.

El español, en gran carrera, regresaba con aire de triunfo. En la curva del camino, machete en mano, salió Eligio de la manigua y de un feroz machetazo arrancó de cuajo la cabeza, que voló por el aire y cayó por tierra. El caballo corrió con el cuerpo descabezado y sangrante, que no caía, y Eligio que gritaba: «Entiérrenlo como cristiano, que así como él, caerán los enemigos de la patria. ¡Viva Cuba libre!». Y montando su caballo, se perdió en la manigua.

«Así era tu tío Eligio»—agregaba el abuelo.

Tenía una arria de mulos de carga para transportar mercancías entre las lomas de Sin Nombre y la costa. Cada mulo tenía un aparejo con la carga y para sostenerlo, una gurupela debajo del rabo, que impedía la caída cuando bajaban las lomas. Eligio colocó como gurupela debajo del rabo de cada mulo una bandera española.

Cuando comenzó la guerra, se alzó y escribió a nuestra madre una décima que se hizo famosa en los campos de Cuba. Con su voz bien timbrada, el abuelo me cantaba la décima:

> Cuando leí la proclama,
> tuve un pensamiento sólo,
> hay que abandonarlo todo,
> porque la patria nos llama.
> Y si el día de mañana,
> cayera en cualquier acción
> antes de la conclusión
> sin poder cantar victoria,
> pida para mí la gloria
> y écheme su bendición.

Y los ojos de mi abuelo se humedecían con el recuerdo.

EL MACHETE DEL GENERAL ROBAU

Bravo, el general Robau, que mandaba las fuerzas de Sagua en la Guerra de Independencia del 95. En uno de aquellos combates, mientras atacaban un fuerte, le arrancaron de un sablazo la oreja izquierda a Florentino Rodríguez, que desde entonces tuvo un apodo glorioso: el Muengo Rodríguez, y que después se casó con una prima de mi madre. «Qué cargas las de Robau»—agregaba don Manuel. Una noche, sedientos y cansados, Robau y unos cien mambises, después de muchos combates y carreras, llegaron al río Sagua, desensillaron los caballos y se tiraron al río, hombres y caballos. Les sorprendió, como Dios los había mandado al mundo, el temible regimiento de infantería española, a descargas cerradas, y diezmó muchos mambises.

Robau ordenó a los hombres que escaparon a la sorpresa montar a caballo desnudos, machete en mano y cargar a retaguardia la infantería española. Aquella terrible carga a machete de hombres desnudos, que no se sabía si eran mambises o diablos, aterrorizó a los españoles, que sufrieron una gran derrota, y huyeron despavoridos, dejando en el río un reguero de cadáveres. «Sí, Carlitos, eran bravos los mambises, y entre ellos estaba Eligio. Era ya capitán, cuidaba un campamento de heridos en las lomas de Sin Nombre, cuando fue rodeado por una guerrilla cubana al servicio de España. Debes saber que había traidores que peleaban contra Cuba. Mientras tuvo balas, Eligio, buen tirador, los tuvo a raya. Se le acabaron las balas, sacó su machete y los esperó a pie firme, gritándoles: "traidores, vengan a ver cómo muere un mambí"».

Los guerrilleros, corriendo a caballo, sacaron sus lazos, lo enlazaron, amarrando las sogas en los picos de sus monturas y emprendieron una veloz carrera por las lomas. Ya despedazado, amarraron el cuerpo sobre la montura de un caballo, con la cabeza arrastrándole por tierra, y lo pasearon por la calle real del pueblo, con el cura, que bendecía a la guerrilla por su heroísmo.

EL SOL: ENEMIGO MÍO

Al amanecer, el hueco rojo del sol caminando en el cielo resplandecía entre las negruras de la noche. Esta hora optimista del nacer del día, de la vida, comienzo, grito de la naturaleza, luz todavía fina, clara, desvela la oscuridad, descubre misterios, eliminando, pintando de colores maravillosos, restallantes las copas oscuras de los árboles, el rocío, su frescor baña hojas y tierra, limpias, más verdes y brillantes, resplandecientes con el canto de los pájaros, el murmullo de los arroyos, el viento soplando las finas ramas del pino. El cantío agudo de los gallos anunciaba el despertar. La vida es bella en esa hora de transición, cuando la luz reemplaza tinieblas. Y no era la mucha luz. El indio subiendo en el cielo, alzándose en el este, suave todavía, su oficio de calentador, reventando los campos. Sol, cortante cuchillo que cegaba los ojos y desaparecía misterios, asesinados por la violencia de una luz mortal, dura, fuerte, clara, violenta, aplastante. La tierra, árboles, cañaverales, ardían abrazados por el fuego de aquel sol implacable, enemigo, mío, que penetraba mis ojos, me poseía, me entraba en el cuerpo, me traspasaba con sus rayos, me encendía. El sol subiendo, subiendo en el cielo. Sudor que bañaba mi frente, caía en mi cara, refrescándola un instante, y de nuevo me sentía reseco, quemado, ardiendo, imperiosa necesidad de agua para no estallar y corriendo en rápida carrera, tirando la camisa, los pantalones, calzoncillos, zapatos, sombrero, por los campos, sin mirar, del alto de la orilla me zambullía en el arroyo. El agua fresca, una mujer de agua, me penetraba, me bañaba en sopor, dormido, flotaba, agua en las aguas, llevado por la corriente río abajo, ojos mirando al cielo azul, claro, la sombra de los árboles creaba en el río paisajes subterráneos: gigantescas ceibas dibujadas, fantasmales, metafísicas, de agua, palmas verdes, blancas, redondas, parecían al revés, cielo del agua, agua del cielo, palmas de agua, fondo del río, entre los juncos y las biajacas, que huían, viaje subterráneo, persiguiendo las visiones de aquellos árboles invisibles, sus frutos rojos o dorados o verdes, mangos, caimitos, cocos, nadando como yo en lo invisible.

LA COBIJA

Gotas de agua filtraban el techo de guano de nuestro bohío. El aguacero llovía casa adentro, mojaba el saco de azúcar prieta, que venía del ingenio para el consumo del año, nos mojaba dormidos y mi padre decidió cobijar de nuevo.

La cobija, una fiesta. Venían vecinos y colocaban sobre los cujes, que en forma de triángulo sostenían el techo de la casa, pencas cortadas de guano de palma, trabajo fatigoso, requería experiencia y muchas horas. Costumbre: asar un lechón, ofrecerlo al fin del trabajo a los cobijadores: yuca, con su buen mojito, chatinos, arroz de la tierra, majarete, natilla...

Banquete de olores penetrantes que invadían los campos, la zaranda de guayabo colgada del gajo de mango. Yo, que era el lechonero, dirigido por mi padre, balanceaba el lechón, sobre carbones, brasas ardiendo rojas, chisporroteando manteca, tostado el pellejo, qué suave se deshacía en la boca, cuando el lechón estaba bien asado.

Antes de cobijar se hacía el desmoche de las palmas reales. Apolinar, desmochador de Sitio Grande, tenía dos sogas gruesas, cada una con un lazo con estribo. Colgadas de la gruesa que sostenían sus piernas, iba subiendo cuidadosamente hasta llegar a las pencas a veinte metros de altura. Trabajo peligroso, un descuido, un resbalón en el tronco de la palma y el desmochador era hombre muerto.

Apolinar desmochaba racimos de palmiche maduros, rojos, cordeleándolos sobre la soga, que corrían veloces a mis manos, que sostenían la soga en tierra. Apolinar desmochaba pencas de guano para cobijar nuestra casa, no el palmiche. Medio palmar, casi cincuenta palmas desmochadas. Vinieron amigos, se hizo la cobija con alegría, guitarreo, décimas y lechón. El agua no batía cruel sobre nuestras cabezas. Dice el campesino: «La alegría en casa del pobre dura poco». Días después apareció la pareja de la guardia rural a caballo y notificó a mi padre que lo habían denunciado por no dejar en cada palma las pencas suficientes que exigía una vieja ley colonial.

Mi padre, asombrado, les respondió que había visto mil veces desmochar a todos los campesinos las palmas de aquella manera para cobijar sus casas, sin que ocurriera nada. Los guardias, por respuesta, le hicieron una citación, que lo convocaba a juicio. El día del juicio, el juez doctor Robau, que sustituía al cojito Rodríguez, oídos los testigos, acusación del cabo Felipe, sentenció a mi padre a pagar ciento cincuenta pesos de multa o a treinta días de arresto.

No teníamos un miserable peso para pagar la multa, y por primera vez en su vida, mi padre fue detenido en el vivac de Cifuentes.

Se supo que la denuncia no era ni anónima ni casual, quien la hizo cobraría un dinero. Mi padre, querido de todos; cómo podíamos sospechar de los vecinos. Pensamos que el autor era un señor que tenía una finca grande a orillas de la carretera, persona egoísta. Durante mucho tiempo anidé deseos de venganza contra aquel hombre; pensaba: «Un día, mayor, arreglaré cuentas con él».

Mi padre, hombre de valor, me decía: «Tenemos que estar seguros.

No se puede responder a una injusticia con otra injusticia». Pensaba; me rompía la cabeza. ¿Cómo es posible que un hombre honrado, trabajador, sea condenado a prisión por cortar unas pencas de guano, a unas palmas que no sufrieron nada por el desmoche, para cobijar el rancho de su familia? ¿Qué justicia es ésta?, me decía.

No. No. No es justicia. Es un mundo de mierda.

Era entonces sereno, policía municipal, de la cárcel de Cifuentes, Miguel Suárez, primo de mi madre, amigo de infancia de mi padre. De noche, el vivac estaba a su cuidado. «Juan Manuel, toma mi caballo y ve a dormir con tu familia. A las cinco de la mañana, antes del amanecer, tienes que estar de regreso».

—Miguel—respondió mi padre abrazándole—, gracias, pero no puedo comprometer a un amigo como tú, si nos descubren pierdes el puesto y vas a prisión.

—Juan Manuel, no pasará nada. Sal por detrás, ponte mi sombrero y vete. Esta noche y todas las noches que estés preso. Tú eres mi amigo, eres inocente, yo no puedo ser tu carcelero.

Noche a noche, entre alegrías y llantos de mi madre, mi padre le daba un beso: «Cálmate Caruca. Pórtate bien Carlos». Mi padre aparecía, bien entrada la noche, dormía unas horas en la casa y partía todavía de noche para Cifuentes. Lo acompañaba corriendo por la guardarraya de cañas. Mi padre, me decía: «Carlos, acompaña a tu madre. Ahora tú eres el hombre de la casa». Y clavando las espuelas al caballo de Miguel, a marcha rápida, se perdía en la oscuridad de la noche, camino del vivac de Cifuentes.

EL GUAPO DEL PUEBLO

Perico Yera era un negrazo famoso por su machete, que cortaba cabezas. Guapo, legendario de Viana, entre sus leyendas se contaba que, atacado cuando cruzaba una cerca de alambres, el machete enemigo clavado en el hombro izquierdo, la enorme herida bañándole de sangre, Perico, desde tierra, arrancó la cabeza de su enemigo de un machetazo. Usaba un Collins de hoja tan afilada que cortaba un pelo en el aire, siempre colgado al cinto.

Los guapos de la región venían a buscarlo para pelear.

Perico los evitaba, pero tanto le provocaban que la cosa terminaba en pleito.

La fama de otro guapo de la zona era grande. Le decían el Cojo de Quemado de Güines. Un día, celoso, retó a Perico a un duelo a machete, a caballo, como en tiempos de guerra. La pelea fue al anochecer en un camino estrecho cerca del río Sagua. Allí chocaron sus aceros los dos hombres. Era bravo el Cojo. Chocaban los machetes relucientes, al soplido de los caballos asustados, hoja contra hoja, el sonido del acero contra el acero, en la quietud del atardecer.

Cansados ambos, sin herirse, como si sangre y muerte respetara a los dos y no quisiera venir, se acometían una y otra vez. Ya casi no se veía, cuando el alazán de Perico resbaló, y el machete de su enemigo le arrancó de cuajo la mano derecha. Perico cayó a tierra y el Cojo, machete en alto, iba a rematarlo. Perico se levantó, esquivó a su enemigo de un asalto y de un enorme machetazo le arrancó la cabeza, que rodó por tierra. Sangrante, sobre el caballo corriendo, quedó el cuerpo descabezado de su enemigo, que las cinchas y botas de cuero sujetaban a la montura. Así entró por las calles del pueblo el caballo negro desbocado, y costó mucho pararlo y desmontar el cadáver sin cabeza del guapo de Güines. Hubo que cortar polainas y cinchas de cuero, que sostenían el cuerpo del muerto, que cayó pesadamente a tierra. Entonces Perico, manco, tiró al río su machete ensangrentado y no peleó nunca más.

LA REPÚBLICA ESPAÑOLA

Un día la radio dio la noticia de la victoria de la República española. Los cubanos la sentimos cosa propia. Descubríamos otra España, nos identificábamos con una de nuestras dos raíces; la otra, la negra, clandestina, popular, subversiva, bailaba en nuestros cuerpos, nuestro ritmo, aun si a muchos parecía una vergüenza el origen negro. Negro: esclavo. Eran muchos los prejuicios raciales. Éramos todavía antiespañoles.

La independencia no estaba lejos. España era la colonia. El ideal cubano era ser diferente al español. «Gallego» se decía despectivamente a todos los peninsulares.

Descubríamos otra España. Su pueblo se identificaba con la República, colonialistas españoles, cubanos ricos con Franco. Se organizaban gigantescos mítines, comités de ayuda a la República. Movimiento popular solidario, abría paso a la democratización interna, debilitaba la represión batistiana. Movimiento antifascista, democrático, de izquierda, sentido por el pueblo cubano. Comenzaron las inscripciones de voluntarios cubanos que formarían parte de las Brigadas Internacionales: jóvenes románticos, idealistas, aventureros, líderes estudiantiles. Algunos caerían combatiendo en los campos de España, como Pablo de la Torriente Brau.

Los comunistas, atentos, bien organizados, camuflados, con su extraordinaria capacidad mimética, manejaban los hilos del movimiento antifascista y republicano, saliendo a la luz después de años de clandestinidad.

Los discursos de don Marcelino Domingo y de aquel mulato de palabra de fuego, Salvador García Agüero, enardecían a las multitudes.

El país en marcha: republicano, izquierdista, antifascista, antibatistiano. Batista, el dictador, su complejo de ser popular, odiado por el pueblo, él, el traidor, que apoyado por el embajador de Estados Unidos, dio la puñalada al gobierno revolucionario del 34, comenzó su intento de dictablanda, acercándose a la República, coqueteando con los comunistas.

Mediodía, una revista literaria de izquierda, bien escrita por poetas, novelistas, marxistas, comenzó a circular, entre perseguida y permitida, tales eran los tiempos.

Mis inquietudes, preguntas y energías se canalizaron en aquel movimiento antifascista. Tenía quince años, imposible, soñaba inscribirme en las Brigadas Internacionales, pelear por la República. Formamos un comité de ayuda a la República en Cifuentes.

Conocí entonces a un español, libertario, ateo, marxista, Pedro Quintana. Tenía un garaje en la calle Real del pueblo, frente a la tienda del chino Manuel. Pedro tenía una gran biblioteca social, histórica. Allí comencé a devorar velozmente, uno tras otro, aquellos libros cargados de energía revolucionaria; a descubrir humanismo, socialismo, marxismo, comunismo, anarquismo. La primera semilla me la sembró Melania, mi maestra de la Escuela de la Duda.

Familia independentista, identificada con la cubanía, víctima en su propia república, que había nacido mal, sufría en mis carnes la miseria, el trabajo de la caña que enriquecía a terratenientes y a norteamericanos dueños de ingenios. Falta de libertades, robos públicos, traición a los ideales patrios de los mambises.

La República fue mi llama. Comencé a distribuir clandestinamente *Mediodía* por campos y bateyes; leía a Carpentier y Guillén, dos de sus redactores, el novelista, el poeta; descubrí el arte contemporáneo, la nueva literatura; sentí hablar de Neruda, Vallejo y Maiakovski.

Mis descargas, en el altoparlante de Chacho Arce, entre la estación de radio, el noticiero y el amplificador, se comentaban en Cifuentes, bien conservador, sin fábricas ni sindicatos, pueblo de comerciantes, artesanos, empleados, pequeños campesinos.

Mañana tras mañana en mi yegüita cargaba un saco de pan, que vendía por los campos, y un paquete de *Mediodía*. Un día, al pasar frente al cuartel de la guardia rural, me bajaron, y con yegua, pan y *Mediodía*, me metieron en el cuartel. «Comunista, comunista—me gritó uno de los guardias, sacando su paraguayo—. Ahora vas a hablar, me vas a decir quién fue el comunista que te dio esas revistas subversivas».

No contesté nada. El guardia gritaba amenazante. Vinieron otros guardias, se formó un tumulto en el cuartel. No podía decir que era Pedro quien me daba la revista. No era un chivato yo, para denunciar a un amigo. Me sorprendía la mentalidad de aquel guardia, que creía descubrir una conspiración. Entonces me puse a inventar.

—El paquete me lo dio un tipo que venía en La Ranchuelera.

—¿Cómo se llama?

—No lo sé. Me dijo que era una revista autorizada que hablaba de la República española.

—¿Cómo te conocía?

—Lo vi una vez hablando en un mitin de la República, en Sagua.

—No te sabes ni limpiar los mocos y ya sabes decir mentiras, cabrón.

—Mándenlo para Santa Clara—dijo el guardia.

En aquel momento entró Zacarías, viejo guardia, veterano de la guerra, buena persona, respetado por su valor, el loquero del pueblo.

—Dejen al muchacho que es menor de edad. Yo me hago cargo de él.

Zacarías me llevó con él para el despacho del cabo Felipe, jefe del cuartel, que tenía fama de malo. El cabo me echó una mirada fulminante. Zacarías se metió en el despacho. Cerraron la puerta. Pasaron unos largos minutos de espera. Zacarías salió, me hizo señas de que lo siguiera y me condujo ante el cabo.

—Esta vez te salvaste, porque Zacarías, amigo de tu padre, que es un hombre honrado, se empeñó por ti—agregó—. Si vuelves a repartir propaganda contra el gobierno, la próxima vez vas directo a la cárcel, serás la vergüenza de todos.

No dije ni una palabra, las ganas no me faltaban. Pensaba qué sentido tiene discutir con un guardia que viola la ley, da plan de machete y detiene obreros. Zacarías me tomó de la mano y me sacó del cuartel sin decirme palabra. Me devolvió el saco de pan. Monté en la yegüita. Entonces me dijo:

—Saluda a Juan Manuel, tu padre.

Era la primera vez que me detenían y no iba a ser la última. Esta vez me había ido bien.

La noticia corrió por el pueblo. Al otro día, Pedro, el garajista, me tocó el hombro con afecto, me dio las gracias por no decir nada al cabo.

¿Qué hacer?, pensaba, ¿decirlo a mi padre, no decirlo? Decirlo era mi deber como hijo, aunque le causaría un disgusto seguro. Callarme evitaba el disgusto, pero me dejaba el remordimiento de no contarle la verdad. Mi familia era cívica, personas cumplidoras de su deber. Como casi todos los campesinos de la zona, no creían en la política.

Desconfiaban, no sin razón, de los doctorcitos de la ciudad, que se robaban todo. A los campesinos, carne de cañón cuando la guerra, en la paz les pedían el voto. Elegidos, olvidaban sus promesas. Pensé que éste era un secreto mío.

Lo que hacía era justo. Era mi derecho a rebelarme, como mi tío Eligio. Mi familia era muy querida, me parecía que no terminaba en mi padre y mi madre. Descubría que me hacía feliz entrar en una familia universal, gentes del pueblo, con los que tenía deberes, por cuya libertad valía la pena arriesgar la vida. Fue aquél uno de mis primeros actos de conciencia.

Mi padre y mi madre educaban con el ejemplo y la acción. Admiraba su estoicismo. Su forma de ser y de vivir. Su manera simple, su dignidad, sufriendo injusticias, golpes, heridas, enfermedades, sin decir una palabra, sin quejas ni alardes, su proverbial sobriedad. No era locuaz mi padre. Sólo en algún velorio, incitado, venía fuera su simpatía, su gracia en el contar sus chistes de doble sentido campesino y cubano. El resto del tiempo no hablaba casi, ni tenía mucho tiempo para hablar.

El trabajo de cada día no lo permitía. Durante la zafra lo veía cuando cargábamos la carreta; en la noche, al comer, si acaso le acompañaba al batey del ingenio. Entonces le gustaba hablar conmigo, contarme cosas del abuelo, sus décimas. Pero ocurría poco. Yo tenía mis obligaciones.

En tiempo muerto nos veíamos más, si él no trabajaba en Bellavista, pero después de diez horas de guataquea, estaba muerto de cansancio, y yo no menos, de cuidar animales, ordeñar la vaca, vender pan, estudiar, ir a la escuela, sacar las viandas, cuidar las frutas... Si comíamos juntos, mi padre, mi madre y yo íbamos enseguida a dormir, sin más tiempo que para unas buenas noches. Sólo cuando sembrábamos en el pedazo de tierra, estábamos juntos unas horas. El trabajo del campo con su dureza incitaba más al silencio que a la palabra.

Mi padre y mi madre no tenían recursos para pagar estudios. Me incitaban a aprender, única forma de no repetir sus vidas, sus maneras sencillas, cristianas, esa honradez del pueblo, del campesino. Enseñaban sin palabras, amor, libertad.

Conocían por experiencia propia los peligros de desafiar a los poderosos; los revolucionarios de la familia pagaron con la vida su rebeldía. Yo era su único hijo. ¿Comprenderían la respuesta que yo creía encontrar en las ideas revolucionarias, como solución a los problemas del mundo? ¿El riesgo que tal decisión implicaba?

Decirlo, no decirlo, era mi problema.

No sabía yo que me enfrentaba un viejo y no resuelto problema: verdad o mentira. ¿Qué hacía más mal? Una, la hiriente verdad; otra, la hipócrita mentira. ¿Querían saber, no lo querían? ¿Dónde comienza o termina el yo? ¿Qué pertenece a mí, qué a ellos? Pensaba, imaginaba, soñaba, hacía cosas que eran mías.

Hablar con árboles, tener amores con la naturaleza, escribir poesía, sufrir miedo, alucinaciones, vida interior, vida secreta. El código campesino era muy ambiguo. Una cosa cierta, no era dado a las confidencias, el hacer y el decir eran cosas secretas. Era un solitario, un tímido. Mis grandes amigos: los árboles y libros, buscaba una familia universal, una verdad verdadera. No tenía relaciones colectivas.

Tenía una historia secreta, muy mía, allí donde nadie tenía entrada.

Esta historia se agrandaba, tomaba una dimensión nueva, comenzaba mi vida secreta de revolucionario.

Vivía ya entonces más de una vida, me parecía ser uno y otro, no siempre yo mismo, había en mi naturaleza un estar y no estar. A veces hacía y miraba simultáneamente, actuaba, me parecían cosas diferentes mi hacer de mi mirar. Participar. Pensar en la acción, otra más fría. Era yo, no era yo. La pasión del acto diferente del pensar el acto.

Me interrogaba sobre las razones de mis actos. Acto y razón justos. Las causas de mis actos: no las sabía. No las sé. ¿Las sabe alguien? Lo dudo.

Si el interrogarme me crearía grandes problemas en el futuro, creo que me permitió no hundirme en un mundo de mierda.

LA CANDELA

Dar fuego a un cañaveral podía ser necesario: imposibilidad de cortar la caña, protesta contra la miseria, injusticia, falta de libertad. Ni caña ni trabajo eran nuestros. Nuestra miseria, ¿no era la riqueza de unos pocos? Que el fuego fuese bello, lo era, que el dar fuego crease una mística interna extraordinaria, no lo ignoraba, viendo las cenizas y la práctica de la candela, me eran claras algunas cosas: que no afectase la vida de alguien, no dar fuego porque fuese bello, no dar fuego para convertirte en héroe, aun si anónimo.

Pintar letreros clandestinos en los muros y ver a los guardias rurales buscar asustados a los peligrosos revolucionarios que los pintaban me hacía reír y pensar que su poder era más débil de lo fuerte que parecía. Intuía que el héroe era potencialmente un traidor del pueblo, alguien que buscaba realizarse sobre los demás. Alguien que ahora era de abajo, mañana arriba cobraría su acto.

No conocía aún a Brecht, pero sabía por intuición popular que los héroes son casi siempre los peores enemigos de los pueblos. Aquellos que desde adentro le roban lo que es suyo: el poder y la gloria.

¿No era pródiga la historia de Cuba en héroes traidores?

¿No eran aquellos otrora gloriosos generales de la Independencia los bandidos de la República?

Me parecía lógico sufrir del enemigo miseria, prisión, tortura, muerte. Recibirla del compañero de lucha, mañana en el poder por poder, tu enemigo, el enemigo del pueblo, insoportable.

Veía que si un campesino, obrero, humilde, se volvía, o lo volvían, soldado o policía, no era más tu amigo, a veces se volvía tu peor enemigo: en ti veía lo que él era antes, que no quería ver más.

Creía que había llegado su hora de devolver a los otros los palos recibidos, dando palos a sus amigos, no a sus enemigos.

Nadie peor enemigo del negro que el mulato. Éste quería ser blanco, cosa que su negro impedía, el pobre que se volvía rico igual.

¿Qué hay en el poder, en su función y práctica que cambia a los hombres? Algo más que buenos y malos.

Algo más complicado, no sólo un problema del nacer, del ser, me parecía también un problema del actuar, de la sociedad, sus instituciones, instrumentos de mandar y obedecer.

Me creía distinto, no mejor que los demás. Pensaba, sí, que no quería ser nunca hombre de arriba: rico, poderoso, héroe. Creo que ese instinto me salvó un día de confundir los palacios con el pueblo, a punto de hundirme en la mierda histórica, el poder con la Revolución.

Otra cosa me era clara entonces: un fuego, un letrero, un acto de protesta, si necesarios y justos, tenían que ser pensados, previstos, actuados en sus consecuencias y riesgos.

Fácil tirar a escondidas una piedra a la policía, y que ésta disparase sobre otro para tener un mártir, una bandera. Tirar la piedra y esconder la mano, no.

Tirar la piedra a riesgo de recibir el balazo, si era necesario, sí.

No olvidaba cuando niño uno de aquellos tremendos fuegos en los cañaverales, que el viento, pajas y sequía impulsaban, las lenguas de fuego quemando cañaveral tras cañaveral, día y noche, arrasando campos de cañas verdes, que se volvían rojos, negros; campesinos, obreros corriendo, abriendo guardarrayas, que la candela saltaba una y otra vez, una orden confusa de contracandela, el chocar de las dos candelas opuestas, quemando el cielo. No olvidaba. ¿Podía olvidarlo? Dos campesinos amigos, sorprendidos por la rapidez de la contracandela, achicharrados, sus cuerpos parecían carbones, sus carnes quemadas, desprendiéndose ante nuestro horror.

¿Fuego casual, ordenado por el dueño, intencional? Nunca se supo ni nadie lo sabría.

¿Quién daría vida a los campesinos quemados?

Ni la justicia. Ni Dios. Ni nadie.

Jugar con fuego es peligroso. Jugar a la revolución más aún. Jugar con la vida y el sentimiento de los pueblos, el crimen mayor. Aquello no era juego y yo lo sabía.

Nada era juego en aquel mundo de los míos.

Era nuestro mundo, nacía de nuestras manos y sudores, y se nos escapaba. Lo amábamos como se ama a la madre, tierra y madre. ¿No son la misma cosa?

Pródiga naturaleza, pródigos frutos. ¿Por qué tanta riqueza producía tanta miseria? No me parecía obra de Dios, destino, oscura fatalidad, por sécula seculórum, amén, como decían cura, juez, hacendado, terrateniente, abogado, mayoral, coronel, periodista, bien pensante. No me parecía que poder y destino fuesen la misma única cosa. Decir no me parecía la única verdad posible. El fuego ardía, yo lo miraba y pensaba: «Peligrosa como el fuego, bella como el fuego, devastadora como el fuego, ¿sería así la Revolución?».

OLORES MARAVILLOSOS

Cuando el viento soplaba del este, el aire tenía olor de caña de azúcar molida, maravilloso olor que penetraba mi nariz que aspiraba profundamente. Uno de esos momentos raros en que la odiada caña ofrecía, aun si lejano, su perfume. El trópico es olores y en olores el jardín del Edén. Vienen uno tras otro, suaves, fuertes, perturbadores; cada olor diferente, asociado a un fruto instante o recuerdo; en la mañana, frescos; en la noche, misteriosos; reposantes en el duro, soleado mediodía; suaves en la tarde, cargada de colores sofocantes; románticos en la hora del tramonto. Muchos se van con el sol y con él vuelven, como si durmieran o necesitaran de la luz. Otros, más finos y delicados, como el del jazmín, se abren en la noche y nos ofrecen su cuerpo que invade nuestros pulmones.

Hay un olor en diciembre, sabe a aguinaldo, cuando los campos se vuelven blancos, la enredadera verde subiendo por árboles, cercas, creciendo salvaje en campos y potreros: es la flor de pascua, no esa otra roja, no, la cubana, blanca, es la flor que anuncia el fin del año, la proximidad del nuevo, nuestro breve invierno, la cercanía de Nochebuena y nos hace sentir en fiesta, los campos no más verdes o punteados de rojo, amarillo, ahora blancos.

No hay nada en la naturaleza cubana que no tenga olor. Si eres un guajiro de nariz fina, puedes identificar cada planta, cultivo o flor, en la proximidad o a distancia, depende del viento.

Olor de almácigo, olor de caña quemada, olor áspero de piña, olores salvajes de los bienvestidos, la flor de pascua, el maíz, su polen volante, quizás más penetrante al paladar el olor de azúcar de caña que viene del central en plena molida.

Dulce momento cuando sabes que pronto saborearás el azúcar prieta, fresca, de granos dorados, más sabrosa no refinada, blanca, ya se vuelve limpia, tiene sólo sabor. No olor y olor de caramelo solar.

Caña difícil de cortar, despajar, sólo buena para comer, cuando con la mocha pelas una, quitas la dura cáscara, su cuerpo blanco, delicioso se te ofrece, agua dulce quita la sed del machetero, mitiga su sudor, calma su hambre.

Jugo delicioso el guarapo, a cualquier hora, más rico en el amanecer, cuando el rocío de la noche refrigera la naturaleza y lo bebes frío. Amanecer, hora de comer frutas, de beber aguas de la naturaleza: agua de coco fresca, que pones en la boca, acto de amor. ¿Por dónde le entra el agua al coco? Coco: cerebro, pensar, cabeza, miedo, amor, fealdad, dificultad. Que viene el coco, lo malo, para asustar a los muchachos malcriados, quizás un coco seco, con dos ojos, como la cara de un muerto, echando candela por los ojos—una vela detrás de cada hueco—bajando, subiendo, en la manigua oscura, halado por un metemiedos.

«Es un coco el que tengo contigo, vamos a romper ese coco», canta el guajiro enamorado.

Es un coco, puede significar inteligencia o fealdad. Que tiene cocorícamo: ya más misterioso, algo así como ángel, gracia, genialidad, protección. Cada olor tiene su tiempo como cada fruto. La naturaleza es un reloj. Un buen campesino puede reconocer el tiempo exacto, a ojos cerrados o de noche, con sólo abrir su nariz y respirar bien. Reconoce lugares, regiones, campos, la proximidad de un río o el mar. Incitantes le descubren los olores de ricos frutos o manjares, que vienen por el aire y se están cocinando en la casa vecina.

—Un buchito de café.

Invitación a la visita, pretexto, juego, para beberse una buena taza de café carretero. Y si tenías suerte, incluso un lechón asado. Si era casa de conocidos, pasabas por casualidad a saludar a la familia, y si no lo era, se preguntaba por un camino, si estaba lejano un pueblecito, y era costumbre entonces ofrecer al caminante, de una manera fina, reposo y comida. El lechón asado un día de viento es un rompenariz, un rompeestómago, así el olor del café.

Te cobija su arbusto, ya no en la llanura, en la montaña, en el monte, como si el café necesitase grandes árboles que con su sombra lo protegiesen del demasiado sol y calor y que la buena tierra retuviese constante humedad. La flor del café, el fruto se vuelve rojo, chupas dulce el granito redondo, cuando está maduro, recoges el café y al secadero al sol, luego lo metes en sacos de yute y envías a la ciudad, lo tuestan, lo mezclan, su grano mulato llega a tu cafetera. Buen café que bebíamos, buen café carretero, colado en una media colador con azuquita.

Caliente, amargo, fuerte, escaso.

«Néctar negro de los dioses blancos», decían los chuscos, casi como quien canta un bolero. Aun la borra, el café Santaclara, pasado por Aguada de Pasajeros, era bueno.

Odioso como el batistato era el café de maíz, ¡qué asco!

El café alcohol del pobre: bueno, barato, como se bebía café en la casa, el batey, el corte, en el pueblo, en la casa del vecino. Tres kilitos valía la buena taza.

Café levanta muertos, te alzaba, te quitaba la fatiga, te animaba, te daba fuerzas, alegría para un amor o una pelea, una conversación o improvisar una décima. Café, tabaco y una mulata, directo al paraíso.

Olor de lluvia, tierra mojada, roja, negra, blanca grisácea, amasada, fecunda tierra, cada tierra su vegetación y frutos y olores. Cuando cae fuerte el agua, tierra, flores, plantas, cultivos, árboles y naturaleza se abren, natura-mujer, acto de amor, agua penetrante, semen del cielo, orgasmo de la naturaleza, los ojos de los árboles verdes, brillantes, hojas resplandecientes, olores suaves fuertes, mil olores sensuales invadiendo el aire, creando vida. Despertar de amor en esa hora viva, creadora, comunicante. Sientes que la tierra te habla.

¿Quién te hizo, mundo, tan bello?

Trópico, trópico.

Naturaleza humana a nivel de hombre.

UNA LATA DE MELOCOTONES

Miré aquella fruta amarilla, pulposa, que parecía tajadas de mango y no lo era. Era la primera vez que la veía comer a alguien, en la fonda del pueblo. Pregunté al chinito y me dijo: «Melocotón».

Cuando supe su precio tuve una desilusión.

Eran tiempos de centavos, no de reales.

La imagen amarilla me parecía incitante una y otra vez. Alta en el mostrador de Joaquín, allí estaba, como esperándome. Pensaba: «alguien más afortunado que yo se la comerá». La lata siguió allí mucho tiempo. «Qué tu milá—decía el chinito, cuando iba a hacer los mandados—. Tú milá paliba, Calito». No dije nada y me propuse hacer un ajuste, para limpiar un campo de caña nueva. Durante una semana trabajé como un burro, sudaba, cansado, horas y horas, halando guataca. Terminé el ajuste, me pagaron un peso, ensillé mi yegüita y me fui casi corriendo al pueblo, sobresaltado, pensando que la lata de melocotones no estaría allí.

Allí estaba. La pedí a Francisco, me la metió en un cartucho: «tú milaba melocotone». Pagué, la agarré fuerte para que no se me fuera a escapar, monté en mi yegua y me fui corriendo por la carretera. Al llegar al camino real, me desmonté, me senté debajo de la sombra de un enorme algarrobo, saqué mi cuchillo y abrí la lata.

Allí estaban los melocotones, grandes, amarillos, pulposos. Allí estaban. Probé su jugo delicioso, con las manos me metí uno en la boca, su sabor maravilloso me hizo viajar por extraños mundos. Engullía una tras otra las tajadas suaves, dulces, pensaba que un día yo tendría que conocer aquellas tierras lejanas que tenían frutas tan sabrosas y diferentes a las nuestras.

Con la frescura del viento y el sopor de la digestión me fui quedando dormido, entre dormido y despierto, pensando que lo difícil sabe mejor, que a momentos duros suceden otros maravillosos que compensan. Era feliz saboreando aquel lejano melocotón que tanta guataca me había hecho halar.

Querer una cosa, luchar por ella.

La dureza debe terminar en alegría. El cubano necesita alegría, la goza, la vive, la baila. Mi amigo Bola, el limpiabotas, cuando más cansado y jodido estaba, echaba una moneda en la victrola, ponía unas rumbitas y bailaba, un buen rato, olvidando todo: mal pensamiento, dolor, desgracia. Bola, mi amigo negro, se volvía ritmo, baile; su cuerpo marcaba veloz, dibujando en el piso, el aire, parando, parando, en el lento. Luego volvía al cajón, a dar brillo a los dos tonos, hombre nuevo. La gente inventaba siempre una fiestecita, un toque, a la misma pelona, la ponían a bailar, la chingada:

Ay, caballero eso le zumba,
nomás sintió la conga,
el muerto se fue de rumba.

RUBIA DE ORO

Aquella rubia de oro perturbaba mis sueños y mis despertares adolescentes. Tenía unos cabellos dorados, como los rayos del sol, que le cubrían los senos, tocaban su piel maravillosa, dorada piel, enroscándose, envolviendo su cuerpo. No sé cómo maravillosa llegó a mi casa, ni quién era, ni de dónde venía. Era muy extraña.

La miraba y la miraba. Era tan bella.

¿Quién sería aquella primera mujer que parecía sonreírme, que me incitaba casi desnuda?

Nunca supe quién era, aun si con ella tuve mis primeros y furiosos amores. Tantos que me asustaban. Los amigos, que me veían ojeroso, con la cara pálida, me recordaban el primo que de tanto amor terminó loco en Mazorra.

Un día, el pobre enloquecido, en cueros, frotándose su enorme falo, como la madre que le parió, corriendo por la calle real, persiguiendo a Manuela. Enloquecido fue encerrado. Nunca soltaba su enorme falo. Le amarraron la mano derecha. Seguía con la izquierda.

Entonces le pusieron la camisa de fuerza.

—Cuidado, Carlitos—me gritaba riendo Margarito—, cuidado. Acuérdate del primo.

Como un amor que ni olvida ni se deja, quedó aquella bella mujer rubia en mis recuerdos.

Un día la encontré frente a frente, asombrado, en Florencia.

Qué bella era todavía.

¿Quién era?

Era la Magdalena, Venus, del Tiziano.

Y no vengan a decirme a mí, que aquélla fue una paja literaria, pictórica paja. No.

Leche.

LA GRANJA

Durante dos años seguidos, 1937 y 1938, fui a exámenes en Santa Clara, aspirando a una beca en la Escuela de Artes y Oficios de La Habana.

Tres becas para centenares de aspirantes.

Melania, mi maestra, me preparó bien. Estudiaba duro, día y noche. Fui al examen con muchas ilusiones. Una beca significaba estudiar, no sufrir el trabajo campesino y las injusticias. Conocer otro mundo, la mítica Habana.

Los exámenes en el instituto duraron dos días. Al tercero, colocaron la lista de nombres. Sólo los tres primeros obtendrían becas, mi nombre estaba el cuarto.

Otro año de estudio, esfuerzo y dificultades. Otra vez la provincia que mandaba sus mejores estudiantes. Y esta vez quedé en el primer lugar. Y cuando creía que mis sueños se volverían realidad, fui eliminado por no saber inglés, aun si no era obligatorio.

Era una injusticia y como tal la tomé.

Burlas de la gente, vecinos, compañeros de escuela, celosos, contentos con mi fracaso. Dureza de la vida campesina. Sostenido por el aliento de Melania y de mis padres seguí estudiando. Entonces, era 1939, hubo una convocatoria para la Escuela Provincial de Agricultura Juan Bautista Jiménez, de Santa Clara.

Un libro de texto importante de Isidro Pérez Martínez contenía todas las materias de examen. Costaba tres pesos y en mi casa, tres pesos eran oro. Se me ocurrieron dos ideas: sembrar un campo de cebollas y venderlas al por menor, por los caseríos, y escribir a la famosa fábrica de cigarros Trinidad de Ranchuelo, contarles mi caso y pedir el libro.

Mientras guataqueaba mis cebollas, me avisaron que tenía un paquete en el correo de Sitio Grande. Corriendo, fui al pueblo y recibí un voluminoso paquete. Lo abrí y era el libro soñado, me lo enviaba Amado Trinidad. Lo estudié página a página, día y noche, era un libro grandísimo. Mi padre conocía a Elías Díaz, alcalde del pueblo y fue a verle para que se interesase por mi caso.

—Te pido Elías, que si el muchacho hace bien los exámenes, no le quiten la beca.

—Prometido, Juan Manuel—respondió el alcalde.

Tomé una Ranchuelera que me dejó en la estación de trenes de Santa

Clara, a treinta kilómetros de Cifuentes. La Granja, así llamaban a la escuela, estaba a legua y media, en las afueras de la ciudad, por la carretera de Camajuaní.

A las nueve de la mañana una bandada de jóvenes se precipitaron en las aulas de exámenes. Nos entregaron las preguntas. «Esta vez no puedes fallar». Las respondí todas y salí el primero del aula. La ansiada beca que me permitiría estudiar, salir del campo y conocer el mundo y sus problemas, fue mía esta vez. El respaldo del alcalde fue decisivo para que no dieran la beca a quienes aun si no hacían buenos exámenes tenían palanca.

Era muy difícil la enseñanza superior para un joven del campo, sin dinero para ir o vivir en la ciudad, sin «suerte» en los exámenes de becas, que se repartían por influencia de políticos, no por preparación e inteligencia de los estudiantes.

Guardé gratitud personal a aquel alcalde amigo de mi padre que respaldó mi beca, pero no me parecía, cómo debía ser el mundo, los derechos de los pobres. Incitación que me hacía pensar: «Algo anda mal y debe ser cambiado».

Si te hacías señor y pasabas a las filas de los poderosos, serías un doctorcito o algo más. No era ésa mi pasta. Era lo colectivo lo que había que cambiar. Yo sí, no sobre los demás.

La Granja era una buena escuela. A los tres años te graduabas de maestro agrícola. Enseñanza teórica, algo de práctica, que no me faltaba a mí. El estado pagaba estudios, alojamiento, uniformes, libros y comida.

La Granja era ciudad y campo.

A diez minutos de Santa Clara, capital de la provincia, allí lo tenía todo. Todo no. Casi todo. Sábados y domingos teníamos permiso para ir a la ciudad y allí estaban los sueños de un campesino como yo.

Me faltaba—siempre—una sola cosa: dinero. ¿Cómo ir al cine, invitar a las muchachas a bailar, comer chucherías, irme por Majana o beber una cerveza, como hacían mis compañeros, cuyas familias podían mandarles dinero para gastos personales?

Paradoja: cuántas veces me preguntaba si alguien ha perdido una novia por escribir una bella carta de amor que provocaba el sí para otro. Desgracia de escribidor pobre.

Santa Clara era entonces una típica ciudad de provincia cubana: en el centro, el parque Vidal, el teatro, el instituto, el gobierno provincial, el liceo... A dos cuadras, la plaza del mercado, allí maravillosas frutas tropicales. Detrás, el estadio de pelota, los legendarios Dihigo, Santos Amaro, Josúa Gibson... grandes jugadores de la época.

Hacia el Condado, el río. Un río tan poco río, que con humor villareño, llamaban el Manso Bélico. Este riíto atravesaba Majana, el famoso barrio de putas y cabaret, cerca del puente del Condado, camino del cementerio, llamado el puente de los Buenos. Allí despedían los duelos y parece que nunca pasó un muerto malo sobre el puente.

El personaje más famoso del pueblo era el burro Perico, que día a día recorría la ciudad, comiendo el pan que le daban. Cariñoso, inteligente, juguetón, amigo de todos, de malas pulgas, si algún muchacho quería montarlo, cosa que no lograba, Perico agradecía el pan que le daban moviendo la cola.

De la ciudad se veían las montañas del Escambray, centro de Cuba, sus famosos cafetales, Manicaragua, su tabaco Vuelta Arriba, uno de los mejores de Cuba, próxima por la carretera al central Placetas, sus dulces raspaduras de caña.

Rival de Santa Clara, la orgullosa Cienfuegos, ciudad rica que se hacía llamar la Perla del Sur, aun si la belleza de Las Villas era Trinidad, ciudad romántica, con bellos palacios, joyas de una arquitectura amada por Humboldt.

El domingo íbamos al parque a oír retreta y piropear a las muchachas, que paseaban lindas, casi sin mirarte. Y tú que te hacías el bobo intentando conversación y compañía. Mi primera sorpresa fue ver con ojos que no querían, ver que el paseo de aquel parque público estaba dividido: la parte ancha, principal, para los blancos; la estrecha, afuera, para los negros. Yo, que tenía amigas mulatas y negras, podía pasear con ellas, aun si no era bien visto un blanquito negrero. Paseaba, sí, por el paseo de los negros, como blanco, ellas mis amigas, pero ningún negro podía pasear por la zona de los blancos.

En una república mestiza, blanca y negra, nacida de la cultura española y de la africana, que ganó su independencia por la sangre de los negros y los blancos.

Descubría, no ya la injusticia campesina, la miseria, sino ahora veía la de la ciudad. Y era muy parecida.

Las hijas de Melania, mi maestra, y de Nengue Cruz, eran mi familia. En su casa me hospedaba. Melania era mi madre espiritual, maestra eminente, hija de mambí. Ellos no podían compartir el gran paseo del parque público conmigo porque eran mulatos. Ser blanco, aun si pobre, era ya un privilegio. Aquella sociedad de ricos, blanca, masculina, no era para pobres, mujeres ni negros, sin olvidar a los chinos, la última carta de la baraja, ni el campesino, que era el mamarracho, el hazmerreír, el bruto y recibía desprecio, risas y burlas.

Sociedad llena de fermentos revolucionarios, luchas, huelgas, protestas, ideas socialistas que te contagiaban, sueños de vida mejor y cambio de aquella realidad opresora.

Amaba la parte popular de la ciudad: su mercado. Allí todo se confundía, democratizaba, otro mundo. Naturaleza ofrecida, fruta, cantos, comida, lenguaje, flores, gente simpática, guarachera, personajes pintorescos, chucheros, dos tonos, pachangueros. Una famosa fonda de chinos te servía una completa: «aló flijole, mucho picadillo»—cantaba el chinito y te cobraba un medio. Un guarapo de caña, un centavo, un cartucho de chicharritas de plátano verde, otro kilito, cinco plátanos maduros, un centavo, y con el último kilito del real y la panza a reventar, una sabrosa taza de café calientico.

Comida de dioses populares si tenías el real.

Richard sonaba la flauta como un sinsonte. Le sacaba sonidos melódicos, suaves, violentos, agudos, sensuales, amorosos. Un solo de flauta de Richard valía cinco centavos en el cabaret Majana. El show de Richard comprendía una compañera de baile: rumba, son, danzón, bolero... Tú salías bailando, mirando a las rumberas, que si les parecías y caías bien, te salían al encuentro, te tomaban la mano. Tú pasabas la tuya, sobre su fina cintura, tratando de bailar en un solo ladrillito, si Richard estaba de vena y se ponía a tocar «Almendra», el «Bombín de Barreto». A veces tus pasos no gustaban, te dejaban pasmado en medio del salón, te ibas encogiendo, entonces venía la gorda, te tornaba tu ticket, te lo ponchaba ante la risa de los compañeros.

Tres kilos para el dueño del cabaret, uno para Richard, uno para la bailarina.

A Richard le decían flauta mágica; no sólo por lo bien que sonaba su flauta, a veces tenía un golpe de inspiración y tocaba Mozart; en tiempo de danzón, se ponía a imitar el canto de los pájaros, entonces el baile se detenía, en silencio, se oía su flauta, aplausos para Richard.

Por allí estaba el kiosco de Daniel, veterano de la guerra de España, un bar progre, sobre el fondo abajo, casi sin agua, del Manso Bélico, como le llamaban los villareños al seco arroyito. Frente al famoso bayú del Condado. Precios de inflación si eras petrolero, una limpieza con la negra Panchita, la camagüeyana, llamada también Panchita Jabón Candado, valía cuarenta kilos; con una mulata, cincuenta; con la rubia francesa, un coco, en aquellos tiempos una fortuna.

Profesionales rápidas, y si no eras hueso duro, palo duro, eras hombre al agua, en un abrir y cerrar de piernas.

Más de uno moría al nacer, le decían pantalones mojados. No llegaban ni a desnudarse. Entonces venía la bronca, si se vale, si así no se vale. Dos o tres movimientos de rumba ya, y si resistías, te miraban con cara de guardia rural: «Apúrate, coño».

El guapo de la casa era un negrón de seis pies, que te agarraba, levantaba por el aire y tiraba barranca abajo. No podías ni reírte oyéndole. Aquel negrazo, cuando hablaba, se partía todo, su vocecita fina provocaba risas de clientes y furias del negrón, que tenía fama de ser el maricón más guapo de Santa Clara.

Una tarde corría entre las frutas de la plaza del mercado, perseguido por un grupo, cuando recibí un golpe en la cabeza y caí por tierra. Me pateaban. Vi un enorme garrafón, lo rompí tirándolo contra el piso, y con el cuello del garrafón roto, me defendí como pude. Pelea peligrosa, los golpes recibidos y el instinto de conservación me cegaban, los vidrios del botellón cortaban. Comprendí que podía matar, por un segundo bajé la guardia, un golpe duro en la cabeza me atontó, alcé de nuevo el botellón roto, en defensa, y asustados por la sangre, mis atacantes corrieron. Adolorido, contento, pensé, qué fácil, morir o matar en un segundo.

La violencia es mala cosa, sin pensar, destruye. Al huir en el corre-corre de aquella manifestación estudiantil, contra el fascismo, y ser atacado, pude morir o matar.

Aprendí desde entonces a controlar mi violencia. Intuía que matar era un acto sin regreso, acto que, una vez cometido el primero, que puede ser más fuerte que la voluntad o la conciencia, tiende a repetirse. Aprender a matar, oficio de asesinos. La muerte, por razón política, aun en una situación de dictadura y violencia, cuando no hay democracia, muerte en frío, muy peligrosa. Matar a uno, a muchos, es sólo cuestión de cantidad. «Trataré de no matar nunca a nadie, por ninguna razón», me decía.

Vería un día a muchos de mis compañeros, de mis mejores amigos, pasar de torturados, perseguidos, a implacables fusiladores, a feroces policías.

Como si se hubiesen vuelto el otro, el viejo enemigo: extraña venganza del vencido, renacido vencedor.

Sabía que las dictaduras no admiten el voto, la conciencia, que a la violencia hay que oponer violencia. Grave enfermedad, peligrosa la cura que puede matar. Sé que hay muchas violencias: la violencia social, exterior, impuesta, recibida o contestada. No ignoraba que hay una violencia interior, peligrosa, si no se controla; se justifica con la mística revolucionaria, la guerra justa, el heroísmo.

Así pasaba con algunos intelectuales cubanos que iban a España: una minoría compartía los riesgos de la guerra, la mayoría hablaba lejos del frente o se iba.

No ha muerto uno de esa fauna en ninguna guerra o revolución. A la hora del triunfo allí están ellos puntuales al reparto. Si se pierde, ellos nunca pierden. Sus heroicos retratos—la cámara es el arma de estos revolucionarios—dan popularidad. Mistifican la historia, fabulan lo que ven, con lo que quisieran ver, y si con la victoria, el poder se vuelve peligroso, como suele ocurrir, ellos (como decía Carpentier «Hay que estar lejos del poder, chico, pero con el poder») fuera, bien lejos, en París.

No andaba yo con el librito debajo del sobaco izquierdo, mi miedo, que no era mucho por aquellos tiempos, tiempos ya de dictablanda, no porque no lo tuviese, algún rasgo había, no, llevaba conmigo al peligro, no por heroísmo, por coherencia.

Eran mis primeras vacaciones en La Granja y vine a pasarlas con mis padres. Era junio, mes caliente, san Juan los Juanes y Manueles eran nombres que se continuaban en Franqui y Mesa. El día de san Juan, día de mi padre y de casi todos. Junio, mes caliente. Caliente eran casi todos los meses cubanos, a excepción del invierno, si es que puede llamarse invierno a días con temperaturas de veinte grados.

La tradición quería que en las fiestas de san Juan el agua de los pozos fuera espejo espiritual, visita de muertos. Te asomabas al brocal del pozo, mirabas detenidamente, y en el agua clara, espejo natural, aparecía la imagen del ser querido; el muerto venía a saludarte, tú no podías faltar a su aparición.

San Juan, día de baño obligatorio. El agua en la tradición cubiche es necesidad de compartir el calor, también «limpieza», cura de males, protección espiritual.

Médico de todos los males.

Agua: maná del cielo.

Mi padre quiso cobijar nuestro bohío para el día de san Juan. Yo, que no era supersticioso, me asustaba de las cobijas y recordaba la vez aquella en que fue detenido por cortar más pencas de guano de lo debido en el palmar.

No estaba mi padre bien de salud.

Tenía unos nacidos en el cuello de mal aspecto, dolores, no decía nada, era su manera estoica, campesina, poner buena cara al dolor, seguir trabajando, sin hacer caso de las preocupaciones de mi madre, que le decía de ir a ver al médico Arce.

La cobija se hizo como siempre con ayuda y reunión de los amigos, el lechón asado y las cervezas frías.

Fui a pasar unos días con mis tías y primos de Guayabo. Aquellos primos y los Mesa para mí, hijo único, eran hermanos, y en casa de tía Laureana respiraba libros y cultura.

Gozaba de oír historias de mi familia Franqui. Tío Eligio, héroe, el viejo Cepero, en el tiempo, al parecer rico, padre de la abuela Nena, que escribió su nombre con letras de oro en la puerta de su finca, amigo del general Robau, cuyo famoso sable guerrero, herencia de familia, don Serapio había regalado a mi padre y un día sería mío. Colgante, el trofeo independentista era pedido a mi padre cuando había alzados o guerritas, cosa frecuente.

Los Cepero vivían en Sagua Luisa y su marido, Ciro Espinosa, tenían un colegio famoso por educación y civismo: el Laico Martí.

Allí Raúl Cepero, Abelardo Moreno, famoso naturalista y alacronero, tía Charo y otros maestros continuaban la tradición de Luz Caballero y Varona, maestros y creadores de colegios excepcionales.

Estando en Guayabo, los nacidos de mi padre, infectados al parecer cuando la cobija, le provocaron una gran fiebre, y éste fue recluido en el hospital de Sagua, allí donde una vez los bisturíes de Alvaré y Abril me salvaron a mí de la muerte.

Fuimos mi madre y yo para Sagua y encontramos a mi padre muy grave. Era 1939, se descubría la penicilina, que todavía no estaba en comercio. Los médicos decidieron hacerle una operación a la desesperada. Se necesita sangre, ofrecí la mía. Mi padre me miraba sereno, sin un ay de dolor. Yo sentía pasar mi sangre a sus venas. Intuía el peligro mortal con una cierta esperanza de que viviese. Cuánto hubiese dado por un milagro pero me faltaba esa fe que mi madre tenía.

Impotente mientras mi sangre corría, se volvía suya, yo que no era religioso, veía a mi madre invocar el nombre de Dios y los ojos de mi padre cerrarse, la vida se le iba, la ciencia médica y mi sangre eran inútiles. La mirada fija de mi padre miraba a mi madre, me miraba a mí, no se veía el miedo en aquellos ojos, sus ojos serenos, de un dulce y firme mirar, en lucha con la muerte, con su estoicismo de siempre.

La operación duró tiempo y mi padre murió antes de que terminara. La última cosa que me enseñó fue a saber morir.

En mi vida he estado a punto de morir alguna vez, de ser matado otras, con gran miedo, antes y después del peligro, y cierta serenidad en él, no sé si un día afrontaré la muerte como mi padre.

Nunca sentí dolor tan profundo.

Era lo que más quería y admiraba. Un hombre. Sus actos. Su valor.

Me educaba y hacía llorar o reír con su humor.

Después del velorio, el entierro en el cementerio de Cifuentes, las palabras de despedida fueron mías.

De aquel día y por mucho tiempo—hasta cuando encontré a Margot—yo estaría solo y con una responsabilidad, mi madre. Para ella fue un golpe del que nunca se repuso. Vivió muchos años más, pero su corazón y su vida se fueron con él.

Sabía que como decía la canción cubana: «La realidad es nacer y morir». No dejaba de pensar que la miseria tuvo que ver mucho con la muerte de mi padre.

¿No?

Su organismo debilitado por una vida de trabajo rudo, brutal, cañero, él, que no era fuerte físicamente, violentando con su voluntad su organismo, mal alimentado, sin recursos para una buena atención médica, recordaba sus terribles hemoptisis, la sangre saliendo a cuajarones de su garganta, sus pulmones rotos, sin curarse, ingresos en hospitales, sin medicinas, cura ni reposo, sólo su cuerpo luchando contra la enfermedad, curándose solo.

«El pobre—decía él—no tiene derecho de enfermarse. ¿Quién se ocupa de su familia?».

Un hombre que trabajaba doce horas cada día, ocho como obrero, con un salario miserable, cuatro de campesino, sembrando la tierra para comer. Un hombre preparado que conocía la agricultura, que sabía leer y escribir y hacer tantas cosas útiles, ¿tenía que tener una vida tan dura y su familia con él?

¿Por qué, por qué?

Otros que no trabajaban eran ricos, disfrutaban del trabajo de mi padre, del mío, de los negros de Sitio Grande, campesinos de la zona, obreros de los cañaverales. Algo debía andar mal en el mundo. Algo que no es humano ni justo, que no venía del cielo. Venía de la tierra que no era nuestra. De la tierra que trabajábamos para los otros.

Vivir trabajando para otros que no trabajaban.

¿Eso es vivir?

Aquél, un dolor muy mío. Era mi padre. Eran los compañeros de mi padre, los míos. Otros murieron como él, o se suicidaron o fueron muertos por la guardia rural.

¿Podía decir sí a aquel mundo?

No.

Dije no.

No sería mi primer no, ni el último no. Dije algún sí. Casi siempre equivocado, el sí.

Como si decir no y no fuera lo único posible.

Dije entonces no.

Un no, que es otra historia.

2

LA CIUDAD

LA CIUDAD

Santa Clara, la ciudad, ejercía esa atracción que lo urbano tiene para el hombre de campo; se me aparecía, iba a vivir un mito, un sueño real. Construcción, casa del hombre, ya no más naturaleza hostil, dura, dominante, dureza del trabajo, de la miseria, soledad, injusticia social. La ciudad era para mí entonces la libertad.

Mi relación con la tierra, la naturaleza y la noche campesina era grande. Amaba el sol, los árboles, las frutas, sembrar la semilla, verla nacer y crecer. Me faltaba en la tierra compañía, proyecto, colectividad, sueño, cultura, libertad.

La ciudad era aventura, amor, mujer, lucha, sindicato, manifestación, fiesta, prensa, cultura y poesía.

La ciudad era los otros.

Otro mundo. Allí está lo que el hombre ha creado: casas, máquinas, leyes, cultura, civilización. La ciudad era también lo prohibido. El bien y el mal.

Vivía en una frontera indefinida. No éramos el campesino puro, aquel que sólo trabaja en su tierra o en la tierra arrendada, ni éramos el obrero puro, aquel que vivía en Sitio Grande, el caserío, en los barracones del ingenio azucarero, que cortaba la caña, guataqueaba, sembraba, recogía y vendía su trabajo por unos reales al latifundista o propietario. Éramos la mitad del año obreros agrícolas: zafra, siembra, guataqueas. En tiempo muerto, la otra mitad, teníamos un conuco, y en el pedazo de tierra alrededor del bohío de mis padres sembrábamos para comer, criábamos gallinas, teníamos una vaca, unas cuantas frutas, un cañaveralito que nos daba para el azúcar y algunos kilitos para el fiado del chinito Joaquín.

Llegar a la ciudad era la liberación, creía yo. Dejar el campo, estudiar, conocer mundo. ¿Qué era la vida? Me había costado tanto trabajo, esfuerzos y fracasos, que me parecía estar viviendo un sueño. Éramos unos treinta becados de toda la provincia. Estudiábamos, vivíamos, dormíamos juntos. Compañeros, amigos, bromas, juegos, broncas, protestas. Mi primera vida colectiva. Tenía diecisiete años y corría 1938.

Era el instituto mi sueño. Allí no daban becas. El título de maestro agrícola en un país tropical no tenía aplicación práctica en la agricultura, que era rutinaria. El campesino desconfiaba del hombre de la ciudad, casi siempre su enemigo. Cómo iba a creer en un doctorcito que venía a enseñarle otra manera de sembrar maíz o caña. Las grandes haciendas tenían sus técnicos, casi siempre extranjeros. El maestro agrícola podía aspirar a ser inspector agrícola. Uno en cada municipio, decenas para cada puesto, que dependían de la influencia del político de turno. La enseñanza agrícola era mediocre, no experimental, sin práctica; eran otras ramas de la ciencia cubana las desarrolladas: medicina, arquitectura, ingeniería, construcción, humanidades... Los pioneros que cambiaron la agricultura cubana (el conde Pozos Dulces, Reynoso, el naturista Poey, el sabio Roig y otros) habían sido olvidados, y algunos cultivos difíciles como el tabaco, aprendidos familiarmente. La Granja me servía sólo de trampolín para dejar el campo. No quería estudiar para terminar de botellero, no me hacía ilusiones. Mi primer problema, el dinero: no tenía ni un centavo partido por la mitad, era joven. ¿Cómo ir a Santa Clara, a cinco kilómetros de la Granja, si iba a pie y llegaba sudado? Y entonces, ¿cómo podía invitar a las muchachas al cine, fiestas y bailes? ¿Cómo comprar libros, ropa bonita, un traje nuevo?

Mis padres nada tenían, nada podían enviarme. Hacían un sacrificio privándose de mi ayuda en el trabajo. Era otra vez un marginal. Los otros jóvenes se iban de paseo o fiesta, los fines de semana o por las noches; yo me quedaba rumiando mis rabias.

¿Cómo ganar unos chavos?

Era, se decía, un buen escribidor de cartas de amor. Decidí cobrar un medio, por misiva o descarga, décima, poema, romance, para enamorar a las muchachas, que mis compañeros me pagaban. Mis cartas de amores. Iniciada la correspondencia, no se podía cambiar de letra ni de estilo. Si alguno quería usar sólo la palabra, la muchacha decía: «Ya tú no me quieres». «¡Cómo no, mi vida!». «Entonces, escríbeme cartas lindas, como antes». Era el escriba amoroso de la escuela. Algún compañero audaz pretendió tumbarme una enamorada, con una décima erótica que hablaba de amores en el palmar del bajío. Y yo ya le dije: «No chico, canta bolero».

Ayudaba en los estudios, en los exámenes. En una ocasión saqué nota de aprovechado para veinte de la clase en un examen de geometría, para asombro del profesor, que, sospechando, mandó repetir la fórmula en la pizarra, y como yo no era bobo, los había preparado por un porsi. Sólo uno era tan cayuco y analfayuca que lo olvidó y lo poncharon entre risas y burlas. Entonces descubrí los Jóvenes del Pueblo. Ellos se volvieron mi familia. Formé parte de su colectividad, que predicaba igualdad, la unión de los pobres del mundo, ideales de una vida mejor en la tierra, no en el cielo. Era la organización juvenil comunista. Aun si no se presentaba como tal, surgía con su nombre, algo más amplio, abierto, menos sectario. Las luchas estudiantiles, el fascismo y la guerra imperialista eran sus caballos de batalla. Lucha por la democracia y libertad en Cuba, por la mejoría de la vida del pueblo, de los jóvenes. Eran fiesteros, alegres y simpáticos y me acogieron como si fuera de la familia.

Tenía por primera vez familia colectiva y algo por qué luchar. ¿Podía haber algo más hermoso? Pensaba que hacía algo importante: luchar por la humanidad, cambiar la vida de los pobres, de los míos, el mundo. Allí estaban el simpático Simón Toriza, la graciosa Rosita Arjona, el legendario Romilio Portuondo, arriba Osvaldo Sánchez, José Luis Pérez y Flavio Bravo, piedras que más tarde encontraría en mi camino.

Era un antibatistiano convencido, un antimilitarista: la guardia rural, su plan de machete a los sindicalistas, sus abusos contra los pobres, al servicio de los poderosos. Batista, el dictador, en 1934, apoyado por el embajador de Estados Unidos, los intereses creados. Y el Ejército había derrocado al gobierno revolucionario, que en cuatro meses cambió la historia de Cuba, derogando la enmienda Platt, que permitía la intervención norteamericana, dictando leyes sociales progresistas, nacionalizando riquezas. Batista iba por su quinto año. En los últimos tiempos, la lucha contra el fascismo, la República española, el New Deal y el peligro de una nueva guerra mundial lo obligaron a restablecer derechos democráticos y una cierta legalidad. Los comunistas dieron un espectacular viraje y pasaron de perseguidos a aliados de Batista.

Las elecciones para la Constituyente de 1939 fueron limpias, y ganó la oposición auténtica. Los comunistas sacaron seis delegados: Blas Roca, el zapatero de Manzanillo, el mulato de la boca grande y dura. Al pan, pan, y al vino, vino. Marinello, el intelectual burgués. Agüero, el polemista de fuego. Allí estaban el fogoso Chibás, el brillante Mañach, el cínico Ferrara. Nuevos y viejos políticos debatiendo en un nuevo clima de legalidad.

La Constituyente fue el primer experimento de uso de la radio como forma masiva de comunicación. La radio se volvió protagonista. Lo sería en las próximas décadas. Y yo no podía saber entonces que me tocaría a mí usarla, primero en una batalla importante de una futura guerra que entonces no imaginaba, y después contra una revolución que se volvió terror y hambre.

Los debates de la Constituyente, durante meses transmitidos por radio, hicieron del país un parlamento. Por primera vez se polemizaba, se discutía en libertad. La palabra adquiría una fuerza tremenda. Se cantaba las cuarenta a cualquiera. ¡Qué maravilla la libertad después de años de tiranía!

Todos los temas de la compleja realidad cubana y mundial, la historia de Cuba, sus luchas y aspiraciones, se discutían, estaban en el oído y la boca de todos. Supresión del latifundio, discriminación racial, pena de muerte, derechos humanos, legalidad, democracia, cultura. Se discutía apasionadamente. Chibás, desde la izquierda, discutía furiosamente con los comunistas; éstos a su vez echaban con el rayo al hacendado azucarero Casanovas, el hombre de «sin azúcar no hay país». Había profetizado Humboldt, el sabio alemán y segundo descubridor de Cuba, que «azúcar y esclavitud» eran la misma cosa. Las guerras y revoluciones cubanas se hacían contra el azúcar: latifundio, monomercado, dependencia extranjera, monocultivo, tiempo muerto, desempleo, un año de riquezas, diez de miserias, según el precio del azúcar.

La popularidad y simpatía de los comunistas creció en la Constituyente. Esa fe del hombre para vivir, que yo no encontraba en el cielo de una iglesia poco cristiana y muy española, y por esta época bien franquista, miraba la belleza imponente del cielo y me parecía lejano, inhumano. No sería ofender a Dios pensar que esta tierra, esta sociedad, esta miseria e injusticia eran su obra y su rostro. Dios podía ser la espléndida naturaleza, pero y lo otro, los males del físico mundo, los horrores del mundo moral, obra de hombres y más bien del poder, el joder de algunos hombres de arriba, contra los muchos y pobres hombres de abajo.

Parece ser que cuando uno no cree en un paraíso cree en otro. Yo que no creía en el paraíso del cielo, yo que vivía en el infierno de la pobreza, creí entonces en cierto paraíso terrenal que estaban construyendo los hombres, los pobres, y que se llamaba socialismo: una sociedad sin ricos, igualitaria, donde el hombre sería hermano del hombre, no su lobo, su enemigo y explotador.

¡Qué ignorante era yo entonces! Un libro, el *ABC del Comunismo*, de Bujarin, me volvió comunista. ¿Cómo iba a saber entonces que el pobre Bujarin había sido fusilado en el paraíso de Stalin? Me parecía que en aquella Constituyente los comunistas defendían al pueblo del que yo formaba parte.

Si preguntaba a la gente del partido por qué Batista el malo se volvía bueno y Grau el bueno se volvía malo, me respondían: «La situación internacional, la lucha de los pueblos contra el fascismo, el gran movimiento popular originado por la República española en Cuba, los orígenes revolucionarios, populares y raciales de Batista, el peso de la Unión Soviética en el mundo, la fuerza del movimiento obrero cubano, dirigido por Lázaro Peña, entre una roca y una peña, un pájaro de mal agüero» —decían los chuscos anticomunistas.

Y agregaban todavía, ante mis nuevas preguntas: «¿No es extraordinaria la Constituyente y la Constitución que se está redactando? ¿No ves cuántas nuevas conquistas sociales y económicas a favor de los trabajadores y del pueblo? Mira cómo se organizan los sindicatos, los campesinos y los estudiantes».

Son los pasos progresistas de Batista.

La dialéctica del partido lo explicaba todo.

Muchas de estas cosas eran reales, el por qué de ellas era más complejo y contradictorio. Entre otros, la gran fuerza de la oposición auténtica y las debilidades y politiquerías de Batista, que con su astucia daba una de cal y otra de arena.

Una cosa era cierta, había encontrado una fe y una familia y me sentía feliz de contribuir a crear un nuevo mundo, tan diferente al que nos había tocado sufrir a mi familia y a mí.

Me habían dado duro —como en el poema de César Vallejo— y ahora pensaba que podía defenderme de los palos de mis enemigos.

Mi primera misión fue un viaje al central Covadonga, en la ciénaga de Zapata, por una huelga azucarera. Me sentía investido de responsabilidad y confianza, era mi primer trabajo de militante. Hice una serie de combinaciones: guaguas y trenes. Era la primera vez que atravesaba y conocía Ranchuelo, Trinidad, la fábrica de cigarros y sus obreros comunistas, Abreu, los campos de caña, frutas y viandas, maizales, Santa Isabel de Las Lajas, tierra del Benny Moré, Aguada de Pasajeros, la mítica ciénaga de Zapata, sus tembladeras, caimanes y cocodrilos... Villareña entonces, si bien ocupaba la costa sur de tres provincias: Las Villas, Matanzas, La Habana, una enorme extensión de tierras cenagosas con millones de fieros mosquitos y jejenes, alguna que otra primitiva carbonera, casi intransitable y abandonada, algún que otro campesino pobre o carbonero, un poco de arroz o frutos menores.

Era plena zafra y el central Covadonga me apareció con esa vida, animación, olor, que tienen las fábricas de azúcar: caña, carretas, carros tirando caña por la estera, las enormes máquinas rompiendo, devorando los trozos, el guarapo cayendo de una máquina a otra... Para volverse el grano dorado—pobre oro cubano—, brillante y dulce del azúcar no refinado, cuando se vuelve blanco, puro, como si fuera otra cosa, ya no más oro vegetal. La refinación del azúcar, proceso final, se hacía en otro lugar o en el extranjero. Pocas eran las refinerías. Aun si aquella industria ya bien desarrollada, con sus máquinas monstruosas, no se parecía en nada a los antiguos y primitivos trapiches, donde los negros esclavos se fatigaban con sus harapos sudados, los obreros que hacían andar el ingenio, luchadores de fuertes sindicatos y justas conquistas, hacían sus vidas más llevaderas, aun si la zafra duraba poco. Ésta del azúcar es una extraña industria, creo que la única en el mundo que produce cuatro meses del año y está parada ocho.

Venía a parar aquel gran ingenio, que se negaba a dar un aumento de salario, concedido legalmente. Me parecía cosa de otro mundo.

Pensaba formar parte de una enorme fábrica universal de hombres. El partido era una tuerquita del mundo obrero que se contraponía, medía su fuerza con el poderoso enemigo que compraba su fuerza de trabajo y creaba riquezas no compartidas. Un día este poderoso central podría ser de los trabajadores. Pensaba: «Ahora me toca a mí encender la chispa de la huelga».

La torre echaba columnas de humo negro, el bagazo blanco salía por la estera. En la casa de la caldera los obreros cargaban los enormes sacos de 325 libras después de cosidos, la cachaza oscura salía para facilitar los retoños de la caña recién cortada.

El central estaba rodeado de cañaverales. Se sentía el sonido de las mochas de los macheteros, el entrar y salir de carretas, el casi canto de los carreteros incitando a los bueyes y, no muy lejos, una gran candela en los cañaverales, guardias rurales y mayorales corriendo a caballo, candelas y contracandelas sonando. Su sonido parecía el disparar de ametralladoras.

Esperaba con cierto nerviosismo que sonara la sirena del central, anunciando el cambio de turno de los obreros. Era ya casi de noche y no convenía hacerme ver por los guardias en aquel clima tenso que precede a una huelga, aun si mi cara de jovencito era lo más inocente del mundo.

La célula comunista de Covadonga, con la que ahora me reunía, era pequeña, pero importante en el sindicato. Todos estaban de acuerdo en ir a la huelga, tenían un mandato de la asamblea general de trabajadores apoyando el movimiento. Esperaban sólo el sí del partido, que yo les traía, y su apoyo y solidaridad en otros centrales en caso de resistencia patronal.

La orientación del partido: firmeza y negociación. Evitar la huelga de ser posible, no caer en provocaciones, mantenerse unidos con el apoyo de la base azucarera industrial y, si era posible, con la del sindicato agrícola, no tan organizado como el industrial.

La reunión fue breve y mi participación casi insignificante; hubiera bastado una llamada telefónica de Santa Clara, pero a mí entonces me pareció otra cosa. Comí en casa de un compañero y, antes de medianoche, cuando el central debía parar si la administración no accedía al pago, me embarcaron en el tren de vía estrecha que atravesaba la ciénaga, de regreso a Santa Clara. Aquellas dos palmadas en el hombro de un viejo obrero comunista significaban mucho para mí, y aun si el mensaje llevado y el viaje mismo me parecieron menos dramáticos de lo que esperaba y la posible huelga algo casi normal, bien lejos del clima de una revolución, la confianza del partido y el conocimiento de su base hacían efecto en un joven como yo.

Era mi primera misión, a mis ojos de entonces, un acontecimiento, no que mi vanidad juvenil me llevase, entonces o después, a sentirme jefe, alguien importante, dirigente, no. Me fascinaba, aún me fascina lo colectivo, lo anónimo. Pensaba que la lucha debía ser anónima y colectiva, como el ideal socialista de una sociedad nueva y futura.

La militancia comunista de la base, me parecía—y aún en muchos lugares es—gente generosa, puro pueblo sacrificado, como los misioneros cristianos curando leprosos en los lugares más inhóspitos del mundo. La Iglesia y el Partido, arriba, como yo descubriría más tarde, son otra cosa. Abajo eran la revolución social. Tremenda escuela aquella que durante años frecuenté, viví, y de la que formé parte en ingenios, fábricas, campos, montañas y pueblecitos, aquélla de los de abajo. Una escuela de socialismo que me marcó, me formó y me identificó con el socialismo de una manera romántica, que me produciría después tantos conflictos y dramas de los que aún no es tiempo de hablar.

Terminé mi tercer año en la Granja. Obtuve el título de maestro agrícola con una tesis sobre el cultivo de arroz en ciertas zonas húmedas de Cuba (ciénaga de Zapata y otras regiones pantanosas), especulando con técnicas del famoso arroz de Valencia. Tenía asegurada otra beca para continuar los estudios en la estación experimental de Santiago de Las Vegas, donde Roig y otros sabios cubanos concedían su ciencia o la inspiraban. No mucho tiempo hacía que había pasado por allí una naturalista italiana, y había nacido un niño llamado Italo Calvino, que no tardaría en ser uno de los mejores escritores italianos y, con Lafargue, el marxista, uno de los famosos isleños.

Hubiera sido automático que, como uno de los primeros expedientes del curso, junto con Díaz Barreto, García y Dávila, me concediesen la beca para ir a La Habana. Pero no me la dieron. Mi asistencia era baja por mis ausencias políticas, que contradecían el reglamento interno. Debí no ser admitido a exámenes o privado de la beca. La Dirección sabía que habría provocado un conflicto estudiantil grave; mis compañeros no politizados eran mis amigos, me elegían, y contaba con el respaldo de los inquietos estudiantes del Instituto, de Santa Clara y de la Normal. Se hacían en la escuela la vista gorda y ahora me la cobraban, quitándome el premio de expediente y la beca.

Era el precio que pagaba por mis ideas políticas, por decir «no» a los que mandaban. El precio era muy alto. ¿Cómo iba a seguir estudiando sin recursos? Una injusticia, y la injusticia es una buena pedagoga que enseña el no. Comprendí que no me habían expulsado por temor al escándalo, como me hizo comprender un profesor amigo, que me defendió y quiso darme la beca. No podía ni pensaba quedarme en Santa Clara. Con mi título sólo podía entrar en la Universidad de La Habana, única entonces en Cuba, mediante examen, y estudiar agronomía.

Estaba un poco menos solo que antes: tenía el partido, faltaba mi padre y tenía responsabilidad con mi madre. Aun si ella, entre el conuco y el resto de la familia de mi tío Manuel, que se había mudado a la finca maldita que nadie quería, colindante con nuestra tierrita, podía vivir allí. Ella, buena campesina, gustaba de la tierra y estaba como en otro mundo, después de la muerte de mi padre. El tiempo que pasaba en Santa Clara no la satisfacía del todo, aun si estaba más tranquila teniéndome cerca.

La Habana sin dinero le parecía una aventura. ¿Qué no es una aventura para un pobre? Mi fidelidad al partido era grande, pero no pensaba que debía discutir mis actos personales con nadie, como tampoco creía que debía pedir ayuda para seguir estudiando. Me equivocaba. Me sentía un comunista por la libre, y sólo con un carnet de los Jóvenes del Pueblo. Un día decidí irme de Santa Clara con diez pesos en el bolsillo, ganados guataqueando cañas en Sitio Grande, y de botella en el camión de un amigo partí para La Habana.

La Habana estaba a trescientos kilómetros de Santa Clara. Seis horas de viaje por la carretera central, tan larga como la isla, que unía Santiago de Cuba con la capital y Pinar del Río; Oriente y Occidente. La central atravesaba llanuras, Santo Domingo, Colón, tierras pobres, de palmas canas y espartillo, algún potrero de vacas flacas y algún que otro cañaveral. Entrada Matanzas, la tierra y el paisaje mejoraban. Aparecían altos y bellos palmares, tocando el cielo. Casi no veía el paisaje. Pensaba sólo en La Habana, la gran ciudad de Cuba, y en la aventura que emprendía sin miedo, no exento de irresponsabilidad. No tenía allí familia, amigos, trabajo, profesión. Era lo que se decía un guajiro cogido casi a lazo, y sin un centavo. Sólo con la breve experiencia de Santa Clara, el encuentro con el partido y aquella escuela de hombres que es la miseria para quien dice no.

DE SANTA CLARA A LA HABANA

El camión de mi amigo tenía que descargar en la plaza del mercado. No lejos de allí, subiendo de Cuatro Caminos, por la calle Monte, estaba la plaza de la Fraternidad, donde maleta en mano y algo achicado por el pasar veloz de miles de máquinas, guaguas, camiones y bicicletas, me bajé y despedí del compañero, y de buen guajiro me encaminé al enorme Capitolio. Allí dije que no al clásico fotógrafo que me quería tirar mi primera instantánea de ñongo en La Habana, con el fondo de aquel enorme cake, copia de una copia de otra copia: Washington-Roma. ¡Qué linda La Habana! ¡Qué feo su capitolio!

Solo y con una esperanza: mi nueva familia comunista. Me encaminé al seccional del partido de Arsenal. Su secretario, Moreiras, me conocía de Santa Clara. Me acogió bien, sorprendido de que no trajese una carta del partido y de mi manera poco ortodoxa de llegar. Le dije de llamar a mis amigas Rosita Girona y Clementina Serra, de los Jóvenes del Pueblo, que bien me conocían y, dejando la maleta en el comité, me fui a dar mi primer recorrido por La Habana. Allí estaba la fábrica de cigarros Regalías El Cuño, a dos cuadras, en Monte y Prado, la mítica CMQ, con su famosa Corte Suprema de Artes, programa que descubría artistas jóvenes, muy oído entonces. Prado abajo, enfrente del Capitolio, sede del Congreso, el decano *Diario de la Marina*, el periódico españolizante y conservador, un poder que duraba más de cien años. Y después de Teniente Rey, los simpáticos Aires Libres y su orquesta de mujeres: Anacaona, rompiendo el cuero al lado de Paulina Álvarez, reina del danzonete. Me senté en una mesa y pedí una cerveza bien fría. Nunca me pareció más bello el indio Hatuey, entre la espuma blanca y el líquido dorado y fresco, que me bañaba en otro mundo. Un sueño estar sentado allí. Tenía veinte años y tocaba madera y hasta cemento. ¡Qué linda La Habana! Las luces que se encendían, las muchachas que pasaban, los piroperos, los tubos, chucheros, vendedores, el ruido, la música y alguno que otro que bailaba. La rumbera de la orquesta echaba tremenda pata. Buena hambre me vino de mirar los vasos con ostiones, un toque de limón y un golpe de tomate rojo; los eróticos y sabrosos mariscos, aun si estos habaneros no me parecían tan hermosos como aquéllos de la Isabela de Sagua. De mirar y de no comer me venía el apetito. Qué mejor para mi bautizo habanero que pedir aquella media flauta de pan partida y rellena de sabroso lechón, jamón, pierna, queso y pepino, bien sazonadito y sabroso, y devorarlo al son de «Almendra», que sonaba Anacaona, un danzón que parecía un son. Aquello era la gloria y si acaso me miraba una mulata, era casi entrar en el paraíso.

El tiempo detenido pasaba y debía volver al comité no muy tarde. Allí le había tirado el ojo a un espantanovios o banco de madera dura, largo y estrecho. Allí dormiría mi primera noche habanera. Pedí la dolorosa y salí con el bolsillo encogido, pensando «Por un gustazo, un trancazo». No podía repetir la locura y quedarme sin un centavo. De los Aires Libres al modesto parque Central, la estatua de José Martí, aquélla donde un día harían pipí marines yankis, el palacio del Centro Gallego, el no menos potente Centro Asturiano, la acera del Louvre, el Teatro Nacional, el cruce del bolero de la Engañadora. En Prado y Neptuno, una chiquita. Allí comenzaba el paseo del Prado, sus leones aburridos, sus viejos y pobres laureles, el gran ir y venir de gente, Prado arriba, Malecón abajo. Aquel augusto paseo tenía aire español, largo, ancho y tendido. Cuando parecía no acabar, de pronto, bello, aparecería el mar, las luces del Malecón y el Castillo del Morro, nuestra tarjeta postal. ¿Sería tan bello, más allá de su siniestra fama de fortaleza y prisión, su imponente arquitectura y aquel maravilloso mar que lo batía incesante? No lo sé. Quizás sí era más italiano que español, por obra y gracia de su constructor, el italiano Antonelli.

¡Qué impresionante el malecón! Aquel muro que cortaba el violento mar, bajo un cielo purísimo de clarísimas estrellas, en la noche tropical, como cantaba aquel bolerito, algo picúo y sensual. Te daban ganas de recitar aquel Neruda tan a la moda, no el mejor y quizás el menos bueno, pegajoso, y dicho con la voz ronca, afrancesada y reverdiana de Rafael Enrique Marrero, el del *Contigo en la media noche*, con aquella nerudiana despedida: «Sentir la noche inmensa, más inmensa sin ella...». Y de allí al tango llorón no iba mucho, todo se salvaba cuando el altoparlante transmitía aquellas cubanas, soneras y orientales voces y música del Trío Matamoros, cantando: «La mujer de Antonio, camina así...».

Aquella noche dormí en el banco del seccional. Duro y estrecho como rayo, no podía virarme sin caer. ¡Qué era un banco si estaba en la ciudad de mis sueños! Aquel banco habanero y comunista me puso derecho. Me quitó el caminar inclinado, mirando la tierra, y me puso al revés, mirando el cielo: sol o estrellas. «Guajiro mirador, ¿qué haces si no miras tu naturaleza?». Mirando, pensando. La cabeza, de tanto pensar, se me quería caer. Sí, sé que pensar mucho no es pensar bien, ni aun pensar, y entonces aun si lo hacía, no sabía, que como dice el buen tropical: «Pensar con los pies es mi forma de caminar».

Me dirían después: «La Habana te ha puesto derecho, Carlitos». Por mi nuevo caminar, ya no guajiro, sino habanero. «El banco, no La Habana»—decía riéndome. Buen maestro, mi banco de Arsenal.

Mi primer almuerzo habanero lo comí invitado por los obreros cigarreros de Regalías, que al terminar la reunión de la célula me llevaron a una buena fonda china a comer arroz frito con camarones y mariposas deliciosas, helado de coco y buen café. Generosos, simpáticos, bullangueros y bebedores. Aquellos cigarreros, mis nuevos amigos y compañeros, como hermanos mayores. Desde aquel día acogieron al guajirito pobre y luchador y le echaron una mano, que hizo más llevadera su vida capitalina. Su fuerte sindicato, unidad, luchas y buen trabajo habían ganado conquistas y altos salarios, alta era su cotización al partido.

Ellos y los pintorescos guagüeros de la ruta 32, que estaba también en el barrio, serían mi familia proletaria de aquellos tiempos habaneros. Allí conocí a Rafael Cueto, uno de los integrantes del famoso Trío Matamoros, grande entre los grandes de la música cubana. Era un mulato oriental, callado y cordial, que no se daba aires y que me cogió cariño. Me parecía cosa de otro mundo ser su compañero y amigo. Allí estaba el barrio de Jesús María, la candela con música y todo. De La Habana, me impresionaron su mar, su luz, su aire tropical. Y su maravilloso mundo popular, su hablar, el ritmo de su movimiento y su gran vital mundo negro. La Habana era bonita. Estupenda era la plaza de la Catedral, con su aire barroco, italianizante, que entonces ya me atraía y que no sabía de dónde venía. La Habana Vieja era bella sin duda, no La Habana oficial. El palacio presidencial, en aquella abierta avenida de las misiones, lo arruinaron, agregándole un piso que rompió su armonía. ¿Delirio de grandeza de algún presidentazo o pretexto para el tradicional robo? No lo sabía.

En aquella ciudad sin árboles, que no amaba los árboles, aun si el sol violento rajaba ya no piedras, sino cabezas de los habaneros, no había casi fuentes. Había una y bien linda, la del palacio Aldama, ilustre patricio, allí donde Reina nace o muere. ¡Qué maravilloso el sonido, a lo Garcilaso, de su fuente! Sentir su frescura, sentarse y pedir bajo el calor ardiente del trópico un vaso bien frío de té, azúcar y limón, o si eras un purista, una limonada bien fría, beberla sorbito a sorbito, ya no con un vaso, sino con dos, esperando a una muchacha que debía venir y no venía, y que yo sabía que llegaría un día y llegó, aun si entonces, viéndote beber con dos vasos, algunos te miraran pensando: «Loco de remate».

Loco, sí, pero loco que sabía lo que hacía. Bebiendo su calor solitario en compañía futura. Lindos los luminosos vitrales. Luz pintada, contraluz natural. Amelia Peláez, pintora maravillosa; su cubismo tropical, de máquinas de coser, ventanas y colores restallantes, vitralizaba su pintura, y no era cegada, asesinada por su luz, como les ocurría a pintores mediocres, que persiguen la belleza y nunca la atrapan.

Amelia, picassiana sí, matissiana sí, pero, ¡qué cubana! ¡qué manera de saber mirar La Habana, Cuba, su naturaleza, gente y mundo! Bella la arquitectura colonial cubana ¿contradicción, verdad? Más cubana que colonial. Punto alto, aire natural para respirar bien, elegancia, sensualidad, sobriedad, color, espacialidad. Lo criollo nacía de la búsqueda y encuentro de un espacio cubano, de una patria, una cultura y una manera de ser cubanas.

Esa Habana de entonces, que inmortalizaría un futuro amigo mío, casi familia, Guillermo Cabrera Infante, habitante recién llegado, de aquel solar habanero de Zulueta; aquella Habana, pobre, mulata y popular. Me fascinó Jesús María, el barrio negro de Arsenal: aquella gente hablaba como un son. Decían las cosas más violentas con tal gracia, como en la música popular cubana, que cualquier cosa caía bien. ¡Qué hablar! Literatura natural, no el querer hablar lindo de tanto cubiche picúo, de tanto bolerito cursi y de tanto murmurío de indio imaginario y no de negro sonero. Allí estaba el Quini, «El Quini tiene bandera», que inmortalizaría una orquesta de mi provincia: la Aragón, la flauta mágica de Richard Egués, aquel que empezó en Cienfuegos y Santa Clara y triunfó en la capital, Laín y Bacallao, sus chachachá de sabroso ritmo y pies que no tocaban al suelo. ¡Cómo bailaban estos habaneros, esta gente de Jesús María, qué manera de sonar el bongó! «¡Ay, no me la toques más, que me la rompes!»: La Celeste, moviendo el culo, qué voz de orgasmo, los Muñequitos, los mejores guaguancoseros de Cuba Oriente, Las Villas, Matanzas, La Habana, las provincias soneras, rumberas, Pinar del Río y Camagüey, algo más blancas, boleros y décimas. Era aquélla la época de Mil Diez, una emisora comunista que alentaba los nuevos valores musicales, compitiendo con Radio Progreso y El Gallego Suaritos: Celia Cruz, Pérez Prado, el del futuro mambo, Olga Guillot, el Benny Moré, Arsenio, ya ciego y consagrado, Arcaño, Cachao y sus maravillas, y aquellos danzoneros sabrosos, Antonio María Romeu y Rodrigo Prats, que tocaban en la única academia cubana, Marte y Belona, templo del danzón y el son, y del bailar y moverse picante, puro templete tropical. Venía cansado de décimas guajiras: no era que no las estimase, sino que me molestaba la monotonía de una misma tonada y las cuerdas del tres, su facilismo rutinario. Salvaba al maravilloso Chanito Isidrón, su décima picante, humorística, socarrona, su voz rajada entre ñonga y afro, algo montuna, y al clásico Cucalambé, Limendú y otros decimeros populares. No soportaba más boleritos picúos, arroyos que murmuran, palmares del bajío, siboneyes, la música de los blanquitos. Música era aquella popular y negra que los doctos llamaban afrocubana.

La Habana era una fiesta; fiesta al caminar, fiesta al hablar, fiesta al bailar. Caminaba como un son, hablaba como un son, se movía como un son. Era un son. Fiesta de amor.

«¡Qué siudad mielmano!».

«Blanquito, ¿te guta Lavana?». —Yo ya mirando embobado el culo de la mulata, que con gracia, me lo decía—. «Sojo se te va a caé, blanquito. José, Isabé, tú no silve pa ná, Ay, José, Isabé».

Fui conociendo la ciudad, viajando de gratis en la ruta 32, la cátedra de las guaguas habaneras, y era mucho decir, las guaguas ponían sabor a La Habana Pasito alante, barón. Manos muertas, piernas muertas, que al vaivén de un bache se dejaban caer sobre las lindas pasajeras a ver la atención que le ponían, rascabucheadores, filando de arriba, allí donde el escote se abre y se ve y no se ve y se imagina, al golpe de nalga o de teta, en el apretaíto, o la parada brusca, tocando por delante, por detrás, si caías entre dos mulatas zandungueras. Ay, coño, como me bajo. Cuidado con el manos de seda, aquel carterista que limpiaba los bolsillos y no lo sentías, que a veces, ofendido, tiraba por el pasillo de la guagua kilos y carteras, indignado: «Muertos de hambre, cabrones arrancaos». Tirándose de la guagua y perdiéndose en la calle transitada. La guagua fue mi guía habanera, los compañeros de la 32, guagüeros casi todos comunistas, me llevaban y traían por la ciudad. Vedado, su aire versallesco, algo afrancesado, elegante, como la literatura de Carpentier. Miramar, el mundo rico, casas inmensas, barrio arrogante, cerrado y solitario, que te muerde el perro de policía. Grandes clubes que se robaban el mar y su buena arena fina. Miramar, Habana Yacht Club, casas y cosas de ricos y niños bitongos. Espléndida aquella avenida de palmas y flores, entre flamboyanes rojos y azules y buganvilias restallantes de colores, amplia y fresca, árboles gigantescos y bellos parques. La Quinta Avenida, río arriba o río abajo, depende de si venías de La Habana o de Marianao.

Aquella Habana linda donde tantas desvergüenzas veías y sufrías. Aquel mar maravilla de tu isla, que era privado y no tuyo. Mar que veías y no tenías, y ya podías morirte de calor, que en él no te bañabas. Sólo Santa Fe, lejos y afuera, entre pedruscos y erizos que te pinchaban los pies, en la playa de un millón de habaneros y Chibás que gritaba, pico en

LA CIUDAD

mano: «Playas para el pueblo», rompiendo con el simbólico pico, ante el escándalo de los bien pensantes y el gusto de los de abajo. Aquel picazo simbólico, rompiendo el muro del mar, que un día una revolución, en el sueño de un día de verano, haría nuestra.

La mítica alma máter. Aquella universidad, casa de la cultura cubana y de la Revolución. Templo, allá arriba, que subías, escalinata arriba, bajaba una tromba, una manifestación estudiantil gritando, tirando, corriendo, pidiendo, protestando por cualquier cosa: el alto precio del pasaje, una medida antipopular, una consigna antiamericana...

Mirarla me parecía tocar un sueño. ¿Llegaría yo? «Tú también, Carlos?». De día, caminando con los compañeros del seccional en sus tareas; de noche y madrugada, estudiando para los próximos exámenes de ingreso, duros para quien, como yo ñongo, venía con un título de maestro agrícola. Un guajiro entonces en La Habana era sinónimo de bruto, algo para reírse, una coña caminante y parlante. No sería el último guajiro que entrase en la capital con la pata buena, y si las mías no eran buenas para el son, entonces me hubiese ido para la Universidad Popular de Jesús María o la de San Lázaro, que eran buenas para el pensar caminante, para el romperse el coco, el coco que tengo contigo. No. No ese coco erótico, el otro cerebral y de estudiar. El que me aguantaba a mí escalinata arriba, con diez libros metidos en la cabeza, audacia y juventud.

Yo ya me veía universitario.

PEARL HARBOR

La noche del 7 de diciembre de 1941, en el acto recordatorio del general mambí Antonio Maceo, una multitud se congregó en las aulas del Capitolio Nacional para oír la palabra del famoso orador comunista Salvador García Agüero.

Oía extasiado las vibrantes palabras del orador, que de pronto hizo silencio, después de recibir de un ujier capitalino un papel que resultó ser un cable con la noticia de una agencia de prensa internacional, que García Agüero nos leyó, en medio del silencio y la tensión diciéndonos que Japón había atacado a las fuerzas norteamericanas en Pearl Harbor, ataque alevoso y criminal, sin una declaración previa, que obligaba a Estados Unidos y al presidente Roosevelt a pasar de aliado y suministrador de armas y equipo de la heroica Inglaterra a enviar sus tropas y armas a Europa para combatir la barbarie nazi y fascista que amenazaba con dominar al mundo. Cuba era aliada de Estados Unidos y su pueblo en la lucha antifascista, pero estaba muy lejos de la guerra, y el conflicto tenía no muchas repercusiones en la isla, donde la batalla contra el nazismo y el fascismo y sus espías sí tuvo sus momentos de intensidad.

Como buen joven antifascista, me inscribí como voluntario en el servicio militar, como tantos otros, pero nunca fuimos llamados a las armas, porque Cuba nunca entró directamente en la guerra.

EL PARTIDO

Un día, Moreiras, secretario de Arsenal, me dijo que Joaquín Ordoqui quería verme, que fuera al comité central del partido, no lejos de allí. Atravesé el parque de la Fraternidad, cogí Reina abajo y después de Belascoaín entré en el amplio paseo de Carlos Tercero, que continuaba Reina, dos cuadras más. Y en el número 609 estaba la sede principal del partido, que a consecuencia de la guerra no se llamaba comunista. PSP: Partido Socialista Popular. Ordoqui, uno de sus principales dirigentes. Antes de llegar a él, fui llevado al despacho de Guerrero, vice de Fabio Grobart, que era el hombre de organización, un ruso-polaco pequeñito, una piel roja, pero no indio, el mítico hombre de la Internacional Comunista, que llegó a Cuba en 1925, fundador del partido, ahora algo acubanado, de hablar con raro acento, que me saludó cordialmente y me dijo que me sentara, que pronto vendrían Blas y Joaquín. No tenía la más mínima idea de para qué me querían, ni del por qué de aquella reunión con los principales dirigentes del partido. Fabio, luego de ofrecerme un café, me preguntó cosas de Las Villas, e indirectamente de mi breve vida de comunista, bien breve por cierto. Tenía entonces veinte años y a decir verdad ni yo mismo sabía mi status formal, no estaba inscripto ni afiliado, ni creo tenía carnet de militante, era un Joven del Pueblo, y éstos eran la Juventud Socialista Popular, había venido de Santa Clara para La Habana, hacía unos meses. No sé si por vivir tiempos de legalidad o por buen ojo, o por mi pasión militante, o porque alguien pensaba que yo tenía madera, mi situación sui géneris no interesó, y saldría de allí sin saberlo. Blas Roca, el zapatero de Manzanillo. Su nombre era Francisco Calderío. Roca era la derivación comunista de Acero, es decir Stalin, en la línea de dureza e imitación. Roca mejor que piedra, que en cubano se las traía. Blas, digo, era simpático, mulato medio indiado, de boca grande, fuerte, no alto, ni con aire de zapatero—zapatero a tu zapato—, le decían los enemigos políticos. Ahora me estaba tirando el brazo por encima, cariñosamente. «¡Qué honor!», me dirían después en el seccional, aquel «abrazo del partido». Yo, guajiro y algo arisco, estaba sorprendido, desconocía el mito del culto a la personalidad.

Ordoqui, colorado, grandote, fuerte, feo y medio bizco, imponente, era el hombre de la famosa ametralladora, que barrió con grupos fascistoides, en los tiempos de Machado. Tenía una voz ronca y de pocos amigos. Roca parecía una pascua, con aquella sonrisa cuando abría la boca, que parecía que llegaba de «tercera a primera». Ordoqui era más que roca, piedra, seco, cortante, amigo de dar órdenes, de gritar, agitado y bronco, el duro del partido, no la cabeza real, que era Blas, aun si la cabeza aparente era Juan Marinello, intelectual de origen burgués, el bello Juan o Juan de América, como decían sus admiradores.

Juan me pareció con su aire triste, como un poema de Valéry, quemado por el trópico, atildado y algo retórico. Era, con Mañach al centro y Juan a la izquierda, la pareja pensante de los años treinta. Aun sí yo prefería los sones mulatos y bien sabrosos de Nicolás Guillén, a las apreciadas descargas de aquellos dos bien pensantes, aun si el estilo y concisión de Mañach, sus análisis son mil veces superiores a la retórica de Marinello.

Comenzaba a intrigarme, o es que estaría equivocado. Grobart, Blas, Ordoqui, Marinello, la plana mayor del partido, ¿qué tenían que decirme? Bebido el buen café, encendido el buen tabaco (yo por aquella época echaba mi humo, lo hacía más bien solo y con cuidado, ya tenía la experiencia de que borrachera de tabaco es algo así como quererse morir), pasando de lo simpático a lo serio, y de la bulla al silencio, Blas Roca me soltó de pronto: «Compañero Franqui, se aproximan las elecciones para la Cámara de Representantes, que son muy importantes para el partido, y hemos pensado mandarte a ti, que eres villareño, a dirigir la campaña en Fomento, uno de los municipios clave de tu provincia. Aspiramos allí a sacar seiscientos votos, y ésa es la tarea que encomendamos al partido y a ti».

Agradecí la confianza que se me daba, a mí, joven sin experiencia. Dije que me parecía importante continuar mis estudios en la universidad, que podía militar allí en el movimiento estudiantil, en el que tenía alguna experiencia, como sabían Rolando Masferrer y otros compañeros que me habían apoyado en mis denuncias del bonche universitario, en el congreso de estudiantes de Santa Clara, de mi defensa allí de la línea del partido y de la bronca con los tiratiros. ¿No pensaban ellos que en la universidad podía ser más útil al partido? «Mira, compañero»—replicó, seco Ordoqui—, ¿cómo vas a hacer una carrera universitaria sin un centavo? Es casi imposible».

—Pienso trabajar y estudiar—dije—y espero que el partido me ayude a conseguir un trabajo. (En verdad el argumento de Ordoqui, aun si cierto, no me gustó, ni me pareció muy comunista, ni estaba yo acostumbrado a renunciar al primer no.)

Blas Roca me dijo en forma cariñosa: «Tú eres un joven de ideales, conoces como yo la miseria, la vida dura de tu gente, me parece que tienes madera de comunista. ¿No es más importante para el pueblo y para ti que en vez de ser ingeniero agrónomo te vuelvas en la escuela del partido un arquitecto del nuevo mundo que queremos construir?».

—No hay dudas—contesté, aun si debo abandonar mis ilusiones de estudiar, si pienso que el estudio me ha descubierto el marxismo, y que la cultura es importante, comprendo que el socialismo es muy superior a la universidad y lo colectivo a lo individual.

—Era lo que esperábamos de ti—me dijeron, dándome la mano con calor, despidiéndose e indicándome a Guerrero para las instrucciones del trabajo y a Nicolau para los problemas prácticos.

Guerrero me explicó las características de Fomento: dos centrales azucareros, cuatro sindicatos dirigidos por comunistas, zona cañera y tabacalera, buena militancia, el secretario general Merelo Rodríguez, activo, pero que necesitaba ayuda, el municipio era grande, no bien comunicado, había que recorrerlo de punta a cabo, y ésa era mi tarea y la de cientos de militantes más enviados a todos los lugares de la isla.

Nicolau, el tesorero, hombre bajito y cordial, retratándome de arriba abajo, me preguntó cómo estaba de ropas y zapatos. Debía ir bien vestido y con algún dinero, pues representaba al partido; sobrio, no miserable.

Tenía un pantalón, dos camisas y unos zapatos de dos tonos algo viejos. Pedí una camisa, una guayabera, ropa interior, dos pantalones y un par de zapatos. Nicolau creía que debía comprar dos trajes y otras cosas, y me dijo: «No tengas pena, que esto no es para ti, es para el trabajo del partido. Tienes que llevar dinero para el viaje. No debes llegar allí con las manos vacías. ¿Cuánto crees que te hace falta?». Acostumbrado a vivir sin dinero, un peso me parecía cosa de otro mundo, y el dinero del partido, sagrado. Respondí: «Un billete de ida y vuelta y veinticinco pesos».

—Creo que como mínimo debes de llevar cien pesos.

—A mí me parece que con cincuenta sobran.

Y Nicolau, riéndose, me dio para el billete y cincuenta cocos, deseándome buen trabajo.

Comenzaba a saborear, descubrir y conocer La Habana. Estaba por ingresar en la universidad y ya tenía que irme. Salí a la calle con cierta desilusión. Pero dedicar mi vida de forma anónima, abajo, a cambiar el mundo, ser luchador, formar parte de la familia socialista, yo, un pobre guajiro solitario, valía más que ningún título universitario. Quería estudiar para no ser explotado, no para llegar arriba, volverme un señor, doctor o ingeniero, y desde arriba joder a los de abajo. Y esta vida que comenzaba a los veinte años, la del militante a tiempo pleno, era más directa y más bella, me parecía, y rápido como vine, de La Habana me fui.

FOMENTO

Llegué a Fomento dos meses antes de las elecciones de junio de 1942. El PSP formaba parte del gobierno de Batista. Éstas no eran elecciones presidenciales y cada partido iba a lo suyo, a reforzar sus representantes en el Congreso. La Segunda Guerra Mundial estaba entrando en su etapa más dura, aun si no era tema de debate electoral. Oposición y gobierno eran aliados y antifascistas, y para el partido, la entrada de la URSS en la guerra, al ser invadida por Alemania—rompiéndose así el pacto de no agresión entre Hitler y Stalin—, cambiaba el carácter del conflicto, de imperialista a antifascista. Europa estaba lejos, y la radio no es la televisión, que mete la guerra dentro de tu casa. La conciencia del peligro existía, pero no era próxima, y además todas las guerras mejoraban el precio del azúcar en el mercado mundial, aún si ésta había provocado escasez y racionamiento y por eso se había inventado una oficina reguladora de precios, presidida por aquel ex presidente de un día, Carlos Hevia, político honesto, cosa rara, sin mucho suceso, en esto de controlar los precios. Los dirigentes comunistas de Fomento (Merelo Rodríguez, un tabaquero, el cojito Lemus, un gallego y pequeño comerciante llamado Padrón y un dirigente agrícola azucarero, cuyo nombre era Esteban Martínez) me recibieron bien y quisieron hospedarme en sus casas, pero yo preferí dormir en el local de la oficina del partido, que estaba frente al parquecito, en el centro del pueblo.

Recorrí y agité las células comunistas de la zona, casi todas azucareras. Había pocas carreteras, así que yo iba caminando por la línea de ferrocarril, que, pasando por Fomento, venía de Santa Clara y seguía hacia el sur, a Trinidad. Otras veces, andaba por caminos o por la vía estrecha de los centrales. Conocí el central Agabama, que llevaba el nombre del río, algo lejano. Santa Isabel, casi una extensión de Fomento, era propiedad del vasco Azqueta, patrono duro a quien se acusaba de fascista, cuyo sindicato dirigía el compañero Rodríguez, eficaz dirigente que le había ganado más de una batalla. Caminaba noche y día. Regresaba de noche tarde, casi siempre entretenido con el sonido de mis pasos sobre los travesaños, los rumores de la noche y el espléndido cielo, atento a los pocos trenes que pasaban y al peligro en acecho que afronta el caminante de noche, y más aún si era un agitador en conflicto con intereses poderosos. Antes de las elecciones convocamos un mitin en el parque del pueblo, que fue muy concurrido, señal de que tendríamos buena votación. Fomento era muy obrero, sindical y activo.

Llegaron las elecciones y todo marchaba bien. Nuestros electores, disciplinados, votaban temprano e iban en busca de simpatizantes. La oficina nuestra, un ir y venir de gente. A media mañana vi en la otra parte del parque, al lado de un teatro cine que allí había instalada una oficina de compraventa de votos, práctica deleznable, bien frecuente en Cuba. Para mi sorpresa, la cola de los votantes vendidos crecía. Era ilegal tal práctica, pero nadie intervenía, la policía se hacía de la vista gorda.

Entonces decidí hacer una acción que terminara con la compraventa de votos. Tenía el viejo revólver vizcaíno del gallego Padrón, que se descocotaba. Metí las seis balas y con otra carga de repuesto me encaminé hacia la oficina para detener la compraventa de votos, protegida por algunos guapos del pueblo. Cuando atravesaba el parque se inició un tumulto, vi al cojo Lemus que, levantando su muleta de palo, repartía muletazos a diestra y siniestra, a veces caía, se levantaba y volvía a dar muletazos. La bronca crecía. Esteban Martínez, el dirigente sindical, medio tuerto, perdió los espejuelos de un piñazo. Lemus pateado por el suelo. Llegué corriendo, cogí la muleta de palo y empecé a tirar palazos en forma de remolino a todo el que se me acercaba, no los conocía a todos, golpeaba sin mirar, en la furia de la pelea, sin saber si era enemigo o amigo.

Sentí un gran golpe en la cabeza, caí sobre el cemento del parque y vi que varios tipos me iban a patear. Entonces, me acordé del revólver vizcaíno y, como estaba en peligro de ser golpeado, metí la mano en el bolsillo y saqué el revólver. Se formó el corre-corre por todo el parque y se acabó el titingó.

Me levanté, algo magullado, revólver en mano, viendo a la gente correr, la oficina de compraventa de votos cerrando por la bronca, y me entró una risa, no sé si eufórica o nerviosa, riéndome más de mí que de los otros. Aquello me dio fama de templado. Fomento era un sitio caliente, donde te disparaban un tiro o te metían un cuchillo o machetazo sin esperar mucho. Esa admiración que provoca el machismo hacía que los guapos de barrio me miraran con respeto, y me sirvió para que nadie se metiera conmigo cuando la cosa se ponía dura por una huelga o un desalojo campesino.

¡Yo, guapo, en Fomento, qué fenómeno!

Sacamos casi setecientos votos: un éxito para el partido. Felicitaciones y buena fiesta de la victoria, con la presencia de Jesús Menéndez, un líder azucarero negro, que era la candela, y al que elegimos representante de la Cámara. Echó un discurso incendiario. Era un luchador que creía más en las acciones de masas, en la lucha desde abajo, que en la influencia de arriba, en el Ministerio del Trabajo y en el gobierno; que temía, y con razón, que el movimiento obrero, con los métodos burocráticos, fuera un gigante de pies de barros, que se derrumbaría al primer peligro serio, cosa que no gustaba a la dirección del partido. Menéndez un día moriría asesinado. Y años después su profecía iría a cumplirse sin remedio.

Al otro día fuimos a una finquita de campo a comernos un lechón y, cuando estaba debajo del mangal, se me ocurrió probar el vizcaíno de Padrón. Rastrillé, disparé, nada. Probé, una y otra vez, las seis balas, nada. Cambié, puse la otra carga, nada. El revolvito de mi guapería en el parque no disparaba.

Me entraron sudores fríos. Suerte que no exageré disparando al aire. No me gustan los alardes; no era necesario y además era yo un dirigente del partido a quien no se podía comprometer por gusto. De no haberse dispersado la gente que compraba votos, yo hubiese disparado al aire para asustarlos. «¿Qué hubiera pasado?»—pensé. Lo que puede un arma de fuego, aun sin disparar. Un día me enfermé de paperas y no hice caso al médico del partido, el doctor Brook, que me recomendó reposo, y seguí caminando. Las paperas se me bajaron y los huevos se me pusieron enormes.

Parecían melones, de hinchados. Tenía grandes dolores, estaba apendejado por las supersticiones guajiras y citadinas de lo que podía pasarme. Que si se quedaba uno con los cojones hinchados, que si se volvía estéril y no contara con tener hijos: una jodedera.

Me mandaron hielo para que el frío me desinflamase los enormes cojones, grandes así creo que no los había visto ni Rabelais, no habla de ellos en su célebre antología, una de esas páginas que, como otras parecidas, era conocida y dicha oralmente en Cuba.

Decían, y creo que es verdad, que cuando uno tiene miedo, se le encogen, pierden, desaparecen los testículos, creo que es verdad.

Ahora que tenía los huevos más grandes del mundo estaba apendejado de verdad. La fiebre, el malestar y el dolor no me dejaban dormir, y me pasaba la desgraciada noche en vela.

Recordé una vieja tradición campesina a mí aplicada por mi padre y mi madre cuando muy niño, y parecía que uno de los testiculitos no me bajaba. Entonces me pusieron la pata izquierda sobre la corteza de un gran almácigo de cáscara rugosa, como la piel de un elefante, y con un cuchillo dibujaron la planta del pie, que correspondía al huevo ausente, cortaron y sacaron la cáscara y allí quedó mi pata, que con el tiempo iría subiendo por el tronco y desapareciendo, mientras el testiculito bajaría. Y bajó, no sé si por casualidad, yo ya contento de no ser chiclano y de poder ser padre. «Cojones—me decía—, ahora voy a ser el chiclano del huevo grande, después que me salvé de ser el chiclano del huevito».

Decía un guajiro socarrón que todo se refleja en los testículos, que son como las dos balas de un cañón, se vuelven chiquitos de miedo o de amor, de amor chiquitos, pero duros, cuando disparan eróticamente, como tomando impulso, en tensión, endureciendo el pene en el momento de mayor erotismo, a engendrar la vida o a correr—coito interrumpido—si no querías volverte papá era un palo robado, clandestino, templete sí, madre todavía no, decía la chusca, y entonces pobres espermatozoides a morir sobre el paredón duro, no sobre la mullida casa uterina.

Una noche, sería medianoche, sonaron las campanas de la iglesia, doce sonoras campanadas, sentí un ruido extraño dentro del local donde dormía. Oído atento, sentí otro ruido cercano, pensé que estaban tratando de abrir el local, la bronca del parque y las elecciones todavía frescas, me levanté, en silencio, tomé el revólver, no el vizcaíno, que no tiraba, otro ya probado, miré, oí, nada. Abrí la puerta, nada. Encendí la luz, nada. No vi a nadie. La calle y el parque, oscuros y vacíos. Me volví a acostar, era peligroso estar de pie con los cojones hinchados, porque al levantarme me dolían más. Me tapé y traté de dormirme. Al poco rato, otro ruido, parecido al primero. Salté, abrí la puerta, revólver en mano, afuera no vi nada. ¡Coño! ¡Qué carajo es este ruido! ¿De dónde viene? ¿Quién lo hace? Misterio. Otra vez el cabrón ruido, esta vez parecía venir de arriba, del techo. Pensé: «A lo mejor es un cabrón animal caminando sobre el tejado, no precisamente el famoso elefante de la charada, aquel que caminaba sin romper los cristales, más bien gato, ratón». Salí, miré, no vi nada, ni a nadie. Me acosté, apagué la luz, el ruido otra vez. Encendía, miraba, registraba, nada. Me acostaba nervioso y el ruido volvía. Durante toda la larga y cabrona noche apendejado y sin poder dormir. ¿De dónde carajo venía el ruido? No creía, ni creo, en fantasmas ni aparecidos. Buena experiencia que tenía de niño con muertos y aparecidos, cuando noche a noche debía atravesar aquella finca maldita, donde había visto suicidarse o morir a tantos de mis amigos; las leyendas que yo, muerto de miedo, tenía que desafiar, sin ver nunca nada, excepto alguna broma de aparecido o de amante disfrazado; y ahora en el pueblo y en la oficina comunista, me pasaba esto, que ni siquiera podía comentar, imagínense el relajo, un comunista apendejado por aparecidos, el cojonudo del parque cagado de miedo por los fantasmas. Era una situación ridícula que se repitió varias noches. Por suerte los cojones se me fueron desinflando y pude dormir un poco. Ganas no me faltaron de inventar un viaje, de buscar un pretexto para dormir en otro sitio. Dormía de día y velaba de noche, revólver en mano, buscando el ruido misterioso. Sospechaba que podía ser un bromista, un jodedor que intentaba apendejarme.

Decidí una noche pasarla afuera de la oficina, escondido en la oscuridad, para ver si veía o descubría algo. Nada de nada. Al entrar, sentí el ruido viniendo de adentro. Un día, como vinieron, desaparecieron, los cabrones ruidos, y entonces comprendí lo imbécil que era. Era que los grandes aguaceros mojaban la madera, ésta se iba secando con el sol del día y sonaba por la noche. Tremendo susto me metió la cabrona madera mojada, secándose y sonando. Al final pude dormir tranquilo: los cojones desinflados y normales, los ruidos desaparecidos, cosas de este mundo mielmano.

Corría el año 43. Se aproximaban las elecciones presidenciales de junio del 44. Batista, presionado por la oposición auténtica, por el avance del antifascismo y la democracia, mientras la guerra parecía perdida por Hitler y sus secuaces, después de diez años de protagonista en Cuba, de sargento revolucionario del 4 de septiembre de 1933, a coronel, contrarrevolucionario, que con apoyo norteamericano y de los conservadores derribó el gobierno nacionalista en enero de 1934, y a su presidente Grau, que pasó de la dictadura de arranca pescuezo del 1934-1938 a la dictablanda y politiquería de los cuarenta, anunciaba su retiro, la coalición que lo apoyaba llevaba como candidato al abogado Saladrigas.

De no haber *puscht* mayor que en el cuarenta, Grau ganaría de calle, el partido, pese a que la base (los sindicatos indicaban ese estado de ánimo del pueblo, que compartía) decía que estábamos equivocados, que había que seguir apoyando «los pasos progresistas de Batista», que había democratizado el país, permitido el desarrollo del movimiento obrero, concedido una buena legislación social, legalizado el partido, apoyado a la República española y la lucha antifascista, mientras otros, como Perón, eran demagogos simpatizantes del fascismo, falsos antiimperialistas. Ahora, decía el partido, el enemigo común y principal es el fascismo, Roosevelt y el New Deal han cambiado Estados Unidos, que es una democracia aliada de la URSS, los lemas de «Abajo el imperialismo yanki» son falsos y hacen el juego nazi. Me trasladaron a Trinidad.

TRINIDAD

El más fuerte sindicato de Trinidad era auténtico y base de uno de los Conrados. Bécquer, el trinitario, Rodríguez, el saguero, eran auténticos, y con el comunista Menéndez, los más populares líderes de los combativos obreros azucareros. Trinidad era uno de los grandes municipios de Cuba, enorme de pocas y malas comunicaciones, allí no sólo tendría que echar una pata dura, también tendría que usar burritos y mulos, los sólo buenos para subir altas montañas y no caer por los derriscaderos. No me asustaba la montaña, la naturaleza era como mi casa. Me fascinó Trinidad. La oficina del partido era un viejo caserón trinitario, y allí me mandaron a vivir. Mi madre, que volvía a reunirse conmigo, se quedó a vivir allí. Aún si no entendía mucho de política, ni de mis locuras, con su bondad campesina, atendía a los compañeros y por estar conmigo hacía de tripas corazones. Ella gustaba de su bohío de Sitio Grande, allí, aun con la pobreza, fue feliz con mi padre, de cuyo recuerdo no se separaba un instante. Su gentileza y buena cocina encantaba a los compañeros trinitarios, que eran bien cordiales, y ella pegando botones, cosiendo, ayudando en cuanto fuera necesario, y contenta de estar con su hijo.

Dos cosas tenía Trinidad que impresionaban: su arquitectura y sus montañas. El mar de Casilda y su playa del Ancón eran mejores que otras del sur, aun así las costas caribeñas de Cuba no podían compararse con las atlánticas, de arenas finas y aguas claras, calientes y reposadas.

Aprendí a subir montañas, leguas y leguas. Iba de Trinidad a Topes de Collantes en camión, allí cogía un mulito o burrito, que llamaba Platero, por el poema de Juan Ramón Jiménez, el ilustre poeta exiliado, que huía de Franco y que la Universidad de La Habana, con su mediocridad intelectual no ofreció una cátedra, ni a él, ni a sus ilustres compañeros—María Zambrano, Alberti, Cernuda—, que tanto harían por la cultura en San Juan, México y Buenos Aires. Los jóvenes adorábamos a estos grandes creadores, pero eran los viejos mediocres los que tenían el poder cultural y sólo ayudaban a mediocres como ellos.

De Topes, entre largas caminatas sobre Platero, o a pie, entre mangales llenos de sabrosos frutos, que saboreaba, entre cafetales, bien ricos, sus granos rojos ya maduros, te endulzaban la boca y eran motivo de batallas por los precios, impuestos y abusos de los ricos. No faltaban en aquella espléndida naturaleza grandes y maravillosos valles, como el de la Siguanea, menos conocido que el romántico Yumurí, ¡ay, dolor de un indio que murió de amor! El majestuoso Viñales, aquel del poema del arco invisible de Viñales, de José Lezama Lima, Siguanea, superaba a los otros por las alturas de la Sierra de su nombre y el único entonces gran salto de agua de Cuba, el salto del río Hanabanilla, abrupto torrente de agua que caía de la gran montaña, aguas tumultuosas y desprendidas rompiendo la tierra, abajo, bien abajo, su sordo rumor expandiéndose entre quebradas, ríos y montañas. La naturaleza me reponía de la fatiga del caminar. Las casas no eran muchas en aquellas bien inhóspitas montañas, y los campesinos comunistas bien pocos, casi que una sola gran familia, los Toledos, con una de cuyas muchachas tendría amores y estaría a punto de casarme, amores bien románticos, pensaba, como decía Aníbal Ponce, el argentino: «El socialismo entra por casa». Y a las mujeres de las familias amigas las respetaba, aun ante la tentación de aquella naturaleza avasalladora y de su gran sensualidad, hojas, frutos, colores, olores, aire, viento, luz, noche de amor.

Ésta era la naturaleza rebelde de Cuba, aquélla donde los mambises como mi abuelo lucharon protegidos por sus bosques, montes y frutas, allí donde se batieron sus huestes heroicas, que diezmaron a las tropas de España.

No, éstas no eran la llanura y la caña. Aquí estaban las maderas preciosas, los grandes árboles milenarios, las flores más esplendorosas y las frutas salvajes. La isla intacta debió de ser así en la época del descubrimiento, cuando Colón, nuestro primer agente turístico, mimetizado por el trópico la llamó «la isla más bella que vieran ojos humanos».

Naturaleza salvaje, casi deshabitada, no encontrabas allí bicho viviente, animal u hombre, sólo de cuando en cuando cafetales y algún bohío campesino, al borde de los ríos, plátanos, malangas, frutos menores y el famoso marañón, «el marañón aprieta la boca», morados caimitos, dulces anones, canisteles amarillos, pura yema de huevo, mangales bien paridos, las atracadas que me daba.

No faltaba la pelea por evitar un desalojo, organizar a los campesinos, subir el precio del café. Subía y bajaba caminos y montañas, encontraba la clásica pareja de amarillos guardias rurales, montados en grandes mulos, revolvones y machetes al cinto, prontos a disparar y proteger a los poderosos del lugar.

Trinidad, ¡qué ciudad romántica! Todo allí parecía diferente. Calma, sosiego, era otra Cuba, una Cuba que no parecía Cuba, su gente de andar y hablar pausado, sus calles de piedras, sus palacios, los más bellos de la arquitectura cubana, una maravilla alejada en la geografía y en el tiempo, la ciudad no tenía entonces carreteras, estaba como marginada, metida en sí misma, detenida en el tiempo, con aureola de museo, de museo algo abandonado y quizás si más bello. Los trinitarios eran corteses, bien educados, formales, cosa que no éramos el resto de los cubanos, con alguna excepción, quizás si matancera o campesina, acostumbrados al tú a tú, y a una relación espontánea bien buena, pero que podía chocar de entrada, que negaba los valores de la cortesía tradicional, una gentileza que había que descubrir.

Llegabas a Trinidad por el ferrocarril del sur, que venía de Santa Clara, atravesabas grandes puentes, entre montañas de aquellos ríos que iban a morir al Caribe, bellos paisajes de esplendentes palmas reales, maravillosas buganvilias, llamadas «trinitarias», de rojo intenso, lila, amarillo, naranja, blanco, manchas de color sobre el verde. Antes de llegar a Trinidad, veías la torre Iznaga, parecía una torre venida doscientos años antes de Europa, allí de mirador, dominando el paisaje, retrato de su gran familia trinitaria, de su pasado esplendor.

Cuando subías de Trinidad hacia las montañas del Escambray, por la carretera llegabas al sanatorio de tuberculosos de Topes de Collantes, allá arriba, bello, alto, solitario y de aire purísimo, escenario de montaña mágica, «que era el orgullo de Batista», su constructor, ¡qué paisaje!

¡Qué montañas! A la sombra y altura de sus árboles, grandes cafetales que producían uno de los mejores cafés de Cuba. Café, oficio de hombre, no la dureza de la caña, el sembrarlo, cuidarlo, recogerlo, secarlo o transportarlo eran difíciles, duro el territorio montañoso. El continuo subir y bajar lomas, sin más auxilio que los pies y alguna arria de mulos. Estaban algunos cafetales en tierra de nadie, o tierras realengas, tierras olvidadas en el reparto colonial, ocupadas por precaristas, perseguidos, exiliados, revolucionarios y algún que otro «bandido romántico», ahora en retiro, buenas tierras. Y de ellas se enamoraba el voraz latifundista o terrateniente, y sus fieles guardia rural y jueces corrompidos ordenaban desalojar a los campesinos. Famosas eran las luchas del Realengo 18, en Oriente, y otras menos conocidas. El partido consiguió con el Gobierno, la suspensión de los desalojos campesinos, pero en la práctica continuaban y eran uno de nuestros caballos de batalla. Allí participé, con verdadera pasión campesina y juvenil, defendiendo aquellos pobres campesinos contra los ladrones de tierra.

Trinidad, ciudad poco obrera, más bien artesanal, de clase media, campesina y muy católica, tenía un partido pequeño, no era el Fomento Revolucionario, de donde venía. Martínez Morell, intelectual y amigo de Marinello, era el presidente; Sierra y Masanet, maestros, estaban en la dirección; el secretario, por tradición, obrero, Castillo y Atoche Rondón, secretario del sindicato de tejares; eran mulatos y gente de pueblo.

Otras elecciones importantes había entonces: la de elegir delegados al

Congreso de la CTC. Lázaro Peña era el secretario general, tabaquero, hábil, simpático, fiestero, santero, buen bebedor de ron, de voz ronca y algo donjuán, mulato, terror de los maridos comunistas. Ya había tumbado muchas bellas compañeras, casadas y seducidas, y el chismerío era tanto que terminó en una asamblea nacional llamada «de los tarrudos comunistas». El tarro, la coña, la fiesta, el ron y el aburguesamiento del poder compartido habían penetrado a fondo a su dirigencia. Estas caminatas por el Escambray duraban semanas. Salía de Trinidad, recorría montañas, salía a Cumanayagua, en la carretera de Cienfuegos; abajo, una espléndida vista entre el furioso mar Caribe y las montañas, como ir descendiendo del paraíso a la tierra. Vez hubo que salí casi a la misma Perla del Sur, que así llamaban con exageración a la orgullosa ciudad cienfueguera, que frente a la belleza trinitaria impresionaba menos.

Otras veces en vez de ir hacia la costa sur, iba hacia el centro y salía a Sancti Spíritus, la ciudad del «Yayabo no sabía», famosa por las lindas guayaberas de hilo de Holanda, caballos y jinetes, de bella arquitectura y gente simpática, aun si algo bronquera, en los días de las grandes fiestas de carnavales, cuando la cerveza y el ron corrían y se bebían a chorros, en maravillosas borracheras colectivas, a ritmo de conga, o guajira, qué buenos decimeros tenía la ciudad.

Vida dura, sana. Conocía a mi país, su gente, sus bellezas y miserias, sus apartados conucos en la montaña y en la llanura, luchaba por crear conciencia social, unir a los campesinos en aquel mundo difícil, hostil, aislado e individualista, no era fácil, aun si yo sabía usar el lenguaje liso del campo y no les hablaba con sectarismo de partido, les hablaba de la necesidad de unión campesina, del derecho a que la tierra que laboraban con su sudor fuera suya, del derecho de sus hijos de aprender a leer, de la necesidad de que el oro negro de aquellas tierras feraces, el café, no les fuera pagado con precios miserables.

Ellos me oían con simpatía, me entendían y comprendían, aun si su experiencia y tradicional desconfianza tenían viejas raíces y no las iba yo a vencer. Todo allí era como el azar del tiempo, de la lluvia y del sol, del frío y del calor, de los vientos y huracanes, de las plagas y de los hombres. Naturaleza incierta, bella eras, difícil te dabas.

Volvía a Trinidad y encontraba allí la otra belleza, la de su arquitectura romántica, el esplendor de sus maravillosos palacios—Iznaga, Borrell, Brunet—, que para parecer más románticos estaban abandonados, vacíos y como muriendo. El casco de los mulos sonaba sobre las calles de piedras, asombrando e indignando a la mucha gente que odiaba aquellas piedras centenarias, la vejez maravillosa de aquella ciudad museo. Era la primera vez que tenía esa experiencia, que después, para mi sorpresa, repetiría en la culta Europa, en Venecia, como si la gente que viviese en una ciudad museo, no lo amase o no se acostumbrase al no vivir a la moderna. Sé que el ver no es el vivir el arte, un acto supremo y breve—como el amor—que muere si es costumbre, cotidianidad. No lo sabía y no lo sé. Sí que ese sentimiento casi de odio existía.

Trinidad descubría mi otra naturaleza estética, qué bellas sus noches, las noches trinitarias, cantando «Noche de ronda», y otras canciones románticas, ronda en la serenata de voz y guitarra que se cantaba a las lindas trinitarias, que asomaban sus caras, aquellos ojos indios mirándote detrás de las rejas de la ventana colonial, iluminada al claro de luna, las gracias por el canto y el paseo nocturno con ilusiones de amor.

Notaba que el ambiente de Trinidad me despolitizaba algo. Era tan tranquila y bella que aun la pobreza parecía menos fea. Entonces el partido—Ordoqui—me mandó a trabajar en una oficina de recaudación. Acepté por disciplina y por mi madre, pero no me gustaba y me ausentaba por necesidad o por lo aburrido que era. Comenzaba a pensar—Trinidad era una ciudad para pensar—, y las montañas me descubrían la realidad que yo bien conocía de mi pueblo, que no era lo rosada que parecía al partido, allá en La Habana.

«¿Por qué se comprometía tanto el partido con Batista» —decían los compañeros de la base. No sabía responder. No negaba los progresos democráticos evidentes, las mejorías sociales, el antifascismo, pero injusticia, miseria, latifundismo, desempleo, ignorancia, analfabetismo, monocultivo y monomercado estaban presentes en todos los campos de Cuba.

En las elecciones de junio de 1944, Grau San Martín y la oposición arrollaron en una victoria aplastante. Batista de vivo no se había postulado, no pudo o no quiso dar el pucherazo electoral, reconoció la victoria auténtica. Trinidad fue el único municipio de Cuba ganado por Saladrigas, no por mérito del partido, ni menos mío, no sé si por Topes de Collantes. Batista era el único que se había acordado de la olvidada Trinidad, aquello más que un honor era vergüenza. Trinidad no seguía la corriente del país, no sería la primera vez, ni la última vez.

Batista, jugando a demócrata, entregó el poder y se retiró a vivir tranquilo con los muchos millones robados a Daytona Beach. Miami, un exilio dorado, cercano, de quien con astucia, premeditación y alevosía pensaba en el regreso. El triunfo de Grau fue para la gente la vuelta a la esperanza, a la Revolución del Treinta. Un gran momento, el pueblo se ilusionó con cambiar su destino. Grau era un caudillo civil, grande sería su responsabilidad, grande era la euforia, mayor sería la decepción si la confianza que tenía el pueblo, como símbolo de aquella revolución, fuese traicionada.

¿Por qué se equivocó el partido y tanto?

¿Por qué no supo olfatear aquello que estaba en boca de todos: la victoria auténtica, la derrota batistiana?

Una vez más la habilidad dialéctica marxista sirvió a Blas Roca para convertir la derrota casi en victoria, ligera autocrítica y rápido intento de colarse en el gobierno auténtico.

El partido había contribuido a la democratización de Batista y conseguido ventajas económicas para los trabajadores. Evidente era la presión internacional y del Washington rooseveltiano, que quería una retaguardia tranquila y azúcar no muy cara como ayuda al esfuerzo de la guerra. Ni se podía olvidar la presión popular que exigía libertad y democracia.

El pueblo era auténtico y el partido no lo había visto ni creído. El error político se volvería pronto error sindical. No valdría la popularidad personal de algunos líderes sindicales comunistas, como Jesús Menéndez, ni las conquistas por ellos conseguidas. Los sindicatos, como el país, se volvían auténticos, a cada elección sindical, se había acabado la influencia de arriba, ganaba Mujal.

El gran movimiento obrero parecía muy fuerte, era sólo burocracia, pasaría de ser dirigido por comunistas influyentes en el gobierno, a ser comandado por auténticos del nuevo gobierno, y ciertas prácticas de violencia se volvieron gansterismo sindical, control e intervencionismo de los sindicatos.

En la tranquila Trinidad surgió una protesta entre los obreros que fabricaban ladrillos, dirigidos por Atoche Rondón. Una noche de verano, bella y trinitaria, paseando por el parque, vi a una habanera. Hablamos de La Habana, simpatizamos y surgió un romance. La huelga terminó rápida, con la aceptación de la patronal de las demandas obreras.

Mis días en Trinidad estaban contados. Tenía deudas, no mías, del Partido. En la oficina tardaban en liquidarme el sueldo debido, y para pagarlas mi madre me sugirió vender su conuquito, que ella no tenía cómo atender, de irse a vivir conmigo a La Habana. Un gran sacrificio para ella, una responsabilidad para mí.

Cierto que yo no iba a regresar allí a pudrirme, de carne de cañón para la riqueza del latifundista y hacendados. Mi madre no tenía más nada y conmigo estaba mejor. Pero aquel bohío le traía tantos recuerdos, era un refugio, una parte de su vida campesina y de su vida con mi padre que debió de conservar. Aquel acto me dejó un sabor amargo en la boca. Mi madre regresó a Sitio Grande a vender el conuco, y yo, a mi manera poco ortodoxa, volví para La Habana en compañía de la bella habanera. Con el bolsillo vacío y sin permiso del partido. Allí, la madre de la muchacha, que estaba bien y simpatizó conmigo, quiso ayudarme para que estudiara. Se lo agradecí y sin herirla rechacé el ofrecimiento que tanto necesitaba, pero que no formaba parte de mi ética.

LA HABANA

Llegar a La Habana fue una maravilla. ¡Qué ciudad! Otra Cuba. Me impresionaban su luz, el mar, el castillo del Morro, La Cabaña, aquel Malecón que cortaba la ciudad y no parecía terminar, el semicírculo de luces lleno de paseantes y enamorados, aquel mar azulísimo, que miraba y remiraba, la sensación de que el mar es libertad y prisión, lejanía, otro mundo, barcos que entraban y salían, el muro de agua, la ciudad, las calles casi imposibles de atravesar, miles de automóviles lo impedían.

El malecón, semicírculo, iluminaba el mar, la noche y la ciudad. Era como si la vida habanera concluyera allí: el viejo Prado, paseo español, entre Neptuno, y el parque de los enamorados, laureles marchitos, batidos por el tiempo y el aire marino, extraños leones de piedra, símbolos españoles. Suerte nuestra, en la isla no hay fieras, serpientes ni animal alguno que pueda matarte, excepto el hombre. Hay cosas desagradables, animales que pican duro, el alacrán, la araña, los mosquitos, la picada duele, inaguantables si son muchos. En épocas no muy lejanas, eran transmisores de la terrible fiebre amarilla, que hacía los trópicos inhabitables. Cuando el médico cubano Carlos Finlay descubrió que el mosquito transmitía aquel azote humano, la enfermedad fue controlada, y los trópicos vivibles. El parque de los Enamorados, a un lado del paseo del

Prado, donde nace el Malecón, frente al castillo del Morro y La Cabaña, era muy bello, siempre estaba lleno de gente, parejas en la oscuridad, que sin alevosía se daban tremendos mates, mirones, rascabucheadores, manos muertas, delicias en aquello de hacer y vivir el goce ajeno, incluso con manuelas.

No faltaba quien acariciaba las bellas nalgas de Apolo, la estatua del dios que allí estaba. No conocía entonces aquellas manifestaciones del machismo, nada varonil, popularmente llamada «buganvilia», para disminuir la violencia de la palabra castellana «bugarrón», que a los oídos cubiches no sonaba nada erótica. El macho, muy macho, podía templarse al otro macho, su culo sagrado, su virginidad no violada, ni por urólogos, si acaso había mal de próstata, era su secreta garantía ese no perder el culo, que era como perder el honor, cogerle el siete al otro, era un acto bien macho.

Los negrones del puerto de La Habana, los estibadores, llamados entonces «caballos», porque, cuando se cansaban de cargar los pesados sacos de azúcar de 325 libras, alquilaban su trabajo que era muy pesado a alguien que no lo tenía y que se lo hacía por mucho menos, tremendos negrones, casi todos abacúas, la religión africana, que no admite la mujer, santeros, casi todos comunistas, como su secretario general, Iglesias, que años más tarde moriría asesinado por un grupo de gánsters políticos, machos entre los machos.

Pues bien, algunos de aquellos bugas habaneros se disputaban el delicado culo del dios Apolo, le ponían sus firmas, «Ésta es mi mujer», y si alguien lo borraba, había bronca. Cuando conocí la literatura y la mitología griega me sorprendió el amor de los griegos por los efebos, la coincidencia entre los refinados atenienses y estos primitivos habaneros, amantes de las nalgas de Apolo; si aquéllos preferían al Apolo menos Narciso, éstos se enamoraban no narcisísticamente de las nalgas de mármol de Apolo, como si la belleza y la buganvilia fueran inmortales. Prado abajo, la RHC, cadena azul, la famosa estación del radio, del ranchuelero Trinidad, el guajiro de Las Villas, propietario de aquella famosa marca de cigarros, que desafiaba al no menos potente Goar Mestre, un cubano que pese a su nombre futbolístico sabía más de radio y televisión que un ejecutivo yanki, y se llevaba las palmas del rating, combinado de esa plaga de novelas radiales, en la que el maestro insuperable era Félix B. Caignet, que por años sostuvo a los cubanos en un vilo, con su *Derecho de nacer*. Albertico, que día a día y durante años, debía hablar y no hablaba.

Huía yo como la peste, de aquel terrible y picúo *Derecho de nacer*, que te perseguía por ciudades y campos, casas, caminos y carreteras, y quién me iba a decir que años después, aquellas y otras parecidas novelas radiales del mismo, no sólo en Latinoamérica, sino también por la culta Europa y la refinada Italia, se harían sentir, con su picuismo inmortal.

Si bajabas el Prado, topabas con RHC; si lo subías del Malecón al Capitolio, atravesabas el parque Central, donde la pobre estatua de Martí era bombardeada de letreros lumínicos y de la voz poderosa de los altoparlantes, que transmitían los grandes partidos de béisbol: Habana, Almendares, Cienfuegos, Marianao, los Azules, de Adolfo Luque, los Rojos, de Mike González, ambos extraordinarios peloteros de grandes ligas, donde Luque, en una ocasión, ganó treinta juegos y donde González fue catcher y coach, y que domingo a domingo eran la pasión de los habaneros, en aquel tumultuoso y pequeño parque Central que de alguna manera era el centro de la vida de los años 40. Todavía, los negros no jugaban en las Grandes Ligas y muchos grandes peloteros negros norteamericanos, como Gibson o el Jabao Brown, iban a jugar a Cuba, con las estrellas cubanas y eran también famosos, en la voz del gran cronista Felo Ramírez.

El pobre Martí, que pelotero no fue, más bien parecía inclinar la cabeza, para no oír el infernal ruido de guaguas y pasantes, y si alzaba la vista, estaba rodeado del inmortal Centro Gallego, del no menos famoso Centro Asturiano y menos mal que no tenía que ver el horrible Capitolio. Ni sentir los debates del congreso, en aquellos tiempos en que el coronel Batista pasaba de la dictadura a la dictablanda, para ya en el 44, entrar en la democracia, con el triunfo de la oposición, que eligió a Ramón Grau San Martín el presidente del 33. Era linda La Habana, tenía un aire, una atmósfera, una simpatía, una sensualidad, una luz, un decir y un ser que fascinaban. ¡Qué caminar el de sus mujeres! Caminaban y parecían que bailaban con su cuerpo. Sus finas figuras y sus curvilíneos cuerpos como que hacían el amor, como la música cubana. La vida tenía un ritmo, un frenesí, un gozar sabroso que te hacía olvidar penas y sinsabores, La Habana, fiesta del cuerpo y de los ojos.

No lejos de allí, frente al Instituto Número 1, y cerca del Capitolio, por la calle Zulueta 408, estaba viejo y destartalado solar de Sarrá, un millonario cubano, que entre otras tenía estos solares, que no eran solares yermos, sino construcciones de muy baja calidad que alquilaba a precios bajos, aunque altos para quienes pagaban, que tenían que vivir en una gran promiscuidad. Éste de que hablo estaba en la calle Zulueta 408. Allí vivía la familia Cabrera Infante, habanero de verdad, aun si nacido en Gibara, entonces jovencito, el novelista de gran ingenio y talento, que escribe como se baila el son, pienso que el más cubano de todos los escritores cubanos, con todos los dones del contar y del ser cubano.

Aquella gracia habanera tropical, cubana, negra, canaria, andaluza, gallega, asturiana, china, árabe, dominicana, francesa e inglesa, que asimila y vuelve ritmo y alegría.

No era un paraíso, ni era un infierno, la Cuba de entonces. La Habana era como una parodia mulata y española, una pachanga donde los clásicos no eran los exquisitos, los bien pensantes, los cabezotas, los profesores, eran los tocadores y cantantes, que improvisaban sones, rumbas y guaguancós con imágenes populares modernistas y un sabor musical que estremecían al mundo. Aun si muchos preferían los boleros blancos, sentimentales, nostálgicos y llorones, aun si a veces lo componía aquella negra de cabeza de clavo, tan buena música, que se llamaba Isolina Carrillo, y que Changó, y Dios la tenga en la gloria, entre ellos, su famoso «Dos gardenias para ti», sí señor, como diría el mejor, Nicolás Guillén, no han oído ustedes las «Alturas de Simpson», el primer inmortal danzón, compuesto en Matanzas, allá por 1877, por Miguel Failde, una verdadera danza bailable, tan bella, de tanta intensidad musical como cualquier otra danza, que por el hecho de ser bailable no disfrutó del prestigio de la danza o el vals, primera gran invención de la música cubana, a la que seguirían tantas otras, las más grandes de todas en este siglo, el inmortal son, aquél del Sexteto Habanero y de Miguel Matamoros. Una música que un día será clásica cuando junto a la música sinfónica se incorporen el jazz, la zamba, la cumbia, el danzón, la rumba, la conga y el son cubano.

En un centenar de metros caminabas de allí de la plaza de la Fraternidad, cerca de Monte, donde estaba la CMQ, hacia la calle Reina, encontrabas el Capitolio, sede del Congreso, no muy lejos Regalías el Cuño, buenos cigarros, detrás del Capitolio y cerca de la misteriosa posada, las grandes fábricas de tabaco y los maestros tabaqueros, H. Upman y Partagás; caminando entrabas en Colón, el famoso barrio de putas, va la esquina del pecado, la engañadora, el Teatro América, Radiocine, las grandes y modernas tiendas, El Encanto, Fin de Siglo... Reina, el bellísimo palacio Aldama, maravilla arquitectónica de cubanía, la plaza de la Fraternidad, Jesús María, el barrio negro, popular y caliente, en que se hablaba un cubiche chuchero, la popular calle Montes, más allá el maravilloso mercado y, si ibas hacia La Habana Vieja, la calle de los judíos, llamada «de los polacos», las famosas librerías, el hemingüeyano Floridita, con su sabor y su mojito, las delicias culinarias del Zaragozana, más allá las grandes librerías amadas por nosotros. Allá en La Habana Vieja, la plaza de la Catedral, bella entre las hermosas, con su aire algo italiano y barroco, sobria y extraordinaria; más allá, el puerto, el ir y venir de barcos, de marineros, de marines, de putas, de andantes y de comerciantes, y hasta la lonja del comercio, su popular Mercurio; y si regresabas hacia Prado y Neptuno, allá por el parque Central, los cafés de tres kilos, el bar Miami.

Cuántas cosas recuerdo de aquella Habana querida y cuántas olvido, y también otras menos bellas y duras, las posadas baratas, el cafecito de tres kilos, el guarapo, la mulata zandunguera, las fondas de chinos, el arroz con frijoles, los fotógrafos de cajón, los piroperos, las guaguas... ¿Cuándo dejó de ser aquella Habana el centro de la vida capitalina? Diría que a partir de los cincuenta. Quizás a partir de Radiocentro, la Rambla, el Hilton, después Habana Libre, no sé, ni me recuerdo el cuándo ni el cómo, sé que pasó y que a partir del 52, del golpe de Batista, de la dictadura y de la insurrección, aquella Habana comenzó a cambiar. Era entonces un joven reportero, periodista de vocación, desocupado otras, forjador de grupos, de revistas artísticas y literarias, que con los amigos de mi generación lo mismo poníamos en el parque Central a *Don Perlimplín con Belisa, en su jardín*, ese maravilloso sainete, quizás una de las cosas más bellas escritas por García Lorca, que una exposición de arte, oíamos en la Filarmónica, los conciertos dirigidos por Eric Kleiber, pasábamos a Stravinski, y de leer a Saint-John Perse a Valéry, de ver *Electra Garrigó*, de Virgilio Piñeira, entonces gran pieza del teatro cubano, una especie de parodia, de solar de la tragedia griega, escrita por el talentoso Virgilio, y de allí íbamos al Shangai, teatro pornográfico, grotesco, un paredón de fusilamiento, con las viejas putas, gordas y pellejudas, retiradas, que al son de tambores hacían cada noche monstruosos y terribles estriptises colectivos, donde fealdad, pudor, morbosidad, gritos y palabras se confundían.

La vida clandestina cambiaría mis costumbres, no sólo las mías, las de mucha juventud. Dejamos de ser caminantes, bohemios, fiesteros y bebedores de indios en dos canoas, a convertirnos en revolucionarios; teníamos una misión que nos parecía sagrada, combatir la tiranía y establecer la libertad, y en ello nos iba la vida, el cuerpo, el respeto. Pues si los héroes futuros no disminuyeron los mártires pasados, fueron muchos y sería interminable la lista de los jóvenes que en la flor de su vida fueron torturados y asesinados. Murieron en una calle cualquiera. Ése era el terror batistiano en La Habana, como en Santiago, en el campo, la montaña o la ciudad a partir del 53.

Aun antes de desaparecer física y espiritualmente aquella Habana de los alrededores del Prado y Neptuno, siempre pienso en los maravillosos carnavales o en las grandes fiestas frente al Capitolio. Más tarde una revolución que debió ser la revolución de la alegría, fue la revolución de la tristeza y acabó con el son, la rumba y la pachanga y los sustituyó por la muerte, la tragedia y el horror.

Todavía en el 59 y el 60, nosotros, los de Revolución, inventamos los famosos Papeles y Tinta, con Chapotín y Aragón, Pacho Alonso, el Benny, Cuní, Celeste Mendoza, Los Muñequitos y tantos otros buenos músicos cubanos; quisimos mantener la fiesta y la pachanga, ya casi desaparecidas, como las maravillosas comparsas de siglos que cada barrio habanero representaba y bailaba en los días de carnaval, uno de los más bellos espectáculos del mundo.

Fiestas que molestaban a Fidel Castro, Escalante y al mundo sectario oficial, que implacablemente suprimirían a partir de 1961.

ESCALANTE: «HOY», EL PERIÓDICO DEL PARTIDO

Corría el año 1945 cuando regresé a La Habana. Tenía veintidós años y una rica experiencia de luchas. Había compartido años con esa maravillosa familia de gente de pueblo: obreros, campesinos, militantes. Había vivido sus dificultades, rebeldías, humanidad y esperanza. Aquél era mi mundo; su espíritu de justicia y su generosidad habían confirmado mi convicción de un comunismo igualitario y libre. La Habana era otra cara de la verdad.

Fui a vivir con dos jóvenes amigos, tabaqueros de H. Upmann, que tenían un cuartico en uno de aquellos tétricos solares de Sarrá, Teniente Rey, entre Prado y Zulueta, frente al *Diario de la Marina*; a una cuadra, el Capitolio, ahora más famoso por la desaparición de su gran brillante,

«Mira cómo se lo robaron, el diamante capitolino»; en la esquina, los Aires Libres, las orquestas femeninas sonando música; detrás el inquieto Instituto de La Habana (manifestaciones, broncas, tiros); a cien metros, el bullanguero parque Central, el lumínico anuncio de las trusas, Jantzen, la bañista tirándose del trampolín, la voz ronca de Felo Ramírez, narrando los juegos calientes de la pelota entre los eternos rivales: los azules del Almendares y los rojos del Habana.

El local del partido estaba en Barcelona. Su secretario era un mulato oriental, simpático y fiestero, llamado Sabarit, que me presentó a los compañeros del seccional, la mayoría tabaqueros de Partagás y H. Upmann, los gastronómicos que por allí tenían su sindicato, y la célula de la plaza del Vapor que era la candela. Allí por Zanja, camino del Shanghai, había un barrio de putas, entre ellas, aquélla de una sola pata, muy solicitada, especie de Venus mulata de la pata perdida, que era una atracción turística; la zona china, a la entrada del famoso barrio, pequeño Cantón habanero, que tanto me gustaba, sus fondas, helados, cines, puestos de frutas, productos orientales, El Pacífico, donde se tomaba la mejor sopa de tiburón del mundo, no a mi nivel, que no pasaba de la completa, en la fonda de Barcelona, «Aló, flijóle, mucho picadillo», y la bien habanera plaza del Vapor, bullanguera, bronquera, de lindas mulatas y típicos chéveres.

Pesqué una gono que me pegó un gran susto. Apenado, fui a ver a Ordoqui, al Comité Central, para pedir ayuda médica en uno de los consultorios del partido, cosa que me fue negada y que yo no esperaba, allí donde tanto se me había ofrecido y que no había aceptado al enviarme a Fomento y Trinidad. La cosa no me gustó, y así se lo hice saber a Ordoqui, que me contestó que quién me había autorizado a regresar de Trinidad, y yo respondí que el trabajo estaba cumplido, y él con palabras duras me contestó que en el partido no se podían tomar decisiones personales y levantándose dio por terminada la conversación.

Estaba bien asustado y algo sentimental. Me fui de allí dolido; una crítica, un consejo, sí, pero si bastaba una llamada por teléfono a uno de aquellos centros médicos, y yo ya me curaba, como me curé gracias a un médico republicano que tenía un consultorio en San Lázaro y que me regaló unas inyecciones de la mágica penicilina, y yo ya curado y contento.

Durante los dos años siguientes no iba a convivir con militantes. Iba a estar con cuadros y dirigentes. Su manera de actuar, sus tácticas y su aburguesamiento. Habían liquidado su pasado revolucionario, prisiones, sacrificios. Habían descubierto la vida fácil, y su actitud privada o colectiva no tenía nada que ver con los militantes anónimos del interior, con la moral revolucionaria y con la doctrina marxista que predicaban. El pacto con Batista, el subordinamiento a los soviéticos y la participación en el gobierno habían liquidado el espíritu revolucionario del partido. Fundado en 1925 por Julio Antonio Mella, nutrido entonces con lo mejor de las fábricas y de la universidad, heredero de la tradición mambisa y antiimperialista, exponente de un socialismo universal y humano, representaba los más radicales anhelos del pueblo de Cuba.

«Luchar por la revolución social en la América no es una utopía de locos o fanáticos, es luchar por el próximo paso de avance en la historia. Sólo los de mentalidad tullida podrán creer que la evolución de los pueblos de América se ha de detener en las guerras de independencia que han producido estas factorías llamadas "repúblicas", donde gobiernan hombres iguales, peores algunas veces, que los virreyes y los capitanes generales españoles».

«Hay que hacer la revolución social en los países de la América».

Julio Antonio Mella, preso, condujo por semanas una huelga de hambre que estremeció al país e hizo morder la derrota al tirano Machado. Acusado por el delegado regional de la Internacional Comunista de métodos pequeñoburgueses y nacionalistas, la dirección separó a Mella del partido y lo obligó a exilarse en México. Allí una bala sicaria le arrancó la vida.

Después el partido cometió dos errores monumentales. El primero, parlamentar con Machado cuando la huelga de agosto de 1933, ocasionando la pérdida de la huelga y de una posible toma popular del poder y permitiendo a los sargentos del Ejército y a la embajada norteamericana maniobrar y sustituir a Machado.

Un mes después, cuando bajo la influencia de los estudiantes, de los obreros, del pueblo y de Antonio Guiteras y el Directorio, el gobierno provisional dictó leyes obreras, nacionalistas y antiimperialistas, cuando los barcos de los marinos yankis aparecieron frente a la bahía de La Habana y el coronel Batista, apoyado por el Ejército, la reacción y la embajada, comenzaba a preparar el nuevo golpe militar, el partido pasó de una posición de derecha de negociar con el dictador Machado, a una ultrarrevolucionaria, declarando su oposición al gobierno nacional antiimperialista y proclamando los soviet, uno de los cuales fue establecido en el central Mabay, en Oriente.

Cuatro meses después, Batista y la embajada yanki dieron el golpe. Una feroz represión ahogó en sangre las protestas populares. Miles de revolucionarios fueron asesinados, desde Guiteras y Aponte hasta muchísimos comunistas.

Tres años más tarde, el partido, ante la imposibilidad, como pedía la Internacional Comunista, de crear un frente popular con las fuerzas oposicionistas auténticas, dio un viraje y pactó con Batista. En la Asamblea Constituyente de 1939, los seis delegados comunistas, encabezados por la brillante oratoria del líder negro Salvador García Agüero, jugaron un rol importante en la creación de la nueva constitución. Las sesiones fueron transmitidas por radio y causaron un enorme impacto popular y grande simpatía al partido. Chibás y el ala más radical de los auténticos y el clima de nuevas luchas populares influyeron también, y así se aprobó una de las constituciones más progresistas de América Latina y del mundo.

El Partido Comunista legalizado entró a formar parte del gobierno de Batista, representado por los ministros Carlos Rafael Rodríguez y Juan Marinello, y con su influencia en el Ministerio del Trabajo, creó una Confederación Única de Trabajadores que agrupaba a todos los obreros del país y que conquistó numerosas ventajas económicas para la clase obrera: jornal mínimo, semana de 44 horas con pago de 48, un mes de descanso retribuido y cese a los despidos en las fábricas, entre otras mejoras. Aunque la mayoría del pueblo y de la clase obrera se oponía a Batista, la acción progresista del partido y las reformas obtenidas le ganaron simpatías en amplios sectores populares.

Estas conquistas justas e importantes tenían un marcado acento economista y no fueron la consecuencia de luchas de masas organizadas desde abajo, sino que fueron conseguidas con influencias desde arriba por los ministros comunistas en el gobierno. Era una construcción artificial, burocrática y reformista, que más tarde saltó a pedazos, estableció el control desde arriba del movimiento obrero, por parte del partido que estaba en el gobierno, y terminó con la destrucción total del movimiento obrero cubano revolucionario.

Las hermas Serra de la Juventud Socialista me presentaron a sus dirigentes Flavio Bravo y Luis Más Martín, y me encargaron trabajar en la redacción de un magazine juvenil que preparaban, y al que sugerí ponerle el nombre de Mella, aquel comunista romántico, fundador del partido, de la universidad obrera, de los sindicatos y de la huelga de hambre contra Machado, que fue asesinado en México.

El ambiente era simpático, pero sectario. Surgieron varias discusiones por los materiales, que a ellos no les parecían muy ortodoxos. Vivíamos un momento mágico. El imperialismo yanki había desaparecido de la tierra, la guerra imperialista nunca ocurrido, y el mismo Marx, exagerado sobre la lucha de clases. Cosa que parecía bien, pero negaba lo que siempre el partido había afirmado. No duré mucho allí, no pasé del primer número de *Mella*, bien juvenil.

Me dijeron en el seccional que buscaban a un compañero de buena ortografía y preparación cultural y política en el periódico *Hoy*, órgano del partido, y que el comité había pensado en mí para hacer una prueba.

Allá fui, y Arroyo, un comunista español que trabajaba en la redacción, me dio unas galeras para corregir. Había errores ortográficos, saltos y deliberados errores políticos. Los marqué, y Arroyo me dijo que mi trabajo era el mejor, que mi historia era buena, aun que si por mi juventud tenía fama de no ser muy disciplinado. Me disparó tremenda filípica leninista, sobre la importancia de la disciplina en el partido, y dije a Arroyo, contándole algo de mi historia, la forma espontánea, por la libre, en que me había unido a la juventud, mi llegada a La Habana, mi viaje a Las Villas... «Eres un buen compañero—dijo Arroyo—, pero así no se hacen las cosas en el partido. Es la ingenuidad de comunistas que no han pasado por la guerra, como nosotros. Aquí, en el periódico, te convertiremos en un verdadero comunista disciplinado. Por suerte has caído en buen lugar, Escalante es intransigente en cuanto a la disciplina comunista». Conocía el comunismo de la base, no el de la dirección; el del campo, no el habanero. Ahora iba a vivirlo, desde un lugar privilegiado: el periódico *Hoy*. Ágil, combativo, bien redactado, junto con Mil Diez, la emisora de radio que hacía furor, con su programación inquieta, amplia y popular, en la que tenían cabida los jóvenes talentos de la música y del arte, y que competía con la vivaz Radio Progreso.

Allí, en *Hoy*, aprendí periodismo, hice contacto con los intelectuales del partido: Mirta Aguirre, Nicolás Guillén, Esmeril y Custodio. Otro grupo brillante había dejado el periódico no hacía mucho tiempo: Rolando Masferrer, Carlos Montenegro, autor del formidable libro *Hombres sin mujeres*, Emma Pérez, Soler y otros. Eran tabú; preguntar por ellos no era bien visto, así me lo hizo saber Humberto Hernández, que sería desde entonces mi amigo, y que era en aquel momento uno de los mejores reporteros de *Hoy*. Una noche por semana, cerrada la edición del día, se efectuaba la asamblea de crítica y autocrítica, que iniciaba Escalante con un informe: circulación, venta, suscripciones, economía, anuncios, calidad del periódico, noticias, artículos, reportajes, palos, erratas, debilidades, resultado de la emulación, que incluía el trabajo en el periódico y las tareas del partido, una larga lista, con los nombres y el lugar que ocupaba cada uno, así como entre redacción, administración y talleres. Al final venía la parte más caliente, y para mí una verdadera sorpresa: conducta individual. Incluía informaciones sobre la vida privada de cada redactor: que si bebía, que si era muy fiestero, que si no pagaba sus deudas, que si había peleado con alguien... Después venía la penosa autocrítica y la promesa de comportarse mejor, de suspender las debilidades de parte de cada criticado-autocriticado. Sorprendía no sólo el método como se obtenía la información sobre la vida de los compañeros, sino también quiénes la hacían, por qué cosas tan normales como beberse una cerveza en la esquina eran criticadas públicamente, por qué los obreros comunistas gráficos del taller, que casi todos tenían una mujer y una amante, y a veces dos, y muchos con hijos, venían al periódico el día del cobro y formaban tremendas discusiones que eran el choteo del día: que si no me diste, que si se lo diste a esa pelúa, pelúa será tu madre, que si te lo gastaste en la Polar, que si te lo jugaste a la bolita, de aquello nada... ¿Por qué—me preguntaba—aquella extraña moral para unos y aquel hacerse el que no sabe para otros?

Era mi primera asamblea y fui tocado solo en cuanto corrector de pruebas—éramos dos—, según Aníbal, comparando *Hoy* con *Prensa Libre, Diario de la Marina, Información, El Crisol* y *El País*, estábamos en los files. Sentí la mirada colectiva sobre mi cara, me avergoncé, y me dije en silencio: «No me gustan las promesas ni las autocríticas, esto no pasará más». No comprendía por qué Aníbal y la dirección gozaban la autocrítica, que era un rito sagrado.

A partir de aquella primera asamblea comencé a leerme todos los periódicos y a marcar sus erratas en rojo; después hacía el promedio comparativo en un gráfico. Mi compañero Pereiras y yo afilábamos los ojos y el lápiz, leyendo y releyendo galeras y páginas. Para mi sorpresa, al terminar la semana vi que éramos el segundo periódico mejor corregido, cerca de la decana, el *Diario de la Marina*, el primero; los otros, bien abajo. La gente del taller, viéndome marcar periódicos en tongas, se reía de mí. Llegó el día de la asamblea, y cuando yo esperaba la felicitación por el buen trabajo de la semana, Aníbal repitió que seguíamos muy mal en corrección. Lo interrumpí, preguntándole: «¿Compañero Aníbal, quién le dio esos informes equivocados?». Y fui mandado a callar por el presidente, el gordo Carlos García, administrador, que me dijo que no se podía interrumpir, que al final pidiera la palabra y que cuando me llegara el turno hablaría. Todo el mundo me miró con cara rara, yo no entendía. Escalante terminó, y comenzó la cantinela crítica y autocrítica, esta vez más picante: ligaba cerveza con mate. Entonces me fui al taller y traje una carretilla con todos los periódicos de la semana marcados en rojo y, ante el asombro de la asamblea, los fui depositando en la mesa presidencial. «¿Qué haces compañero?»—me gritó García irritado—. «Ésta es la prueba del delito—contesté—y de nuestra inocencia. Compañeros, hay un error en el informe. *Hoy* está en el segundo lugar entre los periódicos con menos erratas de Cuba». «Aníbal no se equivoca, compañero—me replicó Del Peso—, hay muchas erratas». «Las matemáticas son exactas—repliqué—. La asamblea puede nombrar una comisión y comprobarlo. Se verá que no soy un mentiroso».

Se me contestó que no había razón para perder más tiempo en discusiones inútiles. Indignado, amoscado ante las miradas irónicas, volví con mi carretilla de periódicos para el taller. Aníbal casi enseguida me llamó a su despacho. Allí sentado, Aníbal me miraba fijamente, era la primera vez que lo encontraba y no sabía que sería una piedra que iba a encontrar muchas veces en mi camino. Tenía ya fama de duro e intransigente. Me habían aconsejado de no discutir por nada con él. Consejo que no podía aceptar un comunista nacido al aire libre como yo.

«Quisiste ponerme en ridículo delante de la asamblea. Cometiste un error. Debiste esperar que terminara y venir a verme a la dirección a informarme. Así lo harás la próxima vez».

«Director, usted hizo la crítica en público. Yo dije la verdad, pensando que usted y todos estarían contentos de la mejoría en la corrección de *Hoy*». «Eres muy joven, tienes poca experiencia de comunista, aprenderás a respetar a los dirigentes; sin ellos, sin disciplina, sin centralismo democrático, el partido no podría funcionar. Es una regla sagrada que te enseñaremos». Y con cara seria, Escalante se levantó y me despidió.

«Si te pones a discutir con Aníbal, durarás poco aquí—me decían los compañeros—. Es lo que ha pasado a infinidad de cuadros, que han chocado con Aníbal y han sido echados del periódico y del partido. Esto no es el interior ni la CTC». «¿Qué clase de comunistas son ustedes, gente con historia, que no se atreve a responder, teniendo razón, con la verdad en la mano?».

«Eres nuevo y si sigues así, no vas a llegar a viejo». Volví pensativo a la corrección, afilando más el lápiz y pensando en aquella cosa rara que acababa de descubrir y que no me parecía comunista.

Cuando salía del periódico iba al bar de la esquina y me tomaba una cerveza, el famoso indio en dos canoas, con alguien del taller. Incluso un fin de semana salí de paseo con la joven hermana de un dirigente.

Entonces un día Humberto, me dijo: «Carlos, mejor no tomes cerveza en la esquina, en la próxima asamblea te van a criticar». «Humberto, ¿dónde está escrito que sea una falta tomarse una cerveza? Si yo me emborrachara, diera un escándalo, fuera un borracho, sería otra cosa». «Sigue el consejo de un viejo militante, no te busques problemas». Y riéndose, añadió: «Esta noche te voy a invitar a una reunión clandestina de los "beodos antifascistas"».

La reunión era en un bar del puerto, bohemio, bien aislado, de aquellos que tenían reservados, que servían para un mate amoroso, una conversación privada, jugar o cualquier cosa que no debiera ser vista. Allí estaba media redacción, dándose tragos de ron, coñac y cerveza, y de pie, brindaron por el nuevo beodo. Asombrado, pregunté qué eran los beodos antifascistas, y me explicaron, entre risas, coñas y tragos, que para evitar los chismes y críticas del servicio de información de Escalante, que era secreto e informaba de todo, habían constituido humorísticamente aquel grupo para darse traguitos y fiestas discretas y sin problemas. El grupo se reunía en lugares diferentes, y si los chivatos sospechaban algo, no probarían nada, ya que ellos sabían quiénes eran el comité de chivas.

Cómo yo iba a objetar que había celebrado el san Lázaro en la casa de Lázaro Peña, que festejaba su cumpleaños (Lázaro era el secretario general de la CTC y dirigente del comité central) y el Babalú Ayé. Lázaro era medio santero, y el día 17 de diciembre, san Lázaro católico, se convertía en el Babalú Ayé, de los ritos africanos, como santa Bárbara era Changó y la Caridad del Cobre, virgen de Cuba, la del bote y los tres marineros, uno negro, que era el negrito de la Caridad, se volvía Yemayá, en la ceremonia negra. En la fiesta de Lázaro, se bebía whisky, ron, coñac, ginebra, por la libre, y había muchos dirigentes comunistas, entre ellos Blas Roca, echando un pie. Me respondieron los compañeros que una cosa era ser dirigente y otra militante. Me quedé frío.

«Si no quieres tener problemas en el periódico y el partido, olvida esa idea ingenua y campesina que tienes de la dirigencia del partido y bebe con nosotros. Brindo por los beodos antifascistas»—dijo con voz ronca, Romilio Portuondo. Y todos brindamos y bebimos.

Eran viejos militantes, algunos de mucho prestigio por acciones heroicas en la guerra de España, el machadato, la época de la ilegalidad, cubanazos simpáticos, buenos periodistas, bebí con ellos aquella noche, pero no me gustó lo que contaban ni pensaba aceptarlo.

Las continuas discusiones sobre el browderismo, teoría de la conciliación de clase en el interno y el externo, la burocratización del movimiento, eran más conflictivas cada día.

Profesionalmente el periódico estaba bien hecho. El periodismo cubano estaba corrompido. Escalante, que daba salarios de miseria a los redactores, permitía que los reporteros obtuvieran botellas de los ministros siempre que dieran el cincuenta por ciento al periódico. Era claro que un ministro que pagaba no podía ser denunciado. La familia de Escalante (padre, hermanos, mujer, etc.) recibían del partido más de mil pesos mensuales, mientras la familia de un redactor o empleado del partido debía vivir con sesenta pesos al mes.

Bastaba con elogiar desmesuradamente a Escalante para obtener dinero, préstamos, ascenso o lo que se pidiese, guay de quien lo criticase, porque era liquidado. Era una atmósfera policíaca, de moral jesuita. Los dirigentes hacían el amor con la secretaria, vivían bien, bebían coñac o whisky. Con los militantes eran implacables.

Yo, que me había criado en el comunismo al aire libre del interior, no soportaba aquella atmósfera. Me habían ascendido. Me respetaban porque le cantaba las cuarenta a cualquiera. Era corrector de estilo y político de los materiales que no veía el jefe de redacción. La gente que me veía discutir me tenía por un bicho raro que no duraría mucho tiempo.

Pensaba: ser comunista es ser libre. Me equivocaba, me equivocaba.

Los compañeros eran espiados continuamente, y en los colectivos eran criticados sus más mínimos actos. Los dirigentes eran intocables. La desmoralización era tal, no sólo en el periódico, sino en toda la dirección del partido, que en un congreso nacional hubo que prohibir que los dirigentes pegaran los cuernos con las mujeres de los compañeros. Dirigente hubo al que se le probaron cinco amantes, además de la vieja compañera.

Ésta es una crítica semanal que reproduzco de mi diario de la época: «Leer a Maiakovski, Neruda y Vallejo, tener un libro de Bujarin, asistir el domingo al concierto de la Sinfónica u oír música de Bach, Prokófiev y Varèse, tener en su casa cuadros de Lam y reproducciones de Picasso, beber un ron en el bar de la esquina y por el Malecón con la hermana de un dirigente...». Por el resto bien, había ganado el primer lugar en la emulación del mes para las tareas del partido y el periódico.

Mi respuesta: «Los poetas que leo, aparte de que son buenos y me gustan, son comunistas. Bujarin ha sido recomendado por Lenin. La música me gusta como a ustedes el dominó o el ajedrez. La compañera es soltera y que yo sepa no es propiedad de nadie, de otra parte me niego a beber cervezas clandestinas. Soy uno que lucha por el comunismo como igualdad, justicia, libertad. Vivo como comunista y pienso que son burgueses disfrazados de comunistas o comunistas aburguesados esos que hablan como comunistas pero actúan y viven como burgueses».

Había conflictos dramáticos y cómicos.

Tiempo después, el viejo Arroyo pasó a ser jefe de información y me llevó a mí para sustituirlo. Aníbal estaba de viaje y nadie se opuso a que pasara a la redacción. Y yo contento. Tuve un aumento de tres pesos semanales—quince a la semana—y pude hacer algún reportaje especial. Verse por primera vez en letra de molde produce alguna impresión.

El trabajo de corrector era monótono y problemático. El último problema allí fue que Aníbal, siguiendo la moda poética de Juan Ramón Jiménez, muy popular entonces en Cuba, le había dado por cambiar la «g» en «j». Sí señor, Aníbal, que escribía el «Juan Simplón», una buena columna que tocaba a la gente con limón, no quería «g», y los linotipistas me preguntaban con sorna y humor: «¿G-men—palabra muy de moda en el argot comunista, nada menos que la policía yanki—, G-men, con "j" de Jiménez, Juan Ramón, o "g" de gallego? ¿Cómo te la pongo?».

Era la coña y la pega del día en aquella que llamaron la guerra de cambiar la ge por jota, José. La jota de Juan me la como con pan; la jota de José me la bebo con café. ¿*Our men in Havana*: G-men o Jiménez?

La guerra de las jotas no fue nunca a la asamblea semanal, aun si Aníbal estaba encabronado, porque dejábamos su Juan casi que sin una sola jota. Era que él sabía que los obreros del taller decían que aquello retrasaba el cierre del periódico, que un día por jota de más o de menos perdió el camión que lo llevaba al interior. Era su política tratar duro a la redacción y suave a los obreros. Demagogia. Los gráficos tenían un fuerte sindicato, altos salarios y muchas conquistas. Eran bien conscientes y más de una vez quisieron compartir aumentos de salarios con nosotros, que ganábamos menos, cosa que la dirección no aceptaba.

Mi última discusión fue sobre Trujillo. Escalante hizo un artículo sobre los pasos progresistas del dictador dominicano, que hacía una maniobra para que los exilados comunistas regresaran a Santo Domingo. Los que volvieron fueron naturalmente asesinados.

Era 1946 y aquello era insoportable. Un 7 de noviembre dejé el periódico y el partido. Comencé una difícil aventura con el hambre y terminé enrolándome en una expedición contra Trujillo, meses más tarde, donde por primera vez vi a Fidel Castro.

Afronté la miseria, la soledad y la guerra de dos mundos. Tenía la sensación de haberme tirado al mar; atrás, lejana, la costa con su resaca a la que no volvería. El buque que debía conducirme a un mundo ideal y que veía alejarse, ni se dirigía a la otra ribera ni llegaría nunca a ella. Yo nadaba sin más compañía que el océano, sabiendo contra qué corriente nadar, sin saber el rumbo ni la corriente que llevaban a esa isla futura, escondida todavía en los mares nebulosos de la historia.

Luchar también es eso a veces. Estar solos. Una voluntad de no sucumbir ni darse por vencidos, una libertad contra la furia y el poder de los elementos, de las cosas y del mundo.

La falsa esperanza es la tumba del revolucionario. Un revolucionario debe mirar la cara de las cosas; si aquello que opone a un mundo cruel no sirve, entonces no puede aceptarlo. Tiene que rebelarse otra vez.

El futuro son muchos presentes formados de muchos pasados. El mundo no será distinto a como es si a cada instante no se vive, no se piensa y no se actúa en comunista. Sólo un continuo presente revolucionario podrá llegar a un futuro revolucionario.

Había salido del partido sin decir una palabra, pero la guerra me fue hecha. Fui circulado. Los sindicatos me negaron apoyo. Y los capitalistas sólo me ofrecían trabajo en sus periódicos, como habían hecho con otros compañeros, si me arrepentía, atacaba el comunismo y servía a sus intereses. El fracaso del partido no justifica la miseria, la injusticia de la realidad capitalista, y yo no acepté. Corté caña, di pico y pala, vendí postales, dormí en parques. A veces dormí en locales de gánsters sin mezclarme con ellos; sabía que su rebeldía frustrada conduce al crimen, a la cárcel o al cementerio capitalista, pero no a la revolución.

Creo más fácil soportar la mucha hambre que la mucha riqueza que es el robo de la vida de los demás. Por mi cuenta participaba en cuanta protesta consideraba justa. Volví a Sitio Grande, a cortar caña y ordeñar vacas. Ya no gobernaba Batista sino Prío, pero todo estaba igual: el patrón del azúcar y la tierra, los guardias rurales, la miseria de los obreros y campesinos...

La participación del partido en el gobierno de Batista desmoralizó a sus dirigentes. Batista, de regreso a Washington, con las migajas dadas por el imperialismo, era recibido por el partido como un héroe popular, el mensajero de la prosperidad.

De regreso de Trinidad y después de la derrota de los batistianos apoyados por el partido, Grau y los auténticos de la oposición fueron al gobierno, y el partido comenzó a maniobrar para inserirse con los nuevos mandantes.

Yo no entiendo el socialismo así. Hay una sola moral, una ética y no dos, arriba y abajo.

CAYO CONFITES

Corría el año 1947, era corrector de pruebas del periódico *Luz*, a unos metros del barrio de Colón, el más grande de los barrios de putas de La Habana. Un día supe que se preparaba una expedición contra Trujillo. Me simpatizaba la causa, el pueblo dominicano. El viejo general Máximo Gómez, el dominicano que durante casi treinta años dirigió las guerras de independencia de Cuba. Conocía el hambre, la lucha, pero no la guerra, la aventura. Pensé: «Si pierdo, no hay problemas. Si sobrevivo, quizás pueda escribir algo, conocer Europa».

Era un periódico pequeño, que pagaba poco y con pocas perspectivas para un joven rabioso como era yo entonces, que no quería venderse, que sabía en carne propia qué cosa era la miseria y el aislamiento y que había descubierto hacía poco que la cura para la desigualdad y la injusticia no servía, no curaba, sino mataba.

No quería volverme un cínico, un oportunista, mejor seguir solo y jodido antes que perder el respeto a mí mismo.

¿Conseguir una botella miserable como periodista? No, mejor dos varas de hambre.

Tenía sed de aventura. El mar como a todo isleño me incitaba. Desde el maravilloso Malecón veía los barcos entrar y salir, ir y venir de otros puntos que comenzaba a conocer por los libros.

Pensaba que no sería un mal reportero, en la oportunidad de encontrarme en un lugar donde ocurriera algo grande, pero dónde, cómo.

Era aquél un medio peligroso para un joven como yo. Grupos de origen revolucionario, deseosos de acción, influidos por las guerras que no pudieron hacer, o que hicieron, como Rolando Masferrer, comandante de las Brigadas Internacionales de la República española; Emilio Tró, que combatió en la guerra mundial, otros de origen guiterista, o insatisfechos por la frustración de la Revolución del Treinta, furiosos por una justicia que debió hacerse y que no se hizo, quisieron vengar al compañero asesinado, con sus propias manos; otros por ver demasiadas películas de guerra o de gánsters del Oeste norteamericano, infiltrados en los gobiernos auténticos, llegaron a tener control de ciertos grupos policíacos del momento. Algunos tenían aspiraciones de poder.

Una guerra a muerte en las calles de La Habana, su lenguaje era radical: Unión Insurrección Revolucionaria, Movimiento Socialista Revolucionario. No todo era ideal, había botellas, prebendas, notas estudiantiles regaladas y otras cosas sucias como siempre ocurre. Entonces de pronto me dicen: «Se está preparando una expedición contra Trujillo».

Trujillo era odiado por los cubanos por su feroz tiranía, sus asesinatos, secuestros y por la simpatía que teníamos por Santo Domingo, el vecino Caribe, que tanto hizo por nuestra independencia y libertad.

De allí vino el indio Hatuey, el primero que se rebeló contra los españoles y dio ejemplo y supo morir por su ideal, el que decía que el sol, la tierra, el aire y el mar no eran de nadie y el que, cuando los sacerdotes vinieron a preguntarle que si quería volverse cristiano e ir al cielo, mientras preparaban la hoguera para quemarlo, les preguntó si los conquistadores iban al cielo; y el sacerdote le respondió que sí, y Hatuey le contestó que él no quería ir al cielo en semejante compañía, y agregó: «Yo creo que el dios de ustedes es el oro».

De Santo Domingo vino Máximo Gómez, el que nos enseñó a pelear, el padre de la guerrilla cubana, general y jefe de nuestra Guerra de Independencia, el que dio el ejemplo de envainar su machete legendario en la hora de la paz. Y junto con Máximo Gómez, tantos otros dominicanos, muchos de los cuales murieron en los campos de Cuba luchando por la libertad.

La noticia de la expedición corrió como pólvora. Las inscripciones eran por la libre. Era esa extraña manera de los cubanos de embarcarse en la aventura, en cualquier cosa, sin pensarlo mucho, que ya otras veces se había manifestado.

Sin contar con nadie decidí unirme a la expedición, hablé con Brañas, el director, y le dije que me iba y, que si quedaba vivo, le enviaría reportajes de la guerra contra Trujillo. Él aceptó sin hacerme mucho caso por mi inexperiencia periodística y guerrera.

El garrotero era un personaje siniestro de cada lugar de trabajo; prestaba dinero al diez por ciento semanal. Te daba cinco pesos y pagabas el sábado cincuenta centavos, y seguí debiendo los cinco pesos, y así hasta la eternidad; y si no pagabas, el garrotero tenía sus guapos que te rompían la cara.

Entonces me iba para la guerra y era el momento de vengarme de ellos. Pedí veinte cocos a cada uno. Había un comercio que se llamaba Le Grand París, y allí fui yo y me compré un bellísimo traje gris acero que me fiaron para pagar en seis meses.

Después pensé, ignorando a Napoleón, que en la guerra no se necesita dinero. Error, error. Y me dije: «Guardo el dinero para el pasaje». Sabía que en la expedición estaba en una escuela tecnológica de Holguín, pues contaba con el apoyo del gobierno de Grau San Martín y particularmente con su ministro de Educación, Miguel Alemán, que después se sabría que más interesado que en la libertad de Santo Domingo, estaba en negocios sucios y en la corrupción que le permitía robarse los dineros del Estado.

Pensaba que si iba a morir, de buen cubano era una fiesta de despedida, una borrachera y después a irme por el barrio de Colón, que tan bien conocía, del que era vecino.

Me despedí en secreto de la familia Cabrera Infante, que era entonces mi familia, dejando al joven Guillermo en mi trabajo de corrector de *Luz*. Cogí el tren central y partí para Holguín, con dos pesos en mi bolsillo, una camisa blanca (creo que había leído en un poema de Constantin Simonov que esa tradición daba suerte a los soldados al entrar en combate), calzoncillos, ropa interior, muchas plumas y papel.

Al llegar a la ciudad de Holguín, la primera sorpresa: la expedición había partido. Me sentí morir de ridículo, quién rayo iba a creer lo sucedido, se iban a reír de mí, a pensar que me había apendejado en el último momento. Pensando en Cortés, había quemado las naves y ahora estaba con un solo peso en el bolsillo en una ciudad en la que no había estado nunca y en la que no conocía a nadie, en busca de una expedición perdida.

Me acordé que Masferrer, era de allí. Averigüé la dirección de su familia y al fin la encontré, a un tío suyo que me miró con cierta desconfianza al contarle mis relaciones con Rolando, desde la época del partido, a quien pedí que me llevara adonde estaba la expedición y le dije: «Puede mandarle una nota a Rolando y, si lo que digo no es verdad, que me fusile».

El tío de Rolando confió en mí, me dijo: «Mira, la expedición está en Antillas; al partir, coge el primer tren que vaya para Santiago y en Alto Cedro cambia para Antillas, apúrate que el tren está al pasar». Me fui corriendo y llegué a la estación del ferrocarril de Holguín, casi junto con el tren central. Al pedir el otro billete para Antillas me faltaba un peso, entonces le dije al hombre de la ventanilla: «Mire, mi hermano es un loco y se ha unido en esa expedición contra Trujillo y yo voy a perseguirlo a ver si lo recupero, habían centenares de personas que estaban haciendo lo mismo, me falta un peso para el billete, le suplico que me lo fíe, le dejaré esta camisa nueva, volveré a pagárselo, pero si usted no me lo da, tendré que llevármelo por las malas».

El hombre se rió, me dio el billete y no quiso coger la camisa, pero yo se la dejé. Entonces pude tomar el tren que ya arrancaba, me bajé en Alto Cedro y tomé el tren que iba para Antillas. En el tren iba un grupo de jóvenes que hablaba de Trujillo, supe que se unirían también a la expedición. Hablamos, nos sentimos compañeros. No pensé en la locura de una expedición tan peligrosa, que estaba en la boca de todos, para mí lo importante era llegar a ella y no hacer el ridículo.

Llegamos a Antillas casi de noche, el espectáculo de aquella enorme bahía, una de las más imponentes de Cuba, era impresionante. El mar furioso al atardecer, la gente, el ambiente como de Oeste y de guerra, mis nuevos compañeros... Me faltaban las palabras. Nos encaminamos al hotel donde se decía estaba el contacto de la expedición, aquello parecía cosa de otro mundo.

Antillas, aquella tarde, parecía una ciudad marina, con aire de Oeste americano, en vísperas de la gran pelea. Por donde quiera, se veían grupos de cubanos, dominicanos, latinoamericanos, españoles, jóvenes que se unían a la exposición, padres y madres buscando a sus hijos, entre ellos el periodista Luis Gómez Wangüemert, jefe de *Carteles* y cuyo hijo estaba ahí.

Atravesaba el pueblo una extraña manifestación de mujeres. Su manera de vestirse, maquillarse y de caminar, contrastaba con la dramaticidad de sus caras. Marchaban en silencio. No me atrevía a preguntar, pero estaba seguro de que eran putas. «Hasta las putas están en contra de Trujillo»—comentó un optimista, jocosamente.

Sí, eran ellas las que marchaban con dignidad, pero la causa de su protesta no era Trujillo, demasiados problemas tenían ya con sus vidas para politizarse así. Me uní a la manifestación y le pregunté a una de ellas el por qué de lo que hacían. «Estos muchachos están locos—me dijo—, los van a matar a todos, tú también debes ser uno de ellos, carajo, tú no sabes que ese Trujillo mata a todo el mundo. Este pueblo se va a quedar sin hombres, todos los muchachos se quieren ir para la Chiva». Por aquella mujer me enteré que la expedición no estaba allí, sino en un punto cercano de la costa al que llamaban la Chiva. «Figúrate que hasta mi hombre—me dijo la puta, llorando—se fue a pelear contra Trujillo, lo matan seguro. Por primera vez en mi vida he tenido que trabajar de gratis, muchos muchachos quieren hacer el amor antes de morirse. Blanquito no seas bobo, no pierdas la vida por política, que es una porquería».

Aquella manifestación, aquel extraño amor, era algo que no imaginaba.

Había un gran hotel que era el lugar de contacto con los grupos. En el tren éramos unos veinte jóvenes, íbamos juntos y pronto llegamos. Allí estaba Cruz, un dominicano, uno de los organizadores al que nos dirigimos y que, al decirle que veníamos a unirnos a la expedición, nos miró algo sorprendido, diciendo que pronto llegaría Rolando Masferrer, que era uno de los jefes, con el que tendríamos que hablar.

Vi que todo el mundo comía y bebía en las muchas mesas de aquel gran hotel. Entonces dije a mis compañeros: «Vamos a comer nosotros también». Algunos me dijeron que no tenían suficiente dinero, y les contesté: «Comer es el primer acto de guerra, y alguien pagará por nosotros, como estará pagando por los demás».

Vi la fila que estaba por donde estaba Cruz, el que le daba unos billetes a cada uno, y le pregunté: «Para qué les dan ese dinero». Y me respondió: «Para que se vayan al bayú por última vez, pues esta noche parte la expedición».

Se sentó mi grupo en varias mesas, y el camarero me dijo que quién pagaba aquello, y le respondí: «No se preocupe camarero». En eso vi bajarse de un jeep a Rolando Masferrer, alto, colorado, cojeando, con un pistolón y un sombrero tejano, tenía un aire de pirata y de héroe griego, se sentó con su grupo y pidió una botella de coñac español Carlos I.

Fui a saludarlo con gran alegría, me miró fríamente, estirado, casi sin contestarme, me miró de abajo arriba, como si no me conociera, no podía entender aquello, lo conocía de muchos años, habíamos sido compañeros en el partido y hoy estábamos los dos fuera del partido, me había dejado dormir en su revista *Tiempo de Cuba* y ahora, que venía a unirme a la expedición, casi ni me saludaba.

Me fui a mi mesa y seguí comiendo. Al poco rato vi que se levantaba y se dirigía al jeep para irse. Me paré al frente y le dije: «Rolando, hemos venido yo y ese grupo para pelear contra Trujillo, no comprendo tu actitud, tienes que llevarnos contigo». «Mira Franqui—me respondió—, si quieres pelear, asalta un barco del puerto, no tenemos más espacio para llevar más gente». Dio un salto, se montó en el jeep y se fue. No lo pensé un segundo. El consejo irónico de Masferrer lo llevaría a la práctica cuando la noche se pusiera un poco más oscura, había visto que alguno del grupo tenía un revólver.

Volví a la mesa tranquilo y entonces dije a mis compañeros una media mentira o una media verdad: «Masferrer me ha aconsejado que asaltemos un barco en el puerto esta noche porque no hay más espacio para nadie en la expedición y que nos reunamos antes del amanecer en la Chiva, pues están al partir». Éste es nuestro primer acto de guerra. Entonces vino el camarero con la cuenta. La firmé y puse por orden de Rolando Masferrer. Me miró con cierto asombro, con cara de pocos amigos, entonces le dije que agregara a la cuenta una botella de coñac.

Nos pusimos a beber coñac y cuando ya fue casi la media noche, con el pueblo en silencio, sin expedicionarios, putas, ni gente, ni papás, nos encaminamos al puerto, asaltamos revólver en mano un barquito que cargaba plátanos, al grito de manos arriba, que vamos para Santo Domingo. Uno de los hombres se tiró al agua y le grité: «Al próximo le disparo, nadie está obligado a ir a Santo Domingo, sólo tienen que llevarnos al campamento de la Chiva, y allí, mientras nosotros nos unimos a la expedición, ustedes pueden regresar por tierra, porque el barco lo necesitamos para el viaje». Los marineros nos miraron asombrados. Había que estar loco para tomar un barquito como aquél para ir a pelear contra Trujillo, en medio de una noche oscura y fea, pero decidieron llevarnos a la Chiva. El barco era pequeño, se llenó enseguida con el grupo. Sigilosamente fuimos botando racimos de plátanos por aquella bahía, una de las más impresionantes y bellas del mundo, la costa casi no se veía, las olas eran fuertes y durante toda la noche navegamos.

Al amanecer apareció ante nosotros la costa pelada de la Chiva. Había centenares de hombres armados acampados por tierra, otros se embarcaban en un barco bastante grande, ya casi lleno de gente. Llegar a tierra y que nuestros marineros salieran corriendo como locos fue la misma cosa.

Yo riendo, dije a mis compañeros: «Ahora cada uno que busque cómo unirse a algún grupo; es más fácil separado que juntos». Y cada uno se fue por su lado.

¿Qué iba a hacer yo? No lo sabía, el único al que conocía era a Masferrer y éste, no sabía el por qué, me había tratado con gran frialdad. No era tan loco como para no saber que si una guerra es difícil, ir contra el jefe es imposible.

LA CHIVA

Amanecía cuando llegamos. Al pisar tierra, los marineros huyeron despavoridos, entre las rocas de dientes de perro de los maniguales.

Más de mil hombres, divididos en tres grandes grupos, acampados en aquellas costas peladas, el espectáculo era impresionante.

Me separé del grupo y caminé entre los expedicionarios, a ver si conocía a alguno. Empezaba a desesperarme, cuando me encontré con el gallego Ancedes, combatiente republicano de la guerra de España, que frecuentaba la peña política de Prado y Virtudes, en La Habana, en la que descargaba algunas veces. Ver a Ancedes fue la salvación.

Me acogió con asombro, pero cariñosamente. Me explicó que la expedición estaba dividida en tres batallones: el Guiteras, del que formaba parte, bajo el mando político de Eufemio Fernández, entonces comandante de la policía, y viejo revolucionario, y el mando militar del excombatiente de la República española, Daniel Martín Lavanderos, comandante de las Fuerzas del Campesino, y dos capitanes, Carlos Gutiérrez Menoyo, y otros jefes; el niño Cala era el jefe de la escuadra.

Me dijo de no separarme de él, pues había problemas para embarcarse en el barco grande. Seguramente tendríamos que ir en la nave más pequeña. Me informó con sobriedad que había ya conflictos entre los jefes, entre Eufemio y Masferrer, y que el otro batallón, el de los dominicanos, al mando el general Rodríguez, no se reunía con Juan Bosch.

Pronto el barco grande, repleto, partió, no sin que antes metieran dinamita y explosivos en el nuestro. Armaron una tripulación de fortuna, muy a la cubana, preguntando quién sabía de navegación, y enseguida aparecieron los que se proclamaron marineros y después resultó que bien poco sabían del mar.

Apretados, salimos detrás del barco grande y no pasó mucho tiempo para que se perdiera en el mar. Seguimos navegando cerca de la costa, no hacia Santo Domingo, hacia Occidente, en busca de los cayos de Camagüey, adonde se nos dijo acamparía la expedición.

Aquélla fue una de las semanas más horribles de mi vida, un mal de mares, que me hacía vomitar las entrañas. Fuimos a parar a Nuevitas días después, y allí encontramos el barco grande, que buscaba provisiones.

De noche nos alejamos de Nuevitas, y al anochecer llegamos a la zona cercana a los grandes cayos (cayo Coco, cayo Romano y otros), llenos de vegetación y en condiciones de camuflar la expedición.

Para nuestra sorpresa, nos condujeron a un cayo pequeño, largo y estrecho, sin un árbol, a vista de todos, donde hacían ejercicio más de mil hombres de la expedición.

¿Cómo era que hombres que conocían la guerra se alojaban en aquel cayo pelado que pronto Trujillo descubriría?

No había respuesta, y Ancedes me recordó que en la guerra no se pregunta, se obedece. Una explicación quizás sería que se trataba de una práctica militar rápida antes de la partida.

Así comencé mi nueva vida de confitero. Nuestra compañía, al mando de Carlos Gutiérrez Menoyo, comenzó sus prácticas enseguida. Fueron días, semanas y meses en aquel cayo pelado, a vista de aviones, naves trujillistas o norteamericanas. ¿Qué pasaba, por qué no partíamos? ¿Por qué aquel cayo y no uno de los cercanos, donde la vegetación nos camuflaría?

Había tensiones entre los jefes, que repercutían en los tres batallones, incluso zafarranchos de combates entre Masferrer y el Guiteras, el nuestro.

Era visible la discrepancia entre los dominicanos del general Rodríguez y los otros grupos independientes. Juan Bosch, aislado, no contaba para nada. Un atardecer, el barco cargado de dinamita encalló por impericia de su capitán, cundió el pánico; si estallaba, el pequeño cayo podía volar con todos nosotros.

En medio de la indecisión, se hizo noche. Entonces un joven dominicano de pequeña estatura, la cabeza pelada con aire de pirata marino, se ofreció para desencallar el barco. Había un fuerte oleaje. Examinó detenidamente la posición del barco encallado, el oleaje, el viento y la naturaleza del fondo marino y de la isla. Entró en el barco y, con un grupo de marineros, comenzó el difícil rescate. El barco comenzó a moverse peligrosamente, y los jefes nos ordenaron tirarnos al suelo en el lugar más alejado de él.

De pronto, aprovechando el reflujo de una gran ola, el joven marino, timón en mano, dio una marcha atrás y desencalló el barco.

La tensión se convirtió en un aplauso y, por aclamación, destituimos al viejo capitán inepto y proclamamos capitán al oficial, que resultó llamarse Pichirilo Mejía, el salvador de la nave.

Fue el primer acto de los expedicionarios de destituir jefes ineptos e indecisos, al menos los cubanos, cuyas intenciones no conocíamos.

Rápidamente conocimos la leyenda de Pichirilo Mejía. Era un gran marinero combatiente, había peleado en Costa Rica y otros lugares de Centroamérica, formaba parte de la Legión del Caribe, una organización de revolucionarios caribeños y sudamericanos de la que muchos jefes estaban en la expedición.

Un día Pichirilo Mejía vio en el mar una nave que nos espiaba y, con su vista de águila, reconoció la Angelita, la goleta del dictador Trujillo.

Se lanzó al mar en su persecución y rápidamente la capturó con su pequeña tripulación y todo. Fue nuestra primera victoria y también una advertencia de que lo prolongado de nuestra permanencia en el cayo era conocida por Trujillo.

Por la noche, Pichirilo Mejía invitó a un pequeño y selecto grupo de expedicionarios a fugarse en la goleta y desembarcar en Santo Domingo, para comenzar una guerra de guerrillas. Muchos estuvimos de acuerdo, entre ellos Fidel Castro, que era uno de los expedicionarios, enemigo de

Masferrer, de Eufemio Fernández y de Manolo Castro; andaba siempre con Juan Bosch y el grupo dominicano.

Pichirilo dijo que era imprescindible que Juan Bosch, con su prestigio, fuera el jefe político del grupo, pero Bosch, tan buen escritor como hombre vacilante, no quiso embarcarse en la aventura que pretendía forzar a los jefes de la expedición hacia su destino.

Un día, en una pelea un expedicionario habanero, conocido por Mejoral, hirió de un balazo a otro llamado Cascarita; su estado era grave y hubo que operarlo. Entonces descubrimos que no había un cirujano. Eufemio Fernández, que tenía título de médico, pero que no había practicado nunca la cirugía, lo operó alumbrándose con vela y por medio de focos. Cascarita murió, y todos nos sentimos muy tristes.

En la expedición había de todo: revolucionarios honestos, hombres preparados, jefes ineptos, corrompidos, aventureros de todo tipo y país, principalmente cubanos, gente de pescar en río revuelto y otros que pensaban en la aventura de la guerra, así como veteranos revolucionarios de España y de Centroamérica.

La situación comenzó a caldearse por el tiempo transcurrido, las malas condiciones del cayo, la alimentación y la indecisión sobre lo que se haría.

Un día nos metieron a todos en los barcos y partimos con rumbo desconocido. Al amanecer descubrimos que no íbamos hacia Santo Domingo, sino que al contrario navegábamos por la costa norte hacia La Habana. El rumor de que parecíamos dirigirnos hacia La Habana, y la dirección que coincidía, empezó a engendrar un motín de protesta que obligó al desembarco en un cayo cerca de Caibarién, en la costa del centro de Cuba, a unos trescientos kilómetros de la capital.

Fue una rebelión.

Era evidente que íbamos hacia La Habana y no hacia Santo Domingo. La larga espera, la frustración y el engaño produjeron el estallido en aquel cayo de la costa norte de Caibarién.

Fueron dominicanos los iniciadores, pero los cubanos y la mayoría de los expedicionarios los secundamos, aunque estábamos desarmados y fuimos dominados, ametralladora en mano, por Masferrer y sus seguidores.

Internados en el barco, fuimos desembarcados por la fuerza en un cayo aislado de la ruta de navegación y, allí, dejados sin agua, alimentos ni comunicación. Fueron unos días desesperantes. La única cosa que había para mitigar la sed eran unos plátanos podridos allí dejados no se sabía cómo. El hambre era tanta que un grupo de expedicionarios vieron a orilla de la costa una enorme manta, se tiraron al agua, la agarraron con sus manos y la devoraron viva, en unión de otros que se unieron a aquella extraña pesca y comida.

Los sucesos de Orfila, con la liquidación del grupo de la UIR en La Habana, fueron impresionantes. No se entendió si el intento de posteıgar la expedición había sido porque se pensaba reforzar un golpe en La Habana. El presidente Grau, presionado por el general Pérez Damera, llamado el Gordo, aceptó terminar la expedición después de lo de Orfila. También se supo que Alemán, ministro de Educación, había destinado grandes sumas de dinero para costear la expedición y su sostenimiento que habían ido a parar a manos de los bolsillos de unos pocos.

El barco expedicionario fue finalmente capturado por la marina de guerra. Fidel Castro, que había hecho amistad con Pichirilo Mejía, el capitán, convenció a éste para disminuir la velocidad y echar un bote al agua para escapar en la noche por la costa, en compañía, según contaría él después, de un joven homosexual que, ametralladora en mano, lo acompañó. Más tarde, nacería el mito de que Fidel Castro había sido el único expedicionario que no se había dejado detener y que había escapado a nado por la peligrosa bahía de Nipe, llena de tiburones para alcanzar libremente la costa.

Desesperados, ya en el cayo, al fin fuimos rescatados por la Marina de Guerra, en medio de la tristeza del fracaso y la consolación de no morirnos allí de hambre y sed. Al amanecer desembarcamos en el puerto de Nuevitas, en la costa norte de Camagüey, y allí el Ejército nos metió en un largo tren militar que nos condujo prisioneros al campamento de Columbia, en La Habana. Allí después de protestas y escándalos fuimos liberados, llamados «confiteros», sin un centavo y con el ridículo disfraz. Una generosa guagua me trasladó desde Columbia y me dejó en el parque. Fui a buscar refugio en la casa de mis amigos los Cabrera Infante. Al día siguiente fui a *Luz* y propuse a su director, Manuel Braña, una serie de reportajes con la historia de la frustrada expedición, pero éste, que era del partido de gobierno, no se interesó en publicar el relato del fracaso. Otra vez derrotado, solo y sin trabajo, empecé a deambular por las redacciones de periódicos, sin conseguir empleo en ninguno. Era un ex comunista, un ex revolucionario, sin amigos, y no me quedó otro remedio que regresar a Sitio Grande, a la finquita del tío Manuel por un tiempo, y ayudar allí en las tareas de la casa y de los animales, porque como cortador de caña era un desastre en comparación con mis primos.

LUPERÓN

Habían pasado unos meses desde el fracaso de Confites, cuando Mario Morales, el flaco, amigo de Eufemio y de Masferrer, me fue a buscar para invitarme a una nueva expedición contra Trujillo. Le contesté: «Mario, voy, pero donde tú y Eufemio vayan, porque para embarque, me bastó el de cayo Confites». Mario no dijo ni sí ni no, pero no lo vi más. Días después, se conoció la noticia de la llamada expedición de Luperón. Se decía que el avión de Eufemio y amigos, desviado por una extraña tempestad, había aterrizado en Mérida y que los expedicionarios, desembarcados y dejados a su suerte, estaban cercados por las fuerzas de Trujillo.

Tenía un amigo poeta y locutor de la estación COCO, Rafael Enrique Marrero, que con su bella voz recitaba sus poemas amorosos, de rebeldía, y los de otros poetas románticos en un programa que se llamaba «Contigo en la media noche». Fui a verlo y, como quien no quiere la cosa, le dejé caer al oído que había oído en una estación clandestina transmitir el anuncio de que una expedición al mando de Lelio Álvarez, excombatiente de la República española y dirigente campesino, había desembarcado y peleaba en tierra dominicana. Yo sabía que Lelio estaba de vacaciones en un lugar aislado en una playa ibérica, pero quería que Loló Soldevillas, su actual compañera, antigua revolucionaria, ex esposa de Eusebio Mujals, que era jefe dirigente de la CTC y representante a la cámara, nos consiguiera pasajes, pasaporte y visa para ir en compañía de Armando Cruz Cobos a Haití, y penetrar en tierras dominicanas, si era posible, o de lo contrario reportar de allí lo que sucedía.

Llamé a Loló, le di la noticia y le propuse el plan. Se interesó muchísimo y me dijo que nos acompañaría, que al día siguiente estuviera seguro que iríamos a Puerto Príncipe.

Al otro día temprano cuando llamé a Loló, la sentí llorando. Me dijo: «Franqui, mataron a Lelio en una reunión en la casa de Miguel Quevedo, el director de la revista *Bohemia*; Juan Bosch dio la noticia, que le había llegado por vía de sus seguidores de Santo Domingo y que confirmaba la radio dominicana».

«Mira Loló, tú me perdonarás por lo que tengo que decirte, pero Lelio está en España, vivito y coleando. Esta gente son unos mentirosos». Y entonces le conté la verdad de lo ocurrido y el por qué de mi plan. Loló, alegre, se echó a reír y me dijo: «Me da una gran alegría, comprendo la intención y te perdono el engaño». Horas después, Lelio la llamaría por teléfono para tranquilizarla. Ya se sabe cómo terminó Luperón, con la muerte de todos los que desembarcaron, y así terminaron mis aventuras dominicanas.

NUEVA GENERACIÓN, NUESTRO TIEMPO

Otra vez tiempos difíciles que se hicieron más llevaderos gracias a la generosidad de una familia revolucionaria oriental—los Cabrera Infante—, que vivían entonces en un cuarto de un solar habanero donde siempre cabía uno más. Zoila, la madre, con su espíritu comunista lo animaba todo. De aquel cuarto nacieron muchos sueños y se hicieron realidad muchos proyectos. Allí nació la revista *Nueva Generación*, la sociedad Nuestro Tiempo, allí se forjó la que sería después la generación de *Lunes*, dirigido por Guillermo Cabrera Infante.

Entre ires y venires, entre alguna ciudad muerta en provincia y las funciones de teatro en el parque Central de La Habana, la primera exposición de Lam y tantas otras cosas.

De contactos y amistades nacería un movimiento artístico que editaría dos revistas y crearía una sociedad cultural. La primera se llamó *Nueva Generación* y no duró mucho tiempo, ni tuvo un gran eco; la segunda, la sociedad Nuestro Tiempo, y su revista, nos encontró con mayores experiencias. Allí reunimos escritores, Cabrera Infante, Ramón Ferreira, Delia Fiallo, entonces Premio Nacional de Cuentos Hernández Catá, Matías Montes; escultores y pintores, como Estopiñán, Mijares, Roberto Diago; músicos; críticos; los compositores Harold Gramatges, Juan Blanco, Nilo Rodríguez, Edmundo López, Angeliers León y otros intelectuales. Nos prestaron un local en la calle Reina, que resultó ser una trampa mortal, pues detrás estaba el Partido Socialista Popular. Había estado allí la emisora de radio Mil Diez, que el presidente Prío había clausurado, al tener un conflicto con los comunistas. Llegamos a través de un tenor español, amigo de algunos amigos, que nos ofreció el local. Hicimos una buena exposición de joven pintura y escultura, allí estuvieron representados muchos pintores y artistas más tarde conocidos, muchos de Los Once, otros, ya de fama, como Mijares. Hicimos la primera gran exposición de dibujo de Wifredo Lam, para complementar la extraordinaria exposición de sus cuadros en el parque Central de La Habana. Lam, además de un magnífico pintor, era un dibujante de primera.

Estrenamos, traducida al español y dirigida por el pianista Edmundo López, la *Pasión según San Mateo*, de Juan Sebastian Bach, empresa en la que tuvimos la colaboración del poeta Gastón Baquero, entonces jefe de redacción del *Diario de La Marina*, quien llamó por teléfono a Julio Lobo, el hacendado azucarero, y le dijo: «Usted que es cristiano y cazador, y caza palomas, ave del señor, ayude a que se estrene esta magnífica obra de Bach».

Pero Nuestro Tiempo, no duró mucho para nosotros, aparte de estas actividades iniciales y la salida del primer número de la revista que llevaba su nombre. Teníamos un amigo músico, Harold Gramatges, al que admirábamos además como pianista y compositor, con mayor edad y prestigio, hablábamos con él siempre de música, de poesía o de teatro, no le oíamos nunca una palabra de política. Era, pensábamos, la figura indicada para ser presidente de la joven sociedad. Cabrera Infante y yo lo propusimos y todos aceptaron. Se necesitaba un secretario y alguien dijo que debía ser un abogado, y como tal era Juan Blanco, músico y amigo, fue nombrado para ese cargo.

Poco después, sin que se hablara o se discutiera, nos enteramos por los periódicos que nuestros presidente y secretario se habían ido para el Festival Mundial de la Juventud Comunista, que se celebró aquel año en Viena, allí, sin nuestro consentimiento, nos representaban. Era una traición que nos indignó. En las discusiones de formación de la sociedad, se había acordado que Nuestro Tiempo sería un movimiento de vanguardia artístico y cultural, que haría remover las aguas muertas y a veces podridas de la vieja generación; en el orden social sería progresista, pero no estaría vinculado a partido alguno, no sería sectario.

Por la tomadura de pelo, la mayoría de nosotros, indignados, renunciamos y nos fuimos.

Recuerdo que mientras corrían aquellas horas y discutíamos a gritos, apareció un hombre vestido de civil, que nos pidió hablar reservadamente. Le pregunté quién era y se me identificó como el teniente Castaño, jefe del buró anticomunista, le respondí: «Teniente, las cosas que aquí ocurren nos conciernen a nosotros, yo tengo por costumbre cumplir la ley, pero no hablaré con un policía». Viré la espalda y me fui.

Durante años no supe de aquel teniente, que más tarde, cuando la dictadura de Batista, adquirió cierto nombre por sus actividades y que a principios del 59 fue un caso al caer prisionero del comandante Guevara, cuando éste tomó La Cabaña, y fue sometido a juicio sumario, a gran velocidad. Fue uno de los oficiales que los comunistas pidieron a Guevara con insistencia, fusilara, mientras la iglesia y otras instituciones, alegaban que no eran responsables, de crímenes y que no merecía la pena de muerte, un miembro del tribunal contaba que Fidel Castro le había dicho: «Olviden las presiones de unos y de otros, actúen según pruebas». En realidad lo que hizo fue lavarse las manos como Pilatos, y Castaño fue prontamente fusilado. La historia parece ser que Castaño no era solamente aquel represor de las actividades comunistas, que tenía relaciones con ese partido, al que en determinadas ocasiones le resolvió problemas de prisiones, salidas o entradas del país, cosas que pueden parecer sorprendentes, pero entraban dentro de las actividades del PSP, que durante mucho tiempo había tenido relaciones con Batista y sus hombres, que del 52 a mitad prácticamente del 58 combatió la insurrección dirigida por Castro y el Directorio, los comunistas salían generalmente de prisión y sólo en casos excepcionales fueron asesinados.

Pero continuemos con la historia de Nuestro Tiempo. La mayoría de nosotros se fue y casi todos participamos activamente en la lucha contra el golpe de Batista y su dictadura. La sociedad se convirtió en el paraván para las maniobras culturales de los comunistas, perdió todo el vigor inicial, se oponía a las luchas revolucionarias, que sustituía por una fantasmal lucha de masas. De ahí, años más tarde saldría un personaje tristemente célebre en la historia de la Revolución, Marcos Rodríguez, un joven que llevó allí Alfredo Guevara, quien vivió un drama, el de ser comunista, al que el partido le exigía información de los universitarios del Directorio, de que le prohibieran guardar allí prensa clandestina; Marcos Rodríguez vivió una historia trágica que no ha llegado el momento de contar todavía.

LAM

Tuve la suerte de entrar en la pintura y en la música por la mejor puerta. Eran los años cuarenta, ya en La Habana, la primera pintura que vi fue la de Wifredo Lam, quien regresaba de París precedido de la fama, de su amistad y del apoyo de Picasso, cuando los artistas, huyendo de la ocupación nazi de Francia, se dirigieron al Caribe, vía Marsella, Martinica, La Habana, Santo Domingo, y redescubrieron con ojo de sabiduría poética al Caribe y a los nietos de aquella África que tanto influyó en la revolución artística contemporánea.

Lam remiró el paisaje y al mundo cubano con otros ojos, tomó fragmentos de una naturaleza ignorada, el guano y la palma real, la fruta de la papaya, en que la naturaleza parece buscar sus senos vegetales, la mirada exterior, y al abrirla, roja, el centro uterino, tomó la caña, no el cañaveral, no el palmar, la violencia de sus dibujos, el gallo y a veces el tiburón, y el caballo, o el pájaro y el cuerpo femenino y las enormes nalgas, más que de mamas en la tradición africana, en la sensualidad, culos cúbicos, senos erectos, aquéllas como tres curvas cortadas, que los piroperos dibujaban con las manos al pasar, apretada y zandunguera, la mulata, tres curvas semicirculares, una de frente, otra de perfil y una trasera que casi no terminaban nunca. Descubrió Lam la violencia contenida en las relaciones raciales, en los mitos mágicos africanos, que secretamente de ceremonia en ceremonia Lucumíes, Yorubas, Abacuás practicaban. Ignoró la cantada falsa, suavidad de la luz cubana, su cortante y agresiva violencia, y detectó muy bien la variación en los verdes, los lejanos azules, la presencia del color tabaco y de lo rojo y también esa extraña síntesis entre la tierra, el mundo vegetal, el mundo animal y los seres humanos que se ve claramente en Cuba.

Nada folklórico, paisajístico, naturalista en sus pinturas, pero todo era real junto al redescubrimiento de Cuba. Admiraba yo las caras de Víctor, aquel precursor, el fuerte expresionismo de Ponce, el cubismo vitrálico y tropical de Amelia Peláez, o esas locuras rojas de fuego de las mulatas y caballos, de Carlos Enríquez. Me gustaban Cundo Bermúdez, Portocarrero y Mijares, pero nada tocó tanto a mi manera guajira, no habanera, ni muy blanca, ni académica, que sentía el ritmo y la presencia negra, partes casi secretas de lo cubano, como la pintura de Lam.

Muy pronto hice amistad con Lam y mucho aprendí no sólo de su pintura, sino también de la cultura moderna, de la sabiduría adquirida de Picasso, de Breton, de cubistas y surrealistas, de Cesaire, el poeta martiniqués, de Lydia Cabrera, que tradujo en bella edición el *Retorno al país natal* con ilustraciones de Lam, los artistas caribeños, tropicales y modernos de nuestro mundo.

La primera vez que fui a un concierto de la Orquesta Filarmónica, extraordinaria por aquel tiempo, bajo la dirección del gran alemán Erik Kleiber, que había tenido que huir del nazismo y que con su capacidad musical y el aporte de otros grandes intérpretes, como Chancó, hacía sonar como si fueran instrumento de mil sonidos, que eran uno solo, aquella extraordinaria orquesta y que tocaba, en aquel mi medio bautizo musical, nada menos que el *Rito de la primavera*, de Igor Stravinski, y mientras una que otra voz baja protestaba, yo estallaba de gozo, como otros jóvenes que al concierto asistían.

No había domingo que no fuéramos a un concierto de la Filarmónica, de Pro Arte Musical, del Liceo y de otras salas. Regularmente iban los grandes concertistas: Menuhin, Jeifets, pianistas como Arrau, y cada uno sonaba más maravilloso que el otro. Kleiber alternaba su dirección con grandes directores invitados: Ansermet, Mitropoulos, Kousevitqui, o con grandes compositores que venían a tocar sus obras, como Stravinski y otros grandes de la música.

Simultáneamente nacía un movimiento teatral, de artistas jóvenes y diferentes grupos que estrenaban el teatro contemporáneo.

Era aquello como un jardín, un jardín de cultura en medio de un mundo indiferente, apartado, que no oía ni sentía ni veía esta nueva generación, conmovida y tocada por la cultura. En otras partes, otros creadores hacían en medio del silencio su obra, o se expresaban como Lezama Lima, mediante algunas revistas como *Orígenes*, de forma fuerte, nueva, libre, pero aislada, como si nada tuviera que ver con el mundo no sólo oficial, sino con el mundo del poder, la economía, la riqueza, la televisión o el periodismo. Islas entre las islas.

Por los años cuarenta resurgió la buena música popular. Arsenio Rodríguez, el cieguito compositor y buen intérprete, y su trío, Arcaño, que sonaba el danzón, una mulata de voz linda y sensual, como ella misma, Olga Guillot, que volvía loco al público, Pérez Prado, entonces casi desconocido, el futuro creador del mambo, punto de ruptura y quizás el último gran grito de la música cubana, su canto del cisne, que anunciaba lo que vendría después, allí donde en 1877 nació el danzón, danza criolla, cadenciosa y bailable, y más tarde el son, la conga, la habanera, la rumba, la guaracha y el bolero. Después del mambo sólo tuvimos el chachachá. El Benny Moré y su «castellano, qué bien baila usted», un gran tocador, en el país de los tocadores, Chano Pozo, se iba para Nueva York, donde estaban Baeza, Machito y otros, y allí moriría, y también Pérez Prado, Benny y otros irían para México, a encontrar los éxitos que en su patria no tuvieron.

LA DEMOCRACIA

Era la palabra «libertad» la que nos fascinaba; no sabía entonces que no hay libertad sin democracia. ¿Por qué consideraba más mía la palabra «libertad» que la palabra «democracia»? Quizás porque habíamos conocido poco la democracia y en el tiempo breve que la vivimos parecieron más visibles sus defectos que sus virtudes. No había una tradición de democracia en Cuba. España, durante sus siglos de dominio, ni aun en sus últimos tiempos, la permitió. Cuando hubo elecciones para Cortes, los que podían votar eran sólo unos centenares; después, en la República, la democracia era imperfecta y estaba dominada por partidos, caudillos y gobiernos que se reelegían y que no eran un ejemplo de sus virtudes.

La libertad era un mito, era un sueño, era una idea, era un absoluto, el ave que vuela, el pájaro que canta, el hombre que se rebela, libertad era lo mejor de nuestra historia. Libres eran mi tío y mi abuelo Eligio, y Manuel, libres cuando improvisaban décimas patrióticas. Libertad era Heredia, libertad era Martí, era la poesía, era mi abuelo Manuel, que al encontrar una paloma prisionera en la jaula de su compadre Herrera, donde cada mediodía iba, después de atravesar el camino real frente a su finquita, a saborear el buen café carretero, que su amigo le ofrecía, acabadito de colar, y a echar una conversada, en espera de que aquel sol que rajaba las piedras algo se calmara para volver a los sembrados del conuco, y cómo amaba la libertad y no menos la amistad, y con ello el respeto que es su base, un día que fue a visitarlo, encontró una paloma prisionera en la casilla del viejo Herrera, no la soltó como fue su instinto, escribió cuatro décimas, que terminaban en un pie forzado, «Que pierda por un granito amor, vida y libertad», palabras que crecieron dentro de mi mente, más pasaba el tiempo, más crecía aquella vieja anécdota del viejo Herrera, rompiendo sus casillas y haciendo un café para invitar a mi abuelo Manuel.

No, no pienso que me equivocaba en mi amor por la libertad, ni en la búsqueda de libertad que no tenía. Me equivocaba, por ignorancia y desconocimiento, en no valorar la casi desconocida democracia, en lo que es esencial, pese a sus defectos.

Pienso que para algunos cubanos, yo entre ellos, era como si aquellas guerras de independencia (1968-1978, 1981-1995-1999), no hubiesen terminado. ¿En realidad habían terminado? Como si la cubanía de José Martí estuviera ausente en la realidad de mi patria. Parecía que sí y parecía que no. La Guerra de Independencia fue interrumpida en 1898, cuando Estados Unidos, por el incidente del Maine, y después de esperar casi un siglo de intentos de compras, anexiones y temores por el espíritu díscolo de la «gente de la isla vio la fruta madura» y decidió intervenir, y en la hora de la paz, después de la fácil victoria, a la que de forma decisiva contribuyeron los cubanos, no permitieron que el mayor general Calixto García entrara en la ciudad liberada de Santiago de Cuba con sus fuerzas, allí donde sus hombres habían combatido fieramente. Firmarían el Tratado de París, Estados Unidos y España, Cuba excluida. Se quedarían en la isla los yankis y a partir de entonces los ricos se dedicaron sólo a crear riquezas. En alianza los españoles y los autonomistas, al irse los yankis en 1902 nos dejaron juntos con indudables reformas económicas y de salud, una enmienda Platt, que era la espada que pendía sobre la soberanía, pues por ella Estados Unidos podía intervenir la isla cuando lo estimase necesario a sus intereses, como lo hizo en 1906. Y se arreglaron para dejar como presidente, no a un mambí como Bartolomé Masó, el general de la guerra, sino a un exilado, también ilustre, pero que había vivido mucho tiempo en Washington y tenía ideas anexionistas, don Tomás Estrada Palma.

Esa enmienda Platt tuvo una gran oposición del pueblo, como de la Asamblea Constituyente de 1901, pero fue el precio que hubo que pagar para que los norteamericanos se fueran. La triple alianza norteamericana, española y autonomista, se quedó con las riquezas de la isla y después usaron ambiciosos y mediocres generales de segunda, de la Guerra de Independencia, que se alternaron en el gobierno de la República por veinte años, entre acciones amañadas, autoritarismo, pucherazos, corrupción y violencia, mientras que los verdaderos mambises fueron marginados, y si en la primera Guerra del 68, una burguesía iluminada y patriótica, la de Céspedes, Aguilera y Agramonte, desapareció, ocurrió lo mismo en la segunda Guerra de Independencia con la intelectualidad, los herederos de Martí, Sanguily, Juan Gualberto Gómez, la veteranía, los campesinos; el gran aporte de los negros fue trágico, pues no tuvieron ni siquiera tierra que cultivar en la patria en que habían nacido.

Los negros, grandes protagonistas en la lucha por la independencia, se habían unido a los blancos, en quizás el momento más extraordinario de nuestra historia, en la insurrección de La Demajagua. Amos, señores y esclavos tomaron el machete libertador, y si aquella guerra no terminó con una victoria cubana, tuvo algunas consecuencias extraordinarias. La abolición de la esclavitud, la unión de blancos y negros, es decir la creación de la cubanía y el espíritu de libertad y de independencia, que aquellos veteranos harían grande en la Guerra del 95. Antonio Maceo, José Maceo, Flor Crombet, Guillermo Moncada, Quintín Banderas, algunos entre los pocos que quedaron vivos, en la República fundarían el primer partido negro, que se llamaría Independientes de Color, como protesta por la discriminación que sufrían en la patria por cuya libertad pelearon y murieron por millares, y como los declararon ilegales se fueron a la manigua, en 1912. Mientras los alzamientos de los blancos que se alternaban según el gobernante de turno, unas veces José Miguel y otras veces Menocal o Mendieta, terminaban sin sangre y sin rendiciones, en aquella guerra no quedó ni un solo prisionero, fueron matados por miles, dando un golpe violento, no sólo al mundo negro, sino también a la cubanía; a partir de entonces los negros se apartarían de la vida política de la República, como si no fuera cosa de ellos, y en realidad no lo era.

La población negra comprendió la triste realidad: «Aquello era cosa de blancos». Se refugiaron en sus religiones, ceremonias, ritos, cultura, se arreglaron para estar por encima de miseria y dolor, con el ritmo, la alegría y la música, y fueron libres en cuerpo y espíritu, más allá de la dificultad de la realidad de un mundo que también debía pertenecerles, pero que no era suyo. Así, en aquella República, los cubanos debieron de hacer la primera huelga en 1902, porque no tenían derecho a trabajar como aprendices en fábricas y comercios, y entristecido don Manuel Sanguily, uno de nuestros grandes patriotas, con su coraje de siempre, temiendo otra intervención norteamericana, dijo a los huelguistas: «Terminen el paro». La revolución independentista pareció renacer al final de los años veinte y triunfar en 1933. Y cuando en solo ciento veinte días de gobierno cambiaron a Cuba, derogaron la enmienda Platt, decretaron leyes justas y humanas, favorables a los más humildes, renacer asesinado prontamente, por la triple alianza de Batista, el Ejército, el embajador norteamericano y los intereses creados, y otra vez palos, injusticias y dictadura por muchos años.

Así que cuando eufóricamente triunfó la democracia en 1944, aun si el proceso había comenzado en la Revolución del Treinta, con la República española, en el 36, la lucha antifascista y la guerra mundial, pareció una maravilla.

Pero la maravilla duró poco, sólo ocho años, y pese a los progresos sociales, económicos y de libertades alcanzados, bajo la dirección de aquellos dos gobiernos auténticos, la corrupción, el gansterismo, la desmoralización de sus jefes, la furia de sus opositores y una parte de la prensa, permitieron que otra vez desde la sombra, el ex coronel y entonces senador Fulgencio Batista regresara a Cuba y diera su último y trágico golpe militar, ante un país asombrado, que vio que como el presidente depuesto, sus ministros y hombres no oponían la más mínima resistencia. Como la clase política, la dirigencia sindical, las clases económicas, los profesionales y los comunistas no pasaban de palabras y declaraciones, ni le ofrecían apoyo concreto a la juventud universitaria, la única dispuesta a defender con su vida la constitución, la democracia y la libertad. Aquella clase política, aquella generación, que tantos heroicos luchadores había tenido y tantas grandes batallas dado, cansada y desmoralizada, como Chacumbele, ella mismita se mató.

Ninguna de estas razones justifica nuestra falta de confianza en la política. Política y democracia parecía que eran las dos caras de una misma moneda, si pienso que explican por qué nosotros vimos en la Revolución la continuidad del 95 y el 30, y la única solución posible, y no supimos distinguir la diferencia entre política y democracia, que no hay libertad sin democracia. Unido a que la dictadura de Batista, no se podía tumbar con votos, porque usaba la fuerza como único instrumento.

Debimos inventar una nueva política y una nueva democracia, algunos de nuestros compañeros así lo comprendieron, la mayoría de nosotros llevábamos una carga de injusticias dentro que nos hacía pensar sólo en la revolución, que idealizábamos y suponíamos humanista, contraria a los comunistas, en cuanto al terror, la violencia y la injusticia. Es una verdad que la trágica experiencia prueba que el mundo que nació de nuestra revolución, que destruyó aquel mundo viejo, es peor que él en todos sus aspectos. Pero no hay inocentes ni mansas palomas en aquel pasado, y si los monstruosos crímenes de la revolución no se absuelven por los crímenes del viejo mundo, nació éste porque aquel vientre estaba bien podrido.

Explicación, no justificación. Ellos no pueden vanagloriarse de su pasado, yo no pretendo disminuir la responsabilidad que nos toca por el presente. Sin la responsabilidad de unos, la complicidad de otros, la ausencia de tantos, para los cuales la política, la lucha en nuestra historia, es cosa de los otros y no de ellos, los que se lavaron las manos en la colonia, en la República, en la revolución; gente que saca la cabeza para aplaudir y gritar y apoyar incondicionalmente, cuando terminan los tiros y los riesgos. De no ser así, se afirma, no hubiésemos sido devorados por el monstruo.

Sí, sí, lo sé. Ellos debieron de crear sus instituciones, no desprestigiarlas, y nosotros debimos comprender que peor que todo aquello iba a ser un mundo sin instituciones ni leyes. Que lo que había fallado en la democracia no era el espíritu de ésta, su esencia, su fondo, ni forma, era la mala política, la mala prensa, la mala justicia, la iglesia pilatesca, las clases económicas que creaban riquezas, muchas veces con brutales injusticias, otras mediante el robo, la corrupción, el pillaje, como solía ocurrir en muchos latifundios del campo, donde imperaba la ley del más fuerte, el mayoral que sonaba el cuero, el guardia rural que daba palos y el teniente que golpeaba brutalmente a obreros y campesinos. Pienso que la revolución es confusión. ¿Cuál fue nuestra confusión? El no saber distinguir una Cuba de la otra, ni ésta de las tantas que coexistieron en nuestro país.

Vivíamos el priísmo. Se alternaban el relajo y la desmoralización. El héroe de la época era el que más robaba, y ya se sentía la voz ácida de Eduardo Chibás, fustigando a grito pelado el robo, el cinismo y la corrupción. Los gánsters políticos llenaban de tiros y de humo las calles de La Habana, con sus atentados peliculeros y sensacionales.

La desmoralización cundía y Batista, desde Estados Unidos, acariciaba la idea de regresar a su Columbia mediante discretos contactos con sus amigos militares y americanos.

El jaque mate al priísmo lo dio Eduardo Chibás, que al calor de una violenta discusión con el ministro Sánchez Arango, en que no pudo probar una verdad que todo el mundo sabía (que el gobierno auténtico era una banda de ladrones queriendo estremecer la conciencia del pueblo con un último acto), se disparó un tiro en una transmisión radial, llamada «el último aldabonazo».

Su agonía, su muerte y su entierro, gigantesco acto de masas, liquidaron el gobierno dando una segura victoria a la ortodoxia en las próximas elecciones.

Batista, electo senador en exilio, regresó y, sabiendo que no obtendría más del diez por ciento de los sufragios, aprovechó la desmoralización, el disgusto del Ejército por la impunidad de los atentados gansteriles y se puso a conspirar. Vivíamos impregnados de legalismo, ya nadie creía en la posibilidad de una nueva dictadura.

Y así una madrugada de marzo, por sorpresa y sin disparar un tiro, Batista entró en Columbia.

Fue el primer acto de una serie de acontecimientos que iban a cambiar la vida y la historia de Cuba y nuestras vidas.

El 10 de marzo de 1952 cambió mi vida, y cambió la vida de Cuba, la de todos los cubanos, la de los pocos que dijeron sí, como Baquero y Ortega, de los otros pocos que entonces dijimos no, y la de los casi todos, que sin aprobar y sin tener simpatías, no dijeron ni sí ni no.

3

LA DICTADURA DE BATISTA Y LA INSURRECCIÓN

LA UNIVERSIDAD DEL AIRE

El cuartelazo de Batista me dejó anonadado. Asistía a las protestas estudiantiles, iba a las protestas universitarias. Los políticos se limitaban a hacer declaraciones de condena, sin provocar reacción alguna.

Una semana después, con Emilio Martínez y Jorge Tallet, asistimos a la transmisión del programa de la Universidad del Aire por CMQ. El conferenciante del día era Raúl Roa, y en el curso de historia que radiaban desde hacía meses ese día tocaba el tema de la Revolución del 33. Al terminar su alocución, el locutor Cepero Brito pasaba el micrófono a los asistentes para que hicieran las preguntas pertinentes. Tomé el micrófono y le pregunté a Roa qué pensaba del asesinato en el Morrillo de Antonio Guiteras y su compañero Aponte, ordenado por Batista, el 8 de mayo de 1935. Roa, molesto, no pudo responder ni a mi pregunta ni a las de Martínez y Tallet. Al terminar la transmisión, Mañach, ilustre profesor, nos llamó y nos recriminó que pusiéramos en peligro las transmisiones de la Universidad y nos ofreció un turno para el curso posterior. Le dijimos que no queríamos su clausura, pero que lo más peligroso era la autocensura. La Universidad tenía un público prestigioso, pero limitado. A partir de aquel domingo los jóvenes descubrieron que era una tribuna libre. Se volvió muy popular y domingos después los esbirros de Batista la acabaron a palo limpio, hiriendo a Gustavo Arcos y posteriormente clausurándola.

Formamos entonces un grupo de gráficos, periodistas e intelectuales, conseguimos una vieja máquina impresora y un linotipo, y con algunos recursos económicos de amigos, alquilamos en la esquina del 8 y 19, en El Vedado, una residencia y pusimos allí una imprenta clandestina, camuflada con el nombre de Escuela de Artes Gráficas. Integraban el grupo el exilado de Trujillo el periodista Julio César Martínez, que era además un excelente impresor, Emilio Martínez Paula, linotipista, el redactor Jorge Tallet, estudiante de filosofía y otros amigos, mientras que yo dirigía el grupo. A finales de diciembre editamos el primer periódico, al que titulamos *Liberación*. Era el periódico clandestino más grande del mundo, porque la máquina sólo imprimía aquel tipo de formato.

Al editar el segundo número tuvimos problemas porque el grupo de Roa, del que Tallet había conseguido ayuda económica, quiso convertirnos en vocero de la Organización Auténtica y nos opusimos.

Esa circunstancia adversa nos obligó a trasladar los talleres para los sótanos de la Escuela de Derecho para imprimir *Alma Máter*, el periódico universitario que dirigía Manuel Carbonell. Allí nos ayudaron el sargento universitario Porfirio, veterano de la República española, después asesinado por Evaristo Venereo. En 1953, el estudiante Rubén Batista fue asesinado por la policía cuando participaba en una manifestación estudiantil. Su muerte produjo una reacción de protesta. Hicimos un periódico impresionante con el cintillo de Rubén Batista, primer mártir de la Revolución.

La Universidad de La Habana gozaba de autonomía y se convirtió en casa de la oposición a la dictadura. Allí íbamos los nuevos conspiradores, desde los que aprendían a manejar armas adiestrados por el estudiante Pedro Miret, al grupo de Fidel Castro y otros, mientras la Federación Estudiantil Universitaria preparaba manifestaciones que bajaban de la escalinata y eran disueltas a palos y tiros por la policía.

Allí se convocaban reuniones, como el de la firma de la derogada Constitución del 40, en cuyo solemne acto, con esa proverbial irreverencia cubana, un estudiante le gritó al ex ministro de Gobernación Norberto Díaz, que firmaba en ese instante: «¡Norberto, cómo has encarecido el palo!», provocando la risa de los asistentes. Norberto había perseguido la prostitución haciendo que las putas aumentaran sus tarifas.

Un día los profesores oposicionistas, Roa y otros, nos exigieron que nos lleváramos el taller impresor de los salones de la Escuela de Derecho, porque estábamos poniendo en peligro la autonomía universitaria, y tuvimos que sacar la máquina en un camión para esconderla en otro sitio, y así terminó esta primera aventura clandestina.

EL MONCADA

En la mañana del 27 de julio de 1953, llegué a Santiago de Cuba en compañía del camarógrafo Mario Ferrer, con el propósito de filmar para el Canal 2 la manifestación estudiantil de protesta que preparaban en la Universidad de Oriente Frank País y Nilsa y Vilma Espín, con los que estaba en contacto desde mayo de 1952, cuando la fundación del Movimiento Nacional Revolucionario de García Bárcena, en la Universidad de La Habana.

Sorprendido como todos con el ataque, Ferrer y yo, como periodistas, entramos al Moncada y fotografiamos los cadáveres tirados por el pavimento del cuartel de muchísimos jóvenes, algunos de los cuales conocía de las luchas en la Universidad de La Habana. Era un horror. En otra parte del cuartel estaban los féretros de una veintena de soldados muertos, cuyas madres, esposas e hijos gritaban y lloraban.

Era una carnicería horrorosa.

El ataque dirigido por Fidel Castro había ocurrido al amanecer del día anterior, el 26 de julio de 1953, por parte de más de un centenar de jóvenes habaneros, casi todos procedentes de la Juventud Ortodoxa y de la Universidad de La Habana, dividido en dos grupos, que atacaron los cuarteles en Santiago de Cuba y el de Bayamo. Los atacantes, vestidos con trajes de sargentos del Ejército, intentaban tomar el cuartel por sorpresa, al grito de: «el General, el General». El ataque fracasó después del tiroteo inicial, cuando Fidel Castro dio la orden de retirada.

El asesinato y tortura de los prisioneros fueron horribles, a Haydée Santamaría, una de las dos mujeres participantes en el ataque, le trajeron en una bandeja los ojos de su hermano Abel, segundo de Fidel Castro en el ataque, y los testículos de su novio, Boris Santa Coloma.

Los jóvenes muertos en combate fueron menos de una decena y los asesinados cerca de cien.

La sociedad santiaguera, sus clases vivas y la Iglesia reaccionaron ante los crímenes, reclamando de Batista y los militares el cese de los asesinatos. Fidel Castro, que había huido a la zona de la Gran Piedra después de esconder sus armas, fue detenido en compañía de Juan Almeida y Óscar Alcalde, por el teniente Sarría, masón como Alcalde, que evitó que los guardias lo asesinaran. La intervención del obispo Monseñor Pérez Serantes, con los jefes del cuartel, evitó que los mataran antes de ponerlos a disposición de los tribunales.

Durante el juicio, Castro denunció los crímenes de la dictadura. Condenado a quince años de prisión, junto a sus compañeros, fue enviado a la prisión de Isla de Pinos. Allí escribió LA HISTORIA ME ABSOLVERÁ, su famoso folleto, publicado por el curita Sergio González en una imprenta clandestina.

Sorprende la coincidencia del título con las mismas palabras de Hitler, reproducidas en el *Mein Kampf*. Castro debió de leerlas mientras ocurría la Guerra Civil española y se iniciaba la Segunda Guerra Mundial, en sus lecturas en el Colegio Jesuita de Belén, donde estudiaba en una época en que la Iglesia cubana, bajo la influencia de la española, estaba a favor de Franco y del fascismo. Allí Castro sufrió la influencia de los discursos de José Antonio Primo de Rivera y de Mussolini, cuya marcha sobre Roma le serviría de modelo en 1959, para su marcha de Santiago a La Habana. Sorprendente esta coincidencia de LA HISTORIA ME ABSOLVERÁ, entre Hitler y Castro.

El contenido del folleto era claramente reformista, proclamaba la restauración de la Constitución del 40, y de las leyes y poderes democráticos eliminados por la dictadura de Batista, y se convertiría en la ideología del naciente Movimiento 26 de Julio.

El asalto fue la respuesta al cuartelazo de Batista. De allí nació la estrategia de la lucha armada, la ideología del movimiento y la jefatura de Fidel. El acontecimiento cambió los destinos de Cuba y convirtió a Fidel Castro en el jefe indiscutible de la insurrección, primero, y de la revolución, después.

De los quince años de condena, Castro y sus compañeros, cumplieron sólo veinte meses, al ser amnistiados por Batista, después de una campaña nacional, el 15 de mayo de 1955.

El núcleo del Moncada, reforzado por algunas personalidades como Ernesto Guevara y Camilo Cienfuegos, cuando la expedición del Granma y en la sierra Maestra, con algunas figuras enviadas por la clandestinidad, fue convertido por Castro en protagonistas de la lucha.

La sangre derramada en el cuartel Moncada me hizo pensar en la peligrosidad del hombre que comenzaba su misión con un montón de cadáveres.

Pensé entonces que siempre estaría contra Batista, pero nunca con aquel hombre.

Los acontecimientos posteriores, la incorporación de jóvenes idealistas en las ciudades (Frank País, Daniel, Faustino Pérez y otros) y mis trabajos en la prensa clandestina me llevaron a ingresar en el Movimiento 26 de Julio y a aceptar a Fidel Castro como jefe.

Es verdad que toda la clandestinidad luchaba por equilibrar el poder del caudillo, creando instituciones democráticas, incluso el Directorio, segunda organización de lucha, que era definitivamente antifidelista, se vio obligada a sufrir como todos su jefatura. A mi regreso a La Habana, las filmaciones de aquel horror y los textos que preparé hicieron que Barletta, propietario del Canal 2, ordenara mi despido y la supresión de aquel reportaje.

El horror de aquel día no debí de olvidarlo nunca.

EL CANAL 2

El poeta Rodríguez Méndez, director de Telemundo, el noticiero del Canal 2, me contrató como reportero para que hiciera la sección diaria de reportaje fílmico, lo que me permitía conocer los más apartados rincones de Cuba, leer textos subversivos de nuestros poetas ya que la vagancia de los censores de prensa hacía que sólo leyeran los textos y no vieran las imágenes, de manera que podíamos fotografiar el Morrillo, símbolo del asesinato de Guiteras, donde había una estatua y decir el muerto está de pie. También podíamos filmar manifestaciones estudiantiles que descendían de las escalinatas universitarias y eran apaleadas por la policía. Fructuoso Rodríguez, asesinado más tarde en Humboldt 7, me decía: «Yo saco la manifestación y tú la filmas». Aparte del peligro de la policía, el camarógrafo Estorino debía estar allí en medio de los palos y los heridos. Los estudiantes sacaban peines y se sonreían ante las cámaras, con esa manía criolla de parecer bonitos.

Barletta, el italiano de origen fascista, propietario del Canal 2 y el periódico *El Mundo*, se puso de acuerdo con Batista y un día el Buró de Investigaciones se personó en el periódico, expulsó a su director Botifoll (y a otros redactores) y lo sustituyó por Carlos Lechuga. El cambio afectó también al noticiero y, naturalmente, a mi programa, y yo fui cesanteado.

José Luis Masó me dio un turno en Unión Radio, propiedad de Botifoll, pero no duré mucho allí. Era la época del gobierno progresista de Arbenz en Guatemala y yo tenía relaciones con el grupo poético y político de Saker Ti que dirigía Huber Alvarado, más tarde asesinado en aquel país.

En el aniversario de la Independencia de Guatemala, el delegado militar de aquel país ofreció una recepción a la que fui invitado. Al llegar allí, vi que estaban el coronel Ugalde Carrillo y otros militares batistianos; entonces dije al camarógrafo: «Tírale cámara alemana»—que en el argot quería decir simular que los filmaba sin hacerlo. El camarógrafo, cuando llegó a la mesa del coronel, lo saltó sin filmarlo, y éste enfurecido le exigió explicaciones. Su respuesta fue que lo hacía por orden mía, que era su jefe, señalando para donde yo estaba. Ugalde, medio borracho, a medio grito comenzó a insultarme, a lo que le respondí:

—Coronel usted se equivoca, éste no es un cuartel y usted y los suyos no son noticia.

Los diplomáticos intervinieron y finalmente tuve que salir de ahí en un carro de ellos, mientras que Ugalde gritaba:

—Deja que yo te agarre.

Años más tarde, preso en El Príncipe, en espera de una condena que me enviara a Isla de Pinos, cuya cárcel era dirigida por Ugalde, me preocupaba lo que pudiese ocurrir, pero finalmente salí en libertad. En agosto del 58, Ugalde dirigía uno de los destacamentos de la ofensiva donde Faustino Pérez y yo teníamos que entregar a los 253 prisioneros de la Batalla del Jigüe, pero el capitán que mandaba la guarnición de La Plata no sólo nos trató bien, sino que incluso negoció con Guevara su rendición al día siguiente.

MARZO, EL MES MÁS CRUEL; MARZO, EL MES MÁS BELLO

Eran los primeros días de marzo de 1954, la lucha contra Batista había bajado de tono después del ataque fidelista al Moncada, terminado con la aparente victoria de Batista y los asaltantes condenados a largas prisiones.

Se cocinaba el diálogo cívico a la sombra del viejo coronel mambí don Cosme Torriente, que presidía la prestigiosa sociedad Amigos de la República. Las garantías constitucionales restablecidas, los partidos volvían a sus declaraciones, esperanzados en que Batista, como en su pasada dictadura, volviera a la dictablanda, y de ésta a las elecciones. Para alejarme de La Habana, y de las conmemoraciones oficiales, de aquel desgraciado día, segundo aniversario del golpe del 52, invité a una joven amiga a un paseo por Matanzas. Era una trigueña bella y sensual, que conocía de hacía tiempo y que encontraba alguna que otra vez en conciertos, exposiciones de pintura, estrenos teatrales o reuniones de amigos. Aun si las actividades artísticas en el clima opresivo, poco propicio para la libertad del arte, disminuían. Me sentía atraído por Matanzas, sus puentes, aguas, ríos y valles, por sus poetas, el romántico Milanés; usé mucho sus poesías en un programa diario que tenía en el noticiero de *El Mundo* en televisión.

Los cubiches, con su exageración, llamaban a Matanzas «la Atenas de Cuba». Tenía algo de particular en su arquitectura y en su naturaleza, era como la ciudad tranquila, reposo del viajero que venía de Santiago, Camagüey, Santa Clara y La Habana y se detenía para reponerse de la calura del largo viaje, antes de llegar a la capital o de proseguir a Santiago, tomando en aquel café París, frente al parque, uno de los mejores helados de Cuba, y si era de anón, el más exquisito.

Aun si tantos cubanos prefieren la majestuosidad del valle de Viñales, en Pinar del Río, cantado en un bello poema de José Lezama Lima. Yo amo al Yumurí. No sé qué tienen las palmas, siempre me conmovieron, y Yumurí era un valle de palmares, que parecían alejarse y acercarse, con canto y vuelo de pájaros, que al amanecer y al atardecer volaban en inmensas bandadas en los últimos o primeros rayos de aquel sol cubano, que a esas horas suaves admitía mirarlo, fijamente, antes de que en mis ojos se quedaran las sombras de la noche.

Allí nació un amor, un amor que ha durado toda la vida, más fuerte y maravilloso que revoluciones, prisiones, guerras, desgracias y exilios. Era la única cosa que esperaba desde niño y no me equivocaba. Marzo es un mes que me trajo tantas cosas lindas como cosas malas. Malas: aquel 10 de marzo de 1952, cuando Batista dio el golpe, que cambió mi vida y la de mis compatriotas. Aquel 7 de marzo de 1957, no contado todavía, cuando los esbirros me detuvieron y torturaron en el Buró de Investigaciones, por una semana. Aquel 13 de marzo, de aquel mismo año 57, cuando en un acto de gran coraje, la guarida del Palacio Presidencial, donde vivía el tirano y sus hombres, fue atacada por el Directorio, aquél fue el día que más miedo han metido en mi vida, pues tuve que prepararme para morir, no una vez, sino varias, para terminar de madrugada, como quien salía de una pesadilla, en la prisión del Príncipe, que me pareció un paraíso.

Aquel marzo malo en lo colectivo contrastaba con el marzo bueno en lo personal, el 10 de marzo en que salí con Margot, el 11 de marzo del 56, dos años después, cuando nacería nuestro primer hijo, al que pusimos por nombre Carlos, quizás pensando que su padre iba a morir, no sé si recordando el abuelo patriota, que hablaba de Carlos Manuel de Céspedes, el guerrero y libertador de la Guerra de los Diez Años, o quizás por tradición familiar de ponerle el nombre del padre al primer varón. Carlos, por cierto, vino al mundo en la madrugada del 11, nuestros amigos y compañeros me felicitaban. «De nacer el 10, te hubieran regalado las canastillas», decían con humor, que se le regalaban a los niños aquel día en que festejaban el golpe y que hubiéramos rechazado con indignación. Años más tarde, en el 61, el año terrible de la Revolución, cuando ésta se volvía camisa de fuerza, nació nuestro segundo hijo, que quisimos llamar Sergio, como el famoso curita Sergio González, mi amigo, muerto en la clandestinidad, y que aquella de gran familia del periódico sugirió llamar Camilo, el héroe desaparecido (decían los griegos, buena suerte, desaparecer joven), cuando era todavía el Cristo rumbero de la Revolución. Salomónicamente le pusimos Camilo Sergio; la sonoridad del primer nombre hizo desaparecer al segundo.

El 29 de junio de 1954, Margot y yo nos casamos. El notario era el padre del simpático estudiante universitario Patachula, y entre los testigos estaba Masó y otros compañeros de Unión Radio, que no aparecieron allí ni en la fiesta que dimos por la gentil cortesía de la famosa barra de ron de Arrechabala.

Terminadas las vacaciones y la luna de miel, fui a reintegrarme a mi trabajo de redactor nocturno, pero se me informó que había sido despedido a causa de un comentario que había transmitido al cierre de la una de la mañana protestando por la invasión de Castillo Armas, apoyado por la CIA en Guatemala. Me sustituiría el joven Carlos Castañeda que nada tuvo que ver, del que fui amigo y admirador por su honestidad y capacidad periodística. Entonces me fui a trabajar a *Carteles*, donde era corrector y hacía reportajes sobre la tala de árboles y las actividades culturales.

Oh, marzo, enemigo mío; oh marzo, amigo mío. Aquel día, el décimo de los suyos, fue y es todavía el más maravilloso de mi vida, y sólo por él valió la pena haber nacido y vivido, y si bello fue el décimo, maravilloso fueron el onceno y diecinueve. Los frutos de aquel amor se volvieron vidas humanas, emoción maravillosa y tremenda, los hijos, tardíamente y de forma diferente, no menos bella, son los hijos de los hijos, y abueliar es volver a renacer, ¿verdad Nicolás, verdad Marión y Gustavo? ¡Quién me iba a decir que un día iba a tener nietos!

LA HABANA, TIERRA DE NADIE

En aquellos días del desembarco, que fue atrasado y fue más bien un naufragio, la situación era muy difícil. La Habana era tierra de nadie. Al menos, no la tierra del Movimiento 26 de Julio. Fidel Castro, por razones estratégicas, prefería la montaña, donde el enemigo era débil, pero olvidaba, con un error táctico, la importancia de la capital sobre la vida cubana. Fidel Castro nunca amó La Habana. Hijo de latifundista, no hombre de ciudad, prefería el fácil dominio del campo a los difíciles humores de los hombres de la ciudad.

El Directorio Revolucionario, la otra organización de la lucha contra Batista, era lo contrario. Su estrategia era golpear arriba, golpear en La Habana, y tenía sus razones. Matar al dictador, tomar el palacio y el poder, un acierto táctico y un error estratégico. Esa tesis sirvió para que Batista fuera derrotado, pero costó al Directorio el ser casi eliminado físicamente y su futura muerte política, pero sin ella, sin sus acciones en la capital, no hubiera habido victoria. La clandestinidad del Movimiento 26 de Julio, sus principales dirigentes creía que la sierra Maestra sería un foco, una vanguardia, no el primer escenario de la lucha; el autor de esa frase fue Armando Hart, que todavía anda por allá. Diferían del Directorio en que ampliaban su acción a toda la isla; el 26 era un movimiento nacional y el Directorio más capitalino y estudiantil. Pensaba como Frank País y Daniel. Creíamos que había que hacer una lucha simultánea en la ciudad y en los campos, que había que abrir muchos frentes guerrilleros, sabíamos que la ciudad era un cementerio de revolucionarios y no ignorábamos que el poder futuro estaría en mano de los ejércitos guerrilleros. Pensábamos así y tuvimos que hacer lo contrario. Frank País, que dirigía Oriente, no pudo desarrollar el Segundo Frente Oriental, por el creado, con cerca de mil escopeteros y tres buenas guerrillas. De haber podido enviar allí los refuerzos que envió a la sierra Maestra, para que no pereciera, hubiera sido el primer frente. Un frente tan importante que Fidel

Castro lo intervendría rápidamente, con cien hombres al mando de Raúl Castro, que eliminaría con sus guerrillas muchos de aquellos escopeteros, que los controlaría, y que lo haría después una fuerza de penetración del Partido Comunista, que sería decisiva después de la victoria.

A los muchos horrores cometidos, a veces se le quieren agregar otros. Entre ellos está el de acusar a Vilma Espín de entregar a Frank País. Estuve muchas veces en Santiago con Vilma y con Frank, y sé muy bien cómo pensaba Vilma entonces, cómo era una antifidelista, cómo cuidaba a Frank. Se ha dicho que Fidel Castro es responsable de la muerte de Frank País. La responsabilidad política es cierta, lo pudo mandar a buscar para la sierra Maestra cuando Frank le contaba en las cartas anteriores a su muerte la implacable persecución en Santiago, pero hay que decir que Frank, como casi todos los dirigentes clandestinos, se negó siempre a abandonar las ciudades, porque abandonarlas se pensaba que era una traición, es decir que esta decisión la tenía que tomar Frank, lo cual no excluye a Fidel Castro de la responsabilidad de no haber dado la orden.

Armando Hart y Haydée Santamaría se fueron para Santiago de Cuba, porque Hart, que tenía un instinto político, pensó bañarse en la gloria santiaguera del 30 de noviembre de 1956. Allí sólo estuvo acuartelado, no fue un combatiente, y de la misma manera otros dirigentes abandonaron la capital para unirse a Fidel en México, porque sabían que el yate Granma sería el de la gloria y no el de las difíciles derrotas clandestinas.

Una docena de luchadores clandestinos—me refiero a los pertenecientes al 26—enfrentamos la dictadura en La Habana en aquellos días, sin experiencia ni armas; había sólo una vieja ametralladora de mano, que se encasquillaba, y algún cartucho de dinamita, con el que hacíamos petardos bien primitivos. Teníamos conciencia de los peligros de la violencia, de que había que evitar el terrorismo, de que había que hacer sabotajes. Distinguíamos claramente entre sabotaje y terrorismo, sabotaje era una manera de golpear al enemigo, terrorismo era un acto indiscriminado que podía golpear inocentes. Y si se estudian los miles de actos de acciones, ocurridos en toda la isla durante los años de la lucha, se verá como hubo pocos accidentes y casi ninguna muerte debida a sabotajes de enorme importancia, y esto fue debido a la conciencia de que no se podía afectar a los inocentes. No solamente conciencia, era orden, Frank

País incluso condenó a la última pena a alguien que causó muertes de inocentes en un acto terrorista en Oriente.

Mi primer acto clandestino fue la colocación de un petardo en el registro de los teléfonos del campamento militar de Columbia, en la calle 25, casi frente al instituto de El Vedado en La Habana, la noche del 30 de noviembre de 1956, en que se suponía que el yate Granma y sus 82 expedicionarios desembarcarían en la costa de Oriente, cuando las milicias del 26 de Julio, mandadas por Frank País, atacarían los cuarteles de la ciudad de Santiago de Cuba. Iba acompañado de dos compañeros, uno de buena recordación, otro de triste, no teníamos armas; yo por lo que dije antes, los otros porque no las había.

Colocar aquel petardo imponente, como a las ocho de la noche en una calle como la 25, muy transitada, no parecía fácil. Levanté con trabajo la piedra de la tapa de la alcantarilla, uno hacía que el petardo quedara suspendido en el aire, el otro encendía su tabacón y daba candela a la no muy larga mecha. Cerramos la alcantarilla, mientras los automóviles pasaban veloces muy cerca de nosotros. La alcantarilla estaba en el medio de la calle. Sorprendidos y sin entender qué cosa era lo que hacíamos, teníamos que correr, antes de que estallara el petardo, que debía hacer que Columbia quedara incomunicada, pues por allí pasaban sus comunicaciones telefónicas. La primera cosa que hicimos por conciencia e instrucciones recibidas fue avisarle a todos los que estaban cerca. Había allí mucha gente en los banquillos de un parque, conversando, dándose mates amorosos. «A correr, que hay una bomba». Y se formó el corre-corre. Mientras gritábamos «¡Abajo Batista!», desaparecíamos. Fui a esconderme muy cerca de la casa de mi prima Lilia Montero, casada con el doctor Alberto Santamarina, y allí con ansiedad esperé el estruendo del bombazo que nunca oí.

Años más tarde, después de la victoria, en *Revolución*, allá por el 61, oímos por la radio de la policía que estaban extrayendo un gran petardo en la famosa alcantarilla de la calle 25, que se decía habían puesto allí agentes contrarrevolucionarios. Con gran risa, llamé al comandante Amejeiras y le conté lo ocurrido con el famoso petardo, puesto por nosotros el 30 de noviembre de 1956, que nunca estalló. Fue aquel silencioso sabotaje uno de los tantos no ocurridos en aquellos días de nuestras primeras experiencias de sabotaje. No pertenecía a esa sección, que dirigía entonces Aldo Vera; si me uní en aquellos días fue porque éramos tan pocos que teníamos que darnos una mano. Mi responsabilidad era la sección de propaganda, específicamente el periódico clandestino *Revolución*.

En aquellos días difíciles, la *Prensa Unida* dio la noticia de la muerte de Fidel Castro, de la que se le hicieron eco los medios periodísticos. Se sabía que la expedición del Granma, su desembarco, era un naufragio, Alegría del Pío una gran desbandada. Estábamos en busca de información, pensábamos que no era cierto lo de la muerte de Fidel Castro, como después se comprobaría, para preparar la primera edición clandestina de *Revolución*.

Lo anónimo tiene una cierta belleza y una cierta complicidad. Siempre amé lo anónimo, creo que la cosa más bella del mundo sería escribir un poema sobre un muro, para ser leído por los otros. Vivíamos entonces un anonimato absoluto, que de alguna manera nos protegía de la furia enemiga, pero que más tarde nos iba a aniquilar ante la furia amiga. Algo que recordaría en una discusión con un ministro analfabeto, José Llanuza, allá por el año 67, que pretendía suprimir de los libros los nombres de los autores. En algunos casos lo consiguió. La más importante científica cubana de esa época, Isabel Pérez Farfante, que había creado en La Habana un laboratorio de biología marina, donde hacía experimentos, tuvo que abandonar el laboratorio por las interferencias políticas en 1960, para irse a trabajar al Museo Smithsoniano de Washington, después de pasar por Harvard y hacer allí más grandes experiencias sobre camarones, en cuanto a la parte científica de las especies, como en la económica, para crear colonias de camarones, que han servido para que muchos países hicieran grandes colonias que rinden una gran producción, y grandes resultados económicos, incluidos los rusos. Víctima, su gran libro de biología marina sigue circulando en Cuba, pero su nombre desapareció. En aquella época querían hacerlo con todos. Recuerdo que le contesté al ministro que estaba de acuerdo. Si antes suprimía los nombres de los ministros y los comandantes, no veía por qué un mundo anónimo en la cultura y un mundo público en la política.

Mi segundo sabotaje fue parecido al primero. Un día el Movimiento acordó quemar los principales comercios de La Habana. A la hora convenida, las tres de la tarde, Enrique Oltuski y Enrique Hart me entregaron un pomo de cristal, que contenía fósforo vivo; al sacarlo del líquido, al contacto con el aire, producía fuego. Un plan ambicioso y fácil, cada uno de nosotros quemaría la tienda escogida a esa hora, unos irían al Encanto, otros irían a Fin de Siglo. A mí me tocó Sears, que estaba frente a la plaza de la Fraternidad, en la esquina de Reina, mientras mis otros compañeros lo hacían en las otras tiendas habaneras. Era un sábado, la concurrencia era extraordinaria, el sabotaje debía provocar un fuego que arrasaría las tiendas, sin mayores peligros para las personas, el fósforo demoraba un cierto tiempo y permitía que el público y los empleados pudiesen abandonarlas. Entré en Sears, me dirigí adonde estaban los trajes, pensé que era aquél el punto vulnerable, tomaría varios trajes, simulando que quería comprar uno, y en el probador metería en los bolsillos suficiente fósforo vivo como para que al contacto con el aire, se produjera la candela. Pero me encontré con uno de esos vendedores insistentes que no sueltan prenda, y que no me dejaba ni un minuto, mientras me probaba el desgraciado traje; los minutos pasaban y me ponía nervioso, pensando que las otras tiendas ya estarían ardiendo, lo que podía dificultar mi sabotaje, hacerlo peligroso. Pedí más trajes y, cuando el vendedor fue a buscarlos, comencé a meter fósforo vivo por todas partes. Era diciembre, había un golpe de frío, un nortazo, llevaba camisa de lana, una suerte. No sé cómo una chispa del maldito fósforo vivo me cayó en el bolsillo ardiendo, y ya me estaba quemando cuando iba por la mitad de la tienda, me la pude arrancar de un tirón. Salí presurosamente de Sears, caminé hacia el Capitolio, pronto vi con alegría carros de bomberos que se dirigían hacia diferentes parajes de la ciudad. Me extrañaba que las llamas de candela imponentes no se vieran. Pasaron los minutos y no ocurrió nada, ni nada ocurriría. Si hubiésemos metido el fósforo vivo que teníamos en una sola tienda la hubiésemos quemado seguro; al ir a varias tiendas, el fuego fue dominado por empleados y bomberos, y no produjo más que cierto susto y comentarios, no lo que nosotros buscábamos. La bola de que habían querido quemar las más populares tiendas de La Habana, dada por Radio Bemba y algún que otro, tuvo al menos el efecto de que el 26 actuaba. Fue un bien. De haber tenido éxito, hubiésemos acabado con tres tiendas muy simpáticas.

Los sabotajes fueron muchos, algunos muy eficaces cuando ya meses después se adquirió la experiencia, fueron más selectivos, como el de Suárez 222, en el mes de mayo del 57, que paralizó La Habana por tres días, los fuegos en los cañaverales, las cadenas sobre los tendidos eléctricos, que producían apagones, que dejaban pueblos, barrios y ciudades sin luz, que paralizaban las fábricas. El de Suárez 222 fue un sabotaje de gran precisión y eficacia, que a mí me tocó festejar en la prisión del Castillo del Príncipe, donde había caído junto con el grupo de *Revolución*, en marzo del 57. La sección clandestina del 26, en la compañía de electricidad, informó al Movimiento, a través del ingeniero Federico Bellyot, que en un lugar de la calle Suárez 222, en el corazón del popular barrio de Jesús María, barrio de congas, toques, comparsas y pachanga, pasaban los principales conductos de la compañía de electricidad, cuya planta de Tallapiedra estaba cercana. En la esquina de Consulado, a un costado del Capitolio, había una popular barbería, famosa por sus cortes de pelo y por sus teñidos bigotes entrecanos, entre los que estaban en una época los del depuesto presidente Prío. Su propietario, mi barbero y mi amigo, era dueño de una casita en Suárez 222, que los de Acción y Sabotaje supieron que no estaba ocupada y la alquilaron, y desde allí durante semanas cavaron un túnel subterráneo hacia la calle, por donde pasaban las grandes conductoras, y allí, en mayo del 57, una noche, metieron una enorme bomba que arrasó con todo, dejó la ciudad sin luz por varios días, causó pérdidas económicas enormes, protestas, y ridiculizó a la policía de Batista, con una enorme repercusión en toda la capital, pues ocurrió en un momento en que no estaban suspendidas las garantías constitucionales. Todos los periódicos y las radios informaron con detalle de aquel primer gran sabotaje del 26 en la capital, realizado por pocos hombres, a costa de un mínimo esfuerzo y sin víctimas, que coincidió con el ataque a Uvero, que fue la primera acción de una cierta importancia dada por Fidel Castro y treinta guerrilleros, en el ataque y toma de aquel cuartel, en la costa sur de la sierra Maestra. Centenares de presos que estábamos en el Castillo del Príncipe festejamos el bombazo, que dejó a oscuras la ciudad y también la prisión, que fue rodeada enseguida por el miedo del régimen, que esperaba ataques después del apagón. Lo más divertido fue que a los pocos presos comunistas que allí había, cinco o seis, los dirigentes obreros Urtimio Rojas, Rafael de Armas y Villalonga, que discutían con nosotros con razones políticas y marxistas que el sabotaje, la guerrilla y la lucha armada hacían juego a la dictadura, que sólo la lucha de masa era eficaz, aquella noche, como decía un discutidor, les brillaban los ojos y festejaron el bombazo de Suárez 222 con nosotros. Disciplinados, seguían las órdenes del partido, pero en sus corazoncitos sabían que aquél era el único método eficaz de lucha.

Viví en la lucha revolucionaria dos experiencias que me traumatizaron. Se podía dominar y humanizar la violencia. La primera fue en la clandestinidad, aquella conciencia del valor de la vida, de preocuparse para que el sabotaje no hiciera víctimas, de pensar en el pueblo, en los otros, humanismo de arriesgar la propia vida para salvar la vida de los otros, hacía tener esperanza y confianza en quienes, a riesgo de su vida, tenían un tal sentido de la ética; experiencia que se repetiría en la Sierra, cuando al llegar allí, vi que por orden estricta de Fidel Castro los rebeldes trataban con humanismo a los prisioneros y curaban a los heridos enemigos, respetaban a los campesinos, a sus mujeres y a la población civil, hacían una guerra que parecía cosa de otro mundo, que te llenaba de esperanza y de fe en la Revolución. No podía imaginar entonces que la estrategia de Fidel Castro no era un principio, era una táctica para convencer y vencer al enemigo, como así ocurrió.

He contado en otro lugar cómo en la guerra me negué a ser un militar, por razones políticas, de conflictos con el militarismo y con el caudillismo de Fidel Castro, y por razones humanas, no quería matar. Dije que iría al lugar de peligro, al lugar de combate, con el miedo que todos sentimos, iría allí, pero sólo con un altoparlante, a dirigir la palabra para convencer al enemigo de rendirse, cosa que hice muchas veces y que tuvo una gran eficacia. Me negué a que me diesen grados de comandante, comportamiento que no agradó a Fidel Castro, que aceptó mi trabajo en la radio, y en estos combates fui eficaz, como él reconoce con sus palabras de entonces, que años más tarde trataría de negar, como siempre ocurre con sus adversarios, que fueron buenos cuando estaban con él, pero que no servían cuando disintieron de él. Es una pregunta sin respuesta, esa de por qué una lucha hecha con tanto humanismo se vuelve tan violenta, tan cruenta y tan despiadada, una vez tomado el poder, por qué su jefe consiguió envolvernos, a muchos de sus compañeros y a una gran parte de la población, en esa implacable e innecesaria justicia revolucionaria.

LA PRISIÓN

El 6 de marzo la policía detuvo en el café de Ernesto Vera, Águila y San Lázaro, al grupo responsable de la propaganda. Más tarde asaltaron el taller clandestino de *Revolución*. La persecución era muy intensa, y después de la detención del grupo de Quinta y A, yo había tomado medidas especiales. Un gánster devenido chivato, introducido en el Movimiento, conducía los esbirros en todos los sitios conocidos de la ciudad. Una vez más tuve suerte y agilidad al encontrármelo en un lugar acompañado de varios agentes y, antes de que reaccionara, le dije que esa tarde a las tres teníamos una reunión nacional en la puerta del cementerio de La Habana y que estaba citando a todos. Pensando pescarnos juntos me dejó escapar. A esa hora la policía hizo un despliegue gigantesco en el cementerio, sin encontrar a nadie, naturalmente.

Me mudé y no di mi nueva dirección ni a la familia ni a nadie del Movimiento. Los contactos los hacía en la calle y todos los días en direcciones distintas.

Ese día Vera no asistió a ninguna de las dos citas. Cheché Alfonso y yo buscábamos aquel día una nueva casa para el periódico. Por la noche la radio dio la noticia de la ocupación del taller del periódico y de la detención de Vera y los otros. No me enteré. Los compañeros de *Carteles* trataron de avisarme, pero no sabían mi dirección; yo tranquilamente fui con mi mujer a una clínica y a ver una película de Burt Lancaster.

De otra parte, era la primera vez que vivía en una casa segura. A las tres de la madrugada los carros policíacos con un gran despliegue rodearon la manzana y asaltaron el apartamento donde vivía. La cerradura de la puerta se trabó y la policía estuvo a punto de disparar las ametralladoras con riesgo para mi familia. Cuando finalmente pude abrir y los esbirros vieron que estaba solo y desarmado, perdieron el nerviosismo y comenzaron las bravuconadas.

Al bajar la escalera, mi madre quiso decirles que era un hombre bueno y entendieron que era un hombre. Allí mismo empezaron los golpes. Al salir a la calle, hubo una discusión entre dos carros que se disputaban quién me llevaba.

Cuando en uno de ellos vi al sargento Calzadilla, el mismo que me había introducido en el cuartel Moncada en diciembre, pasé uno de los sustos más grandes de mi vida—y han sido muchos, como muchas las cosas en que he tenido que participar y muchos más los miedos aguantados—. Pensé que aquel hombre no me dejaría llegar vivo a los cuerpos policíacos. Pero los ocupantes de la otra máquina, los célebres torturadores del Buró de Investigaciones, Sarmiento y Bencomo, eran los jefes de la operación y me metieron a empujones en su máquina.

Me condujeron al Buró de Investigaciones, y allí los coroneles Faget y Piedra me mostraron los cuatro detenidos, la multilith y el material de impresión, los periódicos, etc.

Me dijeron que yo era el jefe y que sabía muchas cosas. Les contesté que sí que era el jefe, y el último, y que ya tenían todo en sus manos.

Fueron unos días muy duros. La policía sabía que era el director del periódico, responsable de propaganda y miembro de la dirección del 26. Siguiendo la táctica nuestra, me limitaba a decir que mis contactos eran los Hart, presos en el Castillo del Príncipe y fuera de la jurisdicción policíaca, y otros compañeros que estaban en la sierra Maestra.

Descubrí que los golpes muy fuertes insensibilizan al dolor y el cuerpo parece de otro. Pero Faget era un técnico de la tortura, un científico de la escuela norteamericana: golpes continuados en la cabeza, sin huellas, con un dolor y una tensión tremenda. A mi inveterada mala memoria se unió en aquellos días una amnesia inconsciente casi total. Tuve la suerte de parar la cadena de detenciones y no decir nada.

Corrí horas peligrosas como si me resignara a morir. No reaccionaba. Ocurrían cosas absurdas. Alguien había declarado que yo tenía un camión de dinamita escondido y la policía quería saber dónde estaba. Sólo que el camión no había existido nunca, era sólo un proyecto de asaltar una mina, para el que yo debía buscar una casa y que no se había realizado.

Otra cosa eran las fotos de Fidel y Matthews en la sierra que yo había dado a Miguel Quevedo y que debían salir en *Bohemia* por aquellos días. Y salieron.

No sé cuánto tiempo había pasado casi inconsciente por los golpes. Los torturadores gritaban que no los mirara de aquella manera—con el miedo que yo tenía no sé qué veían esta gente en mis ojos—, cuando el cerebro me comenzó a funcionar.

Calculé que debía resistir hasta las diez de la mañana de ese día que era un sábado y en medio de un pase simular que se me escapaba la dirección del camión fantasma de dinamita: la revista *Carteles*, que tenía casi una cuadra. Hacer después un teatro llorando de que no quería ir, proponiéndoles al mismo tiempo un plan complicadísimo y hacer así que me llevaran, me vieran mis compañeros periodistas y dieran la alarma. Y así fue. Me llevaron a *Carteles* y yo los llevé al medio de la redacción y les señalé una máquina de escribir donde se suponía que estaba el camión.

La gente temblaba pues pensaron que, si hablaba, la célula completa de allí caería presa. Y mi silencio me lo retribuyeron como verdaderos compañeros, haciendo mi trabajo durante casi dos años y manteniendo mi familia durante la clandestinidad.

Tuve allí una maravillosa oportunidad de escaparme mientras el esbirro Bencomo me llevaba a la corrección de pruebas que daba a la azotea. Yo usaba un pesado plomo para que los papeles no se volaran. Con un plomazo en la cabeza podía quitarle la ametralladora y escapar. Pero aquel día el plomo no estaba y mis fuerzas eran tan pocas que no podía levantar ni los brazos. Regresamos al Buró de Investigaciones donde Faget, furioso, me dijo que le había tomado el pelo, que ya los periodistas me habían visto y la noticia había salido por los cables. Pero que me preparara. Jorge Quintana, decano de los periodistas, movilizó a todo el mundo, incluida la Sociedad Interamericana de Prensa, y así salvé la vida.

EL TESTAMENTO DE JOSÉ ANTONIO ECHEVARRÍA

¡Pueblo de Cuba! Hoy, 13 de marzo de 1957,[1] día en que se honra a los que han entregado sus vidas a la digna profesión de arquitecto, para la que me preparo, a las tres y veinte minutos de la tarde, participaré en una acción en la que el Directorio Revolucionario ha empeñado todo su esfuerzo junto con otros grupos que también luchan por la libertad.

Esta acción envuelve grandes riesgos para todos nosotros y lo sabemos. No desconozco el peligro. No lo busco. Pero tampoco lo rehúyo. Trato sencillamente de cumplir con mi deber.

Nuestro compromiso con el pueblo de Cuba quedó fijado en la *Carta de México*, que unió a la juventud en una conducta y una actuación. Pero las circunstancias necesarias para que la parte estudiantil realizara el papel a ella asignado no se dieron oportunamente, obligándonos a aplazar el cumplimiento de nuestro compromiso. Creemos que ha llegado el momento de cumplirlo. Confiamos en que la pureza de nuestra intención nos traiga el favor de Dios para lograr el imperio de la justicia en nuestra patria.

Si caemos, que nuestra sangre señale el camino de la libertad. Porque,

---

1. José Antonio Echevarría murió el mismo 13 de marzo en un encuentro con una patrulla policíaca cerca de la Universidad de La Habana.

tenga o no nuestra acción el éxito que esperamos, la conmoción que originará nos hará adelantar en la senda del triunfo.

Pero es la acción del pueblo la que será decisiva para alcanzarlo. Por eso, este manifiesto que pudiera llegar a ser un testamento, exhorta al pueblo de Cuba a la resistencia cívica, al retraimiento de cuanto pudiera significar un apoyo a la dictadura que nos oprime y a la ayuda eficaz de los que están sobre las armas para libertarlo. Para ello es preciso mantener viva la fe en la lucha revolucionaria aunque perezcamos todos los líderes, ya que nunca faltarán hombres decididos y capaces que ocupen nuestros puestos, pues, como dijera el Apóstol, «cuando no hubiera hombres se levantarían las piedras» para luchar por la libertad de nuestra patria.

A nuestros compañeros, los estudiantes de toda Cuba, les pedimos que se organicen, ya que ellos constituyen la vanguardia de nuestra lucha, y a las Fuerzas Armadas que recuerden que su misión es defender a la patria, no someter a hermanos, y que su puesto es el del Ejército mambí, que peleaba «POR LA LIBERTAD DE CUBA», como terminan todos sus escritos.

¡Viva Cuba libre!

Firmado: José Antonio Echevarría,
La Habana, 13 de marzo de 1957
Diario de la Revolución Cubana, pp. 229-230

EL 13 DE MARZO EN LA PRISIÓN

La tarde del 13 de marzo nos sacaron al patio del Buró. Vimos varios carros. Un agente, llamado Pistolita, gritaba: «¡Están atacando Palacio!». La confusión era enorme. La policía, enloquecida, quería asesinar a los prisioneros. El comandante Medina ordenó situar hombres con ametralladoras delante de nuestras celdas y esperar a que el Buró fuera atacado. De pronto alguien gritó: «¡Han matado a Batista!». El pánico policíaco era enorme, mayor aun que el nuestro. De momento aquel grito nos había salvado. Había sido Luis Gómez Wangüemert, que en medio del combate, mientras entraba en el despacho de Batista, al sonar el teléfono, respondió: «Aquí Directorio, Batista ha muerto», sembrando el pánico en los cuerpos policíacos.

Los torturadores corrían de un lado a otro, no obedecían la voz de los jefes y se negaban a ir a combatir a Palacio.

Un marihuanero llevaba varios días preso delante de mi celda y me saludaba cuando lo llevaban al pase, diciendo: «A mí me dan, pero yo el pito no lo dejo porque es muy sabroso». Y yo respondía: «Tú eres un marihuanero de convicción». Lo metieron en mi celda mientras el comandante le decía: «Marihuanero, cabrón, te jodiste, crees que te voy a dejar de testigo». Mientras el marihuanero, vuelto hacia la pared y arrodillado, juraba: «Si quedo vivo de ésta, no me fumo un pito de marihuana más mientras Batista esté en el gobierno o haya revolución».

Los jefes habían obligado a los agentes a tomar los carros e ir hacia Palacio. Éstos para no pelear detenían a quien encontraban por la calle. Decenas de personas inocentes que no sabían lo que estaba pasando, algunos detenidos en sus propias casas, colmaron en minutos la celdas. Estaban espantados.

Poco más tarde nos dimos cuenta de que el ataque había fracasado. Los esbirros habían vuelto a la bravuconería. Sedientos de sangre y acobardados, querían asesinar a los prisioneros. Pero el comandante Medina lo evitó.

Fueron horas muy inciertas, la noche particularmente difícil. Piedra y Faget mandaron que me condujeran a su despacho mientras los esbirros, incluido Bocanegra, un sargento de mi pueblo que personalmente no se había portado mal conmigo, me decían que mi situación se había agravado. Allí estaba la plana mayor del Buró.

Faget me dijo que, por no haber hablado, habían asaltado Palacio y que yo era el responsable de los muertos y de lo ocurrido. Alegué mi ignorancia y las palabras de Fidel contrarias al tiranicidio, agregando en voz baja que ya les había expresado antes que era un combatiente sin odio, sin ningunas ganas de morirme y con miedo a la muerte, pero preparado para morir porque ése era el riesgo de la lucha y de mis ideales de libertad, y que si por eso querían matarme que no les iba a pedir clemencia, pero que del asalto a Palacio no sabía nada.

Entonces Faget me dijo que cómo explicaba mi reunión con Norberto Hernández la noche de mi detención, en la Clínica Pasteur, de Santos Suárez. (Norberto Hernández era un amigo mío, veterano de la guerra de España, que había conocido en 1947, en la expedición antitrujillista de cayo Confites; enemigo de Batista, había propuesto a Fidel por mi conducto, en julio de 1956, un atentado a Batista, que a Fidel no le interesó.) Supuse enseguida que Norberto había participado en Palacio y me di cuenta de la gravedad de la pregunta de Faget. Yo no sabía absolutamente nada del asalto a Palacio, pero objetivamente la policía no podía creerlo.

Respondí a Faget que había estado en la clínica a visitar un enfermo, que había saludado al salir a dos o tres personas que estaban en el pasillo sin detenerme y que si él tenía una información tan exacta sabría que había sido así.

Faget, irónicamente, replicó:

—Y en cayo Confites, ¿tampoco conociste a Norberto Hernández, a Carlos Gutiérrez Menoyo y a Luis Gómez Wangüemert?

Información ofrecida por Miguel González, un conocido que escribía versos, miembro del Buró.

Allí había mil quinientas personas y era imposible conocerlas a todas. Entonces Faget extrajo una fotografía y me dijo:

—¿Lo conoces o no?

—Pero si es el portero del cine Niza, que toda La Habana conoce de vista.

Y ciertamente estaba aquella noche en la clínica y nos saludamos, pero no conversamos.

—Coronel, ¿cómo es que si ustedes me estaban siguiendo aquella noche, para encontrar mi casa seis horas más tarde tuvieron que torturar al chófer particular que hizo la mudanza? ¿Cómo es que si seguían a este señor, se les escapara y participara en el ataque a Palacio, como ustedes dicen? No me culpe a mí por el ataque a Palacio, culpe a la policía por su ineficacia. Si mi responsabilidad es moral por combatir al régimen, yo me responsabilizo con todo lo que pase en Cuba y, entonces, soy culpable. Soy un prisionero impotente y no puedo evitar que ustedes me asesinen. El consuelo que me queda es que sabré entonces que ustedes tienen más miedo que yo. Y esta vez, mi muerte no se la podrán echar a Ventura.

En ese momento vi pasar a varios presos ensangrentados, torturados terriblemente, mientras Piedra y Faget salían.

El comandante Medina que por la tarde había evitado que nos mataran, me condujo de nuevo a la celda, diciéndome por las escaleras:

—Dentro de un rato te vamos a matar, pero antes no te vamos a dejar un pedazo del cuerpo sin romper. Y no había ninguna razón para dudarlo.

Más tarde sentí decir que habían matado al líder político ortodoxo Pelayo Cuervo Navarro. Pensé que era una bravuconada para asustarnos y que habláramos. Parecía imposible que fuera verdad, pero lo era. Así estaban de enloquecidos y asustados Batista y sus sicarios después del asalto a Palacio.

A las tres de la mañana me sacaron de la celda. Me llevaron al patio donde había unos carros preparados. Trajeron a los otros cuatro compañeros presos de *Revolución*, que con una cierta satisfacción me dijeron que nos llevaban para el Castillo del Príncipe, prisión bajo control de los tribunales para presos en espera de juicio, donde los cuerpos represivos no podían intervenir y que llamaban «el Paraíso».

El día anterior me habían llevado una declaración de culpabilidad para que firmara antes de ficharme, a lo que me había negado. Y por lo tanto, no me habían fotografiado ni tomado las huellas digitales.

Pregunté a los compañeros si los habían fichado. Me dijeron que no, y todos nos miramos sabiendo lo que aquello significaba. Los carros celulares salieron del Buró y, en vez de dirigirse al Castillo del Príncipe, fueron hacia el bosque de La Habana y el río Almendares. La noche del asalto a Palacio, por aquellos lugares y sin ficharnos. No había ninguna duda.

Con una voz que no me parecía mía incité a los compañeros a afrontar la muerte gritando: «¡Viva la Revolución! ¡Viva el 26 de julio!».

Dentro de mí pensaba que no quería morir; sí, pensaba en tantas cosas, incluso en algunas absurdas; recordaba la película de Chaplin y aquella estatua descubierta. Sólo que yo no estaría allí para tirar una trompetilla. Siempre tuve horror de las estatuas y de los discursos que pensaba que pronunciarían mañana gente cínica. Por aquella época la esperanza de una revolución radical como yo quería era inimaginable. Mi voz de aliento a los demás compañeros no me sonaba mía. Exteriormente estaba preparado para morir. Interiormente no. Con los otros podía pelear con la voz. Conmigo sabía que con nada.

A orillas del río Almendares, los carros se pararon. Yo tenía mi plan. En el instante que abrieran la puerta me tiraría hacia los farallones del río, gritando «¡Viva la Revolución!». No pensaba escapar. Sólo en morir de un balazo y no torturado.

Las microondas se comunicaban. Recibían órdenes. Arrancaron otra vez. Volvieron a pararse. Y así varias veces. Hubo otra comunicación y los carros partieron a toda velocidad. Regresamos a la calle 23 y tomamos rumbo al Castillo del Príncipe. Minutos después estábamos subiendo a pie las escalinatas del Castillo.

Pensaba que nos dispararían de un instante a otro para decir después que habíamos intentado fugarnos. Sólo así me explicaba aquel traslado precipitado, aquella noche y sin fichar. Sentía la muerte en la espalda.

Se abrieron las rejas. Segundos después nos introducían en una de las largas galeras del Príncipe, donde encontramos a numerosos compañeros detenidos.

Entre ellos, Alberto Mora, dirigente del Directorio, que días antes del asalto a Palacio, preso con su padre Menelao, había luchado con la policía para que su padre pudiera escapar.

Y ahora Alberto estaba vivo y Menelao estaba muerto. Creo que aquél ha sido el día más largo de mi vida. Tuve que prepararme seis veces para morir. Tenía calor, olor y sensación de muerte en todo mi cuerpo.

LA PRISIÓN DE CASTILLO DEL PRÍNCIPE

La prisión del Príncipe era casi una fiesta. Los detenidos que estábamos en espera de juicio quedábamos bajo la jurisdicción de los tribunales; los cuerpos represivos no podían intervenir y la guarnición militar de custodia gozaba de autonomía.

Encontré allí a más de cien compañeros presos: Faustino Pérez y Armando Hart, dirigentes del Movimiento, el médico Ventura y Alberto Mora del Directorio, Panchito Miralles de Acción y Sabotaje, Aguilera, dirigente bancario, y Vicente Báez, entre otros.

Hubo entonces dos huelgas: la de los bancarios y la de los electos. Los presos políticos estábamos todos juntos en una inmensa nave, separados de los comunes, que eran cerca de dos mil, el ochenta por ciento negros.

Teníamos visitas diarias. Margot venía con Carlitos, que tenía un año, y me traía la comida del día, desde allí Faustino, Hart y nosotros dirigíamos el movimiento a través de compañeros de la clandestinidad que no estaban quemados.

Todas las semanas nos ponían en fila y nos llevaban al Tribunal de Urgencia, donde los juicios eran suspendidos una y otra vez, y así los jueces evitaban condenarnos.

Al pasar en las jaulas con las que nos conducían, veíamos la gente por las calles. Eso nos producía un cierto efecto que nos hacía comprender el valor de la libertad. Nos poníamos unos brazaletes negros de luto y a veces forcejeábamos con los guardias que intentaban quitárnoslos. En la audiencia improvisábamos el «Himno Nacional», y los chuscos decían que los jueces, horrorizados por lo mal que cantábamos, nos devolvían al Príncipe. El Príncipe era un viejo castillo español menos tétrico que el Morro de La Cabaña. Hacía efecto ver en la noche, límpido, cubierto de estrellas, el cielo habanero. Pues, los presos ocupábamos nuestro tiempo en hacer juicios a Batista que dejaban sorprendidos a los guardias. A veces jugábamos a un béisbol imaginario y surrealista, sin pelota, más bien artístico, donde había un referee el famoso Umpire Maestri, que estaba allí como dirigente eléctrico y que cantaba bolas y strikes ante el asombro de los guardianes. Había dos o tres presos comunistas, el chino rojo, dirigente obrero y otros, que predicaban como en el partido una especie de lucha de masas y que nos acusaban por los sabotajes y la guerrilla, que calificaban de putchista y de hacerle el juego a Batista. La famosa noche en que Sergio González, el curita, sus hombres y grupos pusieron cien petardos metidos en pomos de leche que estallaron a las tres de la madrugada, en casi todas las cuadras de La Habana, sin causar daños, el Ejército rodeó el Príncipe y se creó una cierta tensión que duró horas. Entonces, con su humor negro, Panchito Miralles organizó entre bromas y risas una bolsa de valores sobre sólidos y líquidos, según el ruido de la descarga en los inodoros. Producía cierto efecto la llegada cada día de nuevos presos con sus cuerpos magullados y golpeados en los centros de tortura, huellas que unos días después desaparecían. Desde allí escribíamos y recibíamos correspondencia de Frank País, líder del 26, que nos informaba sobre la lucha clandestina.

Era aquél un perfecto centro de conspiración sin los peligros de la calle. El primero de mayo de 1957 lo celebramos junto a los presos comunes, unos dos mil. Me designaron para hacer la arenga. Los políticos éramos unos cien. Sólo había unos cuatro o cinco negros y se me ocurrió explicar por qué los blancos eran los presos políticos y los negros, los comunes. Hablé de la esclavitud, de la gran participación de los negros en las guerras de independencia, de cómo en la insurrección de La Demajagua, Céspedes y los mambises abolieron la esclavitud, de Maceo, de Moncada y de Crombet, grandes guerreros y patriotas, y de cómo en la República, en 1912, se le prohibió a los negros el querer hacer el Partido Independiente de Color y legalizarlo; en esa época, los alzamientos terminaban sin que ocurriera nada. Se alzaron y miles de ellos junto a sus jefes fueron asesinados, provocando a partir de entonces la última marginación de la política de la población negra. Para ellos era cosa de blancos y de cómo nosotros aspirábamos a terminar con la discriminación racial tal y como establecía la Constitución de 1940. Sin que ése fuera mi intento, mis palabras provocaron un peligroso motín que duró horas, y estuvo a punto de provocar la intervención del jefe y de los cuerpos represivos de Batista. Al volver a la calle, a mi salida del Príncipe, fue como salir del paraíso y volver al infierno por los peligros que allí había.

En agosto de 1957, Jorge Quintana, dirigente del Colegio de Periodistas, consiguió mi libertad provisional, y un senador amigo me recogió a la salida de la prisión para evitar que la policía me detuviera. Fui a la barbería de la esquina del Capitolio, donde mi habitual barbero me hizo casi irreconocible, y al encontrarme con Margot en la casa de uno de sus familiares, me dijeron que parecía otro.

Había salido de la prisión en pésimas condiciones y durante un mes me escondí en diferentes lugares, incluido el Hospital Curie, donde el doctor Santamaría me ingresó como sospechoso de neoplasia, lo que me pegó un susto al leer la tablilla mía.

LA LUCHA EN CUBA
Última carta de Frank País

Santiago de Cuba, 26 de julio de 1957

Fidel-Alejandro:

La situación de Santiago se hace cada vez más tensa, el otro día escapamos milagrosamente de una encerrona de la policía. Había unos compañeros cerca de la casa donde estábamos, una imprudencia y los chibatearon y rodearon la manzana; a tres los cogieron, uno huyó por los techos, lo persiguieron y se formó un tiroteo. Logró escapar, pero comenzaron a registrar por los techos y por la calle, y cuando ya pensábamos mi compañero y yo que nos tocaba el turno de fajarnos, se retiraron, registraron hasta la casa de al lado, la nuestra les inspiró confianza. Sin embargo, hay una ola de registros fantástica y absurda, pero que por absurda es peligrosa; ya no esperan un chivatazo, ahora Salas registra sistemáticamente a cualquiera sin necesidad de causa alguna. Hemos tenido que volar del domingo a hoy de tres casas y ayer tomaron la manzana de la que estamos, era para registrar una casa de enfrente. Desde ayer estamos turnándonos para hacer guardia.

Sobre la carta de Cárdenas, Pedro no me insistió más, le preguntaré si le es imprescindible y de qué tipo.

He conseguido algún parque 30,06 y te lo enviaré junto con las demás cosas, espero desde hace una semana que Norma me dé la luz verde. Un abrazo para todos de Cristián-Frank.

Vilma te manda un abrazo.

Tengo dos buenas noticias para ti: conseguimos una trípode que te la mandaré en el equipo que va ahora. Hablando con Daniel me dijo que las balas especiales esas estaban aquí guardadas, que él no sabía de qué eran y las dejó, así que te las mandaré también. Todo ese equipo te lo mandaré con los treinta hombres que me pediste.

Da las gracias en mi nombre por su nota tan sincera y de tanto valor y significado para mí a todos los oficiales y compañeros.

Diario de la Revolución Cubana, pp. 286-287

EL ASESINATO DE FRANK PAÍS EN EL CALLEJÓN DEL MURO EL 30 DE JULIO DE 1957

Randich, apodado Piking Chiquen porque cuando asesinaba a un revolucionario iba a comerse un pollo, fue al comienzo miembro del Movimiento 26 de Julio, al que había traicionado al pasarse a las órdenes del sanguinario coronel Salas Cañizares, y conocía toda la membresía. Fue él el que detectó a Frank País y a Pujol, que lo acompañaba, y uno de los que lo asesinó en el callejón del Muro.

La noticia de la muerte de Frank conmovió a Santiago de Cuba. Decenas de miles de personas marcharon en su multitudinario entierro, la más gigantesca manifestación de protesta ocurrida contra Batista, acusándolo de ser su causante.

El Movimiento 26 de Julio y el Movimiento de Resistencia Cívica declararon una huelga general que paralizó a Oriente y se extendió a otras provincias. ¿Pudo ser evitada la muerte de Frank País, líder indiscutible de la clandestinidad y, después de la desaparición de José Antonio Echevarría, muerto cuando el asalto al Palacio del 13 de marzo, el único dirigente que quedaba en la lucha clandestina? En el acto del asalto al Palacio, murió también Pelayo Cuervo Navarro, ex senador y la figura política más importante de la época.

El comandante Fajardo cuenta que, al oír por radio la noticia de la muerte de Frank País, ellos, que estaban muy hambrientos y esperando para comerse un lechón asado, se paralizaron y que el único que no perdió el apetito, como siempre, fue Fidel Castro. Lo mismo ocurrió cuando la muerte de los comandantes Paz, Cuevas, Daniel o la desaparición de Camilo Cienfuegos.

Es evidente que la desaparición de Echevarría, primero, y de País, después, dejó a Castro como el único y solo jefe de la insurrección. La clandestinidad santiaguera y la propia ciudad nunca perdonaron a Fidel el no haber dado la orden que hubiera salvado a Frank, y desde entonces volcaron su apoyo del segundo frente creado por Frank y Daniel, intervenido por Raúl Castro, el que aprovechó el apoyo santiaguero para consolidarse e infiltrarse en los comunistas en aquel territorio rebelde.

Fidel Castro siempre odió a la ciudad de Santiago, en la que como estudiante había sido discriminado por ser el hijo de un latifundista gallego que había peleado a las órdenes del Ejército español, mientras que sus compañeros eran todos descendientes de los mambises que lucharon contra España. Para Castro, Santiago no era una ciudad revolucionaria, sino una ciudad rebelde, y nada más peligroso que la rebeldía.

FUSILAMIENTOS EN LA SIERRA MAESTRA

El maestro

Ése era un tipo pintoresco. ¿Cómo lo conocimos? Era maestro. Cuando llegamos nosotros a la sierra nos hablan de un maestro, «El maestro que estuvo con ustedes en el Moncada». «¿De qué maestro que estuvo con nosotros en el Moncada, si yo no conocí ningún maestro?». Llevaba como dos años en la sierra Maestra, y un día agarramos al maestro ese, se nos une a nosotros el maestro, era fuerte, saludable. Dígole: «Ven acá, ¿y tú me vas a venir a hacer ese cuento? Mira, chico, dime la verdad; total, nosotros cualquier cosa que tú hayas hecho no te la vamos a sacar en cuenta ahora, pero acábanos de decir la verdad». «La verdad—me dijo—es que yo me robé dos vacas y vine para acá, para la Sierra». «Bueno, está bien... Te perdonamos las dos vacas. Pórtate bien ahora que tienes oportunidad». Y le dimos una oportunidad al maestro. Era un orangután, le salió una barba, y entonces era un payaso nato, andaba y cargaba como un bárbaro y era mal soldado.

Además de eso, el hábito de robarse cosas parece que no se le había quitado.

Pero una de las cosas, cuando el Che se enferma, que tuvimos que dejar al Che con asma, lo cogimos a él, que conocía la zona, que era fuerte, aunque no lo conocíamos tan bien; y se portó tan terriblemente mal con el Che, que tenía un ataque de asma, que tenía que esperar una medicina, que teniendo el Che, cuando recibiera la medicina, que trasladarse a un lugar, tenía el Che que ir delante explorando, y el maestro detrás.

¡Le gustó más el oficio de médico que el de maestro! ¡Qué clase de estupidez, haciéndose pasar por el Che allí, en la zona donde andábamos nosotros, donde lo conocían a él, al Che y a todos nosotros! Pero a alguna gente engañó, a alguna gente, porque el Che era conocido por allí pero de nombre. Y él con su barba y su cosa de que el Che, «¡Vengan mujeres, que las voy a reconocer!». Quieren cosa más grande?

Lo fusilamos.

Fidel

Sierra Maestra. *Diario de la Revolución Cubana*, pp. 245-246

Fidel.

Nosotros fusilamos muy poca gente, pero muy poca, en toda la guerra; no pasaron de diez tipos los que nosotros fusilamos, en veinticinco meses. Allá en el Escambray, Carreras fusiló treinta y tres él solo, y no hizo ninguna guerra; porque para nosotros sí es verdad que tenían que ser cosas de traición o un delito muy grave, un espía; los de Carreras no eran fusilamientos, eran asesinatos.

Nosotros fusilábamos simplemente traidores, alguna vez hubo un caso de alguna gente que cometió en la zona un delito muy grande de violación, un señor que le quitó la mujer a un campesino, el maestro, entonces el maestro se va para la zona del Jigüe, y haciéndose pasar por el Che, como médico, empieza a reconocer a las mujeres que llegaban allí. Entonces el Che había estado con nosotros en esos días, y se iba para allá y me dice: «Ahí te mando al maestro». En ese momento se había desatado, había habido un brote de bandolerismo, alguna gente que había exigido dinero, había hecho toda una serie de cosas, treinta que habían topado con unas prostitutas por un lugar por allá, y los treinta habían estado con las prostitutas, a la fuerza...

Entonces llegó el maestro en el mismo momento en que estaba fusilando a los demás. Llegó allí, yo le dije: «Sigue». Fue directo, no se le hizo ni el juicio, porque él estaba en una situación en que había sido perdonado de un delito de muerte, estaba indultado.

Fusilamientos. Che Guevara

Nosotros en el valle del Hombrito, octubre de 1957, estábamos sentando las bases de un territorio libre y sentando el primer rudimento de actividad industrial que hubo en la sierra Maestra; un horno de pan que en esa época se iniciara. En esa misma zona del Hombrito existía un campamento que era como una antesala para las fuerzas guerrilleras, donde grupos de jóvenes que llegaban a incorporarse quedaban bajo la autoridad de algunos campesinos de confianza de la guerrilla.

El jefe del grupo se llamaba Arístidio, había pertenecido a nuestra columna hasta días anteriores al combate de Uvero, en el cual no participó por haberse fracturado una costilla al caerse, demostrando luego poca inclinación a seguir en la guerrilla.

Este Arístidio fue uno de los casos típicos de campesinos que se unieron a la Revolución sin una clara conciencia de lo que significaba y, al hacer su propio análisis de la situación, encontró más conveniente situarse en la cerca, vendió su revólver por algunos pesos y empezó a hacer manifestaciones en la comarca de que él no era bobo para que lo tomaran en su casa, mansito, cuando las guerrillas se fueran, y que haría contacto con el Ejército. Varias versiones de estas declaraciones de Arístidio llegaron hasta mí. Aquéllos eran momentos difíciles para la Revolución, y en uso de las atribuciones que como jefe de una zona tenía, tras de una investigación sumarísima, ajusticiamos al campesino Arístidio.

Hoy nos preguntamos si era realmente tan culpable para merecer la muerte y si no se podía haber salvado una vida para la etapa de la construcción revolucionaria. La guerra es difícil y dura, y durante los momentos en que el enemigo arrecia su acometividad, no se puede permitir ni el asomo de una traición.

Meses antes, por una debilidad mucho más grande de la guerrilla, o meses después, por una fortaleza mucho mayor, quizás se hubiera salvado su vida, pero tuvo la mala suerte de que coincidieron sus debilidades, como combatiente revolucionario, con el momento preciso en que éramos suficientemente fuertes como para sancionar fuertemente una acción como la que hizo, y no tan fuertes como para castigarlo de otra manera, ya que no teníamos cárceles ni posibilidades de resguardo de otro tipo.

Dejamos transitoriamente la zona y nos dirigimos con nuestras fuerzas hacia los cruces de los ríos Magdalena, donde debíamos juntarnos con Fidel y capturar toda una banda que, bajo las órdenes del chino Chang, estaba asolando la región de Caracas. Camilo, que había partido con la vanguardia, ya tenía varios prisioneros cuando llegamos a esta zona, donde permanecimos, en total, cerca de diez días; allí, en una casa campesina fue juzgado y condenado a muerte el chino Chang, jefe de una banda que había asesinado campesinos y que había torturado a otros, que se había apropiado del nombre y de los bienes de la Revolución, sembrando el terror en la comarca. Junto con el chino Chang fue condenado a muerte un campesino que había violado a una mujer adolescente, también valiéndose de su autoridad, como mensajero del Ejército Rebelde, y junto con ellos fueron juzgados una buena parte de los integrantes de la banda constituida por algunos muchachos provenientes de la ciudad y otros campesinos que se habían dejado tentar por la vida libre, sin sujeción a ninguna regla y a la vez regalada que le ofrecía el chino Chang.

La mayoría fueron absueltos, y con tres de ellos se resolvió darles un escarmiento simbólico; primero fueron ajusticiados el campesino violador y el chino Chang, ambos serenos; fueron atados a los palos del monte, y el primero, el violador, murió sin que lo vendaran, de cara al fusil y dando vivas a la Revolución, el chino afrontó con toda serenidad la muerte, pero pidió los auxilios religiosos al padre Sardiñas, que en ese momento estaba lejos del campamento; no se le pudo complacer y pidió entonces Chang que se dejara constancia de que había solicitado un sacerdote, como si ese testimonio público le sirviera como atenuante en otra vida.

Luego se reanudó el fusilamiento simbólico de los tres muchachos que estaban más unidos a las tropelías del chino Chang (pero lo que Fidel consideró es que lo ideal sería uno por día); los tres fueron vendados y sujetos alrededor de un simulacro de fusilamiento; cuando después se disparó al aire, se encontraron los tres que estaban vivos, uno de ellos me dio la más extraña y espontánea demostración de júbilo en forma de un sonoro beso, como si estuviera frente a su padre.

Podrá parecer ahora un sistema bárbaro, éste empleado por primera vez en la sierra Maestra, sólo que no había ninguna sanción posible para aquellos hombres a los que se les podía salvar la vida, pero que tenían una serie de faltas bastantes graves. Los tres ingresaron en el Ejército Rebelde y de dos de ellos tuve noticias de su comportamiento brillante durante toda la etapa insurreccional. Uno permaneció durante mucho tiempo en mi columna, y en las discusiones entre los soldados, cuando se juzgaban hechos de guerra y si alguien ponía en duda algo de lo que narraba, decía siempre con marcado: «Yo sí que no le tengo miedo a la muerte y el Che es testigo».

A los dos o tres días caía preso también otro grupo, cuyo fusilamiento fue para nosotros doloroso: un campesino llamado Dionisio y su cuñado, Juan Lebrigio, dos de los hombres que primero ayudaron a la guerrilla. Dionisio, que había ayudado a desenmascarar al traidor Eutimio Guerra y que nos había ayudado en uno de los momentos más difíciles de Revolución, había usado totalmente nuestra confianza, al igual que su cuñado; se habían apropiado de los víveres que las organizaciones en la ciudad nos mandaban y habían establecido varios campamentos, donde practicaban la matanza indiscriminada de las reses, y por ese camino habían descendido incluso al asesinato.

En esta época, en la sierra Maestra la condición económica de un hombre se medía realmente por el número de mujeres que tenía, y Dionisio, siguiendo la costumbre y considerándose potentado, por los poderes que la Revolución le había conferido, había puesto tres casas, dos en cada una de las cuales tenía una y un abundante abastecimiento de todo. En el juicio frente a la airada acusación de Fidel, por la traición que habían cometido a la Revolución y su inmoralidad, al sostener tres mujeres con el dinero del pueblo, sostenía con las unidades campesinas que no eran tres sino dos porque una era propia, lo que era verdad. Junto con ellos fueron fusilados dos espías enviados por Masferrer, convictos y confesos, y un muchacho de apellido Echevarría que cumplía instrucciones especiales del Movimiento. Echevarría, miembro de una familia de combatientes del Ejército Rebelde, uno de cuyos hermanos había llegado del Granma, formó una pequeña tropa esperando nuestra llegada que, y no se sabe por qué tentaciones, empezó a practicar el asalto a mano armada en el territorio guerrillero.

El caso de Echevarría fue patético porque reconociendo sus faltas no quería sin embargo morir fusilado y clamaba porque le permitieran morir en el primer combate, juraba que buscaría la muerte en esa forma porque no quería deshonrar a su familia. Condenado a muerte por el Tribunal, Echevarría, a quien denominábamos el Bizco, escribió una larga y emocionante carta a su madre, explicándole ser fiel a la Revolución. El último de los fusilados fue un personaje pintoresco llamado el Maestro, que fuera mi compañero en algunos momentos difíciles en que me tocó andar enfermo y con su única compañía por esas lomas; pero él estaba separado de la guerrilla con el pretexto de una enfermedad y se había dedicado a una vida inmoral combinando en su hazaña haciéndose pasar por mí y por médico y tratando de abusar de una muchachita campesina, que requirió los servicios del facultativo para algún mal que la aquejaba. Todos ellos murieron haciendo promoción de revolución, menos dos espías de Masferrer que, aunque no fui testigo presencial de los hechos, cuentan que cuando el padre Sardiñas fue a darle su auxilio espiritual, en una de las rejas, uno le contestó: «Mire, padre, vea a ver si otro lo necesita porque la verdad es que no creo mucho en esto». Ésta era la gente con que se hacía la Revolución. Rebeldes al principio, cuando todo era injusticia, rebeldes solitarios que se iban acostumbrando a satisfacer sus propias necesidades y luego, cuando se vieron en una lucha de características sociales; cuando la Revolución descuidaba un minuto su acción fiscalizadora, incurría en errores que le llevaba al crimen con asombrosa naturalidad. Dionisio o Juanito Lebrigio no eran peores que delincuentes ocasionales que fueron perdonados por la Revolución y que hoy incluso están en nuestro ejército. Por el momento decidí ponerle un castigo ejemplar para frenar los intentos de indisciplina y liquidar los elementos de anarquía que se introducían en esta zona, no sujeta a un gobierno de Estado. Echevarría, más aún, pudo haber sido un héroe de la Revolución, pudo haber sido un luchador distinguido, como dos de sus hermanos, oficiales del Ejército, pero le tocó la mala suerte de delinquir en esta época y debió pagar en esa forma su delito. Nosotros dudamos si poner su nombre o no en estos recuerdos pero fue tan digna su actitud, fue tan revolucionario, estuvo tan entero frente a la muerte y fue tan claro el reconocimiento de la justicia en el castigo que nosotros pensamos que estos signos sirvieron de ejemplo, trágico, es verdad, pero valioso, para que se confirmara la necesidad de nuestra revolución en un hecho puro y no contaminado con los bandidajes a que nos tenían acostumbrados los hombres de Batista.

Diario de la Revolución Cubana, p. 245

Todo para la sierra Maestra

Aly:

Las cosas más importantes que deseo comunicarte van por vía verbal. Por dichas personas sabrás también detalles de las operaciones de Estrada Palma y Bueycito, situación de nuestras fuerzas, tácticas desplegadas...

Una consigna debe ser ahora la más correcta: ¡Todos los fusiles, todas las balas y todos los recursos para la sierra Maestra!

Cuando después de Uvero, en presencia tuya, sugerí a David que era el momento oportuno para abrir el segundo frente, el proceso no había alcanzado en este frente la tremenda evolución que tiene hoy. Entonces parecía dudoso que pudieran sostenerse aquí fuerzas mayores, hoy se abren perspectivas enormes. Hay que llenar la brecha que ya hemos abierto antes que pensar en otras perspectivas. Tal vez más adelante se presente de nuevo la oportunidad para otros frentes.

Fidel Castro

Armas, balas, recursos, todo para la sierra Maestra

Aly [Celia Sánchez]:

Hace tres días te escribí con el mensajero que me trajo tu carta del día 7. Hoy llega Rafael a nosotros, me trae los mil pesos de que hablabas en dicha carta y me dice que la respuesta mía está todavía en su poder y por tanto tardará algo en llegar a tus manos. Si a eso se une la noticia de que estás muy preocupada porque no recibes noticias de nosotros, comprenderás lo que me fastidia esta tardanza.

Yo no te escribía porque estaba en un compás de espera, hasta saber lo que estaba pasando.

Ya habrás hablado con los cuatro amigos que salieron y te habrán informado de las maravillas que hemos estado planeando.

Aly, te insisto en esto, como en mi anterior carta, que debe haber en este instante una consigna para el movimiento en lo que al aspecto bélico se refiere: ¡Todas las armas, todas las balas y todos los recursos para la sierra Maestra!

Hay que buscar armas por todas partes. Yo te aseguro que las perspectivas son magníficas.

¿Qué se ha pensado que nosotros podemos hacer con tan poca ayuda? Hago un recuento y veo que una gran parte de nuestras armas y balas, las de mejor calidad, se la hemos quitado al enemigo.2 Hace falta que le demos un gran impulso propio a nuestros equipos. Antes, quizás, no era tan necesario; ahora sí, porque todo se desarrolla vertiginosamente y las perspectivas son magníficas. Tenemos que ir entrando ya en armas de todas clases que nos permitan acciones de envergadura y éxitos fulminantes.

Diario de la Revolución Cubana, p. 300

Sierra Maestra, 11 de octubre

Desde nuestra llegada a Cuba hace diez meses y nueve días, no hemos recibido de afuera un fusil ni una bala.

Las armas y balas que tenemos hoy casi todas las hemos quitado al enemigo. En el último combate le capturamos una ametralladora trípode calibre 30, un fusil ametrallador, siete granadas y doce mil balas.

Fidel
Diario de la Revolución Cubana, 13, p. 319

El refuerzo a la sierra Maestra

René Ramos Latour (Daniel)
Santiago, 18 de octubre de 1957

Fernando:

Hoy espero que salgan todos los que completan el grupo.

En vista de que los dos habaneros no se han presentado, las cuatro escuadras deben quedar integradas en la forma siguiente:

---

2. De aproximadamente doscientas armas que había en la sierra Maestra en ese momento, más de cien, incluidas las ametralladoras, habían sido enviadas por el Movimiento de Santiago y La Habana.

N.º 1

Tte. Raúl Menéndez F.
Mario Carranza
Nano Riera
Francisco Cabrera
Orlando Benítez
Osvaldo
Andrés García
(Gustavo de Manzanillo)

N.º 2

Tte. César Lara
Joel Chaveco
Frank Trujillo
Alfredo Gutiérrez
Roberto Cisneros
Rafael Reyes
(Algunos de los que envió)

N.º 3

Tte. Ramón Paz
Coroneaux
Mario Maceo
Álamo
Antonio Núñez
Rey Pérez
Echevarría
Manuel Vidal

N.º 4

Tte. Horacio Rodríguez
Pantoja
Roberto Ruiz B.
Gelasio
Lincey
Raúl Barandela
Papucho
Rafael Domínguez

Las armas que estaban designadas para los dos habaneros debes entregarlas a aquellos que sepan manejarlas bien. Yo te sugiero que entregues una a Menéndez.

Diego[3]

P.D. Van cartas y documentos para Fidel y Celia así como dos mil dólares. Se lo entregas todo al Vaquerito y mejor que se vaya él antes.

No te olvides de tomar nombres y direcciones de todos los que se van, como siempre se ha hecho.

(Casi todos terminaron la guerra como oficiales. Murieron en combate Paz, Coroneaux y Horacio Rodríguez.)

Diario de la Revolución Cubana, 14, p. 332

3. Diego Paneque, jefe de acción del Movimiento 26 de Julio.

Polémica: Carta del Che

Sierra Maestra, 14 de diciembre

Daniel:

Tengo que contestarte en parte para hacer más orden a la cosa, pues tengo interés en que queden definitivamente aclarados algunos aspectos oscuros en nuestras relaciones. Te pido, eso sí, que consideres estos tópicos como tendientes a mejorar y aclarar totalmente nuestras relaciones, el bien de la Revolución lo exige así.

De la parte, digamos, administrativa no ha llegado todavía, salvo los dos mil dólares. Como les decía en la carta anterior, me vi obligado a seguir el sistema de los créditos firmados por un buen colaborador nuestro como es Ramón Pérez (Ramonín), que firma vales por varios miles de pesos. En este momento se anuncia la llegada de un mensajero con las balas y me veo obligado a esperar.

Recibí un envío que fundamentalmente me interesa en lo que respecta a las mil balas 30,06 y las balas 45. Los peines de M-1 también son buenos. Todo lo demás es necesario pero no fundamental. Faltan las balas 44 y las de craquet que nos pondrían en funcionamiento varios fusiles más. Pero el esfuerzo se hizo y bastante rápido: es lo que necesitamos.

Con respecto a Piferrer, esa carta era dirigida a él. Me dices que no sabes si por suerte o desgracia cayó en tus manos. Yo tampoco puedo saber todavía; sé que esas cosas vendrían y las necesitamos, si vienen no pasa nada, si no vienen, es por desgracia. Creo haberte enviado el periódico, aunque en la copia que consulté no figura, pues me parece que le puse con tinta un margen a la llamada.

Pertenezco por mi preparación ideológica a los que creen que la solución de los problemas del mundo está detrás de la llamada «cortina de hierro» y tomo este Movimiento como uno de los tantos provocados por el afán de la burguesía de liberarse de las cadenas económicas del imperialismo. Consideré siempre a Fidel como un auténtico líder de la burguesía de izquierda, aunque su figura está realzada por cualidades personales de extraordinaria brillantez que lo colocan muy por arriba de su clase. Con ese espíritu inicié la lucha: honradamente, sin esperanza de ir más allá de la liberación del país, dispuesto a irme cuando las condiciones de la lucha posterior giraran hacia la derecha (hacia lo que Uds. representan) toda la acción del Movimiento. Lo que nunca pensé es el cambio tan radical que dio Fidel en sus planteamientos con el Manifiesto de Miami. Pareciéndome imposible lo que después supe, es decir, que se tergiversaba así la voluntad de quien es auténtico líder y motor único del Movimiento, pensé lo que me avergüenzo de haber pensado.

Diario de la Revolución Cubana, 15, p. 361

Respuesta de Daniel en nombre del Movimiento

Polémica: Washington-Moscú

Santiago, 18 de diciembre de 1957

Che:

Acaba de llegar a mis manos la carta que tú mismo calificas de «dura» y cuyo contenido simplemente me sorprende sin que en modo alguno pueda llegar a herirme, pues estoy tan lejos de considerarme traidor a la Revolución cubana y tan hondamente satisfecho de mi corta, pero limpia y recta vida revolucionaria, que jamás me sentiré aludido por las expresiones de quienes, como tú, no me conocen lo suficiente para juzgarme.

Debo aclararte que si te doy una respuesta, lo hago por el respeto, la admiración y el criterio que sobre tu persona siempre he mantenido y que no ha variado en lo más mínimo a pesar de tus palabras; pero fundamentalmente para, al igual que tú, dejar constancia escrita de esta respuesta, con el fin de que ese mismo día del cual tú me hablas, un servidor cualquiera de la humanidad, como tú y como yo, tenga también presente el «testimonio que acredite mi limpieza» y mi pureza revolucionarias que no tienen nada que envidiar a la tuya, la de Fidel o la de cualquiera de los que hemos coincidido con verdadero espíritu de sacrificio en esta cruenta lucha por liberar a un pueblo y encauzarlo por senderos que aceleren su progreso evolutivo y aseguren su superior destino.

Deseo que sepas también que lo que a nosotros llega se considera dirigido a la Dirección Nacional del Movimiento, integrada por un número reducido de compañeros que nos empeñamos por estar integrados y unidos, a fin de no tomar decisiones unipersonales. Por ese motivo tu carta ha sido leída por los demás miembros de la Dirección y mi respuesta es la de todos.

Es lástima que muchos compañeros se hayan desprendido de las balas de sus pistolas y revólveres, que para ellos sí son fundamentales, ya que al menos les sirven para morir peleando. Y es doloroso despojar de sus armas a compañeros que son tan revolucionarios y tan militantes del Movimiento 26 de Julio, como los que luchan bravamente ahí arriba, que fueron adquiriendo esas armas a costa de sacrificios y que nos las entregan por un extraordinario sentido de disciplina y con tal desprendimiento, como es el caso de los compañeros de Mayarí, que después de superar mil obstáculos lograron hacerse de catorce o quince rifles (algunos producto del asalto a un cuartel de guardas jurados, y otros de los que perdieron los expedicionarios del Corynthia asesinados) y que lo entregaron todo para la sierra Maestra para verse ahora obligados a quemar caña totalmente desarmados, enfrentándose a un Ejército que se sabe aquí abajo dueño total de la situación y sin riesgos, resultando así mucho más efectivo y sus balas más certeras.

Te dije anteriormente que no me conocías lo suficiente como para formarte un juicio veraz de mi preparación ideológica y política. No me interesa en lo más mínimo el lugar donde me sitúes, ni he de intentar siquiera hacerte cambiar el criterio personal que sobre nosotros te hubieras formado. Por tanto, lo que vamos apuntando es con miras a dejar ese testimonio acreditativo del cual hablábamos al principio.

Dónde está la salvación del mundo

Supe desde que te conocí de tu preparación ideológica y jamás hube de referirme a ello. No es ahora el momento de discutir «dónde está la salvación del mundo». Quiero sólo dejar constancia de nuestra opinión, que por supuesto es enteramente distinta de la tuya. Considero que no hay en la Dirección Nacional del Movimiento ningún representante de la «derecha» y sí un grupo de hombres que aspiran a llevar adelante con la liberación de Cuba, la Revolución que iniciada en el pensamiento político de José Martí, luego de su peregrinar por las tierras americanas, se vio frustrada por la intervención del Gobierno de los Estados Unidos en el proceso revolucionario.

Nuestras diferencias fundamentales consisten en que a nosotros nos preocupa poner en manos de los pueblos tiranizados de «nuestra América» los gobiernos, que, respondiendo a sus ansias de libertad y progreso, sepan mantenerse estrechamente unidos para garantizar sus derechos como naciones libres y hacerlos respetar por las grandes potencias.

Dominio yanki y dominio soviético

Nosotros queremos una América fuerte, dueña de su propio destino, una América que se enfrente altiva a Estados Unidos, Rusia, China o cualquier potencia que trate de atentar contra su independencia económica y política. En cambio, los que tienen tu preparación ideológica piensan que la solución a nuestros males está en liberarnos del nocivo dominio «yanki» por medio del no menos nocivo dominio «soviético».

En cuanto a mí, puedo decirte que me considero un obrero; como obrero trabajé hasta que renuncié a mi salario para incorporarme a las Fuerzas Revolucionarias de la sierra Maestra, abandonando al mismo tiempo mis estudios de Ciencias Sociales y Derecho Político que había emprendido con la esperanza de prepararme debidamente para servir mejor a mi pueblo. Soy obrero, pero no de los que militan en el Partido Comunista y se preocupan grandemente por los problemas de Hungría o de Egipto, que no pueden resolver, y no son capaces de renunciar a sus puestos e incorporarse al proceso revolucionario que tiene, como fin inmediato, el derrocamiento de una oprobiosa dictadura.

Debe haber seguido llegando a tu poder todo el material que has solicitado. Puedes enviarnos lista de lo que falte.

Como quisiera que en tu carta hacías mención de algunas opiniones de Fidel, creo necesario enviarle tanto copia de la que me hiciste como de ésta para que todos los puntos queden aclarados.

Te ruego que con ésta quede terminada esta polémica estéril en que tanto tú como yo nos hemos expresado con toda sinceridad.

Y sigamos trabajando como hasta ahora por el triunfo de la Revolución. Te aprecia.

Daniel

Diario de la Revolución Cubana, 16, p. 365

Años después, Guevara se hizo la siguiente autocrítica: «*Envié una carta muy estúpida al compañero René Ramos Latour...*». Roberto Mazari: *Che Guevara, Pensamiento y Política Utópica.*

Esta carta fue una declaración de guerra contra el movimiento clandestino y el triunfo contra la tendencia nacionalista y democrática del 26, y en la práctica impuso el dominio del comunismo soviético en la isla, con todas sus desastrosas consecuencias, algo mucho más grave que «la estupidez» de la tardía rectificación de Guevara.

SALIDA DE CUBA

La dirección del Movimiento decidió enviarme a reorganizar los núcleos del 26 en Centroamérica, México y Estados Unidos, y me pusieron dos posibles salidas: la base norteamericana de Guantánamo, usada para sacar de Cuba a dirigentes como Haydée Santamaría y Lester Rodríguez o asilarme en la Sede Diplomática de España, donde el embajador Lojendio colaboraba con la oposición.

Rechacé ambos ofrecimientos. Uno era parte del territorio cubano ocupado militarmente por Estados Unidos; el otro era la representación del franquismo y no me parecía correcto que un antifranquista lo usase.

Guayos, conocido camarógrafo, me consiguió asilo en la Embajada de Costa Rica, y de allí partí con un salvoconducto hacia San José el 5 de septiembre, el mismo día que una conspiración organizada por el Movimiento y la Marina se rebelara y tomara aquella ciudad.

En San José fui bien acogido por el gobierno del presidente Figueres, con quien me entrevisté, y en el encuentro me prometió que me entregaría armas para una proyectada expedición, cumpliendo las promesas antes hechas a Raúl Chibás y a Gustavo Arcos, dirigentes del Movimiento. Nos ayudaron además Daniel Oduber y Julio César Monge, futuro presidente. Era muy activo allí Julio César Martínez, el periodista dominicano que había impreso toda nuestra propaganda clandestina de 1952 a 1957 y que, al ser asaltado el taller de *Revolución*, escapó para Costa Rica, donde tenía una estación de radio de onda corta que transmitía para Cuba. Entre los exilados de otros países, estaba allí Carlos Andrés Pérez, el venezolano que dirigía *República*, el periódico de Figueres, al que había conocido junto a Rómulo Gallegos durante su exilio en Cuba en los años cuarenta.

COSTA RICA

En San José me sentía libre, respiraba el aire de la libertad, después de cinco años de dictadura y cuando los peligros de la lucha clandestina quedaban atrás. Como todo cubano progresista, sentía admiración por Costa Rica, por su democracia nacida de su Revolución del 48, en la que participaron cubanos como José Antonio Echevarría, dirigente estudiantil caído en combate el 13 de marzo, cerca de la Universidad cuando el asalto a Palacio. Costa Rica era el único país de América que había logrado liberarse del militarismo, uno de nuestros peores males al suprimir el Ejército. San José (una ciudad entre las nubes) me asfixiaba, acostumbrado a la luminosidad de La Habana, pero me compensaba la espléndida naturaleza costarricense, con sus bellas costas atlánticas y pacíficas. Por aquellos días, llegó a San José Marcos Rodríguez, joven comunista acusado por el Directorio Revolucionario de ser el que entregó al sanguinario coronel Ventura a los mártires de Humboldt 7, que fueron asesinados por sus esbirros. Una noche, un grupo del Directorio se preparó para secuestrarlo y tirarlo al volcán Irazú. Enterados Pepín Naranjo y el moro Azef, que pertenecían a otra ala del Directorio, lo escondieron y protegieron hasta que logró salir de Costa Rica. La de Marcos Rodríguez fue una larga y compleja historia que duró largos años antes de ser condenado y fusilado en 1966.

HACIA MÉXICO

La meta final de mi viaje era Estados Unidos. Cuando solicité la visa me la negaron, no podía pasar por Nicaragua bajo la dictadura de Somoza. Volé a El Salvador y desde allí emprendí, vía Guatemala, el viraje hacia México.

La naturaleza guatemalteca y su arquitectura me impresionaron. Los lagos de Amatitlán y Atitlán son de los más bellos que he visto. Allí me repuse por unos días, solicité de nuevo la visa en la Embajada de Estados Unidos, donde me la negaron.

Seguí para México por tierra. En el viaje en una guagua repleta de indios presencié horrorizado vomitar con gusanos cayendo por los pasillos del vehículo. Al llegar a la frontera tenía que cruzar el largo puente sobre el río que separa Guatemala de México. Allí, por un dólar me cargaron la pesada maleta, y como era domingo, el funcionario mexicano de la Aduana me quiso dar una mordida de veinticinco dólares y, ante mi protesta, me respondió que era domingo, que si hubiese sido lunes era gratis. Vi que a la orilla del río había unos frondosos árboles y saqué la hamaca, la colgué de ellos y me eché a dormir. Una hora después el aduanero me despertó diciéndome que me lo hacía por diez y le respondí: «Seguiré durmiendo hasta mañana», mientras me comía un sándwich. Poco después regresó, rebajó la mordida a cinco dólares y volví a rechazarlo. Minutos más tarde volvió y me dijo: «Ha llegado un grupo de turistas, puede pasar por un dólar». Entonces acepté.

Entré en el pueblecito mexicano de Tapachula, que tenía un aire de Oeste de película de Hollywood. Vi una fonda donde se anunciaba un delicioso venado asado y mientras lo estaba saboreando, el bistec, apareció el jefe de la Aduana preguntándome cuánto me habían exigido por la entrada, y cuando le dije que veinticinco, encolerizado, me respondió: «Ese hijo de la chingada me ha robado, ahora verá lo que es bueno», y se marchó a toda prisa.

Había allí una línea ferroviaria de vía estrecha que atravesaba el territorio mexicano hasta Veracruz, la única clase era la tercera. Saqué un billete. El viaje sería largo y la compañía impresionante. Tenía yo hasta entonces una idea idílica del mundo indio que había leído en la famosa novela *La Vorágine*, de José Eustaquio Rivera. Durante la noche del viaje descubrí otra realidad: los indios sucios, apestosos y harapientos, robaban, peleaban, maldecían y hacían sus necesidades sobre los asientos del tren. El espectáculo era horrible, y entonces comencé a descubrir lo que habían significado para los antiguos pobladores de América varios siglos de colonización española y de dominio de los malos gobiernos republicanos. Culpa de los victimarios y no de las víctimas.

Arcos y otros compañeros que me habían precedido antes me contarían después que, en los campamentos secretos donde se entrevistaban los expedicionarios del Granma del 56, los señores pobrecitos que los ayudaban tenían en sus fincas multitud de indios que eran como sus esclavos, los castigaban, los maltrataban, los explotaban, los casaban, etc.

DE VERACRUZ A MÉRIDA

Viajé de Veracruz a Mérida y allí me instalé un tiempo con Margot, mi hijo Carlos (que tenía un año) y mi madre Caruca, que vinieron de Cuba. Alquilamos un apartamentico y con la ayuda del ex capitán de la Marina, Castiñeira, uno de los que había dirigido la rebelión de Cienfuegos, que allí vivía, organizamos una estación de radio que transmitía hacia Cuba. Conocí las ruinas de Chichen Itzá y descubrí que los yucatecos eran más afines con los cubanos que el resto de sus compatriotas.

Por fin, el consulado de Estados Unidos me otorgó una visa mientras mi familia regresaba a Cuba y yo partía para Nueva York. En aquella ciudad morían cada año miles de niños, el agua estaba contaminada y el fatalismo imperaba. Nuestro pequeño Carlos estuvo a punto de morir, pero lo salvó un médico mexicano amigo y yo me llevé la ameba histolítica conmigo.

CIUDAD DE MÉXICO

A México había llegado un numeroso grupo de comunistas: Joaquín Ordoqui, Edith García Buchaca, su esposa, Lázaro Peña, Osmani Cienfuegos, Alfredo Guevara, Marta Frayde y otros que eran compañeros de viaje. De la colonia cubana formaban parte las hermanas Castro, había un grupo del Directorio, estaban Arcos, Miret, el fotógrafo Néstor Almendros, Teté Casuso, Raúl Roa, auténticos y de todos los grupos opositores. En esa época el Partido combatía ferozmente a la insurrección y a Fidel Castro; Ordoqui, que me tenía tirria desde los años cuarenta, cuando mi conflicto con el Partido, dejaba caer sus conocidas calumnias, diciendo que tuvieran cuidado conmigo porque a lo mejor yo era un agente americano, sin que nadie le prestara atención.

Por paradojas que tienen la vida y las revoluciones, Ordoqui, al que Raúl Castro decía padre, que lo había hecho comandante sin que disparara un solo tiro, terminó su vida en una prisión castrista acusado de agente de la CIA; la clásica calumnia que tanto usaba contra sus adversarios terminó, como un boomerang, acabando con él.

Ordoqui había tenido contacto con diplomáticos norteamericanos, era amigo del capitán Castaño, jefe de actividades anticomunistas del Ejército, con él arreglaba todos los asuntos del Partido, y fue el que consiguió muchas de las visas para sus salidas. Por cierto que a este jefe, como ya había contado antes, lo fusilaron a toda velocidad en enero de 1959. Pero de todo se podía acusar a Ordoqui (de corrupto, de matón, de agente soviético), menos de agente de la CIA, crimen que se negó a aceptar, e incluso al fallecer, la nota oficial informó que era potencialmente culpable.

NUEVA YORK

En febrero de 1958 salí de Ciudad de México rumbo a Nueva York. Una violenta tormenta sorprendió al avión de Mexicana y hubo que aterrizar de emergencia en Nueva Orleans. La ciudad estaba en la furia de su carnaval, el que la nieve no impedía aun si blanqueaba. Estaba repleta de turistas y no encontraba una habitación. Caminé durante horas bajo la nieve de hotel en hotel, sin hablar ni una palabra en inglés, abrigado sólo con un viejo abrigo que me había regalado Lam, de paso por México. Al fin no pude más y me senté en el butacón de una posada y allí me quedé dormido hasta el otro día, en que continuamos el viaje hacia Nueva York.

Mi llegada a Nueva York

En el aeropuerto de Nueva York me esperaba un grupo del 26, otro de Acción Cívica y otras personas que tenían diferencias tácticas y organizativas. Preferí alojarme en el frío local de la organización y no parcializarme con ninguno de ellos. El comité del exilio del que iba a formar parte estaba presidido por Mario Llerena y por Raúl Chibás. Yo sería el secretario de la organización. En Washington nos representaba Ernesto Betancourt, buen conocedor de la política oficial de Estados Unidos y con vinculaciones con el Departamento de Estado, lo que le permitía obtener valiosas informaciones útiles a la lucha insurreccional. La figura más importante era el magistrado Manuel Urrutia, cuyo voto proclamando la legitimidad de la rebelión en el juicio contra Frank País y los expedicionarios del Granma tuvo gran repercusión en Cuba y ocasionó que Armando Hart, ante la negativa de otras figuras opositoras de aceptar la presidencia de un gobierno provisional en el exilio, le nominara, de acuerdo con Fidel, presidente sin ni siquiera conocer sus ideas y convicciones políticas. Había un visible conflicto entre los dos presidentes, Llerena y Urrutia, que Chibás y yo debíamos aminorar. Mi principal obligación era organizar el Movimiento en América Latina y Estados Unidos, divulgar los crímenes de la dictadura a través de la prensa, incluida la opinión pública norteamericana y la política de Estados Unidos, que en los primeros años después del reconocimiento de Batista, el apoyo del Pentágono (y las dudas de la CIA y las críticas del Departamento de Estado) oscilaba hasta que en abril del 58 se definieran decretando el embargo de armas de Batista.

Había visitado Nueva York en el 54, sus excelentes museos, visto el Guernica, que es el dramático retrato de la violencia del fascismo y la mayor expresión pictórica del siglo xx. Grandes eran los contrastes entre los imponentes rascacielos y sus barrios populares como el Bronx, Queens, Harlem y otros. Nueva York tenía un ritmo endemoniado, la gente más que caminar, corría como si el tiempo se le escapara, tal era su velocidad que había allí también cada día una población menos norteamericana y más multirracial y multilingüista. En el 54, yo había hecho una visita relámpago a Nueva York, así que aproveché el tiempo que me dejaban mis actividades y reuniones para visitar sus museos.

MIAMI

De Nueva York pasé a Miami y allí me instalé con mi familia, que había venido de Cuba. Tenía una infección intestinal contraída en México y estaba todavía muy golpeado por la experiencia en los cuerpos de tortura. Estar un tiempo con Margot, con mi hijo Carlos y con mi madre fue una maravilla.

No había pasado ni una semana cuando Haydée Santamaría me comunicó que la dirección del Movimiento y Fidel Castro me necesitaban en la sierra Maestra para que dirigiera Radio Rebelde.

Maldita las ganas que tenía de ir, de abandonar otra vez más a mi familia. Eran además tiempos malos, de la euforia se había pasado a la depresión, estaba débil física y psicológicamente. Había bienpensantes que comenzaban a decir que había Batista para rato, mientras se preparaba una ofensiva militar que liquidaría la guerrilla de la Sierra Maestra. No fui el único en recibir la petición y mandado a buscar, pero sí fui, por deber, el único en cumplirla días después. A mediados de mayo, Lorié, que había sustituido a Bebo Hidalgo en la responsabilidad del envío de armas a Cuba, me comunicó que a partir del mes saldría de Miami hacia la sierra Maestra, en un Cesna, que sería pilotado por Díaz Lanz y que me llevaría a mí y a un cargamento de armas.

Tuve que decírselo de sopetón a Margot, que se quedó impresionada y dolida. Hicimos una o dos prácticas en un pequeño lugar de Miami, una especie de sitio abandonado donde se jugaba a empinar aviones de juguetes.

Hicimos dos o tres simulacros con los automóviles que debían traer las armas y el parque, y el día de la partida, el 28 de mayo, no había vigilancia alguna y pudimos salir.

AVIÓN CON ARMAS Y PARQUE

La sierra Maestra, 29 de mayo

Pedrito:

Esta noche tiene que estar aquí la totalidad de lo que ha llegado en el avión con Franqui.

Pasado mañana estará allí un refuerzo de diez hombres armados para fortalecer esa posición. Mandaré cinco para guarnecer la playa de Palma Mocha, que está vacía, y seis a reforzar el Macho.

Las armas automáticas las dedicaré a este lado porque es el punto crítico en estos momentos.

Este aporte significa mucho para nosotros.

Me imagino que hay algunos embullados ahí, pero es imprescindible que venga todo para distribuirlo aquí sin que quede ni una bala.

Fidel Castro
Diario de la Revolución Cubana, p. 450

LA SORPRESA DE LA SIERRA MAESTRA

La sierra Maestra fue una sorpresa para mí. En mi juventud había recorrido brevemente las lomas y montes del Escambray, en el centro de Cuba, altos, bien poblados, sembrados de café y frutos menores. Guardaba recuerdos románticos de aquellas luchas contra los desalojos campesinos y el aumento del precio del café, que allí crecía prodigiosamente.

Eran aquéllas más humanas que estas empinadas montañas de la sierra Maestra, en que podías caminar horas sin ver el cielo, cubierto por la tupida vegetación verde, que te quitaba la luz aun si caminabas kilómetros, te reducía tu horizonte. No encontrabas un ser viviente, ni sembrado, ni bohío, si acaso algún cafetal de bellos frutos verdes o rojos, que masticaba para en algo mitigar el hambre o la sed.

Entre inhóspitas y deshabitadas, estas montañas serranas. Llegué allí en las peores condiciones físicas, espirituales y políticas. Pesaba sobre mi quebrantada salud, la terrible experiencia de la clandestinidad: torturas, peligro, muerte de compañeros queridos, prisión... Me había sumergido en un mundo desconocido, que no parecía ni humano ni de este mundo, el de la tortura diaria, como rutina mortal y a veces con una extraña morbosidad, como de una pasión furiosa en el pegar y en el matar, extraños orgasmos del torturador sobre el cuerpo inerme del torturado, que no hubieran sorprendido al marqués de Sade, por su masoquismo criminal. Conocía sólo los infiernos en la literatura, y no pensaba encontrarlos en mi tierra, en el centro de La Habana, allí por la calle 26, cerca del río Almendares, donde estaba el siniestro Buró de Investigaciones. Había muchos otros antros de tortura como la Quinta Estación, del hombre del traje blanco, el tristemente célebre coronel Ventura, o en cualquier lugar de Cuba, en el Holguín, de Cowley o en el Santiago de Cuba, de Salas Cañizares.

Cara a cara con aquella verdad, me dolió más que los golpes recibidos y el dolor sufrido el tener que enfrentar la muerte frente aquellos esbirros, el descubrir aquel mundo atroz que no podía imaginar entre cubanos. La sierra Maestra, sus indómitas montañas me hicieron respirar un aire de libertad, no se veía al enemigo aún si acechaba y estaba cerca, ni el enemigo te veía, no era un tiro al blanco, con la cabeza puesta sobre una bala siempre presente para que te dispararan o golpearan, como en la clandestinidad, se respiraba allí una extraña libertad. No existía bajo la dictadura de Batista, desde el punto de vista legal, la pena de muerte; te mataban sin juicio y sin ley. Te torturaban, te asesinaban y después te tiraban muerto en un sitio oscuro, como hicieron con miles de mis compañeros.

Había visto, y sólo de lejos, a Fidel Castro en 1947, cuando la expedición de cayo Confites contra Trujillo. Después, como periodista opositor en el canal de televisión de *El Mundo*, al llegar a Santiago el 27 de julio de 1953, había descubierto la terrible carnicería del Moncada: los cuerpos de jóvenes asesinados, tirados por el piso del cuartel, los gritos de las madres de los soldados muertos en combate, o matados entre ellos en la confusión del tiroteo, porque los asaltantes iban vestidos con uniformes de sargento... El resultado de aquella carnicería fue de veinticinco soldados muertos y cerca de cien jóvenes, casi todos asesinados por la ferocidad de los guardias, el ataque fue tan breve, que no hubo casi muertos entre los asaltantes en el momento inicial.

El responsable principal era Batista (y su golpe militar, que derrocó la democracia), pero vi claramente los resultados terribles de aquella acción y tuve la clara intuición de la peligrosidad de quien fue capaz de lanzar a la muerte aquel puñado de jóvenes. Con él no estaré nunca, pensé, contra Batista, siempre, me dije entonces. A la salida de la prisión había visto a Fidel Castro en una breve entrevista para la revista *Carteles*, el 15 de mayo de 1955. Después la lucha clandestina, los extraordinarios compañeros del 26, en las ciudades, me fueron envolviendo en la lucha y ahora estaba a punto de encontrar a Fidel Castro, que era el comandante en jefe del Ejército Rebelde, en la sierra Maestra.

UNA CARTA TESTAMENTO. LA EMISORA

Sierra Maestra, 6 de junio de 1958

Celia:

Franqui está trabajando mucho en el asunto de la propaganda y eso me despreocupa mucho del problema de la planta. Me falta sólo que los teléfonos se extiendan.

En la casa que se va a hacer aquí arriba yo necesito luz buena, bien sea de un farol de ésos o una plantica; si puede ser el farol, mejor, para tener menos trabajo. Para que la gente sepa de esa casa lo menos posible, se puede continuar usando también ésta.

Al ver los cohetes que tiramos en casa de Mario, me he jurado que los americanos van a pagar bien caro lo que están haciendo. Cuando esta guerra se acabe, empezará para mí una guerra mucho más larga y grande: la guerra que voy a echar contra ellos.

Me doy cuenta que ése va a ser mi destino verdadero.

Fidel

Diario de la Revolución Cubana, pp. 471-473

LA SIERRA MAESTRA

La primera sensación que tuve aquel atardecer del 29 de mayo de 1958, al aterrizar en el terraplén cerca del mar de la costa sur de la sierra, fue de libertad; no sé si el aire de las montañas o la resplandeciente naturaleza de los bosques que sólo en los claros me dejaban ver el cielo, no sé si era por haber dejado atrás el exilio de Miami o porque aquello no era las ciudades de Cuba. La clandestinidad, tiro al blanco de los cuerpos represivos de Batista, terminaba siempre en la prisión, la tortura o la muerte. Era una sensación paradójica, porque al despegar la avioneta de Díaz Lanz, quedé solo, con cajas de armas y municiones que a duras penas escondí entre la tupida vegetación, pues no sabía en qué territorio estaba ni si iba a encontrar a los guardias o a los rebeldes, pero me sentía libre. A poco apareció Pedro Miret con unos barbudos, nos abrazamos y partimos hacia La Plata donde estaba la comandancia de Fidel Castro. Unas subidas de madre, de horas y horas, para mí, que acababa de salir de un hospital y que nunca había subido grandes montañas de esta dimensión.

Pedrito, que era mi amigo desde hacía tiempo, en la Universidad me advirtió: «No te identifiques con Faustino y la dirección del Llano, ya que están en desgracia. Han sido sustituidos y van a ser mandados a buscar pronto. Tú te salvaste porque, como yo, estabas fuera de Cuba».

Al llegar a la comandancia, Fidel Castro me recibió con un abrazo, me dijo que era el «único de los mandados a buscar al extranjero que había venido después del fracaso de la huelga del 9 de abril». Cuando una sensación de derrota sustituyó la sensación de victoria anterior de que Batista se quería con la huelga, después de que las instituciones cívicas, los colegios profesionales y hasta la Iglesia pidieran su renuncia y de que Estados Unidos decretara el embargo a la venta de armas a su dictadura.

Sin dejarme respirar del cansancio, el Comandante me invitó a acompañarlo a La Vega, bien distante de La Plata.

Fue una bajada tremenda en que eché el bofe y no sentía el cuerpo. Siempre corriendo más que caminando, loma abajo, para seguir las enormes zancadas de Fidel, que evidentemente estaba probando mi temple y voluntad.

Llegué a La Vega casi muerto y me quedé dormido durante horas.

Poco después, regresé con Fidel a La Plata, con el viejo cansancio unido al nuevo y esta vez no de bajada, sino de subida.

En estos viajes no hablamos una palabra, porque Fidel siempre estaba a 5 o 6 metros delante de mí. Casi al final ocurrió algo que me hizo ganar el respeto del Comandante. Subiendo un sendero entre los claros del bosque, nos sorprendió una escuadrilla de aviones enemigos que al descubrirnos comenzaron a ametrallarnos a ras de tierra. No había tiempo para correr a esconderse entre los árboles, cuando descubrimos un hueco en la tierra en el que cabía un hombre. (Días antes, Castro había mandado al recién llegado comandante Huber Matos a cavar estos huecos en los caminos que subían por la montaña, de manera que los guerrilleros francotiradores pudieran disparar a los guardias que subían sin mayores riesgos.) Miré a Fidel, Fidel me miró. Nos miramos de nuevo y entonces le dije, con gran miedo: «Métete en el hueco, Fidel, que tú eres más importante para la Revolución que yo». Y mientras Fidel se metía en el hoyo, me dejé rodar loma abajo. Las ráfagas por suerte no me alcanzaron y antes de que los aviones retornaran, emprendí veloz carrera y me metí en los árboles mientras la escuadrilla hacía un nuevo vuelo. Dejamos atrás la zona en que nos habían descubierto y subimos hacia un monte más alto y más tupido.

Se suponía que aquél sería mi primer día como director de Radio Rebelde, misión para la que había sido mandado a buscar. Al llegar al campamento de La Plata, Fidel me indicó que viviría con ellos en un pequeño rancho que allí tenía. Había una «colombina». Pusieron otra y una hamaca arriba de las dos camitas, donde me dijo Celia que dormiría ella.

Sorprendido, protesté alegando que no quería causar molestias ni que ella me diera su cama. Me contestó que siempre dormía en la hamaca. En realidad, me sentía incómodo, pensaba que si un hombre y una mujer duermen en una misma habitación, y más en una guerra, debería de existir una relación íntima y no quería «pasmar», como se dice en cubano. En eso llegó Fidel y reafirmó lo dicho por Celia y tuve que aceptar. Debo decir que durante el tiempo que dormí con ellos nunca vi intimidad alguna. Dormíamos vestidos y sólo nos quitábamos los zapatos, que por cierto no tenían muy buen olor.

Al otro día, Fidel me dijo de acompañarlo a Radio Rebelde, que estaba no lejos del campamento, en lo alto de la montaña y en un tupido bosque que la camuflajeaba. Allí estaba Eduardo, el técnico, y los locutores, a los que fui presentado.

Antes de comenzar la transmisión, Fidel escribió un papelito que debía leer el locutor y por cortesía me dio a leer su contenido. Era mi presentación y decía: «Comandante Carlos Franqui, director de Radio Rebelde, miembro de la dirección del Movimiento 26 de Julio». Salí a tomar un poco de aire y le dije allí:

—Fidel, no puedo aceptar grados, porque no soy militar, y no lo digo por complejo de luchador de la clandestinidad. Allí he corrido muchos peligros, torturas y prisiones, pero siempre me he sentido un civil, un hombre con una contradicción: que predica la violencia, pero no la practica. Todos mis actos clandestinos, de sabotaje o confección del periódico, los hice desarmado, y si tenía que hacer estallar una red telefónica, advertía a los que estaban allí: «¡Gente! ¡A correr, gente, que acabamos de poner una bomba!». Y me divertía el «sal pa fuera» que se armaba. Aquí, aparte de mi trabajo en la radio, pienso organizar altoparlantes para hablarle a los guardias en medio del combate, incluso para despistarlos, haciendo parecer que tenemos más armas o morteros, convirtiéndolos en varios, corriendo por la montaña. Pero no tengo armas, no las quiero. Estas hondonadas de la sierra Maestra harán que mi voz llegue muy, muy lejos. Me parece muy bien que tu nombre y el de los comandantes se mencionen cuando se hacen los partes del combate, pero como yo vengo de la clandestinidad, que es anónima, no es necesario dar mi nombre en todas las transmisiones, como se hacía cuando Luis Orlando Rodríguez [el director que sustituía]. En cuanto a ser miembro de la Dirección, acepto, pero tú sabes desde México que tengo fama de discutidor. Acepto tu jefatura, pero siempre diré lo que pienso. Sin temor a discrepar y sin necesidad de ser un «yes man», me comprometo a hacer de Radio Rebelde una cadena que con la ayuda de emisoras amigas del exterior llegue a Cuba y a América, y a organizar una red de planticas de radio en cada columna para tener una buena comunicación militar.

Fidel me miró como pensando de dónde habría salido, pero aceptó y sólo fui presentado como Carlos Franqui, director de Radio Rebelde y miembro de la Dirección del 26.

Años después aquella reacción instintiva de no aceptar grados, de no pertenecer al Ejército Rebelde, me permitió libertades y me salvó de muchas crisis que a otros imponía la disciplina militar.

En aquellos días de los primeros meses del 58, el secuestro a Fangio, las condenas de las instituciones cubanas a Batista, incluso de la Iglesia, y el embargo de armas habían creado una euforia de triunfo y casi todo el exilio se apresuraba a regresar a la isla. Fue en ese clima de euforia, interna y externa, que la Dirección del 26, después de una reunión en la sierra Maestra y con el acuerdo y aval de Fidel Castro, declaró el 9 de abril la huelga general que por falta de organización obrera, carencia de armas y errores tácticos fracasó rotundamente y causó a la clandestinidad una derrota que Castro aprovechó para intervenirla, asilando en la sierra a sus dirigentes y la Dirección Nacional fue sustituida por comandantes que tenían la instrucción de paralizar la lucha en la ciudad con la consigna «Todo para la sierra Maestra».

El fracaso de la huelga de abril y la depresión que sucedió a la anterior euforia impulsaron a Batista a desencadenar una ofensiva para liquidar la guerrilla serrana, en una operación dirigida por el general Eulogio Cantillo, en la que participaron unos mil doscientos soldados, buena parte de ellos, los llamados «casquitos», reclutas sin experiencia militar. Uno de los objetivos de la ofensiva era rescatar a un grupo de guardias prisioneros del Ejército Rebelde.

El general Cantillo comenzó por subestimar a las fuerzas rebeldes, no en la cantidad, pues éramos unos trescientos guerrilleros, sino en la moral combativa y en la experiencia guerrillera. Fidel envió una carta, mediante un práctico, al general invasor, y al dármela para que la viera, le objeté que en ella reconocía que éramos físicamente una pequeña guerrilla. Fidel decía que, si nos derrotaban militarmente, daríamos un ejemplo imperecedero de valor y patriotismo ante la historia de Cuba. Su respuesta fue: «No te preocupes». Más tarde, conociéndolo mejor, comprendí que la táctica de Fidel era acentuar la subestimación de Cantillo.

Las fuerzas del Ejército avanzaron rápidamente sin encontrar mucha resistencia inicial, tomando los poblados de Las Mercedes y La Vega, y penetrando hasta Santo Domingo y otros lugares. El 29 de junio de 1958, el territorio rebelde había quedado reducido a no más de 3 kilómetros, alrededor del campamento de La Plata. Allí estaba sólo Fidel Castro con su mirilla telescópica, Celia Sánchez y cuatro o cinco guardias rebeldes, algunos con armas cortas.

Fue la segunda vez que vi a Fidel Castro dando vueltas en redondo, sin parar, como enloquecido. La primera había sido cuando estaba preso en la cárcel mexicana y temía que, al no ser liberado, no podría cumplir su juramento público de desembarcar en Cuba, en 1956.

Fidel, al ver cómo escapaba la última familia campesina, angustiado, nos dijo a Celia y a mí que íbamos a tener que volver a la guerrilla del «pega y huye». Por esa época, teníamos un territorio fijo donde estaba la comandancia, Radio Rebelde, la armería, la ganadería, la escuela y el hospital, experiencia iniciada por el Comandante Guevara en La Mesa a fines del 57, que terminó en desastre por falta de condiciones militares para retenerla.

La noche del 29 de junio sería una noche decisiva. Fue mi bautizo de fuego, «disparando» arengas mediante un rudimentario altoparlante ampliado con una bocina de cartón para que la acústica de las hondonadas amplificara mi voz y la expandiera entre las montañas. Me puse de acuerdo con Braulio Coroneaux, nuestro sargento ametralladorista, que se había unido a Frank País, había sido militar y cuando el asalto al cuartel Moncada, el 26 de julio de 1953, con su ametralladora, rechazó a los hombres de Fidel Castro. Nuestro ametralladorista era tan hábil que disparaba la 50 tiro a tiro. Pedro Miret manejaba un mortero. Yo gritaba por el altoparlante: «¡Coroneaux, dispara la 50!». Dejaba pasar unos instantes y, mientras Coroneaux corría, decía: «¡Pedrito, hazles sentir el mortero!». Después hacía lo mismo con la fusilería, mientras Coroneaux y Pedro Miret, del otro lado de la loma, disparaban como si fueran otros ametralladorista y morterista, y al igual hacían los fusileros. De esa manera les dábamos la sensación a los guardias, abajo entre el río y el valle, de que estaban rodeados. En algunos momentos, se declaraba un alto al fuego mientras yo «descargaba» por el altoparlante: «¡Soldados, mientras ustedes pelean y están a punto de morir, los generales en Columbia se lo roban todo! ¿Qué será de sus familias sin recursos? ¿Quién las mantendrá si ustedes mueren? ¡Somos humanos! ¡Curamos a los heridos, y a los prisioneros los liberamos cuando tenemos oportunidad! ¡No defiendan más a un ejército que es su propio enemigo!».

A Sánchez Mosquera, que era el más famoso de los coroneles de Batista, yo le gritaba: «¡Sánchez Mosquera, asesino! ¡No asesines más campesinos!».

En un momento, los morterazos enemigos comenzaron a pegar cada vez más cerca de donde estábamos. Estuve a punto de gritar: «Sánchez Mosquera, qué mala puntería tienes!», pero pensando «a lo guerrillero», cambié y dije lo contrario, y dejé de hablar unos momentos. La estrategia dio resultado: los morterazos fueron dirigidos hacia otra parte.

Esta táctica de los altoparlantes me la había inspirado el gran periodista cubano Pablo de la Torriente Brau, luchador de la Revolución del Treinta y combatiente en las Brigadas Internacionales, que la practicó en la República, contra los fascistas, con otros compañeros, y que allí finalmente murió. También la usamos en la Batalla del Jigüe, con la ayuda de David Salvador y otros compañeros y además ofreciendo treguas con cigarros y con salir cierto tiempo de la trinchera, lo que desmoralizaba a los soldados enemigos, que finalmente terminaban por rendirse. Los chuscos decían que los guardias se rendían porque nuestro «Quinteto Rebelde cantaba tan mal que era mejor rendirse que oír.

Antes de esta ofensiva y con la posibilidad de que los abastecimientos que venían de la ciudad se cortaran, Fidel Castro ordenó a Camilo Cienfuegos requisar miles de vacas de los potreros cercanos, para lo cual escribió una carta a sus propietarios prometiéndoles una indemnización que nunca pagaría, y distribuyó el ganado entre familias campesinas, con severos controles y en zonas inaccesibles de la sierra Maestra, custodiadas por rebeldes, con estricta disciplina para sacrificarlas.

Hubo un salto de calidad y cantidad en la alimentación rebelde, pero que implicó diferencias, antes no tenidas, con todos los guerrilleros, que comían lo mismo sin importar el grado que tuvieran.

En una de las primeras conversaciones tenidas por Fidel con la Dirección de la clandestinidad que había llegado recientemente (en la práctica recluida en La Plata, por orden suya), conservando los cargos sólo en apariencia, decidí plantear una cuestión delicada, pero de principios. Dije:

—Hasta ayer todos comimos igual. Hoy me ha tocado un delicioso bistec, pero como una res tiene carnes diferentes, buenas, regulares y malas, he visto que a la mayoría de la tropa no le ha tocado lo mejor. Ésta no es una cuestión personal, es una cuestión de principios. En la época que militaba en el Partido Comunista leí un libro sobre Lenin que, como la mayoría de los dirigentes bolcheviques, dormía en una «colombina» y hacía una vida muy austera durante la clandestinidad, pero al tomar el Palacio de Invierno y el poder, terminó la práctica igualitaria y austera, y estableció privilegios para dirigentes y cuadros. Nacía así lo que Milovan Djilas señalaría más tarde como «la nueva clase», una de las causas del fracaso del comunismo soviético, y para mí, una de las razones para que en 1946 dejase aquel partido burocrático y corrompido, en que los dirigentes disfrutaban todos los privilegios, incluso el de convertirse en amantes de las mujeres de compañeros menos importantes, y vivían como burgueses, mientras que a los militantes se les criticaba por beber una cerveza, ir a una fiesta o leer un libro de poemas. El filete da para poco y la palomilla también. Mañana en el poder serán las casas y los privilegios para los jefes, y lo que sobre para el pueblo.

Entonces Fidel Castro, calmado, sin irritarse, me contestó:

—Tú sabes que soy un hombre muy grande, con mucho apetito, que gasta mucha energía caminando por las montañas; que tengo que sentirme bien para dirigir y ganar la guerra, que es lo más importante.

—Eso es verdad, Fidel—respondí—. Pero antes también tenías que hacer lo mismo y todos comíamos igual. Como dije antes, esto no es una cuestión personal ni de si a ti te toca el filete y a mí la palomilla, no, y no estoy hablando de un igualitarismo imposible. Ni estoy hablando de igualdad absoluta ni es esto lo que me importa. Ya la quiso la Revolución Francesa y después la contradicción entre libertad e igualdad se hizo patente. Sé que la libertad es más importante que la igualdad y que la impide, pero sin fraternidad, las desigualdades hacen que no haya revolución.

—Si como dices, no puede haber igualdad absoluta, hay que admitir que no todos tienen la energía y la vitalidad que la guerra les exige, que es mayor para algunos, que hay que aceptar estas diferencias, Franqui —respondió Fidel.

—Sí, pero Fidel—yo le pregunté—, ¿no era más difícil y dura la guerra de la guerrilla inicial, de pocos hombres, siempre perseguidos y corriendo por las montañas, que la de ahora, y era muy importante que la dirigieras bien tú o el Che, Camilo y los otros jefes? Sin embargo, comían igual, ¿por qué?

—Franqui, eran tiempos diferentes aquéllos. Hoy el ataque enemigo es muchas veces mayor, como el territorio nuestro también, y la dirección de la guerra es mucho más difícil que antes, en que la acción prevalecía y casi no había que pensar. Tú sabes que a mí no me importan las riquezas a pesar de nacer en una familia privilegiada. ¿No está hoy la tropa mejor que antes, después que di la orden de requisar el ganado de Arcas?

—Es verdad, Fidel, todo esto que afirmas; lo que quise señalar es el peligro futuro de este precedente comparándolo con lo ocurrido en otras revoluciones.

—Esta revolución, Franqui, te lo aseguro, no correrá esos peligros.

Y con esas palabras, dio por terminada la discusión. Además agregó:

—Estoy seguro de que, si le preguntas a la tropa o a los campesinos si están de acuerdo con la medida, van a estar totalmente de acuerdo conmigo, Franqui, porque su alimentación ha mejorado.

—Si hablé de filete, Fidel—respondí—, fue como símbolo. Porque cada res sólo tiene un filete y el filete es el símbolo de la diferencia económica entre ricos y pobres; hay el «filete económico»; el «filete de las casas»; el «de los puestos»; el «de los honores», que no sólo son morales sino materiales; el «filete de poder»... Y aquí acabamos más o menos de pasar de la igualdad de la igual, que duró hasta ayer, una especie de igualdad en la dificultad o en la carencia de recursos de la guerrilla, a la otra, y mi preocupación no es la igualdad absoluta sino el precedente de cómo encontrar un equilibrio entre la desigualdad de los que mandan y gobiernan y las mayorías gobernadas. Una especie de fraternidad entre la necesaria libertad y la imposible igualdad.

Los buenos tiempos de estas discusiones difíciles no duraron mucho. En la medida en que la ofensiva fracasó, las discusiones se hicieron más difíciles, y a partir de la invasión de las columnas rebeldes hacia Oriente y Occidente, comenzaron los problemas. La dirección allí era un fantasma. No había reuniones ni acuerdos ni Estado Mayor. No se discutían las leyes que Fidel decretaba y que firmaba con Sorí Marín, auditor legal del Ejército Rebelde. Llegaban intrigantes de la ciudad. Uno de ellos con la tesis incluso de cambiar el nombre del 26 por el de Movimiento Fidelista, cosa que agradó y tuvo la simpatía de Castro. Yo le dije que creía que estábamos contra el caudillismo, contra el personalismo y la politiquería.

—¿Cómo es posible, ni cómo se puede aceptar que el 26 cambie su nombre y lleve el tuyo propio? Todo el mundo sabe que tú eres su jefe, pero no veo por qué también tiene que llevar tu nombre.

Fidel me interrumpió, respondiendo con absoluta tranquilidad:

—Tú sabes que yo me llamo Fidel Alejandro. Como Alejandro había sido bautizado, no tanto por el famoso guerrero, sino por un padrino rico vecino a su padre y Alejandro era el nombre que él usaba como nombre de guerra en sus cartas a la clandestinidad. Yo podría quitarme el nombre y llamarme sólo Alejandro y así el Movimiento podría llamarse «fidelista».

—¿Es una broma, Fidel?—respondí y viré la espalda y tomé el sendero que conducía a la Radio Rebelde. Más que una sensación, ya era una realidad el caudillismo y el militarismo de Fidel. Una realidad indiscutible. A partir de ese momento, las discusiones aumentaron y tuve dificultades en Radio Rebelde.

Por esa razón, escribí una carta a Fidel y a la Dirección del Movimiento, sobre lo que estaba sucediendo, pero que no hizo más que agudizar el conflicto.

LA OFENSIVA

Trescientos rebeldes de la sierra Maestra, bien dirigidos por Fidel Castro y otros comandantes, pelearon con valor (cayeron en combate hombres como Cuevas, Paz y René Ramos, entre otros) y pararon el avance enemigo de mil doscientos hombres, que habían reducido el territorio rebelde a menos de 3 km². Allí estaba la comandancia general, el hospital y la Radio Rebelde. La primera decisiva victoria fue el rendimiento y derrota en el combate de Santo Domingo, después de los doscientos sesenta hombres del Jigüe, una importante victoria que inició el fin de la dictadura de Batista y de un ejército desmoralizado, con el pueblo en contra y el abandono de Estados Unidos, con su embargo de armas, que a partir de entonces, ante la ofensiva de las columnas rebeldes, terminó rindiéndose masivamente, después de breves escaramuzas y combates. Todos estos fueron factores importantes en la victoria insurreccional. Che Guevara, con su capacidad de decir verdades, lo confirmó al decir en su *Diario de la Invasión* «que el Ejército no quería pelear más».

Aquélla, más que militar, fue una victoria política. Lo prueban las cifras. Durante dos años de lucha, la guerrilla tuvo menos de doscientas bajas, veintinueve cuando la ofensiva y nueve cuando la invasión y los combates finales en Santa Clara y toda la isla. Se rindieron más de treinta mil soldados, incluyendo los grandes cuarteles de Santiago de Cuba, Santa Clara y Columbia, ante el avance de mil rebeldes. El éxito de la vanguardia guerrillera que Fidel Castro mitificó después de la victoria, haciéndola parecer como la sola protagonista, no hubiese ocurrido jamás sin la acción de la clandestinidad, que envió a la guerrilla la mayoría de sus hombres, armas, medicinas, comida, dinero y periodistas famosos, que produjo miles de sabotajes en toda la isla, que organizó muchas huelgas, que tuvo miles de muertos y que realizó las grandes acciones que en otras ocasiones he contado. Además de crear una conciencia popular que hizo que la población se abstuviera cuando las elecciones del 3 de noviembre de 1958 y que apoyó la huelga de enero de 1959, en el momento de la victoria.

LAS VEGAS DE JIBACOA: 253 PRISIONEROS

Acto de entrega de heridos y prisioneros militares del régimen al Comité Internacional de la Cruz Roja por el Ejército Rebelde del 26 de julio.

En la casa del señor Bismark, zona de Las Vegas de Jibacoa, situada entre las líneas de combate de ambos ejércitos, declarada terreno neutral en la tregua de 48 horas de ese sitio, que comenzó a las 6 a. m. Del día 23 de julio, y que por mediación del Comité Internacional de la Cruz Roja aceptaron ambas partes, se hace entrega de dichos heridos y prisioneros a los señores Pierre Jacquier y Jean-Pierre Schoenholzer, delegados del Comité de la Cruz Roja Internacional, de acuerdo con la proposición del comandante jefe rebelde Fidel Castro, aceptada por esa Institución.

Estos heridos han recibido las primeras curas del cuerpo médico del Ejército Rebelde.

Al entregar los heridos y prisioneros a la Cruz Roja Internacional, cesa la responsabilidad del Ejército Rebelde y queda al cuidado de esa humanitaria institución universal la atención médica y física de todos ellos, que los pone al cuidado de la Cruz Roja Cubana.

Los delegados del Ejército Rebelde del Movimiento 26 de Julio hacen constar su gratitud a la magnífica labor realizada a los delegados del Comité Internacional de la Cruz Roja y al personal de la Cruz Roja Cubana por la ayuda prestada.

Adjunta la relación de heridos y prisioneros entregados. Son en total 253, de ellos 57 heridos.

Y para que así conste, firman la presente acta en la sierra Maestra a los 24 días del mes de julio de 1958.

> Pierre Jacquier y Jean-Pierre Schoenholzer
> Delegados del Comité Internacional de la Cruz Roja
> Faustino Pérez y Carlos Franqui
> Delegados del Ejército Rebelde del Movimiento 26 de Julio
> Testigo: Coronel José Mesa Ramos, por la Cruz Roja Cubana

UN ESPÍA

En octubre de 1958 llegó a la comandancia de La Plata un periodista nor-teamericano, una de las tantas visitas de los reporteros de aquel país, a la sierra Maestra, iniciadas en febrero de 1957, y en mayo de aquel año, cuando la visita de Mathews, del *New York Times*, primero, y de Robert Taber, de la *Columbia Broadcasting System*, y que después continuaron durante todo el 57 y el 58. La visita del reportero coincidió con la celebra-ción de la Serie Mundial de Baseball en Estados Unidos, en la que juga-ban los Yankees, campeones de la Liga Americana y, si no recuerdo mal, el Milwaukee de la Nacional. Teníamos muy buen aparato de televisión en la Radio Rebelde, en el tupido bosque cercano, no lejos de la coman-dancia de La Plata. Pensé que a este periodista le interesaría fotografiar a Fidel Castro, jefe de la guerrilla, que era fanático de los Yankees, mientras veía los juegos.

Lo invité y para mi sorpresa vi que no le interesaba y que su interés era observar el terreno donde estaban las pequeñas casas de la coman-dancia, la tienda rebelde, la radio y otros lugares visibles desde el cielo, camuflados por el bosque. Andaba, además, con una serie de aparatos, con los que medía con el pretexto de tomar fotos o de filmar ambiente para la entrevista. Me puse a pensar y llegué a una conclusión: aquél no era un periodista. Imposible que a un periodista americano no le intere-sara tomarle una foto al jefe de la Revolución viendo la Serie Mundial de Baseball. Fui a donde estaba Fidel, le informé y le dije: «Fidel, éste no es un periodista, es un espía». Fidel soltó una palabrota y me dijo: «No di-gas nada a los compañeros, muéstrate gentil con el americano, que se va esta noche, para que no sospeche nada. Inmediatamente que se vaya cambiaremos todo. Tu observación es muy buena». Esa noche se desar-maron las casas, se simuló la siembra de árboles y se cubrieron de vegeta-ción los trillos antes del amanecer. Nos alejamos del campamento y nos metimos en lo más intricado de los bosques cercanos. Fidel dio instruc-ciones de no movernos ni hacer ruido alguno que permitiera a los avio-nes detectarnos y ametrallarnos.

En cuanto el día se hizo claro, apareció la aviación y comenzaron a descargar bombas y metralla por todos los alrededores. Por su vuelo nos dimos cuenta que no podían distinguir los blancos de más de 200 metros de las casas de la comandancia. Era evidente que el espía había reconocido, filmado y medido todo el alrededor y que guiaba desde un avión a la escuadrilla, pero no dieron con el objetivo preciso. El bombardeo no fue eficaz, no tuvimos bajas y posteriormente Fidel Castro dio órdenes para que con la madera escondida se reinstalara en el mismo lugar la comandancia. Me dio las gracias y me felicitó por mi observación. Mediante nuestras usuales comunicaciones telegráficas con el Movimiento de toda la isla, les advertimos de lo ocurrido y pedimos que trataran de averiguar lo posible sobre el supuesto reportero. Miembros del Movimiento se movilizaron en varias ciudades y finalmente confirmaron efectivamente que se trataba de un espía y no de un reportero.

DIFICULTADES Y PROBLEMAS DE LA CLANDESTINIDAD

La dirigencia clandestina no concedió la importancia debida a la lucha guerrillera en las montañas, que era el caballo de batalla de Fidel Castro. Entre los dirigentes de la ciudad había otras opiniones. Frank País, el comandante Daniel, la guerrilla del Escambray y este cronista creíamos que la victoria contra Batista se alcanzaría en las ciudades, donde vivía la mayor parte de la población y estaba la casi totalidad de la membresía del 26 y el Directorio. Este proceso debía terminar con una insurrección y una huelga general, que darían el puntillazo a la dictadura. El Directorio, con una variante, pensaba en la estrategia de golpear arriba, eliminar al dictador y tomar al palacio presidencial. ¿Por qué pensaban así la mayoría de los dirigentes clandestinos? Quizás los fracasos de los frecuentes levantamientos ocurridos en la República, los llamados «alzados», hicieron olvidar que las guerras de independencia de Cuba tuvieron como escenario el campo, no la ciudad enemiga. Era evidente que, sin la incorporación de la ciudad, la victoria no era posible. Fidel Castro no pensaba así, quizás por ser oriental, haber nacido cerca de la montaña y por cálculos políticos; la guerrilla era menos peligrosa y más heroica; por ello escogió para su acción y más tarde para sus columnas (o las de sus comandantes Raúl Castro, Almeida, Guevara, Camilo, Húber Matos) escenarios casi siempre montañosos.

La ciudad estaba en manos enemigas y era un cementerio de revolucionarios. La montaña, aislada, difícil, era casi libre. Bastaba moverse con una cierta rapidez o astucia, tener informaciones, abastecimiento, hombres, armas, parque, medicinas, dinero y otros recursos que la ciudad enviaba, un mínimo de apoyo de algunos guías campesinos, para burlar un ejército burocrático, citadino, desmoralizado y viejo, al que sólo subir una montaña le parecía un imposible—no había en Cuba una tradición de escalar montañas, existentes sólo en ciertas zonas de Oriente y Las Villas; excepto la sierra Maestra y algunas que otras, las demás son lomitas y colinas—. La psicología del soldado era que el cuartel era su casa. Allí se sentía protegido, fuerte. Si lo atacaban, se defendía con furia. Bien protegido por muros y armas, era dificilísimo de tomar un cuartel. Cuando se alejaba del cuartel, comenzaba a perder sus fuerzas; cuando entraba en un terreno inhóspito y desconocido, donde el enemigo estaba protegido por el bosque y el terreno podía atacar por sorpresa y desaparecer como por arte de magia, se sentía perdido. Únase a eso que de vez en cuando una mina rebelde, hecha en la mayoría de los casos con los recursos de las bombas lanzadas por los aviones que no estallaban, bien colocada en un camino, hacía estallar un jeep, un camión o un tanque, desconcertando más todavía al soldado. La subestimación evidente que siempre tuvo el Ejército por la guerrilla, ni siquiera cuando enviaron la ofensiva la consideraron, prueba el informe de Cantillo, el mayor general que dirigió la última gran ofensiva, al considerarla unos cuantos escopeteros mal armados y desmoralizados, a los cuales era fácil derrotar con un par de miles de casquitos y unos pocos soldados profesionales.

Era evidente que la ciudad iba a ser el frente principal. Allí había que desgastar el aparato enemigo, policíaco, de confidentes y aun militar. Sólo la conciencia de la ciudad sería al fin fatal a Batista: clase media, movimiento obrero, clases altas, conspiraciones militares, era clarísimo que los militantes clandestinos estaban siempre poniendo la cabeza en un tiro al blanco. Por bien organizado o buen conspirador que se fuera, más tarde o más temprano, la policía o los chivatos descubrían los talleres de bombas para el sabotaje, las imprentas y los escondites de los militantes y de los dirigentes revolucionarios. Era imposible que todos resistieran la tortura, bastaba que hicieran hablar a uno y era ya una cadena de gente la que caía.

Fidel Castro no ignoraba los peligros de aquella situación. Y si es evidente que no dio la orden de que había que abandonar la ciudad para ir a la sierra Maestra, cosa que pudo hacer por lo menos con los hombres más preparados de la Revolución, aunque fuera imposible el abandono de la ciudad, sí pudo ordenar con su prestigio y autoridad que cada vez que un dirigente estuviera quemado, fuese a la montaña.

La dirigencia clandestina, con su coraje y amor propio, con su lealtad, heroica y justa de que no se podía abandonar la ciudad y a sus habitantes, con su sobreestimación de que la ciudad era el frente de la victoria y que estar allí era dirigir la Revolución y evitar así los peligros del caudillismo y del militarismo de Castro, y de algunos de sus comandantes, ya visibles, y no ignorados por la dirigencia clandestina, en conflicto casi abierto con su jefe, como muchos documentos de entonces prueban.

A principios del 57, los dirigentes del Movimiento estábamos en una situación sin salida; si no reforzábamos la sierra, el Ejército podía acabar con la guerrilla y dar un golpe casi mortal a la lucha porque allí estaba su dirigencia; y hubiera sido muy difícil que después de semejante golpe la lucha hubiera podido seguir con la intensidad de antes. Durante todo 1957, las guerrillas de Fidel Castro, del Che Guevara y de los otros hubieran perecido si no hubiesen recibido cuatro refuerzos de hombres, de armas, de medicina, de comida y de periodistas como Herbert Mattews o Bob Taber del *New York Times* y la CBS, entre otros, que hicieron reportajes allí y que le dieron a la guerrilla y a la lucha revolucionaria una dimensión internacional.

En el Directorio, la cosa era más dramática que en el 26, porque el Directorio era casi cien por cien habanero y tenía sus líderes en la Universidad de La Habana, y su estrategia de golpear arriba, de atacar palacio y de matar a Batista, nunca cambió. El Directorio actuaba en La Habana, ciudad que Fidel Castro subestimó, no así una parte de la clandestinidad del 26, pero que el Directorio sobreestimó, y eso explica el asalto del 13 de marzo al Palacio, heroico, extraordinario, imprescindible en la lucha revolucionaria, pero que significó casi la muerte física y política del Directorio, al no tener tiempo de recuperarse en los meses subsiguientes. Fue una operación comando, casi suicida, heroica, que conmovió al país, que golpeó en el corazón de la capital, pero que costó al Directorio, casi sin excepción, además de la muerte de su líder, José Antonio Echevarría, de su jefe militar Carlos Gutiérrez Menoyo, de sus menores dirigentes, jefes y cuadros, pérdidas de las que no tuvo tiempo de reponerse. El Directorio no entendió tampoco la importancia de la guerrilla, excepto Eloy Gutiérrez Menoyo, hermano de Carlos, que se alzara, y en realidad después del desembarco de la expedición de Cubelas, y de Chomón, allí se quedó Cubela, se privilegió todavía el envío de armas a La Habana al refuerzo de la propia guerrilla.

En los últimos tiempos de la guerra surgió un fenómeno espontáneo, que de haber ocurrido antes, hubiera cambiado el destino de la insurrección. Fue el de los escopeteros, alzados casi por la libre, que surgieron en casi todos los campos, alrededores de las ciudades y pueblos de la isla.

Los héroes de las ciudades eran anónimos, clandestinos, casi siempre terminaban mal, sus jefes eran casi desconocidos. Fidel Castro y sus comandantes formaban parte de aquel ejército del que la Radio Rebelde, la radio clandestina, en sus partes de combate daba nombres y hazañas. Eran ellos los únicos conocidos, los únicos héroes, los que tenían una organización militar, con disciplina, un jefe que era Fidel Castro, el nuevo instrumento del poder a la victoria. La clandestinidad pagó con su muerte política el haber surgido en el lugar más difícil, que fue la ciudad, el haber sido el sitio de desgaste del enemigo y el escenario de la derrota, que se produjo más por razones políticas que por combates militares. La rendición del Ejército, incapaz de seguir combatiendo un pueblo que se le oponía, fue más civil que militar.

El precio de ese desgaste significó, junto con otros errores, no sólo de subestimación, principalmente el de la huelga de abril, que la clandestinidad no quedara en condiciones de igualdad al terminar la guerra. La toma de una ciudad como la de Cienfuegos, el 5 de septiembre de 1957 tuvo tremenda importancia con grandes combates y dividió al Ejército, que rompió la confianza de Batista en sus hombres, una combinación de conspiración de la Marina de Guerra, del 26 de Julio y de otros grupos. Al no poder extenderse esta conspiración por otras partes del país, Cienfuegos tuvo que rendirse. Todas las victorias de la clandestinidad terminaban en derrotas, como en derrotas había terminado el asalto de Fidel Castro al cuartel Moncada, el desembarco del Granma, Alegría del Pío, derrotas que no impidieron que Fidel Castro no sufriera sus consecuencias, pero que sí hicieron que la ciudad las sufriera al final de la guerra. Hubo hombres, como Armando Hart, impulsor de la teoría del foco de la sierra Maestra, que con su falta de visión influyeron sobre la clandestinidad, así como lo hizo la concepción de algunos de los dirigentes del Directorio, de pensar sólo en La Habana como sitios de combate decisivo.

Fuera de la sierra, en las ciudades y en plena clandestinidad, ocurrieron las principales acciones y luchas (el asalto al Palacio Presidencial; la rebelión de Cienfuegos; la huelga de agosto por la muerte de Frank País; la toma de la ciudad de Santiago de Cuba, el 30 de noviembre del 56, por la milicia de Frank País, que por primera vez mostró el uniforme verde olivo con su brazaletes rojos y negros; las huelgas, como la azucarera del 55, la eléctrica y bancaria del 57, la de agosto del 57, la de abril del 58, que terminó con una derrota, única derrota que hizo pagar sus consecuencias a sus dirigentes, la huelga final del primero de enero del 59, que consolidó la victoria frente al golpe militar de Cantillo) que por su significado político prueban qué importancia tuvo el movimiento obrero, la Resistencia Cívica y la organización clandestina. Esta historia de la clandestinidad no se ha escrito, no hay documentos, que sí existen, pero son secretos; un día se conocerán y se sabrá que fueron decenas de miles de acciones las ocurridas en todo el país.

Hay que admitir que las tácticas de la clandestinidad tenían la lógica natural propia de las luchas de ciudades que se desarrollan en su ámbito, que es el mejor conocido por sus militantes. Cuba fue regla, no excepción. La misma historia de Argelia o de Nicaragua, por citar sólo dos casos en que los resultados fueron los mismos, y en el momento de la victoria el nuevo instrumento del poder fue el Ejército guerrillero, único organizado, disciplinado y conocido con sus protagonistas políticos, que eran sus jefes y comandantes. Así que si el peso de la ciudad en la lucha contra Batista fue decisivo, no pudo aparecer así ante los ojos del pueblo, que desconocía aquella militancia anónima y sólo conocía la fama de los guerrilleros de la sierra Maestra o del segundo frente.

No darle a la guerrilla el papel decisivo, ni a los «doce hombres de Fidel Castro» la fama de héroes homéricos, que nos robaron la victoria, no es quitarle importancia a aquella vanguardia de la Revolución, sin la cual tampoco hubiese habido victoria, ni quitarle importancia a la capacidad guerrillera de sus jefes y de Fidel Castro, que sin duda tuvieron a su favor la incapacidad de un ejército mal armado y mal preparado, pero que también escribieron muchas páginas brillantes e inteligentes para derrotar sus ofensivas. Al final los muertos, los héroes anónimos, no tenían la palabra. La palabra la tenían los nuevos héroes de la Revolución y ésos eran los comandantes. Ya la Revolución no era más la clandestinidad, el 26, el Directorio ni el Escambray. La Revolución eran los barbudos de Fidel Castro.

La batalla perdida en la clandestinidad para equilibrar el poder de su jefe, su siempre mayor caudillismo y autoritarismo militar, pareció perdida desde 1959, cuando su influencia y su poder eran descomunales. Y así se perdieron los esfuerzos indudables, de un tipo o de otro, bien fueran las protestas del comandante Díaz Lanz, del presidente Urrutia, de Sorí Marín, ministro de Agricultura, de otros ministros demócratas, Elena Mederos, Roberto Agramonte, más tarde renunciaría el comandante Huber Matos, de Urrutia, la destitución de Faustino Pérez, Manuel Ray, Oltuski, dirigentes importantes del 26 en la ciudad, el ministro de Trabajo, Manolo Fernández, que permitió sindicatos libres, elecciones, que rompieran el control arriba de los comunistas, en fin todos batallas perdidas. La lucha revolucionaria fue hecha por unos cuantos miles, se pueden contar con los dedos de las manos; la inmensa mayoría, aun si antibatistiana, demoró mucho tiempo en tomar una acción de apoyo, la abstención del ochenta por ciento en las tardías elecciones del 3 de noviembre de 1958, la huelga general a la caída de Batista. Aquella especie de complejo agradecido, frente al nuevo héroe de la libertad, al que se unió una característica universal de admiración por los hombres grandes y también de novelería cubana, a la que hay que añadir la de poderosos instrumentos, como la revista *Bohemia*, *La Marina*, decana de la prensa conservadora, que lo calificó en enero de 1959 como «El líder máximo», y otros. Que fue en aquella época, en que el periódico *Revolución* nacía, y tenía pocas influencias, los creadores del comandante que parecía un Cristo el nuevo y gran caudillo, por eso perdimos en la Universidad y la batalla en el movimiento obrero después de ganar las elecciones sindicales.

DECISIONES IMPORTANTES

Radio Rebelde estaba en uno de los sitios más elevados e incomunicados del campamento de La Plata. Allí no había dirección, reuniones ni Estado Mayor (la dirección del 26 había sido asilada en la sierra, pero era un fantasma y no contaba para nada después de la huelga de abril de 1958). Y como la guerra hacía que Fidel Castro estuviera muchas veces a días de distancia de la emisora, los acontecimientos me obligaban a tomar decisiones en nombre de todos.

Cuando en Radio Rebelde supe por noticias internacionales que Raúl

Castro había ordenado secuestrar a los norteamericanos en Guantánamo, contestamos que desaprobábamos el secuestro y que ése era un acto no consultado ni compartido. Lo que me trajo el odio de Raúl Castro. Cuando Fidel Castro se enteró, se preocupó por las repercusiones de aquella decisión, que estimó muy peligrosa, y porque hubiese podido llevar a un acto de fuerza que acabara con nosotros, y condenó el acto con palabras más fuertes que las mías.

En otra ocasión tropas de Estados Unidos ocuparon tierra cubana cerca de Caimanera, y el Frente Cívico, que unía la oposición en Caracas, incluido el 26, presionado por algunos, quiso que se aceptara la ocupación norteamericana, que según ellos reconocía de facto nuestra beligerancia.

Estaba otra vez sólo en Radio Rebelde y contesté que la soberanía no era negociable, que las tropas norteamericanas tenían que retirarse, lo cual provocó un escándalo en Caracas, pero cuando apareció Fidel Castro ratificó con energía públicamente aquella decisión.

En diciembre del 58, todo el mundo conspiraba. En Columbia, la caída de Batista era inminente y la venerable embajada norteamericana y su gobierno se movían tardíamente.

Estas conspiraciones, que conocíamos gracias a nuestro infiltrado Ismael Suárez de la Paz, nos eran comunicadas por clave en la sierra Maestra, y en más de una ocasión me tocó rechazarlas, sin conocer la posición de Fidel, que al enterarse las ratificó siempre; estas decisiones en algunos casos no estaban previstas por acuerdos del Movimiento ni de Fidel, y en otros era cuestión de interpretación.

La decisión más importante que me tocó tomar en Radio Rebelde ocurrió al amanecer del 1 de enero de 1959.

Era todavía de noche, cuando caminando por las calles de Palma Soriano, que habíamos tomado el día antes, sentí un griterío y las voces de que Batista había huido.

Llegué a la emisora Radio Rebelde, instalada en una planta de radio de la ciudad y fuimos llamados por Vicente Báez, de la dirección de La Habana, que nos confirmó la noticia y nos informó que la sección de propaganda del Movimiento había puesto todas las emisoras de Cuba en cadena con Radio Rebelde; pedía instrucciones y reclamaba palabras orientadoras de Fidel Castro al Movimiento, a la milicia, al pueblo y a las columnas rebeldes.

Pasaba el tiempo y Fidel Castro no aparecía, y me tocó a mí una vez más dar instrucciones en su nombre y el del Movimiento y el Ejército Rebelde.[4] Tarde en la mañana apareció Fidel Castro, le di a leer lo transmitido, lo aprobó entusiasmado y entonces hizo su primera alocución, en que rectificaba todo lo dicho antes, fue en esa ocasión en que nos tiraron la histórica foto, en que Fidel Castro aparecía al lado de Jorge Mendoza, y yo en el centro, y ésta es la foto que después me convirtió en un fantasma. Esa misma noche del 1 de enero, fui yo quien le comunicó al campamento de Columbia las instrucciones de parte de Fidel Castro, para entregar el mando a Camilo Cienfuegos que, junto al Che Guevara hacia La Habana se dirigía. Esta vez no fue un libretazo mío, era que Fidel no quería avalar con su voz la presencia de Armando Hart en Columbia, ni entrar en conflicto con el coronel Barquín, uno de los militares puros, que había salido de la prisión de Isla de Pinos y restablecido el orden, ante el casi suicida acto del general Cantillo, que apoyó la conspiración con Fidel y después quiso quedarse con el mando.

Sabía que esas decisiones tomadas por mí fueron apoyadas por Fidel Castro porque coincidían con lo que él pensaba, pero si me hubiese equivocado en una de ellas, hubiera sufrido las consecuencias como otros; si me nombró su representante en la Universidad de Oriente para la formación del primer gobierno de Urrutia, se debió a que no quería responsabilizarse con aquel primer gobierno, aun si se reservó las carteras de Defensa, Gobernación, Educación y Obras Públicas, y se inventó un cargo de primer ministro, en un gobierno que no era parlamentario, para nombrar al entonces amigo y antiguo profesor, doctor Miró Cardona.

Quería mantenerse virginal, no parecer interesado por el poder enseguida, y su virginidad duró exactamente 45 días, en que tuvo la isla paralizada, dado que realmente era el único poder, una de sus tantas astucias, aquella guerrilla del jefe supremo de todas las guerrillas. Después muchos de nosotros creamos nuestras propias guerrillas, casi siempre en guerra interna, Guevara y Raúl Castro contra la clandestinidad, el movi-

4. De esa mañana del primero de enero de 1959 es la histórica foto de la victoria, en que yo aparezco entre Castro y el locutor de Radio Rebelde Jorge Enrique Mendoza, de la que me borrarían años después convirtiéndome en un «fantasma» socialista.

miento obrero, los jefes de Resistencia Cívica, el periódico *Revolución*, los ministros y algunos jefes militares. Parecía que el jefe supremo respetaba la autonomía de los diferentes grupos o sectores, a los que permitía ciertas libertades de acción, siempre que no tocaran su mando supremo, pero la verdad era que Fidel Castro no quería una organización que lo limitara; esta táctica le permitía dar la apariencia de libertades, sin limitar su poder, era una ilusión de libertad.

4

1959: LA FIESTA DE LA LIBERTAD

En aquellos días de enero de 1959, Cuba era una fiesta: la descomunal fiesta de la libertad. Siete años de crímenes, torturas, violencia y falta de libertades quedaban atrás.

La cuarta revolución cubana nacía sin intervencionismo extranjero ni cuartelazos comprometedores que la condicionaran.

Multitudes enloquecidas, de Santiago a La Habana, besaban las barbas de los nuevos héroes; como un joven Dios, por encima de todos, Castro; a su lado, como un Cristo rumbero, Camilo Cienfuegos. Había otros entre los nuevos héroes: Guevara, Amejeiras, Huber Matos, Almeida..., pero en el jeep de la libertad, que guiado por Fidel Castro hizo la larga marcha de Santiago a La Habana, había sólo comandantes, ni un civil ni un solo dirigente de la clandestinidad.

Me parece que el que menos disfrutó de la fiesta fui yo: arrastraba la experiencia de la sierra Maestra, conocía el caudillismo y el militarismo de Fidel y desconfiaba del marxismo de Guevara, Raúl Castro y de otros comandantes.

Y aquella explosión traicional de millones de hojalateros, endiosando a su jefe y comandantes, me parecía muy peligrosa.

Me había tocado ser, como director de Radio Rebelde, uno de los protagonistas de la victoria el primero de enero. Sentía la alegría de la libertad de forma diferente: me alegraba el fin de la dictadura, el estar vivo, el poder reunirme de una vez con mi familia, pero veía incierto el futuro y me sorprendía ver la fascinación, desconocida hasta entonces, de muchos compañeros por los cargos de ministros y las jefaturas. Intuía la peligrosa e inmensa popularidad de Fidel Castro, que enardecía a las multitudes. Conocía la poca experiencia de nosotros para gobernar y sobre todo en un período de excepción en que seríamos un poder que dictaba sus propias normas. Allí, en Santiago de Cuba, agradecido por mi actuación en Radio Rebelde, aquella mañana, Fidel Castro me había ofrecido un ministerio y pedido que nombrase ministros. Nombré a cinco. Pero dijo no a mi proposición de una revolución cultural libre, sin burocracia ni cargos oficiales, con la participación de pintores, poetas, escritores, cineastas, músicos, arquitectos, científicos y artistas de todo el mundo, en el ideal de Rimbaud, de cambiar la vida, para cambiar Cuba. Tomé en Holguín un avión militar que salía hacia Columbia, donde aterrizamos unas horas después. Era el único pasajero. Descendí de las escalerillas y comencé a caminar entre miles de soldados que rondaban por el enorme campamento.

Me abrían paso cuadrándose militarmente. Iba vestido con un viejo traje serrano verde oliva, un brazalete rojo y negro del 26 sobre el brazo, no llevaba estrella ni insignia alguna; tenía una barba desparramada, una larga melena y más que militar, tenía un aire bohemio que recordaba al folklórico personaje habanero del Caballero de París. Pensaba con humorismo en el destino de los vencedores y de los vencidos: años atrás, cuando caíamos presos nos llevaban a este campamento, esos mismos soldados, al grito de «Carne fresca, carne fresca», nos golpeaban ferozmente; ahora miles y miles armados todavía se rendían a nuestro paso.

Vivía el estar o no estar, alejarme o seguir luchando, contra la poderosa corriente que nos arrastraba a todos. Y en ese estar y no estar, pensaba en el caudillismo de Fidel Castro, en una época en que no era imaginable que Fidel fuera comunista.

LA REVOLUCIÓN TELEVISADA

Fidel Castro hizo la primera revolución televisada del siglo. No sólo Fidel Castro, antes de que Castro llegara a La Habana, en los primeros días de enero, después de la caída de la dictadura, el país fue gobernado por televisión, mientras Castro avanzaba de Santiago a La Habana, en una marcha sobre la capital innecesaria. Es increíble que no reinase la anarquía, que no hubiese el pillaje, la venganza y los asesinatos que se producen en tales circunstancias, evitada por la sección de propaganda del 26 de Julio, dirigida por Vicente Báez, Emilio Guede y otros, a través de la radio y la televisión, que gobernaron junto con el Movimiento, que mandó sus milicias a las calles a restablecer el orden. Aquél, un Castro joven, tenía un aire de héroe griego, venía con el prestigio del jefe indiscutido de la Revolución, como el abanderado de la libertad, conocía todas las técnicas aprendidas en los colegios jesuitas, usar un argumento y sus contrarios, y tenía un talento natural de actor para usar todas las técnicas que un buen político usa, y que él particularmente manejaba, pasando de la conversación a la risa, a la ingenuidad, al ponerse bravo; cuando en un discurso quería decir malas palabras, iba lejos del micrófono, para que se oyeran vagamente. Fidel Castro fascinó al país, y la televisión fue el medio que le permitió esa fascinación, porque el país tenía más de medio millón de aparatos de televisión y muchas cadenas de TV y radio. Éste fue un instrumento decisivo para su nuevo poder.

LOS JUICIOS

El hábito de ignorar lo que realmente ocurría se hizo costumbre desde muy pronto: los juicios y necesarias condenas de los criminales de guerra de Batista, que con impunidad durante decenas de años habían asesinado opositores y hecho del crimen político uno de los instrumentos de su dictadura, determinaron que la inmensa mayoría aprobase los juicios de estos delincuentes. Lo que ocurría es que estos juicios, en vez de ser juicios civiles, los convirtió Fidel Castro en juicios militares, y su legalidad era una ficción, aparte de la culpabilidad o no de los acusados. Cuando pasó algún tiempo, la protesta contra ellos de los mismos que los habíamos aprobado, incluidos nosotros, aumentó.

El juicio show televisado del coronel asesino Sosa Blanco, en una atmósfera de circo romano, provocó la protesta popular y la nuestra. La opinión internacional contraria a estos juicios, realizados por tribunales revolucionarios, sin las más mínimas condiciones de repetir la historia de Nuremberg, hizo que durante su viaje por Estados Unidos primero y después por Brasil, Argentina y Uruguay, a Fidel Castro continuamente le preguntaran sobre ellos, lo que determinó que en visita al periódico a su regreso dijera un día en la redacción que nos daba la razón, que había que terminar con los juicios porque de la única cosa que le habían preguntado durante su viaje era de eso.

La noche del 1 de enero de 1959, fueron detenidos en Santiago de

Cuba, un grupo de esbirros y asesinos, entre ellos Picking Chicken, que liquidó a Frank País en un callejón de la ciudad, el 30 de julio de 1957, y otros con centenares de asesinatos cometidos, a los que Raúl Castro, en juicio sumario dirigido por el capitán Serguera, condenó y pasó por el paredón. Al otro día, el 2 de enero, al enterarnos, varios miembros de la dirección del 26, indignados, fuimos a ver a Fidel y le dijimos que estos criminales merecían la muerte pero que el acto de Raúl era muy peligroso y que responder al crimen con el crimen desnaturalizaba la Revolución.

Fidel nos dijo: «Tienen razón, de ahora en adelante haremos juicios». No había condiciones para juicios tipo Nuremberg. Castro no reestableció la Constitución de 1940, que prohibía la pena de muerte, como había prometido; la sustituyó con un nuevo estatuto constitucional y sin las mínimas garantías jurídicas pasó los juicios a los tribunales militares.

Otro juicio importante de esos primeros tiempos fue el de los aviadores de Batista, que habían bombardeado la ciudad de Sagua de Tánamo y las zonas campesinas orientales, causando muchas víctimas inocentes y provocando el odio popular. El tribunal militar que presidía el comandante santiaguero Félix Pena y el capitán aviador Villafañe, confirmó los delitos, pero no los ejecutores, y acordaron absolverlos, con el rechazo de la opinión de los orientales.

Fidel Castro ordenó anular el juicio y designó al comandante Piñero, el más tarde tristemente célebre Barbarrojas, para hacer un nuevo juicio en que todos los aviadores fueron condenados a largas penas.

El comandante Pena, héroe de Santiago y de la sierra Maestra, se suicidó, y su muerte provocó una conmoción nacional.

Esta llamada «justicia revolucionaria» nacía con una contradicción esencial. Había culpables que debían ser juzgados y condenados, pero no había leyes ni jueces, ni posibilidad de jueces imparciales. En realidad, en casi todos los procesos de la caída del fascismo y de otras dictaduras, en los primeros tiempos liquidaban a muchos de los responsables, y otros escapaban en el «sálvese quien pueda». Ningún acontecimiento violento que provoque miles de injusticias y de muertos en realidad puede terminar de una forma pacífica, ni ha terminado. Lo justo y lo importante sería terminarlo lo más pronto posible y con la menor cantidad de injusticias posibles.

La protesta dentro de la Revolución, en el Consejo de Ministros, en el

Ejército, entre los dirigentes revolucionarios y obreros, en el periódico *Revolución*, contra la continuidad de estos juicios, provocó que en la única reunión dada tres meses después de la victoria, donde reclamamos la terminación de los juicios, Fidel Castro aceptara su fin, no sin que esa noche Raúl Castro, sin informar a nadie, ordenara ejecutar a los últimos condenados.

Esta situación fue originada por la falsa idea de la justicia colectiva y de que la Revolución era más importante que la injusticia individual, que había prevalecido durante tantos años en Cuba, y de que era una práctica establecida en el mundo desde la época de la Revolución Francesa; esto hizo que tragáramos muchos sapos, como en el caso de Huber Matos o el suicidio de Pena, o que ignoráramos otros, antes de que tuviéramos conciencia de las sombras que oscurecían las luces de la Revolución. La fe en la Revolución era muy grande, y sus dificultades y problemas anulaban las injusticias individuales que se cometían, y ésta es una explicación, no una justificación.

EL PAREDÓN DE LA CABAÑA

Después de ser el héroe de la Batalla de Santa Clara, uno de sus éxitos en la campaña de Las Villas que lo lanzaron al primer plano de la prensa mundial, el Che se sintió relegado por no poder cubrirse de gloria y fama al entrar en Columbia con Camilo Cienfuegos y ser destinado a una posición secundaria en La Cabaña.

Fidel, que le había concedido el primer nombramiento de comandante, que lo había enviado a la invasión, ahora lo disminuía por primera vez. Fidel Castro temía sus declaraciones imprudentes e inoportunas, lo sabía capaz de declararse marxista y de comenzar antes de tiempo, provocando la derrota, la batalla para acabar con el capitalismo y el imperialismo.

Convertidos por el comandante, él y Raúl, en los jefes más importantes de la guerrilla, su hora todavía no había llegado, y el futuro decidido pero no compartido con ellos por el comandante lo ignoraban.

El astuto Castro conocía la fuerte personalidad e independencia del argentino; Raúl siempre lo obedecería, no hacerlo sería su suicidio, con Guevara Castro no se equivocó.

El Che llevó a La Cabaña a Antonio Núñez Jiménez, a quien regaló el grado de capitán; por su vía entregó al Partido Comunista el paredón de fusilamiento, en la persona de Osvaldo Sánchez, el hombre de la Seguridad soviética en Cuba, que Guevara había conocido, cuando su encuentro secreto en la sierra Maestra, en abril de 1958, y que él sabía quién era.

Osvaldo Sánchez limpió los comprometedores documentos de la relación del Partido Comunista con Batista, inclusive de 1952 a mediados de 1958, entregó los expedientes a sus miembros, cosa que no hizo con los militantes de la clandestinidad y se apresuró a fusilar al capitán Castaño, jefe de actividades anticomunistas y, al decir de batistianos bien informados, participante con los comunistas en algunas conspiraciones. La estancia de Guevara en La Cabaña fue breve, pero sectaria y sangrienta.

FALSAS ESPERANZAS

Me reía ante estas esperanzas que eran falsas, sabía perfectamente que Fidel Castro nunca oye a nadie y nunca me oyó a mí, y una cosa es que se coincidiera con él o que se tomaran decisiones que a él le parecían acertadas, y otra cosa es que oyera lo que no quería oír.

Contradicciones tenemos los seres humanos que no sabemos o no podemos o queremos resolver. Durante aquellos días finales del 58 y primeros del 59, mi instinto me obligaba a no montarme en el tren de la victoria, aquel que tenía junto a Fidel toda la popularidad. Tomé distancia y me fui a comenzar de cero, a hacer el periódico *Revolución*, incapaz de soportar la caravana fidelista de la victoria y de llevar mi decisión al retiro total.

Lo que tuve dispuesto a hacer a finales del 58, cuando después de las discusiones con Fidel Castro, en conversaciones, reuniones y cartas escritas, pedí salir de la sierra Maestra, por considerar que con la vecina victoria mi deber de dirigir Radio Rebelde había sido cumplido, y salir me fue impedido por los acontecimientos que se precipitaron. Pensé que en la victoria se ofrecían otras posibilidades de luchar que no debía abandonar.

No quería dejarme robar parte de mi vida, ni mis ideas, en aquella naciente revolución que también era mía.

«REVOLUCIÓN»

Revolución clandestina nació en el año 56 y no de una reunión, ni de un acuerdo, sino de mi condición para integrarme al Movimiento 26 de julio; incluso el primer número se llamó *Aldabonazo*. Y de la misma manera *Revolución*, legal del 59, tampoco surgió de un acuerdo, ni de una discusión; simplemente, a la toma del poder, decidimos que teníamos que hacer un periódico, como la sección de propaganda del 26 de julio en la clandestinidad, que tuvo muchos muertos, torturados y presos, y que siempre se rehacía de cada golpe, que cada vez que tomaban un taller clandestino de *Revolución*, otro renacía, y cuando la policía creía haber acabado con ella, se equivocaba, aun sin el respaldo de Fidel Castro, que jamás escribió un artículo, ni mandó un parte, para que se publicara en sus páginas.

Fidel Castro, copiando a Mussolini, hacía su larga marcha desde Santiago a la capital. La sección de propaganda ocupó radio y televisión. *Alerta*, que dirigía Ramón Vasconcelos, era un periódico batistiano y fue ocupado, y desde allí Vicente Báez y los otros, de acuerdo conmigo, comenzaron a imprimir los primeros números de *Revolución*. Dos o tres días después comencé a dirigirlo, a mi llegada a la capital.

Durante los primeros tiempos Fidel Castro no visitó el periódico, incluso se permitía con algunos de sus amigos de *Bohemia* hacerle sus críticas. En febrero, 45 días después, cuando su toma de posesión como primer ministro, lo criticó porque en una reunión en el Palacio dijo los puntos principales de su futuro gobierno, y yo lo publiqué con gran irritación suya, por el palo recibido. Pero cuando el periódico empezó a ser leído, a tener influencia, las polémicas comenzaron. Fidel Castro comenzó a visitarnos y enseguida quiso indicar cintillos, fotos, artículos e informaciones. Le dije:

—Mira, Fidel, pienso que tú serías un buen periodista, te entrego el periódico, para que entonces lo dirijas como creas, y me voy a escribir libros, crónicas o a hacer otra cosa que me guste.

—Tú siempre igual, Franqui—me respondió Fidel—, no se te puede sugerir nada, ¿cómo crees que me pueda convertir en director del periódico con las tareas que tengo?

Repliqué:

—Ojalá pudiéramos reunirnos, discutir los problemas, tomar decisiones colectivas, tener un movimiento organizado, que no existe, y si yo dirijo el periódico, tú y los otros pueden sugerir lo que quieran, pero yo soy el que decide.

A partir de entonces limitó sus intervenciones a mandarme declaraciones, unas veces firmadas y otras sin firmar, pero en aquella ocasión Fidel Castro mordió el tabaco y se fue, y nunca más se metió en decir cómo tenía que hacer el periódico.

La reacción de Castro, Guevara y Raúl fue ignorar el periódico durante los primeros días del 59. No hubo ninguna visita ni entrevista con la excepción de Camilo Cienfuegos. *Bohemia* de Quevedo y De la Osa fue el vehículo inicial de todos ellos; Fidel Castro la usaba indirectamente para atacar al periódico y al grupo. Seguirían acontecimientos excepcionales, pero el país necesitaba una prensa diferente. El pueblo identificó a *Revolución* con la Revolución. *Revolución* no se parecía, ni en su forma ni en su contenido, a ninguno de los otros periódicos del país. La primera página era un pasquín que estaba entre los afiches del mundo popular cubano y la tipografía más moderna: grandes cintillos, grandes y buenas fotos, un rojo equilibrado con el negro, ese rojo y negro que Frank País hizo pasear por primera vez por las calles de Santiago de Cuba el 30 de noviembre, no el verde oliva de Fidel y el Ejército Rebelde. Un equipo de escritores, pintores, intelectuales y de algunos experimentados periodistas y reporteros. Énfasis en la cultura, el movimiento obrero y el estudiantil. Una posición de izquierda ante los intereses creados, de un lado, el comunismo de los viejos y los nuevos comunistas, del otro. Un periódico que entraba por los ojos y hacía pensar. El primer escándalo fue la publicación de los documentos oficiales que probaban las subvenciones de la dictadura de Batista a casi todos los periódicos y las botellas de muchos conocidos periodistas. Fidel Castro comprendió que no podía ignorarnos y nos concedió el honor de su primera visita. El 15 de febrero de 1959, exactamente 45 días después, Castro rompió su ayuno y pidió la renuncia del doctor Miró Cardona, que era el primer ministro nombrado por él en un gobierno que no tenía Parlamento, una manera de eliminar a Urrutia. Miró era un ilustre profesor de derecho y su amigo y el dirigente del Colegio de Abogados.

Como director de *Revolución*, tenía el privilegio de invitar a personalidades internacionales: el presidente de Costa Rica, José Figueres, Sartre, Simone de Beauvoir, Neruda, y de asistir a los Consejos de Ministros, único lugar de reunión, pues en la práctica Fidel había liquidado el 26 y a su dirección, lo mismo que había hecho con el Directorio, y la última reunión había ocurrido en diciembre del 58, en la sierra Maestra. Pero a partir de la toma del poder, el 26 fue convertido en un fantasma.

Cuando hablo de actuar por la libre quiere decir que se podían tomar decisiones sin consultarlas, entre otras cosas porque no había lugar para la consulta, de manera que cuando fui a Europa en el año 59, en octubre, no tuve la oportunidad de discutir ni con Fidel Castro, ni con nadie, a quienes iba a invitar, ni cuando invité a Picasso a hacer la paloma, ni cuando invité a Sartre, ni cuando invité a Neruda. En el momento en que Sartre iba a venir, había que situarle un pasaje, y como el embajador de Cuba en París, el profesor Grant, era ortodoxo de la vieja escuela dijo que él no estaba autorizado para pagar los billetes de Jean-Paul Sartre y Simone de Beauvoir, y se comunicó con Raúl Roa y éste con Fidel Castro, que realmente estuvieron encantados de la visita del filósofo, cuya filosofía era conocida en todo el mundo y también en Cuba.

En mi experiencia en las redacciones de periódicos había conocido una táctica que no compartía: hacer notas, crónicas o comentarios que parecían informaciones, que el redactor no firmaba. Escondía así su responsabilidad, evitaba comprometerse, y no me estoy refiriendo a la redacción de una noticia o un acontecimiento. Al triunfo de la Revolución no seguí la vieja práctica, lo que pensaba y escribía lo firmaba. Sin ignorar que el director es el responsable de todo lo que se publica en su periódico, *Revolución*, ni que éste era el supuesto periódico del 26 de Julio.

El periódico tenía una línea que a veces coincidía y otras se diferenciaba del pensamiento oficial, que a su vez tenía diferentes matices: una cosa decidían y pensaban Guevara y Raúl Castro y la Seguridad, otra el presidente Dorticós y los ministros, otra Fidel Castro, o los dirigentes obreros, estudiantiles, o los mismos periodistas. Traté siempre de crear un pluralismo cultural de información y de pensamiento, alternando voces muy visibles tanto en la política como en la literatura, publicando a Orwell y a Trotski, Marx y Lenin o Bernanos, a marxistas, a disidentes, antimarxistas o liberales. Publicamos y defendimos ideas y textos por su valor indiscutible; a Borges, gran escritor, bestia negra de la ya entonces sectaria izquierda; no discriminamos a Neruda, Alberti o Guillén, como poetas comunistas, y los comunistas nos combatían; publicamos a Lezama, Virgilio y Piñera, Lam o Amelia Peláez, Portocarrero; exaltamos la música de Caturla y Roldán, así como al Benny Moré y a Celia Cruz, lo popular y lo culto, el arte abstracto y el figurativo, la poesía, la literatura contemporánea y la clásica, y difundimos cualquier obra de valor que se creaba en el mundo.

En forma de folletón publicamos, entre otras novelas, *Rojo y negro* de Stendhal, que causó innumerables críticas de periodistas soviéticos y chinos que se indignaban con estas cosas, y a los que replicábamos que no era responsabilidad nuestra su ignorancia.

Revolución era un extraño periódico, era y no era la voz oficial. Teníamos polémicas a veces feroces con los intereses creados, con el mundo conservador, con el *Diario de la Marina*, *Prensa Libre*; otras no menos duras con el periódico *Hoy*, órgano del Partido Comunista y sus infiltraciones, y éramos atacados con la misma violencia, desde la derecha o la supuesta izquierda.

Revolución era órgano del 26, y en eso, la responsabilidad iba más allá de mi dirección y de mi pensamiento. *Revolución* cambiaba según los tiempos. Hubo una línea más liberal entre enero del 59 y el fin de aquel año, otra al principio de los sesenta, cuando se agudizó el conflicto con Estados Unidos y los intereses creados; las opiniones internas o externas adquirieron un tono violento y polémico durante el 61, cuando el sectarismo, al enfrentarnos a Escalante, resistiendo y oponiéndonos y no publicando en el periódico sus artículos, gran debate que tuvo como consecuencia el cierre de *Lunes de Revolución*. Nos opusimos a muchos actos, a veces públicamente y a veces privadamente.

A partir de abril del 62, recuperamos otra vez un poco de libertad, incluida la crisis del Caribe, en octubre, y los conflictos con los soviéticos, en que nos permitimos, exaltando a Fidel Castro, hacer una crítica severa de la política soviética. Tanto es así que al final el propio Fidel Castro nos reclamó que no siguiéramos publicando más artículos antisoviéticos.

En 1963, el efímero aire antisectario terminó. Me fui para Europa, esta vez sin justificarme, como corresponsal, y fui sustituido por De la Osa en octubre del 63. De la Osa, el antiguo redactor de la sección «Cuba» de *Bohemia*, amigo de Fidel Castro, fue director de *Revolución* hasta el año 65, en que desapareció. En ese año, cuando las organizaciones revolucionarias integradas, que eran los viejos comunistas más unos cuantos comandantes, se convirtieron en el Partido Comunista, Carlos Rafael Rodríguez y el periódico *Hoy* querían que *Hoy* fuese el *Pravda* revolucionario, y *Re-*

volución el *Izvestia*, y yo, horrorizado de que aquel periódico se fuera a convertir por la casi eternidad en lo que ya era, le dije a Fidel Castro que me parecía ridículo gastar papel en dos periódicos que iban a decir lo mismo, imitando al mundo comunista; Fidel Castro se sonrió, mordió el tabaco y tiró el escupitajo, por suerte lejos de mi cara. Me dijo: «Tú con tus prejuicios de siempre, pero voy a hacer un solo periódico, que tendrá otro nombre y será grande».

Y yo me dije: «Coño, al menos, morir matando, se terminó la vida, el pasado, de aquel que en mi vida no fue, pero quiso ser, un periódico diferente, de una revolución que pareció original, pero que ya no lo era».

JUSTICIA O VENGANZA

El primero de enero del 59 el clima y la realidad de Cuba eran que para evitar venganza e injusticias había que hacer juicios a los criminales de guerra. Sólo que la justicia necesaria se volvió de pronto injusticia mayor que la del crimen que se juzgaba. La opinión pública que aprobó se volvió pronto en contra; la gente entendió que aquel horrible paredón, que los sectarios comenzaban a corear por las calles, tenía muy poco de humanista y de revolucionario. La campaña internacional de prensa en todo el mundo de personalidades que habían visto con alegría la caída de Batista y el retorno de la libertad en Cuba, no comprendía la injusticia y crueldad de aquellos procesos en sus manifestaciones más evidentes.

Sosa Blanco era culpable de muchos crímenes. Ahora prisionero, era un hombre que había que juzgar con normas, no con un juicio televisado y público que tenía aires de circo romano. Batista y sus generales tenían responsabilidades, también los esbirros que asesinaban, pero había miles y miles de batistianos, bien por acción o consentimiento, que no eran responsables. Buena parte del Ejército no disparó nunca, fue más la policía, los cuerpos represivos, los que mataron, y es cierto que la rebelión del Ejército contribuyó notablemente a la caída de Batista. Hubo todas las condiciones para una reunificación nacional, la pacificación, la concordia del país el primero de enero del 59, y lo que hizo Fidel Castro fue una guerra abierta contra todos, para tener un poder único.

Viví una experiencia que lo confirma. El periódico *Alerta*, donde se hizo *Revolución*, a partir de los primeros días de enero del 59, era un periódico batistiano. Su director, Vasconcelos, huyó de Cuba. Cuando llegamos allí, encontramos que entre periodistas, obreros gráficos, empleados de administración, repartidores y otros, había cerca de mil personas; excepto unos diez que huyeron por su responsabilidad con el antiguo régimen, el resto se quedó. El grupo de revolucionarios, intelectuales y escritores que fueron a trabajar conmigo no pasaba de cincuenta. Al cabo de un cierto tiempo, éramos una gran familia, tan identificada, que cuando en octubre del 63 Fidel Castro me destituyó como director, estando yo en Italia, y envió un comunicado violento contra mi persona, el periódico unánimemente protestó. Y el presidente Dorticós tuvo que intervenir. El comunicado fue cambiado y yo me vi obligado a regresar. No sólo ocurrió en *Revolución*, también en otros sitios, aunque no fuera norma, sino excepción. Se hubiese podido crear un clima de paz, incorporar a casi todo el mundo al proceso, pero se hizo todo lo contrario. Dentro del país, las protestas, públicas o privadas, sobre los juicios, repetidamente las planteamos muchos de nosotros. A partir de entonces la pena de muerte fue eliminada y no fue restablecida, hasta el 3 de enero de 1961, ya en un clima otra vez de violencias y luchas. Sosa Blanco, juzgado en aquel circo romano, no era en aquel instante el coronel arrogante, fuerte, con sus atuendos militares, sus armas y sus órdenes de matar o de disparar. Era un viejo canoso, con aire aterrorizado. El miedo lo reducía, humanizaba. Y aprovechó, sin preocuparse mucho de su dignidad, de gestos y recursos patéticos ante la televisión: alzaba sus manos encadenadas, mirando al cielo y como pidiendo compasión. En aquel juicio—teatro televisado—, estaban muchos familiares de los asesinados por él, campesinos o mujeres, a los que había quemado sus ranchos, que le gritaban y lo acusaban con odio y descargaban sobre él sus culpas, sin saber que el implacable ojo de la televisión los retrataba y transmitía, produciendo aquel efecto de horror de moderno circo romano.

Cuando uno ve una imagen por primera vez, esa imagen despierta todos los recuerdos, tema digno de Marcel Proust. La primera vez que vi imágenes, cuando fui a hacer la película *La otra Cuba*, en los archivos de la televisión italiana, al final de los años setenta, me quedé horrorizado y me pregunté por qué razón yo que reaccioné contra aquel juicio, que protesté, no me di cuenta ya en aquel instante que todo estaba perdido. Ésta no es una justificación, pienso que era difícil para mí, o para los otros, en estos días, cuando el noventa por ciento de los cubanos tenía demasiada esperanza, fe, necesidad de libertad, y no se les daba la dimensión que tenían las injusticias individuales. Había ese trágico conflicto entre lo individual y lo colectivo, en que lo colectivo «anula» lo individual, sin comprender que las cosas son indivisibles. Es una experiencia que si no se ha vivido, no se comprende.

PALABRAS ENEMIGAS

Una frase que quedará, a mi parecer, será ésta: «Muchachos, ahí tienen la Revolución, miren a ver si no la pierden». Son las palabras dichas por el coronel Cornelio Rojas, frente al pelotón de fusilamiento, que iba a dispararle en los primeros días del 59, mientras el camarógrafo y periodista alemán, autorizado por el comandante René Rodríguez, en una de esas raras ocasiones en que se permite filmar una ejecución, preparaba sus equipos para registrar una escena que conmovería al mundo y que no sería la única. Tres o cuatro paredones serían filmados, en uno de ellos se veía volar por los aires la cabeza del fusilado. Más allá de la crueldad y de la inhumanidad de toda condena a muerte, por muchos que sean los crímenes cometidos, la ejecución—paredón, ahorcamiento, garrote, silla eléctrica—es siempre secreta, excepto en aquellos países bárbaros donde se escarmienta con el terror. Sin duda que, más allá de las razones o sinrazones de las penas de muerte, si éstas se hicieran públicas en el momento de su ejecución, no creo que la opinión pública resistiría tranquila la silla eléctrica o cualquier otro sistema de matar. Cornelio Rojas, que era un alto oficial, coronel del Ejército de Batista, había tenido orígenes revolucionarios, pertenecía a la familia Masferrer Rojas y había luchado en la Revolución del Treinta. Es extraordinario que un hombre en los últimos momentos de su vida, cuando va a ser fusilado, lo que le pide a sus fusiladores no es que no lo fusilen, sino que cuiden aquella revolución que debe salvarse. Diciendo, con este fusilamiento, ustedes están fusilando también lo que sería el espíritu de la revolución. Pienso que ésta será una frase importante que registrará la historia de la Revolución cubana, la frase dicha por un enemigo en el momento de morir.

Las últimas palabras del coronel Cornelio Rojas son iluminantes, negación de esas vergonzosas autocríticas de viejos revolucionarios y grandes generales en esos juicios falsos del mundo comunista. No vi entonces aquellas filmaciones. No verlas no excluye la responsabilidad histórica de ser uno entre los millones de cubanos, y en este caso con su firma, que en aquellos días del 59 aprobaron la pena de muerte para los culpables de crímenes del antiguo régimen. No vi las filmaciones, ni presencié las escenas, el horror de un fusilamiento me repugna y no me sentí nunca atraído por la morbosidad del matar, un mal necesario en una guerra. ¿Puede haber justicia en una guerra, una revuelta, una revolución, una contrarrevolución, en tantos actos en que se puede morir asesinado, ajusticiado, arrastrado por unos o por otros? Pienso que el terror no se justifica; otra cosa es que la Revolución Francesa haya contribuido notablemente a profundos cambios democráticos, sociales, económicos y de libertad en el mundo. Sí vi en televisión el juicio al coronel Sosa Blanco y me horrorizó, no a mí sólo, al pueblo mismo, que con mano alzada había aprobado la pena de muerte. De ese juicio, sí protesté ante Fidel Castro y los miembros del tribunal que conocía, particularmente el comandante Serguera, que actuó de fiscal, responsable de aquel show televisivo; a ambos, a Fidel y a Serguera, dije que aquello era un circo romano. El tribunal fue desbordado por las pasiones y acontecimientos. Piénsese que uno de aquellos hombres que juzgaba, mientras el fiscal Jorge Serguera se divertía con el macabro show, era el comandante Sorí Marín, a quien por herencia de la guerra, le cayó esta responsabilidad; él era el auditor del Ejército Rebelde; no pasarían dos años, y él mismo sería juzgado, condenado y fusilado. Sosa Blanco no era un inocente. No lo era ninguno de estos grandes acusados. Eran responsables de innumerables crímenes y torturas, algunos venían asesinando desde 1928 hasta 1933, sin ser jamás juzgados por sus crímenes, causa esta que generó venganzas, grupos de revolucionarios que tomaron la justicia por sus manos, que aprendieron el oficio de matar, que más tarde se volvieron tiratiros, ejerciendo la violencia, una de las causas que contribuyeron al golpe del 10 de marzo y que generaron la Revolución cubana. Se puede discutir hasta el infinito la necesidad o no de la pena de muerte, por motivos políticos, Nuremberg o no, Mussolini, Ceaucescu, ajusticiados en plazas de Milán, Bucarest. La verdad es que en América Latina, la costumbre es que militares y policías asesinen y jamás sean juzgados ni condenados. No hablo de muertos en acción de guerra, de guerrilla urbana, hablo del asesinato de prisioneros políticos, sean éstos adversarios o inocentes. En casi 60 años de república, una guerra, una revolución, dos dictaduras militares y más de un gobierno autoritario, matar era la costumbre cuando se estaba en el poder, no pagar por sus crímenes, la regla, cuando se perdía. No sólo en Cuba, sino también en la República Dominicana, en Chile, en Argentina...

La Constitución de 1940 justamente suprimió la pena de muerte. Al dar Batista su tercer golpe militar, no suprimió totalmente la Constitución, creó un nuevo Estatuto Constitucional, como lo haría Fidel Castro en el 59, al derribar a Batista. Al no derogar la Constitución, al interpretarla a su manera, le puso la clásica hoja de parra, y como la ley no autorizaba a matar, se asesinaba, de ahí los miles de asesinatos ocurridos durante los siete años de la dictadura de Batista, no en procesos judiciales, sino cometidos por sus esbirros. Una de las razones esgrimidas cuando se aprobó la pena de muerte para los criminales de guerra fue impedir venganzas y la repetición de la violencia.

Claro que una cosa son las intenciones y otra cosa son las consecuencias de las intenciones.

¿Es aceptable la violencia dictatorial de un ejército y de un jefe militar que se imponen por la fuerza, que privan al pueblo de sus instituciones democráticas, que no le ofrecen otra salida que la muerte o la dictadura? A mí me parece, digan lo que digan, que aceptar indefinidamente la violencia no es posible, que sufrir indefinidamente la violencia no es posible; sé que la violencia genera violencia, sé muy bien lo peligrosa que es la violencia, pero no creo que la solución, si es que una solución hay, sea que para no crear otra violencia se acepte la violencia impuesta. Eso sí, si hay que oponer la violencia a la violencia, hacerlo con normas, establecer conciencia y leyes e instituciones que garanticen la justicia a la toma del poder. Más de una vez en la historia de la humanidad, de la violencia se pasó a la paz: la revolución norteamericana, la lucha violenta de Venezuela hasta la caída de la dictadura de Pérez Jiménez... La violencia revolucionaria, necesaria para combatir la otra violencia, no es sólo peligrosa, a veces es más peligrosa que la anterior. Más allá de la violencia, importa el sistema que triunfe. Si de una dictadura se pasa a otra dictadura, la violencia será mayor. Si de una dictadura se pasa a una democracia, la violencia será menor. Si los revolucionarios son demócratas y las instituciones de lucha democráticas, es posible pasar de la violencia a la democracia y no a la dictadura. Las revoluciones comunistas, su concepción totalitaria de dictadura, son regla, no excepción de violencia. Las revoluciones comunistas no son fuentes de derecho, son negación del derecho, negación de tribunales de justicia, negación de división de poderes y de toda ley, e inevitablemente engendran y multiplican la violencia, que será al final una de las causas de su derrota, aunque les permitirá mantener el poder, durante un largo período, junto con el desastre económico y la incapacidad de crear una nueva vida; economía y sociedad suicidan a ese sistema.

La policía y el Ejército de Batista derrotaron la Constitución y la democracia por la fuerza. Batista era un maestro en manejar situaciones de violencia y de politiquería. Lo había hecho cuando su primer golpe, el 4 de septiembre del 33. Primero apoyó a los revolucionarios, después derrocó su gobierno, dictó amnistía y leyes, y permitió hacer la Constitución. Y cuando las condiciones nacionales e internacionales le obligaron, hizo democracia. Y otra vez, en 1952 asesinó la democracia, no sólo la democracia, sino también a los que lucharon durante siete años contra la dictadura. Manejaba ambos instrumentos, violencia y politiquería, que le habían sido eficaces para mantener el poder. Esto creaba contradicciones dentro de su sistema. Quería siempre dar apariencia de no ser un dictador. De alguna manera los tribunales, sobre todo el Tribunal de Urgencia, podían conceder libertades, como ocurrió con muchos de nosotros, muchas veces negociadas en un país corrompido, como en mi caso, en que el Colegio de Periodistas consiguió mi libertad, siendo yo el director de un periódico clandestino, *Revolución*, un enemigo del régimen, pero a algunos magistrados les interesaba más una licencia privada para una planta de radio, y el decano del colegio de periodistas, mi amigo Jorge Quintana, negoció mi libertad a cambio de esa licencia. Se ha hablado del poco tiempo que Fidel Castro estuvo en las prisiones, después del asalto al Moncada, donde hubo tantos muertos de parte y parte, y es una verdad. Una verdad que hay que contemplar no por generosidad, sino por la idea de que estaban vencidos, aparte del reclamo popular de la amnistía de los presos políticos, no solamente los fidelistas, sino también otros grupos, entre ellos algunos auténticos, o amigos de Menelao Mora, Sánchez Arango, o personas independientes, como Tomás Regalado, fue la amnistía de quien se creía un vencedor y se podía permitir ese acto. Se ha querido disminuir el horror de los crímenes del batistato, alegando que no fueron veinte mil, como entonces se afirmó; es posible que no fueran veinte mil. No hay ningún censo de los tantos muertos de aquella época; algún día se podrá saber exactamente, porque hay un archivo del Ejército, realmente muy serio, que cayó en las manos de Raúl Castro, el cual, por razones sectarias, nunca ha querido darlo a conocer ni publicarlo, porque en este caso se verían las decenas de miles de acciones realizadas por la clandestinidad en todo el país, causa determinante de la derrota de Batista, y no el esfuerzo de una guerrilla que, pese a su importancia, recogió las frutas cuando ya estaban maduras. Este argumento no es válido. Los muertos fueron muchos, que fueran más miles o menos miles no quita la gravedad. No un muerto por casualidad, muchos muertos, y no es la cantidad mayor o menor de muertos lo que determina la inocencia o la culpabilidad, ni se puede decir que sí fuera o que no fuera un sistema aquel de asesinatos y de torturas. Ni eso justifica que el sistema castrista haya superado aquel horror con un súper horror. No son los ceros los que determinan la magnitud del crimen.

Quiérase o no se quiera, Fidel Castro es el hijo putativo de Fulgencio Batista, sin el uno no existiría el otro, y si es verdad que los males de Batista, Fidel Castro los multiplicó al infinito, ninguno de los dos se salva de los crímenes, ni del uso de la fuerza.

LA REFORMA AGRARIA

Contaré una experiencia extraordinaria que ocurrió a partir de mayo del 59, la Ley de reforma agraria, su aplicación en los campos.

Era importante acabar con el gran latifundio, como estableció la Constitución de 1940, con el monocultivo azucarero y con el subdesarrollo económico, establecer una mayor justicia social en los campos, y entre el campo y la ciudad era lo ideal. ¿Cuál la realidad?, ¿qué sabía yo y qué no sabía? Otra diferencia cubana notable siempre era la buena y rápida comunicación entre ciudades y la casi total incomunicación entre ciudad y campo. Campo y ciudad eran dos mundos paralelos y casi aparte. También la Revolución padeció ese mal, e incluso cuando se repartía, distribuía o vendía el periódico, llegábamos al mundo cubano citadino, pero no al mundo campesino, no ya el aislado montañoso de Oriente o el Escambray y Pinar del Río, sino incluso el campo que se veía de la carretera y que no había manera de incluir en la red de información nacional. Luchamos contra aquella barrera incluso con páginas campesinas, magazines, enviados especiales y corresponsales, pero sin grandes cambios.

Aunque me parecía que el reparto individual de la tierra, el minifundio, era el más adecuado, como quería Sorí Marín, ministro de Agricultura, y que renunciaría a hacerse lo contrario, acepté el argumento de Fidel Castro de que los latifundios—azucarero, ganadero, arrocero—no podían fragmentarse, como repartir un cañaveral, el ganado o los campos de arroz. Tuvo la habilidad Fidel Castro de no hablar entonces de granjas del Estado, sino de las cooperativas campesinas, la primera Ley de reforma agraria repartió tierras de forma individual; hacía campesinos precaristas, arrendatarios aparceros, en muchos lugares de Cuba. ¿Visité entre 1959 y 1960 los campos de Cuba? No. Incluso cuando el célebre ingeniero francés René Dumont, agrónomo extraordinario, llegó en el 60, invitado por Fidel Castro, nosotros no tuvimos contactos con él, ni él nos visitó. Nosotros discutíamos teorías con Sartre; Dumont discutía peligros y daba consejos que nosotros ignoramos. Nunca tuve simpatías por la caña de azúcar, sigo pensando, como Humboldt, que Cuba era, y es, una isla de azúcar y esclavitud. La caña es una materia prima que necesita una industria, ocupa las mejores tierras del país, es un trabajo brutal, requiere una gran mano de obra barata seis meses al año, el resto «tiempo muerto» produce desempleo, el costo en dólares de la fábrica, la enorme red de transporte urbano, marítimo, la cantidad de petróleo es grande, en el mercado el azúcar la mayoría de los años vale poco y sólo un año vale mucho, lo que la hace improductiva. Esta industria improductiva competía porque producía a bajo precio, para impedir la competencia y tener un mercado y una cuota y precio preferencial en Estados Unidos, que incluía el famoso diferencial, que tocaba a los industriales del azúcar, a los colonos y a los obreros, de manera que con esa técnica reproducíamos más azúcar y se recibía la misma cantidad de divisas o de salario y se evitaban la competencia extranjera; aun así, el azúcar era como el cáncer monoproductor y de monomercado, que estrangulaba el desarrollo y crecimiento del país, en los años cuarenta; como dice Leví Marrero «se había roto en parte ese impedimento del monocultivo para desarrollarse agrícola e industrialmente». Lo que no sabía, ni imaginaba, era lo que en realidad estaba ocurriendo; más que acabar con el latifundio, lo que se estaba creando era un gigantesco latifundio estatal, improductivo, con una ligereza y una frivolidad extraordinaria; hombres de ciudad que despreciaban el campo, que no amaban la riqueza, que se divertían destruyéndola.

No era un cambio de propiedad lo que estaba ocurriendo; lo que estaba ocurriendo era prácticamente la paralización del cultivo, la destrucción de la riqueza, el canibalismo, la burocratización. Donde había un latifundio de miles de caballerías, Fidel Castro lo convertía en decenas de miles, con su gigantismo, una de las razones de las críticas más severas del agrónomo Dumont, invitado por él como consejero y no seguido en sus sabios consejos. Y junto con eso, el desconocimiento total de los hombres de la ciudad, la irresponsabilidad y ese canibalismo de confundir la destrucción de la riqueza con la justicia social, una paralización productiva que muy pronto iba a ser crisis, porque la ley establecía un máximo de treinta caballerías por latifundio, y naturalmente en esas condiciones, el latifundista o el campesino medio no estaban en condiciones de producir. Se produjo una paralización que no era visible, pero que en un año se habría de ver. Pero aun así, con mi prejuicio por el azúcar, no participé de esa locura; y en un Consejo de Ministros, en que Fidel Castro anunció que un discurso incitaría en el año 61 a los cubanos a destruir los cañaverales, porque había demasiada caña plantada, fuimos tres los que nos opusimos: Raúl Cepero Bonilla, ministro de Comercio y experto azucarero, el comandante Ernesto Guevara y yo, los cuales alegamos que las cañas de Cuba eran muy viejas, que en los años de Batista no se habían sembrado más cañaverales, porque en el 52 había mucha caña sembrada, la zafra fue muy grande y mucha caña fue quemada por la insurrección, sin nuevos cañaverales y sin los viejos inspectores, que tenían los ingenios, que controlaban la producción yendo campo por campo, suprimidos por innecesarios. Tratamos de convencer a Fidel Castro de que con el odio que había en Cuba contra la caña, en toda su historia, un discurso de ese tipo no iba a destruir una pequeña cantidad, sino una enorme. Fidel Castro dijo que él tenía razón y que apostaba una vaca asada para el Consejo de Ministros, que él pagaría si nosotros teníamos razón, pero que pagaríamos nosotros si era él quien la tenía. Naturalmente no la tuvo, el discurso lo hizo y la zafra próxima, la del 63, fue una de las más pequeñas en la historia de Cuba y más nunca se pudo hablar de aquella apuesta, que se convirtió en un tabú.

Como siempre Fidel Castro perdió, pero como siempre no pagó. Ya parecía la Revolución una suma destrucción y Fidel Castro la destrucción total, el caudillo que en la paz hacía la guerra contra todo, incluso contra la agricultura, la riqueza y la economía.

Pensaba sólo en destruir como forma de vencer, para él mismo que se creía la Revolución, había que acabar con todo y después, a partir de su época y poder, comenzar a construir todo a su forma y manera. Lo que produjo fue la ruina de Cuba, ruina que entonces no veíamos.

JEAN-PAUL SARTRE

Cuando llegué a París en octubre del 59, Sartre ensayaba en el famoso teatro Odéon, su conocida obra *Las manos sucias*, que había generado otra polémica con los comunistas por sus tesis libertarias.

Jean-Paul Sartre era un hombre pequeño, movía sus inquietas manos expresivamente y tenía una brillante conversación.

Pienso que Sartre, Picasso, Breton, Le Corbusier y los otros me recibieron porque la Revolución cubana despertaba entonces una cierta exótica curiosidad. ¿Quién sería aquel periodista raro, director de un periódico llamado precisamente *Revolución*, que venía de una lejana y poco conocida isla? La entrevista ocurrió en el entreacto, y fui advertido por su secretario de que Jean-Paul Sartre disponía sólo de unos minutos. Sartre me echó una larga mirada inquisitoria, con aquellos sus ojos bizcos, de mirada penetrante, y yo, sin más, le disparé que venía a invitarle a Cuba, a él y a su inseparable compañera, Simone de Beauvoir, para que viera en la práctica cómo nacía una revolución original, amenazada de conflictos, con Estados Unidos, y con el peligro de ser penetrada por las manos opuestas y poderosas de la Unión Soviética y el comunismo.

Le conté, para su sorpresa, cómo sus obras filosóficas y literarias, y su historia y la de Beauvoir eran conocidas en la isla, que podría asistir a la inauguración del Teatro Nacional de Cuba, que estrenaría su *Ramera respetuosa* interpretada por la magnífica Miriam Acevedo; le expliqué que la mejor fecha para la visita eran los meses de invierno y que así podrían disfrutar del Carnaval Habanero, no tan famoso como el de Río de Janeiro, pero quizás el más auténtico y bello espectáculo teatral, aquel teatro musical cubano, con sus clásicas comparsas, que en un país de bailadores era tan impresionante que todos se ponían a mirar, olvidándose de que las sabrosas congas los arrastraran. Le conté cómo textos suyos y de Merleau-Ponty fueron llevados por mí a la sierra Maestra, y cómo había tenido discusiones sobre sus tesis del terror con Fidel Castro y otros; pareció emocionarle aquel recuerdo guerrillero.

Hablamos de poesía, cultura y literatura moderna, y con humor notaba cuánto impresionaba a Sartre y a los franceses que un bicho raro, de un mundo primitivo y lejano, conociera el arte y la literatura contemporáneas y echara una parrafada sobre los clásicos.

A Sartre le interesó muchísimo el tema de una revolución nueva, no hecha por los comunistas, no inspirada en el marxismo, que no contaba con el clásico aparato comunista.

Sartre había filosofado sobre la espontaneidad y la democracia directa. Le hablé del peligro que existía de querer recurrir con esquemas ideológicos las realidades criollas.

—No hay aparatos ni dogma, hay un jefe por encima de todo y un ejército que sustituye el aparato, hay un diálogo del pueblo y su jefe, que se intenta organizar, y hay una poderosa ala marxista del movimiento; somos conscientes de que una revolución no es una democracia tradicional, hay un ala radical y nacionalista, pero no comunista, de la que formo parte, hay el peligro del caudillismo latinoamericano, populista o conservador, y su tendencia al mando único. Lo invito a ver el laboratorio vivo en que se forma una revolución.

Sartre respondió:

—Estoy seguro de que Simone de Beauvoir estará de acuerdo conmigo, aceptamos la invitación del periódico y al principio del 60 estaremos en la Habana.

Y con un abrazo y deseo de buena suerte para la Revolución y para mí, Sartre me despachó después de una hora de conversación y de ensayo teatral ininterrumpido.

Sartre no mostraba la vanidad a flor de piel, como Graham Greene, el cual, al conocer que su novela *El poder y la gloria* había aparecido en una lista de libros de autores leídos en la sierra Maestra, sabiendo que era yo el que los había pedido, tuvo una gratitud tal por mí, que incluso cuando salió el *Diario de la Revolución Cubana* en Inglaterra, a pesar de su eterno fidelismo, me concedió el premio al mejor libro publicado en el año en la Gran Bretaña, y no es que el libro no lo mereciera; reconocido como la única fuente documental de la Revolución cubana, el valor de mi trabajo consistió en hacerlo legible sin quitar autenticidad a las partes, diarios, cartas y documentos de la insurrección, haciendo hablar a Fidel Castro y sus protagonistas y reduciendo mis versiones al mínimo, un libro más editado que escrito.

El mundo crea un mito de cualquier cosa. Falso es que aquella mi personal curiosidad de lector convirtiera a la guerrilla serrana en exquisitos y preocupados intelectuales. Si alguien como Guevara se fotografiaba con una biografía de Goethe, lo convertían en un amante de la literatura. Sartre estaba muy por encima de su vanidad. Sabía que su talento, su fama, su brillante conversación, su mirar, sin complejos, a pesar de su bizquera, que usaba con humor y que la había utilizado para confundir a los alemanes, cuando su detención, simulando locura, lo hacían atractivo para unos y otros.

LA RENUNCIA DE HUBER MATOS

Contaré la historia tal y como la viví. A principios del 59, la pugna entre Raúl Castro, el Che Guevara, la Seguridad y nosotros, el ala nacionalista del 26 Faustino Pérez, Huber Matos, Boitel, David Salvador, Manuel Ray, Manuel Fernández, Enrique Oltuski, Emilio Guede, Vicente Báez, los dirigentes obreros, los comandantes y tantos otros dirigentes civiles era violenta. En el Ejército Rebelde, única organización revolucionaria del poder, introducían a los viejos comunistas, también en la Seguridad del Estado y en las organizaciones estatales. Nos habían declarado una implacable guerra sorda que casi nos impedía trabajar. Querían romper con Estados Unidos, radicalizar la Revolución, nacionalizar las riquezas e introducir la Unión Soviética, «la tierra del socialismo», que a los Estados Unidos sustituiría en las relaciones con Cuba.

Fidel Castro por esa época afirmaba no compartir esa política, tal era lo que se desprendía de sus palabras, les decía que era suicida provocar al poderoso enemigo, cuando había fuerzas dentro del país muy poderosas, opuestas a esa política. Parecía que más allá de motivos tácticos, era cuestión de principios, y se permitía decir, con su técnica de comentar algo para que fuera oído, allí donde él quería, en este caso el periódico *Revolución* y en la Universidad de La Habana, que él no creía ni en su madre, que su madre era la Revolución, que si él tenía que acabar con su madre, porque se oponía a la Revolución, a Raúl y al Che porque se oponían, al que se opusiera a la revolución, lo fusilaría. No era una comedia de todos, era sí comedia de parte de Fidel Castro, que no pensaba así, como después se vería. Usaba el argumento en las reuniones, y fueron más de una las que los compañeros tuvieron con él, de que no se podía dividir la Revolución, echando a Raúl y al Che, pero que él estaba en desacuerdo con ellos y que no habíamos hecho una revolución para que se la robaran los comunistas. Con lo cual, nos tranquilizaba. Pero las presiones seguían, el comandante Díaz Lanz, héroe de la Revolución, que había aterrizado catorce veces con aviones clandestinos en la sierra Maestra, jefe de las Fuerzas Aéreas Rebeldes, acosado por Raúl Castro y la Seguridad, oyó palabras comunistas en el avión presidencial—era el aviador de Fidel Castro—y un día de junio escapó para Estados Unidos y denunció la revolución de comunista. En repetidas reuniones de nuestro grupo, reuniones normales de ministros, dirigentes obreros, comandantes y dirigentes civiles, que no eran conspirativas—por esa época todos nosotros creíamos en la palabra de Fidel Castro—, habíamos hablado y decidido resistir, mantenernos, no renunciar y dejar libre el campo a los adversarios.

La pugna se agudizaba en el Ejército Rebelde, que ellos dominaban, en el movimiento obrero, que estábamos ganando, en la Universidad favorable a nosotros, en *Lunes*, en la cultura. *Lunes* adquiría prestigio, agrupaba a artistas, escritores e intelectuales y hacía una campaña cultural y de crítica política extraordinaria. Entre los acontecimientos importantes de los últimos meses del año 1959, el Primer Congreso Obrero y las elecciones libres en los sindicatos y en la Universidad. En los sindicatos, barríamos en todas partes; en la Universidad, apoyábamos a Boitel, la lucha era muy dura, pero en realidad estábamos a la par; aun si por maniobras, la persona escogida por ellos, el comandante Rolando Cubelas,[5] tenía el apoyo de Raúl Castro, héroe de la Revolución y dirigente del Directorio, días antes, Boitel—que ya en el año 60 fuera detenido y muriera en una huelga de hambre en el 74, en la prisión de Fidel Castro—fue obligado a renunciar a la presidencia de la FEU, y ganó, naturalmente, Cubelas por pocos votos.

Fidel Castro, sin decirlo, quería impedir que hubiese elecciones. Desaparecieron por esa época las pocas palabras sobre las elecciones, sustituidas por las de «Elecciones, para qué», en discurso de Fidel Castro, que arremetió contra la vieja politiquería, creando la confusión entre politi-

---

5. Rolando Cubelas cayó en desgracia en 1965. Acusado de preparar un atentado contra Fidel Castro, pasó varios años en prisión.

quería y democracia en aquel clima de revolución, no existía en realidad democracia, ni intenciones electorales. El argumento de Fidel Castro era que el país no podía perder tiempo, que necesitaba reconstruirse, que las elecciones dividirían el progreso revolucionario.

Al regreso de mi primer viaje por Europa, encontré la situación cambiada. Fue entonces que el comandante Huber Matos, prestigioso comandante serrano y jefe militar de Camagüey, tomó una decisión que cambiaría el curso de la Revolución y su propia vida.

Envió una carta a Fidel Castro, que denunciaba la penetración comunista en el Ejército a través de Raúl Castro. No estuve de acuerdo con la renuncia. Aquéllos eran días decisivos, se aproximaba el Primer Congreso Obrero, en que surgirían las primeras instituciones revolucionarias del país, la CTC, las elecciones universitarias; me negué por vía telefónica, en días anteriores, a discutir con Huber sobre su renuncia, por esa época los controles en los teléfonos eran evidentes, sabía que en *Revolución* estábamos infiltrados por comunistas y raulistas que vigilaban nuestros actos. Los capitanes de su columna, que sufrirían con él las consecuencias de su acto, no firmaron la carta, porque él les pidió que no renunciaran; su intención no era de conspiración militar ni de rebelión. Quería salvar su responsabilidad histórica, tenía el mando que no podía seguir ejerciendo, intentaba definir a Fidel Castro en su política. He contado en otras páginas que aquella tarde, con su astucia de siempre, Fidel Castro quiso sorprenderme, al llamarme por teléfono, cosa rara de su parte; sin saludarme siquiera, me lanzó de sopetón estas palabras: «Franqui, ¿qué piensas de la renuncia de Huber Matos...?». Oírla y comprender la peligrosidad de la pregunta fue lo mismo. No podía responder que no lo sabía, a pesar de no estar comprometido con Huber ni con su acto. Fidel Castro averiguaba quiénes sabían de la renuncia, porque no se lo habían dicho, las reacciones de cada uno. Campesino y luchador de la clandestinidad, le di por respuesta una sonora carcajada. Fidel Castro, indignado, me contestó que a qué venía aquella risa. Respondí: «Esperaba una llamada de Margot y estuve a punto de contestarte con una frase amorosa». Castro entonces me dijo que Huber Matos le había mandado la renuncia, en una carta privada, que él pensaba aceptar. Le respondí que me parecía bien, y así terminó la parte primera del peligroso acto, que pronto tendría un segundo, y otros más dramáticos, todavía.

La conspiración, inventada por Raúl Castro con la colaboración de

Jorge Enrique Mendoza y otros, en Camagüey, no se veía por ninguna parte. En dramática sesión del Consejo de Ministros, Fidel Castro planteó las cosas de forma terminante: «Matos es un traidor, o yo soy un mentiroso». Y cuando Faustino Pérez, ministro de Recuperación de Bienes, le contestó que eso era «terror batistiano», le respondió: «No, terror revolucionario». Fue la primera vez que oí el término «terror revolucionario», que penetraría profundamente en todos nosotros, con fe en la Revolución, que no queríamos perder. Era en verdad el terror revolucionario. La actitud en aquella reunión de Faustino Pérez, de Manuel Ray y de Enrique Oltuski fue realmente admirable, defendieron la inocencia de Huber Matos; fueron acusados por Guevara. Raúl Castro pedía la pena de muerte para Huber y todos nosotros afirmó que «éramos unos conspiradores». En ésta y en otras reuniones, me limité a decir a Fidel Castro, en respuesta a las palabras de Raúl y de Guevara, que si él no había dicho una vez «que la Revolución cubana no iba a ser como Saturno, que devoraba a sus propios hijos». La respuesta de Fidel Castro, fue: «No lo vamos a fusilar, no haremos mártires».

Reconozco el valor de aquella renuncia, que no consideré oportuna. Un acto en el que no estaba comprometido. Tenía otras responsabilidades individuales y colectivas, no era un ministro, un comandante, era el director de un periódico órgano de una corriente y de un Movimiento, que tenía responsabilidades con muchísimos otros, y pensaba que no era el momento oportuno, ni táctico ni estratégico, y quizás algo menos ingenuo que los otros, sabía muy bien que Fidel Castro no aceptaría renuncias, como se había visto en la sierra Maestra y en el caso de Urrutia, que la renuncia haría de Huber su opositor, que la oposición no la iba a permitir, la crítica, y que vivíamos una situación muy tensa, todavía con mucha fuerza de nuestra parte y con posibilidades en el movimiento obrero de crear instituciones revolucionarias, difíciles de eliminar. ¿Qué hacer? ¿Aceptar el acto de Huber Matos y compartir su destino? Pensaba que no era éste el momento del todo por el todo. El proceso de Huber Matos fue ilegal, incluido su juicio, no se le dejó hablar, se le condenó. La justicia—la injusticia—una decisión personal de Fidel Castro, una condena de veinte años a él y a sus capitanes, en que la acusación de conspiración y de traidor no fue probada.

Había entre nuestro grupo muchas contradicciones, no era homogéneo en las ideas ni las experiencias. Los comandantes serranos, aunque coincidían con nosotros, habían vivido la experiencia de la sierra, diferente a la clandestinidad, y había entre ellos y nosotros ciertas diferencias; ellos eran «los héroes»; los dirigentes clandestinos eran anónimos y desconocidos; una psicología diferente. Nos molestaba su militarización, su tono heroico, sus grados y sus uniformes. Había diferencias de ideas, entre aquéllos, de un pensamiento democrático moderado, y otros, de un pensamiento revolucionario nacionalista, más radical, yo entre ellos, en el modo de concebir la relación con Estados Unidos. No había jefe en el grupo, cada uno pensaba con su cabeza y era responsable de sus actos. Otra contradicción: éramos un grupo y debíamos actuar de acuerdo a la mayoría, que limitaba la libertad individual. El de Huber fue un acto individual, que arrastraba a los otros, contradicción, no fácil de resolver, era muy compleja la época y explica mucho de lo que entonces ocurrió.

Algunos de los antiguos capitanes de la columna de Huber Matos, que juntos habían peleado en la sierra y que estuvieron con él en aquellos días difíciles, posteriormente han criticado a Huber. Según ellos, no ordenó, prohibió disparar contra los que envió Fidel Castro a detenerlos. Otra era la preocupación humanista del gesto de Huber: no producir un acto de sangre. La suya no era una rebelión; no ignoraba Huber la enorme popularidad de la Revolución, ni ignoraba que en aquella época Fidel Castro no parecía comprometido con los comunistas, ni nadie hubiese entendido que se hubiese disparado contra el padre de la Revolución; la suya no era una conspiración, fue una protesta no pública, una carta privada de renuncia. ¿Puede calificarse de ingenua la actitud de Huber Matos? Sin duda, aun si la intención a largo plazo de su gesto fue salvar su responsabilidad histórica, y la salvó al denunciar a riesgo de la vida, con un gesto individual, el peligro de la penetración comunista, las consecuencias del acto fueron tremendas.

Fuera de Cuba, en América Latina, en Venezuela, donde vivía Julio César Martínez, que había hecho la Revolución con nosotros, exilado dominicano y extraordinario periodista, que era nuestro colaborador, coincidió con Huber Matos y con su renuncia, la dio a conocer, causando en aquel país una conmoción. Rómulo Betancourt y su gobierno detectaron la señal de lo que ocurría y actuaron en consecuencia.

En Cuba los acontecimientos se precipitaron y provocaron que el ala democrática del movimiento desapareciera. Felipe Pazos, Faustino Pérez, Manuel Ray, Oltuski, Manuel Fernández y otros ministros y comandantes fueron destituidos de sus cargos y sustituidos por hombres como Guevara o Raúl Castro. Fidel Castro aprovechó el acontecimiento para romper su cautela y apoyar decisivamente al grupo procomunista.

¿De no haber Huber Matos renunciado, qué hubiese ocurrido? Difícil la respuesta. Hubiésemos durado algún tiempo más, difícil cambiar el curso de los acontecimientos. Aquélla era una batalla perdida, en una revolución perdida.

El de Huber Matos fue un acto individual—no discutido ni aprobado por nuestra corriente—que planteaba el dilema «o Fidel Castro o Huber Matos». En un momento en que se hacían serias reformas, en que todavía había libertad y lucha y en que el poder no era monolítico, él mismo tenía confianza en Fidel, de ahí el acto privado de su carta de renuncia. Su acto lo salvaría históricamente, pero terminó con la corriente, todavía poderosa, reformista y democrática, de la Revolución. Si Huber Matos, con el prestigio y poder que tenía, hubiese organizado un gran mitin en Camagüey, transmitido por televisión, y allí hubiese leído públicamente ante el pueblo de Cuba su carta de renuncia, diciendo que se quitaba los grados y que no quería dividir la Revolución, pero que no podía estar en silencio ante la penetración de los comunistas en el Ejército Rebelde, y que esperaba que el jefe de la Revolución, fiel a sus palabras de que «ésta es una revolución verde como las palmas, humanista y no comunista», con su poder indiscutible terminase la situación, acto seguido se hubiera marchado a su casa, seguido por la multitud. ¿Cómo hubiera podido reaccionar Fidel Castro ante un acto así? ¿Acusarlo de conspiración, detenerlo, juzgarlo? Hubiera podido acusarlo sólo de mentir, pero en estas condiciones hubiera tenido que retardar las acciones que tenía planificadas, y sobre todo el pueblo se hubiera enterado del conflicto. El límite de Huber Matos era su propia experiencia serrana, aquella de creer que habían sido los comandantes los que ganaron la Revolución, olvidando que la guerrilla fue sólo vanguardia y que el verdadero ejército de la Revolución fue la clandestinidad, que incorporó a la lucha el pueblo en numerosos actos.

Huber Matos nos puso con su acto frente a un dilema de injusticia individual o justicia colectiva, y nos hizo tragar el primer gran sapo de la Revolución, que no sería el único ni el último; pero antes, ya él y nosotros habíamos tenido que tragarnos algunos otros, cuando la fuga de Díaz Lanz, la renuncia de Urrutia o los cambios en el primer gobierno revolucionario. Ese día nació otro monstruo, el del terror revolucionario, mucho más grave que el terror físico, el miedo a perder las ilusiones o el de caer en desgracia, el terror revolucionario que te hace sentir como si fueras un traidor a eso que es tu vida y tu propia revolución. O sea, que el acto de Huber Matos le salvó históricamente, le costó veinte años en prisión y lo convirtió en una figura internacional, pero las consecuencias de su acto fueron desastrosas porque le permitió a Fidel Castro liquidar la corriente reformista y dar el poder a Guevara, Raúl Castro, Ramiro Valdés, etc.

Y yo como director de *Revolución*, que era el centro animador del grupo revolucionario no comunista que impulsaba el movimiento obrero, la lucha en la cultura, el trabajo entre los estudiantes, a unos días del Primer Congreso del Movimiento Obrero, donde estábamos ganando todas las elecciones y en el que los comunistas tendrían sólo un cinco por ciento de los votos mientras el grupo del 26 no comunista tenía el noventa y cinco por ciento. Me parecía que no, que todavía debía continuar la batalla y que un acto que no compartía no debía arrastrar a todo lo que evidentemente arrastró.

En realidad, *Revolución* y yo nos salvamos porque en medio de aquella crisis hubo un ataque desde un carro con granadas de mano al periódico, que entonces estaba en la calle Carlos III, antiguo local del periódico *Alerta*. El ataque con las granadas, que cayeron en la entrada del diario, fue repelido por Antonio Manuel Castellanos, que era mi primo y era un muy buen tirador, y que yo, por desconfianza con la seguridad y la policía, tenía allí para que nos cuidara. Fidel Castro, que estaba hablando en Palacio contra Huber Matos, al informarle del ataque a *Revolución*, dado por radio y televisión, lo condenó y así el periódico quedó fuera del conflicto.

Aquél fue un acto que trascendió las intenciones de su autor, individual, no público, en que el jefe militar de una provincia, y uno entre los cinco o seis más populares comandantes de la Revolución, envía una carta mesurada y respetuosa al jefe de la Revolución en que alega que no puede continuar en el mando de Camagüey debido a la penetración comunista en el Ejército Rebelde a través de Raúl Castro, una acción pacífica, ni violenta ni conspirativa, que no tenía carácter público. Huber Matos ponía su jefatura y destino en manos de Fidel Castro con la aparente intención de irse para casa y aquí no ha pasado nada. El acto lo convertiría en el futuro jefe de la oposición, aun si no había un proceso democrático normal.

Ramiro Valdés, que fue uno de los que allí enviaron, aunque no a detener a Huber, misión desagradable que dieron a Camilo Cienfuegos, no encontró resistencia militar. Como Camilo diría después, aquello no parecía una conspiración. Camilo se preguntaba por qué lo enviaron a él a detener a Matos y no a Ramiro Valdés. Unos días antes Fidel Castro había nombrado jefe absoluto de las Fuerzas Armadas a Raúl Castro, y Camilo ya había intuido que lo usarían como principal acusador en el juicio que se le haría a Huber Matos. Una conversación con José Enrique Mendoza, que fue el hombre que preparó la supuesta conspiración, aumentaron las dudas de Camilo, que recibió una ovación tan grande en su último acto de Palacio que se justificó diciendo que los aplausos eran para la Revolución, y regresó a Camagüey el domingo 28 de octubre y allí comenzó una investigación que terminaría con el correo del Ejército Rebelde, el portador de la carta renuncia de Huber Matos a Fidel, Carlos Álvarez, prestigioso revolucionario, y allí evidentemente Camilo descubrió que la conspiración había sido fabricada. Este peligroso encuentro causó la inmediata desaparición de Camilo.[6]

Matos pudo resistirse a su detención o escapar, porque le ofrecieron un avión, cosa a la que se negó.

Los hombres de la columna de Huber Matos que le eran fieles, si Matos no les ordena (y casi obliga) no actuar, hubieran impedido su detención y disparado atrincherados y armados como estaban, pero Matos no quería un derramamiento de sangre, ni ignoraba la inmensa popularidad de Fidel Castro. Matos quería salvar sólo su responsabilidad histórica, sin intuir que su acto tendría otras consecuencias y que serviría a Fidel Castro para liquidarlo a él y a los otros y dar un viraje de noventa grados y sustituirlos por Guevara, Raúl Castro y Ramiro. El no hacer pública la carta situó la crisis, no ante el pueblo, sino que presentó el dilema «o Castro o Matos» y permitió presentar la renuncia, silenciando la carta de Matos y fabricando una conspiración fantasma que nunca existió. En un dramático Consejo de Ministros, Raúl Castro y Che Guevara llegaron a pedir que se fusilara a los conspiradores. En el informe de Piñeiro que me

6. Véase mi libro *Camilo Cienfuegos: El héroe desaparecido*, publicado por Seix Barral, Barcelona, 2001.

entregó Fidel Castro años más tarde, se hablaba de una conspiración de toda el área no comunista del Movimiento, incluido el periódico *Revolución*. A mí se me acusaba de ser el jefe intelectual, también a David Salvador, Faustino Pérez, Manuel Ray, a la Federación Universitaria con Boitel y a los dirigentes provinciales del 26, así como a varios comandantes, ministros del gobierno y todos los que no eran comunistas.

El coraje de los ministros protestantes Ray y Faustino Pérez hizo cambiar de actitud a Guevara que, dando un viraje, dijo que por su valor moral debían, no solamente no ser condenados, sino quedarse como ministros, a lo que Castro respondió que no iban a ser complicados pero tenían que renunciar a su cargo porque habían perdido la confianza de la Revolución, es decir, la suya.

«FRANQUI, ¡QUÉ DESCORTÉS TE HAS VUELTO!»

Después de la toma de poder, en una reunión en Palacio, a Fidel se le cayó el «yaqui» y todos se apresuraron a recogerlo. Todos menos yo.

—¡Qué descortés te has vuelto, Franqui!—me dijo Fidel.

—Tú sabes, Fidel—respondí—, que no me gusta que me regañen. Que ya una vez te dije que el único que me podía regañar era mi padre, que está muerto.

Fidel mordió el tabaco, puso cara seria y se fue.

Antes de eso habíamos tenido otra discusión porque había sido el primer barbudo en afeitarme la barba. Cuando llegué a Palacio ya tuve una dificultad para entrar. Y al llegar al Consejo de Ministros, Fidel, mirándome a mí y al comandante Faustino Pérez, que también se había afeitado, nos dijo que quién nos había dado permiso para cortarnos la barba, que la barba era de la Revolución. A lo que respondí que había llegado a mi casa y mi hijo no me había reconocido; que hacía mucho calor; que no me gustaban las barbas; que iba a dirigir un periódico y, además, que me parecía que un día no iba «a haber más barba que la tuya, Fidel».

No le gustó, pero tuvo que aceptarlo.

No era que me gustara discutir con Fidel y mucho menos en público. Él mismo me había advertido una vez : «No te metas en la jaula de un tigre para arañarlo, porque te come».

Ya en otra ocasión, en que discutíamos sobre la necesidad de la crítica revolucionaria, cosa que él rechazaba, puse un ejemplo:

—Si hay un hueco en el techo y entra agua, la actitud del revolucionario crítico es decir que hay un hueco en el techo, y lo dice para que se tape y no caiga más agua. El contrarrevolucionario repite lo mismo, que hay un hueco en el techo, pero concluye diciendo: «Esto no sirve».

—Franqui—respondió Fidel—, toda crítica es oposición y toda oposición es contrarrevolución.

No era un suicida. Como conocía el peligro, trataba de evitarlo. Pero mi dignidad era mayor que mi miedo y, además, por experiencia había aprendido que tener una lengua dura y decir lo que se pensara creaba problemas, pero imponía respeto.

Años después, un día estaba en el hotel Presidente, en compañía de un delegado del presidente argelino, Ben Bella, portador de una carta suya para Fidel, que en dos semanas no lo había recibido. Tenía que tomar el avión a la mañana siguiente y le hacíamos una despedida, cuando recibimos un recado de Celia que decía que no nos fuéramos, que Fidel llegaría de un momento a otro.

Llevábamos varias horas y, como era su costumbre, Fidel no aparecía. Ya muy tarde, cuando entró como una tromba, todos salieron corriendo a recibirlo. Me quedé donde estaba, sin pensarlo. Y cuando llegó a la mesa, me levanté y lo saludé; él no me extendió la mano, ni yo se la extendí.

—¡Qué descortés te has vuelto, Franqui!

Mi respuesta fue la de siempre.

—No me gusta que me regañen, Fidel. Ya te lo dije, y no me gustaría que me obligaras a recordarte algo.

Conociendo su orgullo, sabía cuál sería su respuesta.

—¡No, no. Recuerda, recuerda, habla!

Y yo:

—Vamos a dejarlo así, Fidel.

—¡No, no, dilo! ¡Di lo que tengas que decir!

Y entonces dije:

—¿Recuerdas, Fidel, lo que hice aquel día que los aviones de Batista nos sorprendieron en un claro de la sierra Maestra y comenzaron a ametrallarnos y yo, con mucho miedo, viendo un hueco que tú habías mandado hacer en los caminos, te dije: «¡Fidel, métete en el hueco que tú eres más importante para la Revolución que yo!»?

—No se me ha olvidado, Franqui—respondió.

Entonces agregué:

—Cuando vuelva a ocurrir una situación parecida, haré lo mismo. Mientras tanto, sobran los guatacas para que te recojan el «yaqui» y salgan corriendo a saludarte.

Entonces, riendo dijo:

—¡Tú siempre igual, Franqui! Veamos la carta de Ben Bella.

Y yo también riendo le dije:

—Y tú lo mismo, Fidel—y le presenté al representante de Ben Bella.

DISCUSIONES CON SARTRE

Era la época de *Revolución*, periódico pasquín. Grandes cintillos, grandes fotos, una primera página con intensos, pero breves, toques de rojo, negro y rojo, como los colores del 26, aun si el Movimiento era ya un fantasma.

A la llegada de Sartre y Simone de Beauvoir, sus grandes fotos fueron el pasquín de la primera por varios días. Los cubanos, con su simpatía, empezaron a tutearlos: Juan Pablo, Simona. La popularidad fue inmensa, y Sartre, famoso intelectualmente, pero que no había sentido la fama popular, el calor del pueblo, se arrebató.

Con un gran sombrero guajiro que lo cubanizaba y protegía del sol, empezó a aparecer en mítines y entrevistas con Fidel Castro, el Che Guevara y otros dirigentes.

Todavía a principios de 1960, la Revolución era una fiesta, había dado libertad—aun si ya había claroscuros, como la prisión de Huber Matos—, creado empleos, aumentado el nivel de vida, el consumo; estábamos devorando los recursos alimentarios y de artículos de confort, heredados de antes, pero esto nadie lo sabía. En febrero los carnavales habaneros estaban en su apogeo.

La Habana era una fiesta revolucionaria. Sartre se nos escapó de las manos rápidamente. En la reunión que convocamos con Cabrera Infante y los redactores de *Lunes de Revolución*, empezó a justificar a la Unión Soviética, al realismo socialista, que era el caballo de batalla de los viejos comunistas contra *Lunes*.

Fidel Castro le impresionó profundamente, y al oírle gritar en la tri-

Vista parcial de los muelles de La Habana, muy concurridos siempre por embarcaciones de diferentes países; en el extremo derecho se puede ver la cárcel, construida por Miguel Tacón y derribada en el segundo tercio del siglo xx. Litografía de Federico Miahle, de la serie «Viaje pintoresco alrededor de la isla de Cuba» (siglo xix).

Vista del ingenio Acana. Fundado en 1816, a partir de 1823 fue objeto de un proceso de modernización gracias a la instalación de la primera máquina de vapor. Litografía de Eduardo Laplante (siglo xix).

La reconcentración obligatoria de la población campesina en las ciudades, ordenada por Valeriano Weyler, causó más de cien mil muertos, pero no pudo acabar con el ejército mambí.

El ejército mambí dominaba todos los campos de Cuba; Sagasta, primer ministro español, llegó
declarar que «la isla estaba perdida».

Izando la bandera cubana, el 20 de mayo de 1902, día del nacimiento de la República de Cuba. Afirma el historiador Calixto Masó: «El 20 de mayo de 1902 no es una fecha de heroísmo o de dolor, como otras de la historia de Cuba, sino de una sincera alegría; aunque nuestro país en su evolución histórica no llegó a ser lo que anhelaron los libertadores, tampoco fuimos como nos pintan los comunistas».

Marines norteamericanos en el muelle de Caballería durante la segunda intervención de 1906-190•

Los muelles habaneros a principios de la República. En la década democrática de los años cuarenta Cuba era la «Isla Fascinante», afirma Juan Bosh, en el libro del mismo título.

La mujer cubana, una de las protagonistas de la revolución de 1930-1933.

El segundo cuartelazo de Fulgencio Batista, el 14 de enero de 1934, derrocó al gobierno de Ramón Grau San Martín.

El coronel Salas Cañizares, jefe de la policía de Batista, asaltó la embajada de Haití y mató a todos los supervivientes del cuartel Goicuría allí asilados.

José Antonio Echevarría, presidente de la Federación Estudiantil y líder del Directorio Revolucionario, arrestado durante la protesta contra la dictadura en el estadio del Cerro a principios de 1955.

Una miliciana. Cientos de miles de milicianos fueron excluidos de las ORI (Organizaciones Revolucionarias Integradas).

El monumento a las víctimas de El Maine, erigido frente a la bahía de La Habana. El águila norteamericana que lo coronaba mirando al norte, símbolo de un mal recuerdo colonial, fue descabezado en 1959. El autor consiguió que Pablo Picasso recreara una Paloma de la Paz para sustituirla, pero Castro se opuso.

En 1961, Castro ordenó una alfabetización masiva: según cifras oficiales, un millón de cubanos aprendieron a leer; terminada la campaña, no obstante, el proyecto no tuvo continuidad.

Fotos del avión norteamericano U-Dos, derribado por Castro durante la crisis del Caribe.

Haydée Santamaría, heroína del Moncada, en plena realización del mural «Cuba Colectiva», con motivo de la exposición del Salón de Mayo en La Habana, en julio de 1967. Se suicidó en 1980.

Fidel Castro: «En períodos de crisis, el poder se mantiene con el terror y el hambre».
La condena en 2003 a mil quinientos años de prisión a 75 opositores pacíficos y periodistas
independientes provocó una repulsa mundial.

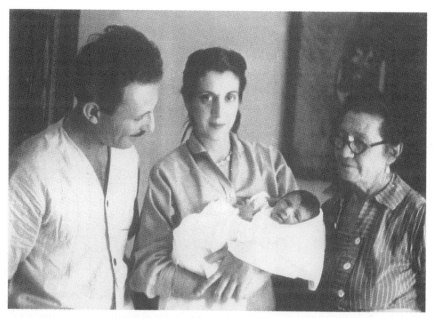

Carlos Franqui y Margarita Padrón al nacimiento de su hijo Carlos, La Habana, 1956.

Fidel Castro y Carlos Franqui en la embajada de Cuba en Washington, en abril de 1959, durante el primer viaje de Castro a Estados Unidos.

Carlos Franqui y Che Guevara. Reconciliación después de una polémica.

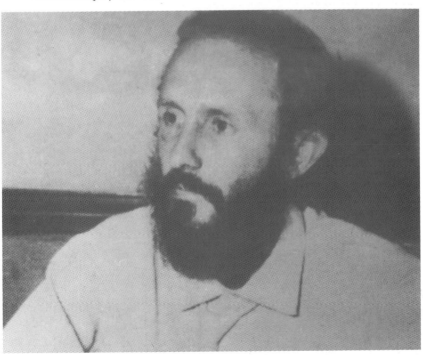

Carlos Franqui. Según decía Fidel Castro, «las barbas eran de la revolución», al recriminar a Carlos Franqui que se hubiera cortado la barba.

Jean-Paul Sartre, Simone de Beauvoir y Carlos Franqui en los talleres de *Revolución*, en febrero de 1960.

El pintor danés Asger Jorn, Wifredo Lam y Carlos Franqui en la Oficina de Asuntos Históricos, decorada con los murales de Jorn y Antonio Saura, 1967.

número especial literatura y revolución con textos de:

saint just · miguel ángel asturias · bernanos · marx

engels · tom paine · frank país · adrián garcía hernández

pietr kropotkin · john reed · fidel castro · breton

antonio ortega · vallejo · carlos franqui · mayakovski

lorca · sartre · henri aleg · miguel hernández

rine leal · nicolás guillén · guillermo cabrera infante

pablo de la torriente brau · martí · isaac babel

attila jozsef · josé antonio echeverría · villena · trotski

Portada de *Lunes de Revolución* del 6 de abril de 1959. El pluralismo cultural y político de la revista provocaba furiosas polémicas.

Baruj Salinas, Jacques Dupin, Carlos Franqui, Joan Miró y Luigi Carluccio, director de la Biena
de Venecia, en el estudio de Miró en Son Abriles (Palma de Mallorca), en julio de 1980.
En el suelo, el cuadro *Mujer rodeada por un vuelo de pájaros*, donado por el pintor al Mayo-Mir
Montecatini.
(Foto: Alfredo Melgar)

Carlos Franqui y Alexander Calder, en el estudio del pintor en Saché (Francia), en 1973.
(Foto: Alfredo Melgar)

Carlos Franqui con María Zambrano, en el apartamento de la escritora en Ginebra, en 1971. (Foto: Alfredo Melgar)

La actriz cubana Miriam Acevedo, el compositor italiano Luigi Nono y Carlos Franqui, en 1971.

Saignon, 23 de mayo de 1971

Querido Carlos:

Abrumado de trabajo y de tantas otras cosas que de sobra sabes, quiero que recibas copia de este texto que acabo de dar a Prensa Latina.

Me he negado a firmar la segunda carta a Fidel; la creo explicable y justificada frente a muchas torpezas y errores (un día te contaré la conducta de la embajada de París conmigo, inter alia), pero también creo que es una carta de ruptura, no tanto por parte de los firmantes sino por el hecho de que si la respuesta a la primera carta fue lo que fue, cabe imaginar lo que dará (por lo menos en el plano de los hechos y las consecuencias) este nuevo mensaje. Y personalmente, a pesar de todo lo que tengo que objetar a la conducta cubana en el "caso Padilla y sus aledaños", sigo creyendo que la revolución cubana merece, en su esencia, una fidelidad que no excluya la crítica, una presencia siempre posible para colaborar al triunfo de su lado positivo que, lo creo de veras, sigue existiendo a pesar de esta ofensiva de mediocridad y medievalismo vía Congresos y discursos y autocríticas. Por eso no he firmado esa carta, y por eso he escrito lo que me ha salido de los cojones y que te envío adjunto porque tú eres para mí la expresión de todo lo que quisiera en Cuba y en su revolución, y aunque mil cosas puedan separarnos en la teoría y en la práctica, sé que en algún terreno que de veras cuenta estaremos siempre muy juntos.

Ojalá podamos hablar pronto, ojalá las cosas mejoren allá y acá. Estoy ya en Saignon, agotado por dos meses de increíbles alternativas, dudas, entrevistas y correspondencias; quisiera tomar un poco de distancia, ver más claro. Pero no podía dejar de difundir unas páginas que los más honrados y lúcidos, quizá, sabrán entender. Me imagino de sobra tu estado de ánimo, pero de nada sirve quedarse en lo personal frente a lo que nos rebasa y exige seguir peleando. Mis afectos a Margot y los chicos, y recibe como siempre, más que nunca, mi abrazo fuerte,

1) La penúltima frase se presta a malentendidos. Quiero decir que ni a ti ni a mí nos importan demasiado los problemas personales frente a lo otro, lo que cuenta de veras, ese futuro que queremos hacer.

Carta de Julio Cortázar a Carlos Franqui, sobre el asunto de la detención del poeta Padilla.

Dedicatoria de Julio Cortázar a Carlos Franqui en un ejemplar de *La vuelta al día en ochenta mundos.*

Dedicatoria de Gabriel García Márquez a Carlos Franqui en un ejemplar de *Cien años de soledad.*

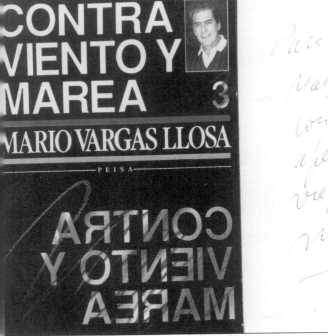

Dedicatoria de Guillermo Cabrera Infante
a Carlos Franqui en un ejemplar de un
libro del escritor.

Dedicatoria de Mario Vargas Llosa a
Carlos Franqui en un ejemplar de
Contra viento y marea.

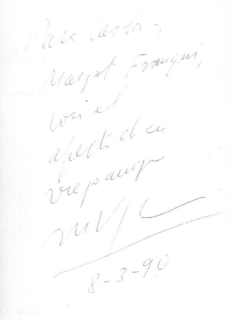

Arriba, portada del libro *Habla Fidel* de Gianni Minà, prologado por García Márquez. Abajo, la página del libro en que Castro miente en relación a la madre y los suegros de Franqui.

se le trató bien siempre. Algo más: ya al final, en una de ésas está en un viaje llevando al hijo a Ginebra —eso al final se convirtió en un pretexto—, y manda a buscar a los suegros también. Pide, por favor, que no los veía hacía tiempo, que el niño... Y viajaron los suegros, y después es que se sabe que Franqui está contra la Revolución, y que Franqui empieza a atacar a la Revolución.

Te puedo decir otro hecho: la madre de Franqui, anciana, queda aquí en Cuba; se lleva la familia, se lleva los suegros, y dejó a la madre abandonada en Cuba. Y fue la Revolución la que tuvo que ocuparse de la atención de la madre de Franqui, que no tenía ninguna culpa. Se quedó abandonada, y fue la Revolución la que la cuidó, la que la atendió y la sostuvo hasta su muerte. Vaya viendo ciertas características.

Se fue. Después allá se dio el gran baño de rosas. El hombre cuyas facultades intelectuales son realmente muy limitadas y aparece en congresos de intelectuales, aparece escribiendo libros, creo que hasta poeta es Carlos Franqui. Ultimamente, creo que en esa farsa que organizaron en Valencia, relacionada con el congreso antifascista, que no tiene nada que ver con el verdadero congreso de los escritores antifascistas, allá estaba Franqui pronunciando el gran discurso.

Es un individuo muy resentido, ambicioso, amargado. Esas características se las vi desde siempre y se las toleramos, realmente no creíamos que iba a terminar en ese papel. Digamos que Franqui no es un gran traidor; Franqui es un pequeño traidor a la Revolución, y se ha dedicado a todas esas actividades. Yo no le doy realmente mayor importancia, pero ya que hablamos de esto y ya que hay que hablar del señor Franqui, digo lo que sé del señor Franqui.

REGISTRO DEL ESTADO CIVIL

CERTIFICACION DE DEFUNCION

No. DE SOLICITUD

Para ser utilizada en:

Para surtir efecto en:
- ☐ Cuba
- ☐ Otros países previa legalización

EXENTA ☐

GRAVADA ☒

DECRETO LEY No. 61 DE 24-11-82

INSCRIPCION
Tomo | Folio

137 | 574

Registro del Estado Civil de _____ Marianao

Municipio _____ Playa _____ Provincia _____ C.Habana

DATOS DE LA INSCRIPCION

Nombres y apellidos del fallecido _____ Caridad Moreno Orgaz

Lugar de nacimiento _____ Güira de Melena _____ Habana _____

Municipio ___ Provincia ___ Sexo ___

Casada _____ 77 años _____ Jubilada _____

Estado Civil ___ Edad ___ Profesión u Oficio ___

Nombre(s) y apellidos del padre _____ Antonio

Nombre(s) y apellidos de la madre _____ Gertrudis

Domicilio _____ Estrada Palma # 652 Habana

Lugar del fallecimiento _____ Hosp Cira García Reyes Marianao

Cementerio en que se dispuso la sepultura _____ Colón

Fecha del fallecimiento _____ 11:00AM _____ 13 _____ 12 _____ 1968

Hora ___ Día ___ Mes ___ Año ___

OBSERVACIONES:

EL REGISTRADOR DEL ESTADO CIVIL DE _____ Playa _____ C.Habana

Municipio ___ Provincia ___

CERTIFICA: Que los anteriores datos concuerdan fielmente con los que aparecen consignados en la inscripción a que hace referencia.

Hecho por: _____ Pérez

Fecha de expedición _____ 7 _____ 11 _____ 1990

Día ___ Mes ___ Año ___

Confrontado por: _____

REGISTRADOR DEL ESTADO CIVIL
Firma y Cuño

ICEGRAF-1201-183-46659-660.000-H-4

Acta de defunción en La Habana de Caridad Moreno, suegra de Carlos Franqui.

REPÚBLICA DE CUBA

REGISTRO DEL ESTADO CIVIL

CERTIFICACION DE DEFUNCION

No. DE SOLICITUD

Para ser utilizado en:
Para surtir efecto en:

☐ Cuba
☐ Otros paises previa legalización

EXENTA ☐
GRAVADA ☒
DECRETO LEY No 51
DE 24-11-82

INSCRIPCIÓN
Tomo / Folio
42 | 345

Registro del Estado Civil de _____ de la Revolución.
Municipio _____ Provincia C. Habana

DATOS DE LA INSCRIPCIÓN

Nombres y apellidos del fallecido _Miguel ___ Padrón Solano_

Lugar de nacimiento _____ Arroyo _____ Habana _____ Masc
  Municipio — Provincia — Sexo

Viudo _88 años_ _Jubilado_
Estado Civil — Edad — Profesión u Oficio

Nombre(s) y apellidos del padre _____ Juan

Nombre(s) y apellidos de la madre _____ María

Domicilio _Calle 26 # 356 apartamento 7 P. Plaza_

Lugar del fallecimiento _Hospital Fajardo_

Cementerio en que se dispuso la sepultura _Colón_

Fecha del fallecimiento _5:45 PM_ _18_ _Marzo_ _86_
  Hora — Día — Mes — Año

OBSERVACIONES:

EL REGISTRADOR DEL ESTADO CIVIL DE _____ Revolución C. Habana
  Municipio — Provincia

CERTIFICA: Que los anteriores datos concuerdan fielmente con los que aparecen consignados en la inscripción a que hace referencia.

Hecho por: _____   Fecha de expedición _2_ _11_ _90_
                        Día — Mes — Año
Confrontado por: _____

REGISTRADOR DEL ESTADO CIVIL
Firma y Cuño

ICEGRAF-1201-103-46659-600.000-HS-1-84

Acta de defunción en La Habana de Miguel Padrón, suegro del autor.

Carlos Franqui con sus hijos Carlos y Camilo en un café de París.

Carlos Franqui.

buna su frase «Democracia directa» y ver que la inmensa multitud respondía a grito pelado su apoyo, el filósofo hizo suya la entonces popular y efímera tesis.

Un día, en el periódico, tuvimos una larga y difícil discusión sobre el tema. Ante su entusiasmo por la fórmula, le objetaba yo que era un estado de ánimo pasajero, que dependía totalmente de Fidel Castro, que no tenía ninguna forma orgánica ni estructural, que era puro teatro revolucionario y que no funcionaba en la práctica cotidiana.

Que se estaba fortaleciendo el poder militar y político del aparato, con profunda influencia procomunista, de parte del Che Guevara, Raúl Castro y otros, con el apoyo ya de Fidel Castro, que la Unión Soviética, comenzaba a penetrar, que se acentuaba el conflicto con Estados Unidos y con los intereses creados internos y externos, y que surgía una oposición democrática obligada a la violencia porque no tenía cómo expresarse.

Íbamos camino rápidamente a un encontronazo directo, que daría un papel total al jefe de la Revolución y a su grupo, y todo eso sin nuevas instituciones revolucionarias, con el movimiento obrero, estudiantil, el 26 y el Directorio, hostigados o desaparecidos, y con el Ejército y los comandantes más radicales en todos los mandos.

Sartre no entendía mis argumentos. Se había enamorado de la democracia directa y de la revolución viviente, se sentía reconocido y popular, aplaudido por primera vez en su vida, vivía la euforia del extremismo senil.

Sartre todo lo resolvía con la democracia directa y la participación y el diálogo populares, en los actos de calle y la efímera espontaneidad, incluso su popularidad era grande, aun si él no se daba cuenta, y quizás ni nosotros, que era alimentada por nuestro periódico.

Mi primer encuentro con Jean-Paul Sartre no sería el último. El próximo sería en La Habana y después hubo uno bien dramático en París, en el 61; todavía uno más, en la plaza de Saint Germain, en el 63, y después se cerrarían para mí sus puertas. Ya yo no era más aquel excelente agente de turismo revolucionario, buscando viajeros para una joven revolución; ahora era el derrotado, el devorado, el crítico de la Revolución, y ya se me decía por esa época, con una grandilocuencia exagerada, que yo era la conciencia crítica de la Revolución. Pero el teléfono de Sartre y su casa se cerraron para mí definitivamente, y ni aun después del 71, cuando la carta réplica contra Castro, de la que fue uno de los firmantes, volvió a interesarse por mí.

Mil novecientos sesenta era todavía época de ir por libre. Cada grupo o jefe tenía su guerrilla y actuaba en su campo. Fidel Castro permitía estas guerrillas, que no le gustaban, y a veces las criticaba, pero no quería institucionalizar la Revolución, crear un movimiento que tuviera un peso. En la práctica había disuelto el 26, que fue su criatura, al tomar el poder, y al Directorio, su aliado, y la única estructura real era el Ejército Rebelde y él, su comandante, a la cabeza.

Imposible reunirse, discutir, tomar decisiones colectivas. Lo máximo que se podía hacer era asistir a las reuniones del Consejo de Ministros y discutir cuestiones burocráticas, o tratar en alguna parte de hablar con Fidel Castro brevemente.

Fidel Castro no era un analfabeto. Tenía una formación jesuita, había estudiado Derecho y Ciencias Sociales en la universidad, tenía una gran memoria y durante su prisión en Isla de Pinos, de 1953 a mayo de 1955, leyó innumerables libros, como sus *Cartas de la prisión* cuentan. En la misma sierra Maestra, cuando tenía tiempo leía. Estaba informado, sabía quién era Sartre, y más de una vez hablamos del existencialismo y de Merleau-Ponty y de Lenin. Él mismo lo recuerda cuando quiere reprocharme mis ideas de entonces en un libro. No amaba la poesía, ni siquiera la cubana, y sobre esto discutíamos, y yo no dejé que metiera por Radio Rebelde la mala poesía, ni incluso la radio novela, como era su intención. Si aceptaba estas decisiones mías era porque mi trabajo en Radio Rebelde era eficaz, y él era el primer beneficiario. Aun en los momentos de tomar grandes decisiones, su idea política consistía en usar a todo el mundo y para eso tenía que conceder ciertas libertades. Él sabía que cuando tuviera el poder total los tiraría por la borda, como hizo, y que para consolidar el poder era necesaria gente como yo y otros parecidos.

RAMIRO VALDÉS, UN POLICÍA SINIESTRO

La historia de Ramiro Valdés comienza en el asalto al Moncada. Él iba en la primera máquina con otros compañeros que tenían la misión de sorprender la posta, detenerla y quitar las cadenas que cerraban la entrada del cuartel. Misión perfectamente ejecutada, que hubiese permitido la entrada de todos al cuartel, si Fidel Castro, que conducía la segunda máquina y que había dado órdenes de seguirlo en todo lo que él hiciera, no se hubiera bajado del automóvil, al ocurrir un incidente con un cabo del Ejército que intentó tocar la alarma. Todos los asaltantes, siguiendo a Fidel, abandonaron sus carros, y allí mismo fracasaron la sorpresa y el ataque. Al escapar, Ramiro Valdés vio a Gustavo Arcos herido y lo recogió, dejándolo en un lugar desde donde éste llamó al Dr. Posada, que le salvó la vida curándolo en una clínica e impidiendo que los soldados lo liquidaran.

Expedicionario del Granma, formó parte de la guerrilla del Che, tanto en la sierra Maestra como durante la invasión y los combates de Santa Clara, alcanzando el grado de comandante.

Desde los primeros momentos, su vocación policíaca, su incultura e incapacidad intelectual lo hicieron el hombre ideal para que Fidel Castro lo designase como jefe de la Seguridad.

Después de Girón, reemplazó al comandante Efigenio Amejeiras, destituido pese a su buen trabajo como jefe de la policía, antes corrompida y abusadora, y bajo su jefatura, discreta y honesta. Y de que la columna bajo su mando fue la que más y mejor combatió en Girón, en un avance victorioso en que murieron casi todos sus hombres.

Ramiro Valdés transformó a la policía en Seguridad, siguiendo todas las instrucciones de la KGB y de sus hombres en Cuba, Osvaldo Sánchez e Isidoro Malmierca, incluidos los agentes hispanosoviéticos enviados desde Moscú. Todo el aparato represivo castrista siguió las normas soviéticas. Con la excepción de los comités de defensa de la revolución (CDR), creados en 1960 por Fidel Castro, según él, inspirados en la Revolución Francesa, que le sirvieron para dar poder en los barrios a los marginales, a quienes no dio otra cosa, y para usar su odio contra todos, incluidos los obreros, que gracias a sus sindicatos tenían mejores condiciones de vida.

Entre las grandes olas represivas dirigidas por Ramiro Valdés y ordenadas por Fidel Castro, se cuentan la persecución, destitución y prisión de los líderes sindicales de todo el país, miembros del 26, que ganaron las elecciones en el Congreso de noviembre del 59, y que bajo el mando del nuevo ministro de Trabajo, Augusto Martínez Sánchez (un zacatecas de Raúl Castro), los enviaron a todos a prisión, incluido David Salvador, y también del Movimiento Estudiantil Independiente del 26, como fue el caso de Pedro Luis Boitel, mandado a Isla de Pinos y que murió en una heroica huelga de hambre años más tarde.

Ramiro Valdés fue uno de los artífices de la operación las tres P, desatada contra pederastas, prostitutas y proxenetas, pero que afectó, además de a los homosexuales, a religiosos, revolucionarios independientes, hippies y toda clase de inconformes, produciendo un tremendo impacto negativo en todo el país. También fue el organizador de la detención masiva de más de cien mil cubanos, después del sábado 15 de abril, cuando el bombardeo previo a Girón, de los cuales más del noventa por ciento ni eran conspiradores ni sabían nada de la expedición. Tantos fueron los detenidos, que tuvieron que llevarlos a los estadios, inaugurando aquella práctica terrible, tan reprochada después por la izquierda a Pinochet e ignorada en cuanto a Castro y Ramiro Valdés.

Ramiro Valdés apoyó a los comunistas en la época del llamado «sectarismo», de 1960-1962, creado por Fidel Castro y dirigido por Aníbal Escalante, secretario del Partido, que causó la ruina de la economía y de la Revolución, convirtiéndola en una «coyunda de fuerza», según las palabras del propio Castro. Fue Ramiro Valdés el organizador de los grupos de infiltración de la Seguridad en centros de trabajo, que detectaban a revolucionarios críticos y a opositores, y los involucraban en supuestas reuniones, antes de meterlos presos a todos y acusarlos de contrarrevolucionarios. Bajo el mando de Ramiro Valdés, se intensificaron las torturas físicas y psicológicas; las golpizas; la ilegalidad y el maltrato en las prisiones. El lema del siniestro jefe de la policía era: «El error es contrarrevolucionario». Y cuando yo le replicaba: «¿Y qué pasa cuando tú te equivocas?», respondía tajante: «¡Yo no me equivoco!».

Fue organizador también de la UMAP en los campos de concentración de Camagüey, en la que cientos de miles de cubanos, opositores unos, hippies, religiosos y homosexuales otros, fueron enviados a aquellos gulags tropicales con alambradas, en lugares aislados de Camagüey, incluidos el entonces cantor disidente Pablito Milanés, el siempre opositor Osvaldo Payá Sardiñas y el actual cardenal Jaime Ortega, entre otros. Al final, fueron tantos los horrores y errores de Ramiro Valdés, que Raúl Castro, que quiso tener siempre ese ministerio bajo su mando—porque Ramiro era un apéndice de Fidel—, consiguió sustituirlo por el comandante y miembro del Buró Político, el médico Sergio del Valle, que durante su breve período trató sin mucho éxito de eliminar las prácticas terribles de Valdés.

Más tarde, Fidel Castro recuperaría ese ministerio, que formaba con el Ejército uno de los dos grandes poderes cubanos. Entonces nombraría a José Abrahantes, jefe de su escolta y de su Seguridad, que hizo allí durante años un trabajo de reorganización y que sin comerlo ni beberlo fue implicado al final del proceso contra Ochoa y los hermanos de La Guardia, aparentemente por dos razones: primero, por todo lo que sabía, y segundo, porque siendo un joven de una familia comunista, que había estado en la Unión Soviética, fue muy impresionado por la perestroika de Gorbachov, y en determinado momento, se puso a reunirse con intelectuales y a hablar de cambios, y eso significó su fin. Pero ésa es otra historia.

En ámbitos en apariencia menos importantes, como las comunicaciones y el espionaje a través de ellas, Ramiro Valdés continuó como hombre importante en la jerarquía castrista, para reaparecer como jefe de la bárbara represión de abril de 2003.

GOLPES Y CONTRAGOLPES: 1960

A fines de mayo de 1960, el Che se dirigió a los dirigentes de las refinerías de petróleo existentes en Cuba—Esso Standart Oil y Texaco, norteamericanas, y Shell, inglesa—y les ordenó refinar petróleo soviético y no el que ellos importaban de Venezuela. La respuesta fue que eso era técnicamente imposible. Guevara les comunicó que no se les pagarían los 50 millones de dólares que Cuba les debía. El 29 de junio, Castro ordenó intervenir la refinería, informando al pueblo que éstas amenazaban la soberanía nacional, al negarse a refinar el petróleo venezolano adquirido, sin decir que era ruso.

A fines de 1959, cuando el ala democrática del 26 fue destituida del gobierno y sustituida por Guevara, Raúl Castro y otros, éstos enviaron a Ramiro Valdés, de acuerdo con Castro, a establecer contacto con la Embajada Soviética en México, y a preparar el viaje de Mikoyan a La Habana, en febrero de 1960, con el que se firmaron acuerdos de venta de azúcar, compra de petróleo, armas y crédito.

Fidel Castro, muy conocedor de Maquiavelo, aspiraba a tener un gran enemigo que le diera protagonismo mundial: Estados Unidos. Pero sabía que para no ser derrotado, debería tener un amigo poderoso que lo protegiera: la Unión Soviética.

Como no podía sustituir una dictadura tradicional como la derrotada de Batista, conducía al país secretamente hacia una dictadura comunista que le daría el poder total.

Nacía así el mito de que «Cuba se volvió comunista por culpa de Estados Unidos».

Allá por 1976, en una entrevista a la televisión española, Castro desmintió el mito, cuando afirmó: «Cuba es comunista por un acto de mi voluntad, del que Estados Unidos sólo fueron cómplices».

En su número del 8 de agosto de 1960 la revista *Time*, uno de los principales «fabricantes de opinión» del país, publicó en portada el retrato del Che, presentándolo como «el cerebro de Castro». Guevara, dice el artículo de fondo, desea «romper los vínculos históricos entre Cuba y Estados Unidos, con la fría voluntad de un marxista fanático...». Al señalar que el presidente del Banco Nacional ha tomado la precaución de poner a cubierto en Suiza las reservas de oro y dólares depositadas hasta entonces en Estados Unidos, *Time* sugiere que el comandante marxista ha comenzado a prepararse para «la guerra» inminente con Estados Unidos y que la influencia revolucionaria está propagándose «audazmente» por América Latina. «Fidel es el corazón y el alma de la Cuba actual—subraya el autor del artículo—. Raúl Castro es el puño que sostiene la daga de la Revolución. Guevara es el cerebro. Él es el responsable esencial del giro a la izquierda efectuado por Cuba (...). Es el elemento más fascinante y más peligroso del triunvirato».

LAS NACIONALIZACIONES: 7 DE AGOSTO DE 1960

La «guerra» anunciada no tarda en producirse. Un mes después de la decisión americana de interrumpir la compra de azúcar cubano, Castro se encierra con Guevara tres días y tres noches en las oficinas del INRA para preparar la respuesta. De allí saldrán los decretos de nacionalización del 7 de agosto de 1960 que, según Washington, firman lo irreparable. Se nacionalizan treinta y seis grandes propiedades azucareras, entre ellas la emblemática United Fruit, dos refinerías de petróleo (Esso y Texaco), las compañías de electricidad y de teléfonos... todas pertenecientes a empresas norteamericanas. En total, más de setecientos cincuenta millones de dólares; las tres cuartas partes de los bienes que Estados Unidos posee en la isla. Por si fuera poco, las indemnizaciones previstas son ilusorias al estar subordinadas a la compra anual de más de tres millones de toneladas de azúcar a un precio fijado por encima de la cotización mundial. En La Habana, una vez más, estalla el entusiasmo y la fiesta. Fidel, afónico, no puede terminar su discurso, pero los eslóganes de la muchedumbre reemplazan su silencio: «¡Fidel, seguro! ¡A los yanquis dales duro!». Raúl Castro es quien finalmente lee el decreto con voz estremecida. El pueblo desfila cantando y danzando ante las escaleras del Capitolio donde se han depositado, antes de ser arrojados al mar, ataúdes con el nombre de las compañías nacionalizadas.

Pierre Kalfon, *Ernesto Guevara:*
Una leyenda de nuestro siglo, p. 319

ERNESTO EN EL CONTINENTE DE LAS MARAVILLAS

El 21 de octubre de 1960, para asegurarse de que existe la red de protección que le evite a la Revolución un derrumbe, Fidel manda al «digno representante» de dicha revolución a una larga gira de dos meses por cinco países socialistas: Checoslovaquia, URSS, China, Corea del Norte y la RDA. En vísperas de su partida, en directo por televisión, Guevara explica el sentido de su misión. Definir las importaciones que Cuba necesita para que estos países puedan integrarlas en su planificación económica. «En total—dice—, unos diez millones de toneladas de productos diversos».

Regresa del viaje deslumbrado. Como Aragón, está dispuesto a gritar: «¡Hurra, hurra!». Todo le ha parecido admirable, exaltante, formidable. El 6 de enero de 1961, también por televisión, cuenta: «Cuando el camarada Núñez Jiménez hizo su resumen, después de un viaje por los países socialistas hace algunos meses, la gente lo llamó "Alicia en el país de las maravillas". Puedo decirles que a mí, que he viajado mucho más, que he visitado todo el continente socialista, pueden llamarme "Alicia en el continente de las maravillas".

Ernesto Guevara, *Obras 1957-1967*, P.K., p. 332

Los soviéticos son hombres de epopeya. Su prejuicio es tan favorable que no se dan mucha cuenta de lo que ocurre detrás de las apariencias. Creen a pies juntillas lo que les dicen, les muestran y les prometen. Han bajado la guardia y compran como buenas instalaciones industriales que en la práctica resultarán de calidad mediocre: sesenta y una por el momento, anuncian. Otras cien más hasta 1965. En Moscú les miman. Única sorpresa desagradable resultan los besos en la boca, a la rusa, cuando los reciben. A partir de entonces, cuando llega el momento de los saludos mantienen su habano entre los dientes.

Para asistir a las festividades del cuadragésimo tercer aniversario de la Revolución de Octubre (celebradas el 7 de noviembre, de acuerdo con el calendario gregoriano), son invitados a la tribuna de honor de la plaza Roja. Nada menos que junto a Jruschov y Maurice Thorez, «primer comunista de Francia». Más lejos, para admirar el tradicional desfile, han sido colocados los dirigentes chino (Liu Shaoqi), vietnamita (Ho Chi Minh), polaco (Gomuéka), checoslovaco (Novotny), etc. Como en el protocolo soviético ningún detalle carece de significado, es conveniente advertir que en la recepción vespertina en el Kremlin, el Che, siempre con su uniforme verde olivo, tiene el privilegio de ser admitido en la rotonda especial reservada para el primer ministro, los miembros del Presídium y los jefes de Estado de los países comunistas. Jruschov, que acaba de regresar de una histórica sesión de la ONU, en Nueva York, hace un brindis por Fidel Castro y por su heraldo, el «valiente y glorioso comandante Guevara».

Ernesto Guevara, *Obras 1957-1967*, P.K., p. 333

«Este país [la Unión Soviética], que tan profundamente ama la paz, está dispuesto a arriesgarlo todo en una guerra atómica [...] simplemente para defender un principio y para proteger Cuba. [...] Los soviéticos tienen todos un nivel muy alto de cultura política». Después de su exposición, responde a una pregunta hablando de la «enorme libertad individual [...], la enorme libertad de pensamiento» de que goza cada individuo en la Unión Soviética. A Michel Tatu, corresponsal del diario *Le Monde*, durante una entrevista en una dacha cerca de Moscú, le dice, febril, que «la URSS es, de acuerdo con la frase de Neruda, la madre de la libertad».

Ante los telespectadores cubanos agrega, hablando de Corea del Norte donde ha permanecido cinco días, que entre los países visitados es «uno de los más extraordinarios». «Este país ha podido sobrevivir—dice—gracias a un sistema y dirigentes admirables, como el mariscal Kim Il Sung. [...] Todo lo que puede decirse parece increíble.» En China, donde ha sido recibido brevemente por Mao Zedong y se ha entrevistado con Chou En-Lai, «todo el mundo está lleno de entusiasmo, todo el mundo hace horas extraordinarias, se interesa por la producción». «Los chinos—explica con admiración—, no quieren que se mencione su desinteresada ayuda, porque están interesados en ayudar a Cuba, que se bate, a la vanguardia, contra el enemigo común de los pueblos, el imperialismo».

El razonamiento le encanta. Resumiendo, incluidas Checoslovaquia, Alemania del Este y Polonia (adonde uno de sus adjuntos va para firmar algunos acuerdos), «las realizaciones de los países socialistas son extraordinarias. No hay comparación posible entre sus sistemas de vida, sus sistemas de desarrollo y los de los países capitalistas».

Michel Tatu, *Le Monde*,
Guevara en la conferencia de Punta del Este,
Pierre Kalfon, p. 355

LA PRENSA CUBANA

Técnicamente la prensa cubana era buena. Discretamente redactada, informaba de lo posible, según circunstancia, intereses económicos y situación política. Sufría de la permanente contradicción universal, entre libertad de empresa y libertad de prensa, con el enorme poder de la primera y el limitado de la segunda, que constriñe a los periodistas a seguir la línea editorial del órgano para el que trabajan, con el que a veces coinciden o discrepan. El mayor problema de las empresas periodísticas cubanas era que, casi sin excepción, carecían de independencia económica: la publicidad, suscripciones y ventas no las hacían rentables y las obligaban a recurrir a subvenciones estatales y a pagar sueldos miserables a sus reporteros, permitiéndoles que tuvieran botellas en los ministerios y oficinas públicas, o que recibieran extras por colaboración con empresas privadas.

Había una minoría de empresas, como *Bohemia*, CMQ o Radio Reloj, que eran autosuficientes, lo que les permitía una mayor libertad informativa.

Había periodistas honestos que no vendían su independencia a ningún precio y que vivían con salarios bajos; otros que jugaban a la cuerda floja, entre la botella y la independencia crítica, obligados por la necesidad o la costumbre, y una minoría importante corrompida que hacía vida de millonarios.

El golpe de Batista, al restringir las libertades públicas y establecer la censura de la prensa, limitó su independencia. Sólo algunas, como *Bohemia* o Radio Reloj, entre otras, se vengaban publicando todo lo censurado, cuando Batista, después de suspender las garantías constitucionales en los momentos de mayor crisis de su dictadura, por la acción de sus opositores, las restablecía y entonces se vengaban publicando lo antes censurado.

Radio Reloj repetía a cada hora sus informaciones. Un sabotaje, un asesinato, una denuncia, una declaración opositora, se repetían infinidad de veces multiplicando el efecto noticioso en los oyentes.

La principal falta del Bloque de Prensa, organización de todas las empresas periodísticas, fue aceptar la dictadura, su censura, no sólo de palabra, sino también de hecho, sin apoyar las huelgas y protestas de las instituciones cívicas, o de los colegios profesionales, protegiendo sus intereses creados y en detrimento de la información periodística.

Como luchador clandestino que había visto caer a miles de compañeros asesinados, que conocía del apoyo y visitas de desagravios de los directores de periódicos o de políticos y dirigentes económicos después del 13 de marzo, cuando el ataque a Palacio, con su racha de asesinatos, incluido el de Pelayo Cuervo, ex senador y una de las figuras más importantes de la política cubana, cuyo cadáver tirado en el laguito del Country Club provocó manifestaciones de protesta de las Mujeres Martianas.

Estas actitudes de la casi mayoría de los dirigentes políticos, de las clases económicas, incluso de la Iglesia católica, hicieron que se les perdiera el respeto por la complicidad directa e indirecta que tuvieron durante todos aquellos trágicos años de dictadura batistiana. El remedio fue peor que la enfermedad, porque nos llevó en un momento dado a pensar en una revolución, que habría de terminar con la injusticia, que establecería el reino de la libertad y la abundancia, y que terminó acabando con la información de prensa y la riqueza del país, destruyéndolas.

NIKITA JRUSCHOV

Cuando la Asamblea de las Naciones Unidas de septiembre de 1960, en Nueva York, nos incluyó en la delegación a los periodistas cubanos y a mí, como director de *Revolución*, porque era la única forma de tener un visado, fuimos confinados como los otros a la ciudad neoyorquina.

Caminábamos por la Asamblea General, José Pardo Llada, periodista radial cubano y yo, cuando nos paramos frente a frente a la delegación rusa y a Nikita Jruschov. Como no entendíamos ruso, ni ellos español, llamaron a un intérprete, y cuando éste le dijo que éramos cubanos, Nikita se levantó, nos dio un abrazo y dijo: «¿Dónde está Fidel?». Le señalamos la otra parte de la Asamblea, se levantó y conmigo bajo su brazo izquierdo y Pardo Llada en el derecho, empezó a caminar por la Asamblea, entre los flashes, los fotógrafos y los empujones. Pardo, emocionado, me decía:

—¡Mañana estaremos en la primera página de los periódicos de todo el mundo!

Con humor, replicaba:

—Pardo, ¿quién se va a fijar en los dos tipos abrazados a Jruschov?

Tal fue la «empujadera», que permanecí a dos o tres metros del encuentro. Pardo Llada resistió como un león y quedó entre los dos, en la histórica foto que durante el sesenta fue mural del mundo comunista. En el 61, cuando Pardo se fue de Cuba, «lo blanquearon», y en el 64, al ser derrocado del poder Nikita y quedar solo el comandante, hubo que «retirar» la foto.

En la noche del encuentro, teníamos una reunión oficial en el Consulado Soviético de Nueva York, que estaba en Park Avenue. Como siempre, Fidel Castro se las arregló para que llegáramos tarde, mientras que Nikita Jruschov, que según el protocolo tenía que estar en la entrada del consulado, en la calle, recibía los abucheos de los exiliados rusos y a su vez les contestaba. Así que el encuentro empezó con un aire algo frío. Para calentarlo, Nikita ordenó que sirvieran vodka con pimienta. A lo cual ripostó Fidel Castro con unos enormes tabacones cubanos. Nikita con su humor provocó un raro silencio de Castro, casi mudo durante toda esa noche. Nikita seguía hablando, ante la mudez de los rusos. Incluso del hermético Gromiko, del que Nikita, con sus bromas características dijo: «Cubanos, háganle un "juicio revolucionario" a Gromiko, porque él fue el que estuvo en La Habana y reconoció a Batista». El entonces y siempre ministro de Relaciones Exteriores no movió ni un músculo de su cara. Como Nikita contaba chistes rusos del siglo pasado, yo le pedí que se actualizara y él, riéndose, me hizo caso. Yo, a mi vez, conté algunos chistes cubanos. Y al final de esta conversación, y dado que había un gran interés por la historia de «los cohetes sí o los cohetes no», porque él, antes de la Asamblea, había dicho en Nueva York que, «hablando en sentido figurado, si había una agresión de Estados Unidos a Cuba, los cohetes rusos caerían sobre Estados Unidos», lo cual no fue tomado muy en serio por la palabra «figurado», y ya en esa Asamblea, en determinado momento, Fidel Castro insistió mucho hablando de una declaración del almirante Burke, que estaba entonces en la base de Guantánamo en Cuba, diciendo que una mala interpretación de las palabras de Nikita podía provocar una guerra mundial. Así que ése era un tema que a mí me interesaba para la entrevista que Jruschov me concedió, invitándome a visitar la Unión Soviética.

Aquella que debió ser una entrevista conmigo, como director de *Revolución*, que era el invitado por Nikita, se convirtió en una delegación de periodistas cubanos que llegamos a Moscú en septiembre de 1960. La delegación participó de todas las actividades oficiales, pero la entrevista con Jruschov fue sólo mía, como director de *Revolución*. Esa entrevista duró varias horas. Yo intentaba cambiar su anterior declaración, haciendo pasar «los cohetes figurados» en cohetes reales, o sea, agresión real, respuesta real. Y él intentaba que no se suprimiera «el sentido figurado». Finalmente, después de horas conversando y discutiendo, una redacción ambigua, nos daba la razón a los dos.

Me sorprendió que aquel personaje simpático con humor y vitalidad en Nueva York, expresivo, incluso extravagante, al sonar un zapato en la Asamblea, fuera en Moscú serio y protocolar. No imaginaba yo entonces ese estilo soviético en que nadie puede interrumpir al jefe. Era una época en la que en Cuba todavía era posible interrumpir, preguntar, discutir con Fidel. Años después, copiando a Moscú, eso se convirtió en algo imposible.

La entrevista pudo interpretarse de muchas formas, incluso en el *New York Times* le dieron tres interpretaciones diferentes. Como de costumbre, el protocolo ruso nos llevó a visitar los lugares oficiales, y el primero fue la momia de Lenin y la de Stalin, espectáculo de grandes colas. Yo pasé sin tener que hacerlas. Después supe que había tanta gente porque para visitar Moscú era necesaria una visa, y los rusos que vivían en el interior la única manera que tenían de conseguirla era decir que querían visitar las tumbas de Lenin y Stalin, y en el documento de viaje tenían que tener el cuño que le ponían en la plaza Roja. Lenin tenía aire de momia egipcia. Stalin parecía mirarte con sus ojos fríos y siniestros. En un rapto de espontaneidad grité: «¡Me cago en el coño de tu madre, asesino hijo de puta!», ante el horror asombrado de la traductora aterrorizada que, naturalmente, no tradujo. Pero la frase no se quedó allí.

En mi próxima visita a Moscú, en 1961, por suerte ya a Stalin lo habían removido. Me quitaron el privilegio de huésped y me hicieron hacer la inacabable cola con 20 grados bajo cero, por lo que estuve a punto de congelarme. Alberto Ronchey, el brillante analista italiano, entonces corresponsal del *Corriere della Sera* en Moscú, crítico siempre del comunismo, como otros de sus colegas occidentales, refiere cómo fueron influidos favorablemente por los cambios ordenados por Jruschov, que sin duda fueron el primer gran golpe al mundo comunista, al menos en el interior de la Unión Soviética, al quitarle el terror al Partido y al aparato. En el exterior, la desestalinización provocó un movimiento de protesta animado por partidos comunistas y protestas obreras, como los de Hungría y Alemania, cuya rebelión fue aplastada por los tanques soviéticos, como lo sería más tarde la Primavera de Praga.

Ese clima de antiestalinismo lo miré con ojos favorables, a lo que hay que agregar la para mí entonces desconocida manipulación a la que el control comunista somete al visitante, llevándole a fábricas, escuelas y koljoses, y a sitios donde todos afirmaban, entre vasos de vodka, que las cosas marchaban bien.

Lo que no vi en Moscú, lo descubrí en Praga, por la simple razón de que la burocracia checa se olvidó de nuestra delegación y pudimos conocer Checoslovaquia tal cual era.

Al narrarle al Consejo de Ministros mi experiencia de la visita a Praga y también de las elecciones alemanas, tuve una violenta discusión con el Che Guevara, que había coincidido conmigo con su gran delegación oficial, que al mismo tiempo pasó por Moscú y por Praga, que ya he contado en otra parte y que terminó años después, cuando el Che, al volverse crítico con el sistema soviético, dijo en un Consejo de Ministros que «...el mentiroso era él y no yo...», en referencia a aquella vieja discusión.

En mis dos próximos viajes a la Unión Soviética, en el año 1961, el contacto con Yevtushenko, Ehrenburg y otros críticos, me hizo descubrir parte del feo rostro del comunismo soviético y la imposibilidad de crear una sociedad casi perfecta en uno de los países más atrasados de Europa. El voluntarismo tiránico de sus jefes, la dictadura, primero sobre los enemigos y después contra el proletariado y el pueblo, incapaces de crear la revolución, la impusieron por la fuerza. Aparte del control total de la economía, de la sociedad y de la vida, que aniquila al individuo y a la propia sociedad.

GUEVARA Y LA INDUSTRIA PESADA

Guevara repite en lo esencial el mito estalinista de la industria pesada. «El próximo quinquenio será el de la industrialización de Cuba [...]. Queremos montar, en forma paralela, una industria ligera y una industria pesada. La primera será producto de nuestro esfuerzo; la segunda, la crearemos gracias a los créditos y las ayudas de los países socialistas [...] minas, siderurgia, petróleo y altos hornos [...]. La Junta Central de Planificación (Juceplan) establecerá programas que tendrán fuerza de ley [...]. La industrialización es uno de los grandes objetivos del gobierno revolucionario [...]. A diferencia del imperialismo yanki, los países socialistas no se contentan con concedernos créditos para que podamos comprar maquinaria; nos la venden para que podamos fabricar luego nuestras propias máquinas». ¡Exaltadoras perspectivas de prosperidad futura! Pero nada se dice de lo que va a ocurrir con el recurso esencial de Cuba, el azúcar. El diario menciona, como conclusión, un punto al que parece darle especial interés el nuevo patrón de la economía nacional: la importancia para todo responsable gubernamental de realizar actividades manuales, lo mismo que hacen, dice, los gobernantes de China popular: «Porque todos somos obreros, y estando el poder en manos de la clase obrera, parece lógico que trabajemos juntos, al menos una vez por semana para mejor conocernos y mejor integrarnos».

Revolución, 27 de febrero de 1961,
Pierre Kalfon, pp. 337-338

LA OPOSICIÓN DEMOCRÁTICA

A la Revolución se opusieron desde el primer momento los batistianos derrotados, después los latifundistas y ganaderos, afectados por la reforma agraria; la suya fue más bien resistencia pasiva al dejar de atender campos y cultivos. El viaje de Mikoyan, el viceprimer ministro soviético, a La Habana, en enero de 1960, suscitó protestas estudiantiles. La radicación revolucionaria, las nacionalizaciones, que fueron muchas, unas grandes empresas y otras de pequeñas, nacionales y extranjeras, el conflicto con Estados Unidos y el carácter marxista que estaba tomando la Revolución suscitaron la oposición de los demócratas, de los sindicatos y de la clase media, y sus colegios fueron injustamente discriminados. Todo eso en un clima de doble confusión: la revolución destruía al viejo mundo y era muy pronto todavía para ver su nuevo y terrible rostro.

La rebaja de todos los artículos de primera necesidad y de los servicios públicos, incluidos los alquileres, los grandes aumentos de salario y la creación de decenas de miles de empleos estatales hicieron que el nivel de vida aumentase en casi un cien por cien. Como la economía anterior tenía una gran reserva de productos y riquezas que habíamos heredado, éstos fueron devorados ferozmente.

El director del INRA, el ingeniero Santos Ríos, declaró por aquellos días que cada cubano había consumido cuarenta y ocho kilos de carne en el año 1960.

El conflicto con Estados Unidos, visto como agresión del grande contra el pequeño, exacerbó el nacionalismo, y las milicias revolucionarias llegaron a tener un millón de voluntarios armados. La oposición campesina y de revolucionarios demócratas, perseguida por la Seguridad, fue intervenida y paralizada por la CIA, que, en vez de reafirmar el frente interno, lo penetró y sustituyó por la expedición de playa Girón. El Escambray pudo ser liquidado por la incorporación de casi cien mil milicianos que limpiaron las montañas, mientras la CIA y Estados Unidos le negaban armas y recursos.

La victoria de playa Girón tuvo grandes repercusiones mundiales, consolidó el castrismo y le permitió convertir a Cuba en parte del territorio militar soviético comunista.

OPCIONES DIFÍCILES

Cuando la Revolución se vuelve sólo poder, cuando se comprende que está herida de muerte y sus efectos destructores amenazan con arrasar al pueblo que la quiso (y que la quiere todavía) y que más tarde descubre su verdadero y trágico rostro y ya no tiene fuerzas para cambiarla y tiene que sufrirla, sin esperanza, ¿qué se puede hacer?

El conflicto en el poder, que debía ser objeto y sujeto de la Revolución, que se vuelve el opresor del pueblo, para quienes como yo veníamos de él, exigía ponernos de su parte y afrontar las consecuencias. Pero, ¿cómo?, ¿qué hacer? Las opciones eran pocas y difíciles. ¿Salvar sólo la responsabilidad histórica personal? ¿Ponerse de frente? ¿Fugarse? ¿Suicidarse? ¿Intentar la fuga hacia delante? ¿Oponerse desde dentro del monstruo mismo?

El comandante Pedro Díaz Lanz, héroe de la aviación rebelde que había llevado a la sierra Maestra numerosos cargamentos de hombres y armas, inicial piloto de Fidel Castro y jefe de la aviación, tomó rumbo norte, después de oír una conversación entre Fidel Castro y Raúl sobre el futuro y el comunismo, mientras conducía el avión del comandante.

Convocado ante el Congreso de Estados Unidos, Díaz Lanz dijo que Fidel Castro era comunista.

Posición difícil de entender en un momento nacionalista como aquél.

Huber Matos, comandante serrano, jefe militar de Camagüey, renunció en octubre del 59, en carta privada a Fidel Castro, en que indicaba la penetración comunista en el Ejército. Detenido y condenado a veinte años de prisión, no tuvo oportunidad de explicar ante el pueblo el porqué de su renuncia, prevaleciendo la versión castrista de la conspiración, que era una mentira que el pueblo desconocía, y entre el comandante máximo y el otro comandante, la gente creyó a Castro y no a Matos. Un grupo considerable, aun si minoritario, escogió la difícil oposición: Manuel Ray, líder clandestino de Resistencia Cívica, el prestigioso ministro de Obras Públicas, el comandante Raúl Chibás, presidente de la Ortodoxia, el comandante Sorí Marín, auditor del Ejército Rebelde, ex ministro de Agricultura, que renunció a su cargo en mayo del 59, en desacuerdo con la Ley de reforma agraria, que según su opinión, más tarde confirmada, destruiría al pequeño y mediano campesino y a la entonces poderosa agricultura cubana (caña, ganadería, café, arroz, tabaco, vegetales, frutas, etc.).

David Salvador, prestigioso líder obrero de ideas socialistas, dirigente del 26 clandestino y secretario general de la Confederación de Trabajadores Cubanos, electo con el noventa y cinco por ciento de los votos frente a los sindicalistas comunistas apoyados por Guevara y Castro, en el Primer Congreso Obrero, en noviembre del 59. Esa oposición primera,

clandestina, era casi toda procedente del 26, el Directorio Revolucionario, la Ortodoxia, la juventud católica, o de origen obrero y campesino,
debido a los abusos y atropellos cometidos por comandantes comunistas, como Félix Torres, que maltrataron al campesinado en el Escambray
y en otros lugares, provocando rebeliones, alzamientos y guerrillas. En
los años sesenta, muchos se suicidaron: el comandante Alberto Mora, el
comandante Eddy Suñol, segundo jefe del Ministerio del Interior, Nilsa
Espín, hermana de Vilma y cuñada de Raúl, dirigente del 26, el ex presidente Dorticós, posteriormente, Haydée Santamaría, heroína del Moncada y símbolo de la Revolución, que se disparó como protesta, el 26 de julio del 80, después del Marielazo y su represión estalinista.

A partir de 1964-1965, entra en crisis el comandante Guevara, segundo hombre de la Revolución, después de Castro, que después de la muerte y de la desaparición de Camilo inicia el sectarismo y el estalinismo en
la economía estatal, y de sovietizar la economía cubana pasa a posiciones
internas y externas críticas de los soviéticos.

Hacer críticas y denuncias en reuniones del Consejo de Ministros, a
las que todavía se me permitía asistir, fue durante esos difíciles años mi
táctica. Al extremarse el período del sectarismo, denunciaba lo que estaba pasando, y se me respondía con subterfugios, como el de la formación
de las Organizaciones Revolucionarias Integradas (ORI), un pacto por
arriba de Castro y diez comandantes, con quince miembros del Comité
Central Comunista, que eliminó a los revolucionarios no comunistas,
que dejó fuera al casi millón de milicianos voluntarios que «limpiaron»
el Escambray de alzados. En la práctica, Fidel y Raúl Castro se unieron
con unos diez comandantes y se fundieron con la dirección del Partido
Comunista, en mayoría teórica de quince sobre veinticinco. Fidel Castro
dio a una decena de miles de viejos militantes comunistas de toda la isla
el poder político, económico, militar y policíaco, y puso en la cúpula para
dirigir a todos a Aníbal Escalante, como secretario general de las ORI. Incluso sustituyó a Celia Sánchez, su secretaria y compañera de siempre,
por Joel Doménech, y a su vieja escolta serrana por una de militantes comunistas.

Los viejos militantes comunistas, frustrados y molestos con el pueblo, que los rechazaba y no los quería, irritados con los jóvenes revolucionarios del 26 y el Directorio, que habían hecho una revolución radical,
en la que ellos no participaron, los perseguían y encarcelaban por hacer

una revolución que criticaron, calificándola de pequeña burguesa, y en la que se incorporaron sólo a finales del 58, cuando el triunfo era seguro y alzaron a unos cuantos escopeteros y enviaron a Carlos Rafael Rodríguez a la sierra Maestra.

«Nosotros—decían—, con el respaldo soviético, somos los únicos que podemos construir el socialismo». Y comenzaron una feroz persecución contra todo y contra todos. Ellos, bien moderados antes, que se opusieron incluso a la nacionalización de las grandes empresas norteamericanas extranjeras y cubanas, en el 60, argumentando que Estados Unidos no lo permitiría, cuando tuvieron poder, hicieron detenciones masivas de revolucionarios, depuraron a los guerrilleros y a los jefes rebeldes, acabaron con los pequeños comercios, los mercados, el campesinado medio y pequeño, intervinieron los sindicatos, metieron presos a sus dirigentes. Durante año y medio crearon una crisis. Después de fusilar a gente, implantaron el terror rojo en muchos sitios de Cuba, la tortura, los paredones, las largas condenas en juicios sumarios, etc. Una crisis que estalló a principios del 62 y que obligó a Fidel Castro a destituir a Escalante, en una larga comparecencia televisiva, en que responsabilizó a los viejos comunistas de la crisis, por su sectarismo, negando su responsabilidad. Durante ese tiempo *Revolución* fue implacablemente perseguida, se suprimió *Lunes*, el extraordinario magazine cultural que dirigía Guillermo Cabrera Infante, y las grandes fiestas populares de «Papel y Tinta», el noticiero de televisión. Se le quitaron más de veinte mil suscriptores, que pasaron por decreto al periódico *Hoy*, se le hicieron rigurosas inspecciones de Hacienda, en las que hasta el último centavo debía estar registrado y justificado, mientras que a *Hoy*, que no llevaba cuenta alguna, no se le inspeccionaba, acciones que denunciamos ante el Consejo de Ministros.

Durante ese largo tiempo usaba la táctica guerrillera de atacar, responder y huir. Iba al Consejo de Ministros y presentaba las pruebas de las torturas, de los fusilados, de la persecución, del desastre económico, de cómo se quitaban los suscriptores a *Revolución* y, naturalmente, no me hacían caso. Después de cada denuncia salía hacia el exterior. Como director del periódico, tenía invitaciones o me iba a hacer reportajes a Argelia, a entrevistar presidentes en muchos países. Entre junio de 1961 y mayo de 1962, cuando regresé, después del discurso de Castro contra el sectarismo del 26 de marzo de 1962, estuve casi todo el tiempo fuera de la isla. En el discurso, Castro acusó a los viejos comunistas y de alguna manera a los soviéticos de haber implantado el terror revolucionario y de intentar destituirlo. A mi regreso, Castro me dio las gracias por las advertencias que le había hecho. Sabía que la alegría en la casa del pobre dura poco y que ese clima iba a desaparecer. Los cambios se limitaron a la destitución de Escalante y de unos cuantos sustituidos o mandados para Moscú, sin que se cambiasen ni el método, ni la forma, ni la estructura militar policíaca y caudillista del poder.

Después de publicar en *Revolución* durante la crisis del Caribe el retiro soviético de los cohetes, exaltando a Castro, criticando a la Unión Soviética, y en medio de una insostenible situación, aproveché el viaje de Castro a Moscú y salí con mi familia para Italia, sin reportarme durante meses, hasta que fui destituido en octubre de 1963. Terminaba una fase y con ella la eficacia de mis críticas hasta entonces.

Mi último intento para poder estar dentro y fuera de Cuba, entrar y salir, y a la espera de mejores momentos después de mi destitución como director de *Revolución*, estando en Italia por muchos meses, sin mandar ni una sola crónica; quería que me sustituyeran, no podía renunciar dentro de Cuba, porque me iban a meter veinte años de prisión, que no me parecía a mí que sirviera para mucho. Intenté hacer el libro *De la Revolución*, basado en todos los documentos que había recogido y en grabaciones. Conseguí el contrato con la editorial Feltrinelli, pero nunca tuve la esperanza de que ese libro se fuera a terminar, porque demostraba que la Revolución cubana ni estaba inspirada en una teoría marxista, ni había sido hecha por los comunistas y, además, aparecían sus fuentes día a día, lo que iba a originar, y originó, conflictos con Fidel Castro mientras se hacía el libro, que finalmente se dejó de lado pero que me permitió a mí recopilar material y grabaciones para hacer el *Diario de la Revolución*, que publicaría años más tarde en Europa.

SARTRE

De la ciencia de la revolución, la considerada entonces más lúcida cabeza de Europa, esperaba su comprensión, su iluminación, su solidaridad. Yo no me iba a ir, no iba a renunciar, iba a pelear desde adentro. Expliqué que no creía posible ya una oposición nacionalista. El desembarco de Girón, el sacrificio de la guerrilla del Escambray, las manipulaciones de la CIA, la gran popularidad de la Revolución, todavía se veían más las luces que las sombras; las campañas de alfabetización y otras impedían ver claro a muchos el rostro ya terrible de la nueva realidad. Tuve de Sartre la más francesa y común de las respuestas:

«Pis», es decir, casi una trompetilla.

Después el silencio y el fin de la conversación y de la entrevista.

A partir de entonces, tuve la sensación real de que Jean-Paul Sartre y Simone de Beauvoir me cargaban la culpa de haberlos metido en aquella aventura. Que si antes me dijo que sí, ahora me respondía con el silencio de la trompetilla francesa. «¿Quién te embarcó?» Era una frase muy cubana que usaban familiares, amigos y hasta enemigos. Era una forma de cargar a los otros nuestros actos. Si alguien te invitaba a comprar un bono, a recibir un visitante, a repartir un manifiesto, un periódico clandestino, y más tarde te envolvías en la lucha y te ocurría algo, casi siempre inevitable, la culpa era del otro, no tuya, pese a tu aceptación; de ahí «¿Quién te embarcó?». Nunca compartí esa cómoda tesis. Si me embarqué, fue por mi voluntad; quien me propuso el «embarque» tenía una responsabilidad menor. Aquello que era común en ámbitos populares en Cuba lo encontraba en París en 1961, y nada menos que ante el primer «filósofo de la época». Por suerte no todos los amigos se comportaban así. Otros nos dieron solidaridad, amistad y apoyo político, Juan Goytisolo, José Ángel Valente, Leiris, Ullán, Vargas Llosa, Octavio Paz, Semprún...

1962: EN LA HABANA PARECIÓ RESPIRARSE DE NUEVO

Al fin, la batalla que libraron *Revolución, Lunes de Revolución* y otros contra el sectarismo fue ganada. Fidel Castro, padre del sectarismo, viendo los peligros y el desastre económico, humano y social que había envuelto su revolución—para decirlo en sus propias palabras: «caos, desastre, camisa de fuerza»—, para salvarse culpó a Escalante y a los viejos comunistas, que habían sido sus cómplices, no los padres del sectarismo.

En La Habana pareció respirarse de nuevo, hubo como una segunda gran fiesta de la libertad. Y aunque parezca increíble, en un país que hacía una revolución socialista, los comunistas eran odiados, por una gran parte de su historia, por su oportunismo y ahora por el sectarismo, donde su responsabilidad, aun si es grande, era mucho menor que las de Castro y Guevara. Curiosa contradicción, se odiaba a los comunistas, pero se estaba con el socialismo, aun si esta definición era relativamente nueva para los cubanos, que de alguna manera habían sentido la fidelización del socialismo, el socialismo fidelizado.

Cuando se piensa en la Revolución cubana, no se puede pensar nunca en la clásica revolución marxista, en el golpe revolucionario ruso, la larga guerra, marcha y lucha de los chinos, ni tampoco en la historia del Vietnam comunista. Simplemente fue una revolución por la libertad, con un caudillo que, aprovechando circunstancias internas y externas, injusticias, resentimientos, frustraciones, necesidades, astucia, «la volvió comunista, como un acto de defensa necesario frente a un enemigo poderoso» y ante la ofensiva de los intereses creados, pero entonces y después, Fidel Castro iba a tomar del comunismo sus estructuras de poder, la economía de producción única estatal, el aparato policíaco y de represión, las técnicas militares, el petróleo, los recursos, la economía, la fábrica, pero no de una manera clásica, no a través de un partido comunista, que siempre contó muy poco, sino siempre a través de su estructura caudillista, militar y policíaca, que ejercía un control total sobre todas las actividades del país.

Cuba respiró los nuevos aires, pero la euforia dicen que dura poco en la casa del pobre. Las palabras ofrecieron muchas esperanzas, en realidad nada cambió, y ya en el 64 se repetían las mismas barbaridades, se creaba la Unidad Militar de Ayuda a la Producción (UMAP) que implicó que más de cien mil cubanos fueran secuestrados de sus casas o de las calles de Cuba sin juicio alguno, y conducidos a los campos militares de Camagüey, metidos en campamentos, con cercas de alambres; personas muy diferentes, homosexuales, artistas, escritores, disidentes, peludos, hippies, amantes de la música moderna, troveros, jóvenes sacerdotes, disidentes religiosos, como los testigos de Jehová, que en los campos de Cuba, se negaban al servicio militar obligatorio, personas sin trabajo, tipos raros, cualquiera que pareciese sospechoso a los poderosos comités de la Revolución y la Seguridad, incluidas naturalmente la vendeta personal, el ajuste de cuentas.

Ya no era más el director aparente del periódico; en la práctica, era más un reportero internacional, dado que de 1961 a 1963, pasé fuera de Cuba veinticuatro meses y, destituido, regresé a finales del 63.

CHE, CRÍTICO

Guevara reconoce que «La Unión Soviética, con todo el poderío que tiene, no tiene el nivel de vida que tiene La Habana, chico». Pero mantiene toda su confianza en los expertos soviéticos que lo rodean. Uno de ellos le ha soplado una idea de «racionalización» cuyo componente de insensatez no advierte. ¡Fabricar todo el pan que Cuba consume en sólo seis fábricas! «Debemos deshacernos de golpe—dice Guevara muy seriamente—, de todas estas pequeñas tiendas y locales, de todas estas porquerías ineficaces; y a toda esta gente que vive en condiciones inhumanas la enviaremos a hacer sus estudios. Y eso no nos costará nada».

Ernesto Guevara.

El Che en la Revolución cubana, pp. 288-290

La reunión del 14 de julio de 1962 es una de las más interesantes del año. En primer lugar porque por primera vez el Che parece despertar, salir de sus locas ensoñaciones donde la mera planificación acaba con todos los problemas. Habla de la construcción de fábricas que no sirven para nada; hilaturas cuando no se ha cultivado todavía algodón suficiente y es preciso importarlo; metalúrgicas cuando el mineral no se ha extraído todavía. «Hicimos los cálculos alegres del veinte por ciento; de que las fábricas se hacían en los tiempos programados; [...] Nos olvidamos del comercio exterior; nos olvidamos de las dificultades prácticas, y dale para adelante con eso. El resultado es que ahora hay una serie de esqueletos que se están haciendo en todo el país y después para llenar esos esqueletos tenemos que importar la carne, que es lo que debíamos producir aquí». Él, que con tanto ardor cantaba las alabanzas de la tecnología de los países socialistas, acaba preguntándose en voz alta: «¿Por qué la misma fábrica de levadura, para producir la misma cantidad, ocupa en Francia veintisiete obreros, mientras en Polonia necesita doscientos? [...] Recuerdo que cuando el camarada Abello, me parece, me dijo que la fábrica embotelladora de los alemanes era una porquería, yo lo tomé como una manifestación de anticomunismo. Pero la triste realidad es que la fábrica alemana era muy mala. [...] La fábrica norteamericana [...] era mejor, más adelantada, más técnica, con mayor productividad. [...] Entonces nosotros hemos comprado esa otra fabriquita y realmente es una mala inversión».

El Che en la Revolución cubana, pp. 288-290

CRISIS DEL CARIBE

Hay en la cronología de los hechos y gestas del Che un viaje muy discreto, el que efectuó del 17 de agosto al 7 de septiembre de 1962 a la URSS, con el pretexto de una misión económica. El verdadero objeto de la misión era de orden militar: establecer el protocolo que organizaba la instalación de cohetes soviéticos en territorio cubano.

10) P. K., p. 376

Raúl Castro, ministro de Defensa, va a Moscú en julio para estudiar el problema con sus homólogos soviéticos y con Jruschov. En agosto comienzan a desembarcar en Cuba las primeras unidades de combate del Ejército Rojo, la vanguardia de un considerable contingente que llegará a veinte mil hombres. Numerosos son los que vienen con sus familias. Los cubanos, acostumbrados a la moda americana, descubren algo asustados que esos rusos que han lanzado a Gagarin al espacio se visten como campesinos, que sus mujeres no conocen los tacones altos, que existen enormes diferencias de tratamiento entre los jefes, los ingenieros y la soldadesca (la plebe de obreros y albañiles llegados para construir bases militares y búnkers al abrigo de las miradas cubanas).

Un convoy de cargueros transporta veinticuatro baterías de misiles antiaéreos tierra-aire, con un alcance de cuarenta kilómetros, así como cincuenta bombarderos Iliuchin 18, trasladados en contenedores para ser montados sobre el terreno. Guevara está todavía firmando los acuerdos militares en Moscú cuando ya van llegando al puerto cubano de Mariel los primeros cohetes nucleares de alcance medio que pueden alcanzar buena parte del territorio de Estados Unidos.

La primera concesión de Jruschov data del 24 de octubre. Una flota de veinticuatro navíos soviéticos, cargados con armas para Cuba, se detiene al límite de las quinientas millas marinas fijado por la US Navy, que moviliza ciento ochenta navíos de guerra. Moscú da órdenes de no forzar el cerco y volver atrás.

11) P. K., pp. 378-379

Casi treinta años más tarde, en 1990, el diario *Le Monde* publicará íntegramente el texto de las cinco cartas intercambiadas, una tras otra, en el lapso de una semana (26-31 de octubre de 1962) entre los dirigentes cubano y soviético. «No sea irresponsable—le pide en definitiva Jruschov el 28 de octubre a Castro—. No se deje arrastrar por su sentimiento de indignación. [...] La respuesta de Kennedy [...] nos da la garantía de que Estados Unidos no invadirá Cuba». Y reprocha a Castro que haya respondido a los vuelos provocadores de los aviones norteamericanos: «Ayer derribaron ustedes uno. Van a utilizar este hecho para alcanzar su objetivo».

En entrevista con la *Prensa Asociada* y en mi libro *Retrato de familia con Fidel*, conté cómo había sido Castro, al que por cortesía habían dejado entrar en la base soviética (en la que ninguno de los jefes militares cubanos podía penetrar), y después de preguntar cómo se podía derribar en caso de guerra a los U-2 norteamericanos, que la sobrevolaban, al indicarle el mecanismo que había que disparar, Castro lo accionó derribando el U-2.

Nikita Jruschov con su carta confirma mi información.

En efecto, un avión espía U-2 había sido derribado la víspera y resulta que el piloto muerto, Anderson, era el mismo que obtuvo las fotos reveladoras de los cohetes. Será la única muerte del conflicto.

En 1992 en una conferencia sobre la crisis del Caribe, en La Habana, el general Anatoly Grilkon, del estado mayor soviético, declaró que la CIA nunca detectó la instalación en Cuba de las armas atómicas tácticas. Castro se negaba a entregarlas, hasta que Jruschov ordenó finalmente embarcarlas para la URSS en diciembre de 1962. De haber invadido los norteamericanos Cuba, la guerra dentro del territorio cubano hubiese acabado con su población, como reconoció el mismo Castro.

12) P. K., pp. 381-382

«EL SOCIALISMO ECONÓMICO, SIN LA MORAL COMUNISTA, NO ME INTERESA»

El año 1962, que debía ser el de la planificación, fue más bien el de la desorganización industrial. Incapaz de controlar convenientemente la marcha de las fábricas, la ultracentralización desemboca en una mezcla de anarquía en la base y de «organizacionismo» formal, donde a los holgazanes les resulta fácil protegerse tras las múltiples y contradictorias instrucciones procedentes «de arriba». «La garantía de un salario cotidiano, sea cual fuese el esfuerzo realizado, relajó la disciplina del trabajo—prosigue Dumont—. Sobre todo con la sensación, dominante ya, de que por poco que hagas nunca serás despedido [...] desastroso ejemplo».

13) P .K., pp. 393-394

«CON AZÚCAR NO HAY SOCIALISMO»

Este importante discurso, muy poco conocido, parece haber sido publicado sólo en la edición «confidencial» de 1966, *El Che en la Revolución cubana* (tomo IV). Muestra que Guevara anticipa lo que Castro anunciará seis meses más tarde (27 de junio de 1963) ante los mismos obreros del azúcar, tras la lamentable zafra, proclamando «la importancia vital del azúcar para nuestro país» y recordando que «el azúcar es la base de nuestra economía y es indispensable». Como siempre, la cronología es importante, pues este viraje histórico en la estructura general de la economía cubana podría hacer pensar que el «regreso al azúcar» significa ipso facto que Castro desautoriza a Guevara. Numerosos observadores adoptaron esta interpretación. Ricardo Rojo cuenta que Guevara le habría dicho (en febrero-marzo de 1963): «Una Cuba agrícola, una Cuba otra vez "azucarera del mundo" pondría en duda la supervivencia del socialismo y sería, por añadidura, tan débil internacionalmente como para vivir pendiente de la protección soviética».

Ernesto Guevara, *El Che en la Revolución cubana*,
Tomo 4, 14) P. K., p. 395, 1966

«ALGO ANDA MAL EN LA UNIÓN SOVIÉTICA»

«Pero, ¿por qué hay "catástrofe agrícola" en la URSS?—pregunta—. Algo anda mal en su sistema. Y no puede decirse que sea a causa de calamidades naturales. A mí se me ocurre, instintivamente, que eso tiene que ver con la organización de los koljoses, la descentralización, la autogestión financiera o los estímulos materiales, además de otros problemas, naturalmente». Aunque piensa que el principal de ellos es «el poco cuidado que se le ha dado al desarrollo de los estímulos morales». He aquí una excesiva impertinencia para con el «hermano mayor».

Ernesto Guevara, *El Che en la Revolución cubana*,
16) P. K., pp. 409-410

LA SEGUNDA REFORMA AGRARIA

Coherente, Guevara pretende extraer con honestidad las consecuencias de sus posiciones teóricas. Puesto que una mayor centralización debe permitir una planificación más seria, que garantice una distribución equitativa, sigamos centralizando más aún, pongamos bajo el control del Estado al sector rural que escapó de la primera reforma agraria. Los medianos propietarios, que disponen de 67 a 400 hectáreas, siguen ocupando el cincuenta y seis por ciento de las superficies cultivables. Son un obstáculo para la concentración parcelaria y, por añadidura, sirven de «base objetiva» a todas las figuras de los movimientos contrarrevolucionarios que no ha conseguido aniquilar una severa represión. El Che impulsa, pues, la segunda reforma agraria que, por Ley del 13 de octubre de 1963, limita la superficie máxima de las propiedades privadas a cinco caballerías, o sea 67 hectáreas. Con el sesenta por ciento de las tierras, el Estado se convierte en el sector dominante, lo que permite una mayor especialización de ciertas granjas en la producción azucarera.

«Es verdad que el pequeño campesino ha sido un puntal de la Revolución, Fidel lo dijo una vez, pero por pobrecito que sea es un claro generador de capitalismo, [...] se transforma poco a poco en un explotador que retarda el desarrollo de la sociedad. Entonces, hay que liquidarlo».

Ernesto Guevara, *El Che en la Revolución cubana*
15) P. K., p. 408

ENCUENTRO CON NASSER

Más interesante es la primera pregunta que hace al jefe de Estado de la República Árabe Unida en cuanto abordan el tema de la reforma agraria: «¿Cuántas personas se han visto obligadas a abandonar el país?». Cuando el presidente Nasser responde que muy pocas, Guevara no oculta su escepticismo: «Eso significa que en su revolución no ha sucedido gran cosa». El consejero privado de Nasser, Mohamed Hassanein Heikal, que asiste a las entrevistas, cuenta que Guevara añadió: «Yo mido la profundidad de una transformación social por el número de gente afectada por ella y que piensan que no tienen cabida en la nueva sociedad». Nasser, alto y fuerte, diez años mayor, parece divertido por aquel joven petulante. Le explica que los propietarios pierden importancia cuando se destruye el sistema que se la concedía.

Mohamed Hassanein Heikal, *Les Documents du Cairo*, p. 220

2) P. K., pp. 291-292

EL LIBRO

A su regreso de Moscú en 1964, Fidel Castro trabajó conmigo en algunas secciones para el libro *Historia de la Revolución*. Me tocaba hacer «el negro», y convertir en libro suyo, documentos de la guerra y la lucha clandestina, cartas de la prisión y grabaciones sobre su niñez, estudios, el bogotazo y otros aspectos de su vida. Aun si era difícil encontrarse con Fidel y tenerlo trabajando unas horas. Celia Sánchez, que daba mucha importancia a la historia del libro, insistía con él y de vez en cuando conseguía que trabajáramos. Feltrinelli me había dado un cheque para la banca suiza de Lugano (no era el único rico de izquierda que tenía dinero en Suiza, cosa que estaba prohibido por la ley italiana). Lugano es una bella ciudad de la Suiza italiana, construida entre el lago y la montaña, y cuando me dirigía al banco, pensaba en la dificultad de cambiar un cheque de 25.000 dólares.

Quedé sorprendido con la rapidez con que el cajero me dio cien enormes billetones de 100 francos suizos, 250 dólares de la época cada uno. Tomé el tren hacia Zurich y allí en la estación pasé un susto tremendo, creyendo que me iban a robar, y fue tal la mirada que le eché al presunto asaltante que éste se echó a correr.

Tomé un avión y aterricé en Praga, donde mi amigo Armando Flores, el embajador, me hospedaría en la Sede Diplomática Cubana, en espera del avión que me llevase a La Habana. Pedí a Flores que me guardase el paquete de billetes en la caja fuerte, pero como tenía que ir a una reunión oficial en la vecina Viena, Flores se lo entregó al mayordomo español de la embajada, diciéndome que era hombre de toda su confianza. El mayordomo colocó el sobre en un armario en el momento en que entraba el checoslovaco de Seguridad, que trabajaba en la embajada, y noté su interés al mirar el sobre, al oír que era para Fidel Castro. Mientras caminaba por el jardín de la embajada, tuve el presentimiento de que el sobre estaba en peligro. Entré y miré en el armario y el sobre no estaba allí. Llamé al mayordomo y le pregunté si lo había guardado. Sorprendido, miró y dijo que no (yo, en medio del susto, me tranquilizaba pensando lo difícil que era escapar de un país comunista sin permiso de salida). El mayordomo preguntó al guardia checo que dónde estaba el sobre, y éste, viéndose perdido, dijo que era una broma para asustarnos y lo devolvió. Conté y vi que estaban los cien billetes y entonces sí que fueron puestos en la caja fuerte. El mayordomo me explicó que seguramente el policía quería saber si había algún mensaje importante en el sobre, aun si no descartaba el móvil del robo. Antes lo había criticado, porque al pedirle una copa de coñac para aguantar el tremendo frío praguense, había visto que tenía una libreta en la que anotaba cada cosa que se consumía, incluso los tragos, línea por línea. Entonces, me contó que al terminar la Guerra Civil española, en 1939, él y un grupo de comunistas españoles sobrevivientes del Ejército Republicano llegaron a Moscú con lo poco que tenían en las maletas. Un camarada dijo en la estación: «Estamos en el comunismo y aquí no se roba». Así que dejaron todo en un banco, mientras iban a sacar unos pasajes. Al regresar se lo habían robado todo. Era de oficio gastronómico, me contó sus viajes en trenes, los delirios del Kremlin, los robos, conflictos y hasta fusilamientos; de la Unión Soviética había venido a Praga, buscando mejores tiempos, y lo habían nombrado director de un gran restaurante. Confiado en la honradez de sus camaradas trabajadores no implantó controles estrictos y después tuvo que pagar lo robado durante un año con su salario, por eso anotaba hasta las líneas de bebidas consumidas, evitando así los robos. «Esta noche hay una recepción del Comité Central del Partido Checo—me dijo—, toma la invitación y mira, verás como todos roban cosas del buffet, y esto te lo dice alguien que a pesar de todo sigue siendo comunista».

Aun si tenía experiencia de Praga, me pareció exagerado lo que me decía. Durante la recepción observé y descubrí, asombrado, como los miembros del Comité Central robaban las cosas del buffet. Antes había visto oficiales cambiando monedas en las tiendas de Tuzet o recibiéndolas de las jineteras checas que se acostaban con extranjeros que tenían que informar lo conversado y entregar las divisas.

A principios de aquel año llegaron a La Habana Feltrinelli y Valerio Riva, director de su editorial, y tuvimos la primera reunión sobre el libro con Fidel en una casa de protocolo donde fueron hospedados. Según el contrato del libro, del anticipo recibido, a Fidel le tocaba el sesenta y seis por ciento de los derechos y a mí el treinta y tres, de manera que pudiera pagar mis gastos, los de mi familia, los posibles viajes, etc. Hacía meses que era un desocupado, sin trabajo y sin sueldo, no quería depender del Estado, ni tener compromisos oficiales. De los 25.000 dólares, 16.666 eran para Fidel y 8.333 para mí, pero de acuerdo con Celia, tomé sólo 5.000, para pagar mis gastos y futuros viajes y se dieron a Fidel 20.000 para impresionarlo de que se trataba de un libro real.

Por esos días habían encerrado en los campos de Camagüey—la tristemente célebre UMAP—, y metidos presos en sus campamentos a decenas de millares de cubanos acusados de homosexualidad, gustar de los Beatles o los Rolling Stones, el jazz, la música negra, ser «imperialistas» o pertenecer a cualquier religión, incluso la católica. En las redadas mezclaron opositores, delincuentes, hippies, jóvenes barbudos, etc. Comenzaba a circular una carta de protesta, firmada incluso por algunos intelectuales que apoyaban el régimen, como Alejo Carpentier, y otros que lo criticaban, como Miriam Acevedo, que se acercaron a Feltrinelli y Riva y les informaron de las aquellas barbaridades que estaban ocurriendo en la UMAP.

Al comenzar la reunión, Fidel Castro, que había sido informado de los muchos negocios y riquezas de Feltrinelli, le propuso que se hiciese cargo de vender en Europa todos los productos cubanos: azúcar, tabaco, ron y otros. Pero Feltrinelli no venía a Cuba en busca de dinero, sino de la revolución perdida. Muy joven había sido partisano y había militado en las filas comunistas en la época de la lucha contra los nazis, de donde salió, pero siempre desde posiciones de izquierda. La editorial tenía gran prestigio en Italia y Europa, y entre sus éxitos estaban *El Gatopardo* de Giuseppe Tomasi de Lampedusa y *El doctor Zhivago* de Boris Pasternak, novelista premiado con el Nobel, prohibido en Moscú; el manuscrito, publicado por Feltrinelli, fue un best-séller mundial.

Feltrinelli se fascinó con Castro y pensó que él podría convertirse en el Castro italiano. Entró en contacto con Piñeiro, hizo un viaje a Bolivia y empezó a organizar con delincuentes una guerrilla en Cerdeña.

Por esa razón lo había escogido. Hice amistad con Valerio. Nuestro proyecto era publicar en Italia los mejores libros de la literatura cubana. Lo puse en contacto con José Lezama Lima, que estaba escribiendo *Paradiso* (se traduciría más tarde), así como con Virgilio Piñera, Cabrera Infante y otros escritores. Antes de iniciar la primera reunión de trabajo, Feltrinelli y Riva preguntaron a Fidel Castro que por qué la revolución perseguía a los homosexuales y a los disidentes, y los enviaba a los campos de trabajos forzados de la UMAP, en Camagüey. Fidel Castro puso los ojos chiquititos, señal de peligrosidad, me miró fijamente, y entonces comprendí que pensaba que aquélla era una trampa que le había preparado yo, sabía que ésta era la condena a muerte del libro. En realidad, no había tenido tiempo de hablar con los italianos de la UMAP. Comenzó una dura discusión sobre la homosexualidad, y por ética no me quedó más remedio que intervenir y criticar la persecución. No era la primera vez, ni sería la última; ya en 1961, cuando la operación las Tres P, primera redada masiva, tuve un violento encuentro con Ramiro Valdés, jefe de la Seguridad en el Palacio de la Revolución en un Consejo de Ministros, cuando fui a protestar por la detención de los homosexuales y de los disidentes, incluido Virgilio Piñera, el famoso dramaturgo y colaborador de *Revolución*.

Valerio Riva, ex director de la Feltrinelli, periodista, cineasta y ensayista recientemente fallecido, publicó una crónica en el *Expresso* de Roma donde cuenta aquella reunión y su admiración por lo que él dice fue mi valor de oponerme a Fidel Castro, en su presencia. Mis argumentos de aquel día: el de Julio César, del que Fidel era un gran admirador. Le dije: «Si en tu mundo no caben Leonardo o Miguel Ángel, qué harías con Julio César, el guerrero genial que tanto admiras, del que se sabe era marido de todas las romanas y mujer de todos los romanos». El segundo fue más grotesco, pero más eficaz: «Dime por qué entre tus toros padres (era una de las obsesiones y orgullo de Fidel entonces) hay algunos que se montan y tiemplan a los otros, y otros no se dejan montar». Fidel ignoró en su respuesta al César, pero dijo que nunca había visto que sus toros se dejaran montar, insinuando que no era verdad. Repliqué: «Bien, vamos a los establos, y si no es verdad, me autocastigo en la agricultura por el tiempo que me ordenes, y si es verdad, dado que la naturaleza se equivoca, ordena que termine la UMAP».

Fidel Castro, con su frialdad habitual, prometió a los italianos que ordenaría una investigación sobre los abusos cometidos en la UMAP, insistiendo en la importancia de la moral revolucionaria y la necesidad de un pueblo fuerte y viril; frente a un enemigo tan peligroso como Estados Unidos no se podían permitir la blandenguería, la prostitución, la vagancia, el hippismo y todas esas lacras fuentes de contrarrevolución que era necesario extirpar.

El libro no pasó de varias grabaciones que hice a Fidel y de algunas reuniones de trabajo con Feltrinelli y Riva en otros viajes a Cuba.

Ese año 64, regresé a Europa con la justificación de las salidas de mi obra *El libro de los doce*, en Gallimard y Feltrinelli, y siempre con el apoyo de Celia Sánchez, de ir avanzando en Italia en la edición de los muchos documentos de guerra, principalmente los escritos por Fidel. Margot y los niños, que habían regresado de Italia en febrero, se quedarían algún tiempo en La Habana y después se me unirían en Europa.

Margot acordó con Celia llevarme los documentos, pero como siempre empezaron a surgir dificultades con su viaje, que se posponía una y otra vez. A mediados de año, pasé un telegrama a Fidel diciendo que alguien retrasaba el viaje de mi familia.

Después del regreso de Fidel Castro de Moscú, había tenido una conversación franca conmigo. No aprobaba la forma en que fui tratado por Raúl y los demás en el despacho del presidente Dorticós, cuando la recepción del 2 de enero de 1964 en el Palacio. Me criticaba por haber caído en la provocación y por mi anticomunismo de siempre. Y concluyó:

—No hay nada que tú puedas hacer aquí, feliz tú que eres libre, que puedes viajar, vivir y hacer lo que quieras, yo soy un esclavo de la Revolución.—Y agregó—: Yo sé que tú, pese a tus prejuicios contra el comunismo, Stalin y los soviéticos, siempre serás fiel a la Revolución.

Medí mi respuesta (el propio Fidel Castro me había dicho más de una vez, «no te metas en la jaula de un tigre para arañarlo porque te come»), así que le contesté:

—Sí, pienso que siempre seré fiel a la Revolución—sabía que para Fidel la Revolución era él, y para mí hacía tiempo que la Revolución era otra cosa, aunque sí me parece que no sabía ni siquiera cuál era, pero eso sí, sabía que no era Fidel ni el Estado comunista, y agregué con cierto humor—: Te quejas del poder que tienes, pero se supone que, si tomamos el poder, fue para desde él cambiar la vida. Si el poder es la Revolución, y yo estoy fuera, incluso de la isla, ¿dónde estoy?

—Viaja, sé que te gusta Europa, estudia, sé que por allá tienes muchos amigos en el mundo cultural, siempre decías en la sierra Maestra que al triunfo te gustaría escribir libros, que ésa era tu vocación. Ojalá yo pudiera hacerlo, pero no tengo tiempo.

En la práctica estas palabras de Fidel querían decir «vete para Europa, gánate la vida por tu cuenta, eres libre, sólo se te exige fidelidad, es decir silencio». No pasaron muchos días para que Margot y los niños llegaran a Europa. Buscando entonces dónde ponerme, estuve en Italia, en Bruselas, en Zurich, en la casa de Siné, el dibujante y caricaturista, que conocía de tiempo y publicado muchas de sus caricaturas más mordientes de la Revolución, incluyendo aquella de Jruschov, con un chino detrás —en la tradición cubana tener un chino detrás era tener desgracia—, que molestó muchísimo a los soviéticos. No sabía una palabra de francés, ni para llamar por teléfono. Mi primer aprendizaje fue la fonética de los diez primeros números y después algunas palabras como «lapin» y «dindon», que comprábamos a los campesinos de la zona. Terminó el 64 con una visita de Guillermo Cabrera Infante, entonces consejero cultural de Cuba en Bélgica, de la que era embajador nuestro amigo Gustavo Arcos, que viajó con Miriam, su esposa, desde Bruselas hasta donde vivíamos, para pasar la Navidad, sólo que Guillermo no comía conejo y recurrimos al guanajo relleno, en recuerdo de Piñeiro y de su son.

Poco después alquilé en París un lúgubre apartamento cerca de Charenton, donde sólo miraba rejas, no muy lejos del famoso hospital donde fue internado el conocido marqués de Sade por sus insolencias literarias y sus descubrimientos del masoquismo. Carlos y Camilo, que tenían nueve y cuatro años, fueron a la escuela del barrio, que era muy buena, aun si difícil para ellos, que no sabían francés, y muchas veces andaban con los zapatos rotos.

NORKA KORDA, UNA BELLA MUJER

Alberto, su marido, gozando de la popularidad de fotógrafo del periódico, a cargo de las fotos del Comandante, a petición de éste, se convirtió en uno de sus buscamujeres, lo que le ocasionó problemas con la Seguridad, que posteriormente intervino y ocupó su archivo acusándolo de hacer fotos pornográficas. Eran aquellos tiempos de rígidos moralismos oficiales. Una parte de su archivo se salvó gracias a una gestión de Celia Sánchez con Fidel Castro, la cual estaba preocupada de que se perdieran sus negativos. Fue la única vez que entré en la Seguridad, a recoger el archivo, mientras Korda caía entonces en desgracia y sobrevivía gracias a su hermano fotógrafo, Korda el Malo. Korda era un buen fotógrafo de modelos. Había trabajado en la revista *Carteles*, que con la Revolución nada tuvo que ver. Al triunfo, vino a formar parte del equipo gráfico de *Revolución*, con Jesse Fernández, el mejor fotógrafo que ha tenido Cuba, los dos Salas, Agraz, Corrales, Fernández, Mayito y otros. La maternidad afectó la belleza de Norka, abandonada por Alberto. Un día fue al periódico y me solicitó hacer una sección de moda, idea que me pareció interesante y a la que accedí.

Años más tarde Norka recuperó su belleza y, vía el doctor Vallejo, se empató con el Comandante y comenzó su femenina venganza.

Un día apareció por París. La invitamos a tomar un café en nuestro apartamento de Charenton.

Margot le contó lo de mi enfermedad, y la vi impresionada por la austeridad en que vivíamos. Los niños llegaron del colegio; los zapatos de Camilo empezaban a romperse y el uniforme de Carlos estaba viejo y raído. Me sorprendió que, cuando se iba, Norka me pidiera que le guardara una pistola Browning, que me dijo le había regalado un enamorado suizo. Sospeché que anduviera armada en París y de la procedencia del arma. Después descubrí parte de su historia, que nacía de una venganza femenina. El doctor Vallejo, ayudante de Fidel Castro, tan triste como cierto, que el eminente cirujano médico de la sierra Madre terminaría buscando mujeres al comandante, oficio que compartía con José Abrahantes, jefe de la Seguridad de Fidel Castro, de triste fin. Y después de pasar de uno a otro la enviaron a Europa, en una misión de espionaje y sexo que tenía por fin descubrir qué hacían algunos revolucionarios en desgracia, embajadores y altos funcionarios del régimen, que pasaban por París; por su informe y contactos caerían en desgracia unos cuantos comandantes que en París participaron en una serie de orgías; entre ellos, Emilio Aragonés. Se dijo también que tenía que ver con el supuesto atentado que el comandante Cubelas y otros preparaban por entonces y que nunca fue más allá del proyecto inicial, pero del que habría un célebre juicio donde Cubelas, Ramón Guin y otros serían condenados a muchos años de prisión por intentar matar al Comandante. Muchos años después, en 1996, murió en Miami el ex comandante Ramón Guin, que pasó veintidós años en prisión. Fue uno de los heroicos plantados de las prisiones cubanas y cuya única responsabilidad fue no delatar a un amigo que estaba en el atentado. Un día que lo visité, vi a Guin molesto por una carta que le había enviado la CIA, en que le informaba que le serían pagados honorarios por más de treinta años, y que él, sin un centavo y viviendo de la ayuda de los ex presos amigos, rechazó indignado, porque él no había sido nunca agente de la CIA, ni se había comprometido con nadie de la agencia, y porque su lucha por la libertad no tenía precio, ni pedía pago su sacrificio; no lo había cambiado ni Fidel Castro, que cuando estaba en su prisión le ofreció villas y castillas, y no lo iban a difamar ahora a fin de su vida, con dinero que no aceptaría. Los amigos le explicaban a Guin que seguramente la CIA hacía eso por miedo a una reclamación legal de su parte, pero de todas maneras Guin envió su famosa carta de rechazo.

Cuando Norka regresó a Cuba, me dejó una pistola Browning que a su decir le había regalado un amante suizo, algo no creíble. Era evidente que el arma se la había dado la Seguridad y que ella temía que le fuera ocupada en el aeropuerto o en los aviones a su regreso a Cuba. Al salir de París dejé la pistola con una caja de documentos depositada en la casa de un amigo pintor.

1965: EL REGRESO

En todas partes un muro de silencio. Nadie me recibía, ni me entendía, ni me ayudaba, ni comprendía mi ruptura con la Revolución cubana. Otros me veían como el fantasma de un fracaso.

Ya no era aquella agencia de la revolución Caribe, que ofrecía viajes a la famosa isla de la libertad. No encontraba trabajo. Quise vender en la calle *Le Monde* con el reclamo de ex director de famoso periódico vende *Le Monde* en París, pero no se me permitió. En medio de aquellas dificultades, pensé en hacer en un teatro una especie de ruleta rusa para ganar algún dinero, pero la cordura de Margot me disuadió de aquella locura. Una izquierdista belga, Michelle Poli, me recomendó para la limpieza de un gimnasio de París, pero fui rechazado porque no sabía suficiente francés, y no valió mi insistencia de que la basura no hablaba ninguna lengua, excepto la del mal olor.

Para colmo, mis deterioradas vías digestivas hicieron crisis. El doctor Caroli, un eminente gastroenterólogo francés, a quien vi en un hospital de París, encontró que sufría úlcera duodenal y que mi organismo estaba deteriorado, muy debilitado y en peligro. Me examinaba y mostraba en la pantalla del hospital a sus alumnos de medicina. Me ordenó una rigurosa dieta y una serie de inyecciones.

Enfermo, sin trabajo, sin recursos, pero libre, no me quedó más remedio que regresar otra vez a Cuba. Llamé a Celia Sánchez por teléfono y le dije que estaba enfermo y que quería regresar, y pensando en algún pretexto protector, le conté que había visto una preciosa tienda de campaña en París, a bajo precio, que podía ser muy útil para el turismo de campaña, no practicado en Cuba. Sabía que Celia se lo iba a contar a Fidel Castro y que a éste le interesaría. Al otro día, Celia me llamó y me dijo que llevara varias tiendas en el avión. Me parece que llevé cinco, tenía muy poco dinero para comprar más de una tienda, y las otras las compró el embajador. Llegué a La Habana, a la calle 20, donde vivía. Mi madre se había ido provisionalmente a vivir donde la familia de Cifuentes. Llamé a Celia, y media hora después apareció en mi casa Fidel Castro, me saludó, me preguntó cómo estaba, recogió las tiendas con su típico entusiasmo multiplicador, ya imaginaba enormes campamentos en las playas y montañas, pero no se interesó por cómo vivía, aunque él bien sabía que no tenía sueldo ni dinero, y que estaba enfermo. Y así comenzó mi vida de paria en el socialismo.

Acababa de regresar de París en desgracia y sin trabajo, eran como las tres de la madrugada—la hora clásica de las detenciones comunistas—, sentí un gran ruido de vehículos que rodeaban mi casa, me vestí rápidamente, tomé una pistola que tenía guardada y me acerqué a la puerta, preparado para abrirla y salir disparando, poniendo en práctica la frase de humor negro de «poner una bandera roja con tu sangre» antes de ser sumergido veinte años en una prisión socialista.

Entonces vi un jeep con hombres de la escolta de Fidel, gritándome: «Franqui, el comandante quiere hablar contigo». Dejé la pistola y subí al jeep, y fuimos directos a la calle Once. Subí la escalera y llegué a la azotea; allí estaba Fidel dando vueltas en redondo, sólo lo había visto así en dos ocasiones anteriores, en la prisión de Miguel Schultz, en México, en 1956, y en la comandancia de La Plata, en junio de 1959, cuando los soldados estaban a punto de terminar con el último bastión rebelde.

Me acerqué a Fidel, que con una mirada iracunda me dijo:

—Franqui, despierta a los italianos—Feltrinelli y Riva—y diles que el Che está en Vietnam.

Comprendí que no era verdad, preguntarle era inútil. Entonces le dije:

—Fidel, si despierto a los italianos a esta hora no me van a creer. ¿No es mejor que espere a cuando vaya a partir el avión esta mañana y les diga: «Llamen a Juan Arcocha, en la Embajada de París, y díganle que no se preocupe, que el Che está en Vietnam»?

—Muy bien, Franqui—respondió Fidel, que me dio la espalda y siguió dando vueltas.

Pensé entonces que el Che se había ido para Santo Domingo, eran los días de la invasión norteamericana. Después supe por Celia Sánchez «lo apenado» que estaba Fidel con el Che, al que no había podido ver después de las discusiones y acuerdo para su partida.

Cansado de esperar, el Che se fue de Cuba aquella noche, sin ver a Fidel. Después del fracaso de África, pasó meses en Praga, sin querer regresar a Cuba, como confirmó posteriormente Castro en la entrevista con Minà.

Por dignidad, no iba a pedir nada, ni quería, ahora que me había escabullido de las redes oficiales, volver a caer en ellas. Algunos amigos me prestaron algunos pesos y después recibí un sobre de Celia Sánchez que contenía 300 dólares y que provenía del impuesto de guerra del 58, que algunos dueños de ingenios de entonces pagaron a Raúl Chibás, el tesorero en el exilio del 26, en los Estados Unidos, y que Chibás entregó a Celia al triunfo de la Revolución.

5
ENCUENTROS CON GUEVARA

En junio de 1956 la Dirección del Movimiento me envió a México, a llevarle 5.000 dólares a Fidel Castro, para los gastos de los expedicionarios y para la preparación de todo lo que se estaba haciendo allí. Durante su visita a Estados Unidos él había dicho: «En 1956, seremos libres o mártires...». Ése era el dinero recogido por el Movimiento en los últimos meses. Detenido en México, con la mayoría de los futuros expedicionarios, se me encargó la difícil tarea, en mi condición de periodista, de hacer una campaña para la liberación de todos.

Entré en la cárcel mexicana Miguel Schultz, en la capital, con el fotógrafo Néstor Almendros, exilado en México, gracias a una mordida de 10 dólares cada uno, 5 dólares por una máquina de escribir, 5 dólares por la grabadora, 5 dólares por la cámara fotográfica y 5 dólares por cada hora en la prisión. A Castro no lo veía desde mayo de 1955, en que le hice una breve entrevista para *Carteles*, cuando la amnistía decretada por Batista. Lo había visto en cayo Confites en 1947, siempre en compañía de Juan Bosch, pero estábamos en batallones diferentes y nunca hablamos.

Le entregué el número clandestino de *Revolución*, que tiró sobre la mesa sin mirarlo. Le hablé de la campaña que estaba iniciando, con la ayuda del escritor mexicano Fernando Benítez, director entonces de *Novedades*, y con otros amigos, y le informé del dinero enviado desde Cuba.

Tuvimos una discusión sobre su pacto con Prío, el ex presidente, recordándole que él había dicho: «...Tocaremos a las puertas de todos los malversadores...». La mayoría de los detenidos apoyaron mis palabras. Le informé que la Dirección y la militancia en la isla rechazaban el pacto y la forma como se había hecho, sin consultarlos, y me habían encargado de comunicárselo. Fidel me preguntó:

—¿Tú crees que en los meses que faltan para que termine el 56, y siempre que salgamos de las prisiones, el Movimiento podrá recaudar suficiente dinero para el costo del yate y todos los compromisos que faltan?

Tuve que responderle:

—No lo creo.

Entonces me dijo:

—Te pido una sola cosa. Estoy aquí preso. Cuando llegues a La Habana, transmítele mi mensaje a la Dirección sin modificar nada, pues sin el pacto con Prío no hay expedición. Diles que ya llegará el momento de cumplir con la promesa de tocar en la puerta de todos los malversadores.

Me pareció correcto, le di mi palabra y la cumplí, no sin que algunos me reprocharan en la reunión de la Dirección que no tomara partido, a pesar de que no tenía voto, ni era todavía miembro del 26 de Julio.

En la cama, al lado de Fidel, estaba recostado un joven fuerte de piel trigueña, de complexión atlética, que era el único descamisado del grupo y tenía el típico acento argentino, al que los otros compañeros llamaban Che.

Mientras Almendros tiraba las fotos, vi que hojeaba un grueso libro. Le pregunté qué leía y me respondió: *Los fundamentos del leninismo*, de Iósiv Stalin. A lo que repliqué que si no había leído el informe de Nikita Jruschov, en el reciente congreso del Partido Comunista Soviético, denunciando los crímenes de Stalin.

Me contestó que si yo también creía en las calumnias imperialistas.

—¿Así que todo el comité central del Partido Comunista Soviético, comprendido Jruschov, son agentes del imperialismo?—repliqué.

La discusión se violentó y entonces intervino Fidel Castro diciendo:

—Toda revolución necesita un jefe y es mejor incluso un jefe malo que muchos jefes buenos, que con sus divisiones la pierden.

A lo que repliqué, que para mí había una gran diferencia entre un líder y sus colaboradores y un caudillo, bien fuera militar o comunista.

Ésa sería mi primera discusión con Guevara, pero no sería la última. La próxima ocurrió en la sierra Maestra y fue a finales de junio de 1958, cuando el Ejército de Batista nos cercó, aislándonos en un territorio de no más de 3 km² alrededor de la comandancia de La Plata y de Radio Rebelde. Guevara y sus hombres cuidaban el camino que venía de La Vega, ya en poder de los guardias, y el problema era la salida de los campesinos de la zona rebelde.

Quedó uno solo: Mompié con su familia. Guevara había hablado de la Revolución campesina, de la guerrilla campesina, y yo le pregunté: «¿Dónde están tus campesinos revolucionarios, Che?». Guevara, molesto, me dio la espalda y se fue sin contestar.

Esta discusión la repetiríamos después de la victoria, porque Guevara siempre siguió hablando de guerra campesina. La población campesina de Cuba era muy grande, pero sólo una pequeña parte vivía en las montañas y se dedicaba al cultivo de café. Casi siempre en las estribaciones y no en la parte de las cumbres y los grandes picos. A fines del 58, el Ejército Rebelde tenía unos mil hombres y la minoría campesina era exigua.

GUEVARA: «LA CÁSCARA GUARDA AL PALO»

Pocos días después de mi llegada a la sierra Maestra, había descendido hasta el río donde acababa de bañarme, y Guevara, al verme mojado todavía, me dijo:

—Tú no sabes que la cáscara guarda al palo y que los soldados rebeldes no deben bañarse.

—Peste que tendrán—repliqué—. Como sabrás soy un civil y pienso bañarme todos los días. En la tradición cubana, el agua lo limpia todo.

No convencí a Guevara, como prueba esta cita:

«Después, los que quedaran y resistieran las primeras pruebas se acostumbrarían a la suciedad, a la falta de agua, de comida, de techo, de seguridad, y a vivir continuamente confiando sólo en el fusil. Nada es más peligroso que un exceso de higiene porque fragiliza».

Ernesto Guevara, *Guerra de Guerrillas*,
en *Ernesto Guevara: Obras. 1957-1967*,
P. K., 1958, p. 207

ENTREGA DE PRISIONEROS

La zona de la sierra Maestra en que se desarrolló la guerrilla estaba despoblada. Se caminaba horas entre las montañas para encontrar un bohío campesino. Lo que Guevara no decía era que el Movimiento había reclutado a Crescencio Pérez, una especie de patriarca, padrino, dirigente campesino y padre padrón de media sierra, con centenares de hijos y familiares, y fue ese núcleo, que pertenecía a la célula campesina del 26, el que salvó a los expedicionarios, después del desastre de Alegría del Pío, los protegió, los sacó de las manos del Ejército, los condujo a la sierra, recogió las primeras armas, y algunos de ellos se incorporaron a la Revolución.

El Ejército Rebelde tenía unos trescientos hombres, en su mayoría gente de la ciudad. Muchos procedían de la clandestinidad. Habían sido enviados por Frank País y el Movimiento, así como las armas.

Después de la Batalla del Jigüe, Radio Rebelde contactó por vía Radio Caracas con la Cruz Roja Internacional, y le hicimos, de acuerdo con la comandancia, la proposición de que el Ejército Rebelde quería entregarle los 243 soldados y oficiales que se habían rendido a nuestra fuerza, después de varios días de combate, sin que el Ejército fuera capaz de rescatarlos.

Poníamos como única condición que la entrega fuera en una zona neutral cerca de Las Vegas de Jibacoa, porque temíamos represalias del siniestro coronel Ugalde Carrillo, que era el que mandaba en esa zona. La Cruz Roja contestó que el Ejército aceptaba la entrega, pero no en la zona neutral, sino que proponía que se hiciese en el cuartel de Las Vegas, donde tenían una guarnición de cien hombres.

Como yo era el que me había ocupado de la operación, Fidel Castro, echándome la mano por el hombro, señal siempre peligrosa, me dijo que yo era el indicado para conducir a los prisioneros hasta Las Vegas y entregarlos allí en nombre del Ejército Rebelde, solo y desarmado, agregando que no era una orden, sino un acto voluntario, si me sentía en condiciones de hacerlo.

Esta operación, nuestro caballo de Troya, ofrecía riesgos: diez oficiales prisioneros que conservaban sus pistolas en la caminata entre aisladas montañas; si uno me pegaba un tiro y me lanzaba por el despeñadero, quedarían libres.

El coronel Ugalde podría emboscarnos antes de llegar a Las Vegas y rescatar a sus prisioneros. Acepté por deber, haciendo de tripas corazón; y por aquello de que mejor bien acompañado que solo, invité a Faustino Pérez, miembro de la Dirección, allí, entonces, con nosotros, a compartir los honores y los riesgos de la operación. Él aceptó acompañarme, con su proverbial valor y estoicismo.

El Che Guevara había estado a punto de caer prisionero y de morir en Las Vegas, cuando entraba al pueblecito en su mulita. Se salvó cuando el último rebelde que salió de allí, el comandante Sorí Marín, le avisó de que los guardias habían tomado Las Vegas. Aquél era su frente, y la pérdida la sentía como algo personal, por lo que se preparaba con sus fuerzas para atacar el cuartel.

Cuando iba a salir del territorio rebelde con la larga columna, el comandante Crespo, jefe de las fuerzas de Guevara, que no había recibido la orden, no me dejó pasar y me envió para la casa del Santaclareño, allí vecina. Se hizo de noche y poco después el telefonista me trajo un mensaje del Che, dirigido a mí, que me decía: «¿Qué mierda estás haciendo?». Cogí el papel y por la otra cara le escribí: «Te devuelvo la mierda, que es de tu gente», y le puse mi firma. Desde mi llegada a la sierra, noté las palabrotas de regaño con que Fidel Castro trataba a sus hombres en ciertos momentos, y éstos hacían lo mismo con sus subordinados. Advertí a todos, desde el primer día, que era un civil, no un militar, y que no usaran conmigo palabrotas, porque las contestaría con el mismo tono, y ésta era la primera vez que sucedía. Todo el mundo puso cara de asombro cuando oyeron transmitir por teléfono mi mensaje al Che.

Como a la una de la mañana, bajo una descomunal tempestad y un tremendo aguacero, apareció el Che Guevara en su mulita. Expectantes, todos miraban qué iba a ocurrir. El Che se desmontó con dificultad de la mulita. Estaba bajo un gran ataque de asma y, riéndose, me dijo que si me había puesto bravo. Le dije que no, pero que ya él sabía que no admitía regaños, y que no era responsable de que su gente me impidiera el paso y la entrega de los prisioneros. Entonces se rió y me dio un abrazo.

A diferencia de Fidel, que no se ocupó de protegernos, él, sin decirlo, ordenó que la primera que entrara en el cuartel fuera la bella guerrillera capitana Teté Puebla y, además, escondió entre los bosques y la manigua a sus fuerzas para defendernos en caso de un ataque.

Aquella operación, que lógicamente era riesgosa, fue de lo más tranquila. Los guardias y sus oficiales se sentían derrotados, habían descubierto el humanismo de los rebeldes, de curar primero a los heridos, de darles comida, y después de liberarlos, y habían tenido largas conversaciones con Fidel Castro, al que finalmente habían pedido autógrafos que escondían en sus bolsillos. Para ellos y para casi todo el Ejército, a partir de entonces, la guerra entre hermanos debía terminar. Cuando alguna avioneta del Ejército sobrevolaba sobre nosotros, se tiraban a tierra maldiciendo a los aviadores.

Ese mediodía, en medio de muchísimo ruido y de una algazara en el cuartel entre los prisioneros liberados, los otros soldados, los delegados militares de la Cruz Roja, los de la Cruz Roja Internacional, conversando conmigo Faustino, Horacio Rodríguez—capitán rebelde que también nos acompañó en el último momento—y la bella Teté Puebla, de pronto apareció el Che Guevara.

Aquella misma noche, después de terminar la ceremonia y de retirarnos todos, Guevara rodeó el cuartel y a su capitán, y casi cien soldados se rindieron sin disparar un tiro.

En 1968, Pierre Jacquier, uno de los delegados que la Cruz Roja Internacional envió a recoger los 253 prisioneros, intentó conseguirme un permiso para quedarme en Suiza, que la policía no aceptó.

También años más tarde, creo que en 1980, entré en un restaurante cubano, en el Village de Nueva York, y allí un hombre alto y fuerte, al verme, gritó: «¡Yo fui prisionero de este hombre en la sierra Maestra!»—provocando la ira de un grupo de batistianos que allí comían. Entonces se me acercó, me abrazó y contó todo lo bien que lo habíamos tratado entonces.

En el aniversario de la independencia de Colombia, hice una breve historia de su lucha por la libertad y terminé con una crítica a los métodos y al proceso de degeneración de la guerrilla.

Guevara protestó airadamente, pero no envió la réplica que le solicité. Guevara, que había instalado en La Pata de la Mesa, la estación de radio que envió Frank País y que había participado en la primera transmisión y que también allí había impreso los primeros números de *El Cubano Libre*, ambos bajo su dirección, desde mi llegada a la sierra no negaba su mejoría, pero ni una sola vez colaboró con la planta ni con el periódico. Algo que sí hacía Camilo cada vez que podía, mientras Fidel Castro enviaba regularmente sus partes militares, redactados con una prosa épica muy superior a la de sus discursos.

Toda correspondencia y relatos de sus acciones las enviaba directamente el Che en cartas a Fidel. Posteriormente Guevara escribiría el libro de crónicas *Pasajes de la guerra revolucionaria*. El Che Guevara siempre llevaba un diario, de principio a fin, en donde anotaba todo, incluidos todos los períodos que van no sólo de la guerra, sino del 59 al 65, de sus años importantes en Cuba y también en África. Era una paradoja que este hombre tan dogmático contase los acontecimientos con tal crudeza, en total contradicción con sus textos políticos, y que siempre escapara de la realidad, que ignoraba y superaba mediante el dogma.

A su muerte, llegaron un día a la Oficina de Asuntos Históricos, en octubre del año 67, una serie de valijas lacradas mandadas por Fidel Castro, que oficialmente me advirtió que eran del Che y que no se podían tocar ni abrir, porque iban a ser entregadas a Aleida March, su viuda. Ignoro su destino posterior.

En 1958, Guevara partió de la sierra Maestra con su columna invasora y con su desprecio y enemistad por todo el movimiento clandestino, avisando, por medio de mensajeros, sólo a los comités comunistas, ignorando a los del 26, para después acusarlos de negarle su colaboración.

A su llegada a Las Villas, tuvo muchos conflictos con la Dirección clandestina. Incluso cuando la toma de Fomento quiso asaltar militarmente un banco. Guevara tenía el síndrome de que el dinero era un robo. Enrique Oltuski, jefe clandestino de Las Villas, se opuso y avisó a Fidel Castro, que se puso bravísimo con aquella locura y le prohibió terminantemente, en mensaje cifrado vía telegráfica, que tomase el banco. En 1959, cuando la crisis por la detención de Huber Matos, la desaparición de Camilo y la radicalización revolucionaria, Fidel destituyó a toda la dirigencia democrática de la clandestinidad. Nombró a Guevara presidente del Banco Nacional, en el puesto del reconocido economista Felipe Pazos. La anécdota, aunque parece un chiste, es cierta. Cuando le preguntaron a Guevara si era economista respondió: «No, yo soy comunista». Su primer billete, que valía 3 pesos, equivalente entonces a 3 dólares, estaba firmado con «Che». Actualmente, vale unos 12 centavos, y el de 1, unos 4 kilitos (centavos).

En una sola ocasión, que yo recuerde, coincidimos Guevara y yo en el Consejo de Ministros, en 1962, cuando Fidel Castro anunció que haría un discurso contra la caña de azúcar, y Guevara, Raúl Cepero Bonilla, ministro de Comercio Exterior, experto en azúcar, y yo le respondimos que las cañas estaban viejas, que hacía años que no se sembraban nuevos cañaverales. La Ley de reforma agraria había suprimido los inspectores cañeros que calculaban anualmente la producción, y con el odio de la gente hacia la caña, el resultado sería provocar un desastre. Castro dijo que estábamos equivocados y que apostaba una vaca asada para todo el Consejo de Ministros, que pagaríamos seguramente nosotros. Pero si perdía, que no iba a perder, pagaría él. La próxima zafra, la de 1963, fue un desastre. Una de las más pequeñas de la historia de Cuba, de poco más de 3 millones de toneladas, y de aquella vaca no se pudo hablar más nunca.

La crisis mundial del azúcar provocó un alza monstruosa de los precios, y Cuba, que mantenía antes una competencia que impedía el desarrollo de otros mercados, produciendo barato mediante un acuerdo triple entre colonos, obreros y hacendados, se vio desplazada y perdió su gran rol de azucarera internacional.

En enero del 59, Guevara no nos honró con su visita, y mientras yo dirigí el periódico *Revolución* hasta 1963, sólo puso los pies en la redacción una vez, para recibir a Palacios, histórico personaje argentino. Sí envió una carta de respuesta a la crítica de un periodista de *Carteles*, diciendo que vivía en una lujosa casa en la playa de Tarará. Poco tiempo después, me envió el manuscrito de su libro, entonces inédito, *La guerra de guerrillas*. Era un tema que habíamos discutido muchas veces.

Guevara afirmaba que la guerrilla serrana había sido «la madre victoriosa de la Revolución», y le enmendaba la plana inclusive a Lenin, sosteniendo que no era necesario un movimiento revolucionario para hacer la Revolución. Que bastaba con la guerrilla madre para desde ella «parirlo todo». Lo que yo y los dirigentes clandestinos afirmábamos, con hechos en la mano, era que el 26 había nacido antes del Moncada; había crecido en todos esos años y después había sido un protagonista de la lucha, con sus filas nacidas de la Ortodoxia, de la clase media y del movimiento estudiantil; que el Movimiento había enviado a la sierra innumerables grupos de hombres y de armas; que había sostenido económicamente la estancia en México y en la propia sierra Maestra y que Frank País, con su milicia clandestina, había tomado la ciudad de Santiago el 30 de noviembre, el mismo día que debió desembarcar Fidel Castro, perdiendo sólo tres hombres y conservando todas las armas, mientras la expedición fue un desastre (de los ochenta y dos hombres, sólo quedaron doce, rescatados por los campesinos del 26). Después del desastre de Alegría del Pío, fueron las células campesinas las que condujeron y salvaron a los pequeños grupos de expedicionarios y llevaron a los heridos a la sierra Maestra. ¿Cómo negar la importancia del asalto del Directorio Revolucionario, el 13 de marzo de 1957, al Palacio Presidencial, y la conmoción que esto creó, o los refuerzos de armas, de hombres y medicinas, o el envío de los periodistas como Herbert Mathews, del *New York Times*, o Bob Taber, de la *Columbia Broadcasting System*, que le dieron a la guerrilla una dimensión internacional; que el Movimiento había paralizado por tres días La Habana, en mayo del 57, que había impulsado la huelga espontánea por el asesinato de Frank País, el 30 de julio de 1957, y que en una conspiración planeada por la Marina de Guerra habían tomado la ciudad de Cienfuegos, la tercera o cuarta de Cuba, el 5 de septiembre de 1957, que había resquebrajado la unidad militar de Batista, y que había hecho miles de sabotajes y creado una conciencia en toda la ciudad, aparte de la creación del Movimiento Obrero, de Resistencia Cívica, de los colegios profesionales, etc.?

Mientras que en 1957, la guerrilla serrana tomó sólo el cuartelito de La Plata y posteriormente el del Uvero, tuvo algunas escaramuzas sin que pasara, a pesar de los envíos de la ciudad, de doscientos guerrilleros.

GUEVARA: EL PODER Y LA GLORIA

Las ambiciones de Guevara eran el poder y la fama. Su naturaleza lo conducía a la guerra, amaba, es frase suya, el olor a pólvora, que embellecía y justificaba con el socialismo y la Revolución. Guevara es un personaje entre el miedo y el valor, conflicto que resolvía con su voluntad de hierro y que lo conducía a acciones peligrosas y, a veces, suicidas.

Guevara primero se creía la Revolución. Si pensabas distinto que él, eras un pequeño burgués. Después se creyó el socialismo, y si hacías críticas a la Unión Soviética, a los países del Este, eras un anticomunista y un mentiroso. Si le decías que el trabajo voluntario, por él copiado e inspirado en los soviéticos, allí había fracasado y no lo practicaban más, no te oía. Si le hablabas de la importancia de la clandestinidad en la lucha contra Batista, de sus grandes actos, de sus miles de muertos, de la conciencia de masa en las ciudades, como factor decisivo en la victoria, y le recordabas los muchos envíos de hombres, armas, dinero, municiones y periodistas a la sierra Maestra, negaba su importancia. Creía en la guerra campesina en la sierra e incluso llegó a afirmar que el Ejército Rebelde era un ejército de obreros, y si le replicabas que en el 58, cuando la defensiva, no quedó una sola familia campesina, ni te oía ni le importaba, o te decía pequeño burgués, etc. Él siempre tenía la razón, y era la verdad. Si la experiencia, como el caso soviético, probaba su equivocación, recurría a un nuevo dogma, en este caso el dogma chino. Su arrogancia y desprecio por los otros, a los que consideraba inferiores, era proverbial, y los trataba a patadas. Y no lo digo por mí, porque ya he contado cómo le devolví la primera mierda y cómo no lo volvió a repetir. En alguna ocasión, su arrogancia pública le costó que tuviera que tragarse la lengua delante de Fidel, Raúl y los otros en la plaza de la Revolución. Durante un acto, al llegar Amejeiras fumando, Guevara lo insultó, diciéndole que si estaba chupando un pitillo de marihuana, a lo que Amejeiras respondió: «Sí, este cigarrillo me lo dio tu madre allá abajo», y no le quedó más remedio que callarse.

GUEVARA SUICIDABA LA ECONOMÍA

Guevara rechazaba todas las normas económicas, no ya las originadas en el capitalismo, sino incluso las practicadas en los países socialistas, como la autonomía de las empresas estatales.

Con toda la economía centralizada, el inmenso poder económico quedaba en sus manos, de manera que el socialismo se llamaba «guevarismo»; parecería una locura, una desgracia, pero era una realidad.

No había quien pudiera meter en la cabeza de Guevara la diferencia entre la inmolación de un momento y la práctica de todos los días. No se le podía hacer entender que las leyes de la guerra o de la lucha armada no son ni las de la paz ni las de la economía posible. Cómo es posible que a alguien se le ocurra negar el salario individual, el dinero, la mercancía y las necesidades materiales, y sustituirlos por estímulos morales y anónimos y colectivos.

Si le decías que la publicidad que recibían él o Fidel en el trabajo voluntario no era la anónima del pueblo, lo negaba. Por muy austero que se sea, los jefes tenían privilegios materiales, y la mayoría de ellos ejercían sus funciones no como los otros, que tenían que hacer cola, montarse en una guagua o vivir comiendo de la libreta sin salir en los medios de prensa ni hacer discursos. Pero así era este hombre al que nada ni nadie podía cambiar. Porque cuando no podía negar un fracaso, como su afirmación de que Rusia, Polonia y Checoslovaquia eran «el continente de las maravillas», pasaba de un dogma a otro.

Entre los grandes fracasos de Guevara está su intento de sustituir los estímulos materiales por los estímulos morales, la supresión de la ley del valor y la creación del hombre nuevo, el trabajo voluntario, más obligatorio que voluntario, improductivo y destructivo, porque los hombres de la ciudad arruinaron los cultivos al sustituir a los campesinos. Guevara creó un gigantesco aparato burocrático, sus consolidados abarcaban totalmente cada área de la producción. La industria del calzado tenía varias ramas: la cura de los cueros, las fábricas de zapatos y los miles de pequeños talleres o chinchales de zapateros remendones que en cada barrio o lugar de la isla arreglaban los zapatos rotos. Cada unidad de esas ramas tenía independencia y funcionaba según las normas del mercado, calidad y costo, etc. Al desaparecer esa independencia, todo era obligatoriamente enviado a las oficinas centrales de La Habana. Si a alguien se le rompía un zapato, el remendón no podía arreglarlo, tenía que enviarlo a La Habana y el arreglo se demoraba meses y meses.

Si los pescadores hacían su faena en cualquier lugar de las costas de Cuba, estaba prohibido distribuir el pescado en la región, había que enviarlo a la capital. El tiempo era mucho y la refrigeración mala, cuando el pescado regresaba al lugar de origen estaba en malas condiciones y no se podía comer.

Entre las ideas de Guevara, estaba la de que no se podía construir el socialismo con la dependencia del azúcar, para ello habría que diversificar la agricultura y la industria. Entre los fracasos de Guevara que arruinaron la economía cubana estuvo la supresión de todas las cuentas de las empresas de todo el país, realmente algo increíble. Cuando sus conflictos y su marcha de Cuba, en los años 1964 y 1965, Fidel Castro mandó suprimir el Ministerio de Industria, que convirtió en un departamento sin importancia, y al irse Guevara de Cuba, aplicó radicalmente sus teorías del estímulo moral, llegando al extremo de que en algunos lugares, como en San Andrés, se intentó incluso la supresión del dinero, que provocó un desastre económico monstruoso y creó grandes conflictos con los soviéticos y los países del Este, que no comprendían la locura de aquella política, que duró muchos años y que a su fracaso fue sustituida por el monstruoso intento de convertir la industria azucarera en el generador de las riquezas del país, aspirando a una zafra de 10 millones de toneladas, que sería la más grande de la historia de Cuba, que terminó en otro fracaso y en otra ruina para la economía de Cuba, como tuvo que reconocer en 1971 Fidel Castro, cuando se creó la crisis, un malestar y una crítica de las que lo responsabilizaban en las filas mismas de la Revolución, que terminó con nuevas medidas represivas, como la Ley contra la Vagancia, que envió a los campos de trabajo de Cuba, por tres años, a más de ciento cincuenta mil obreros.

Guevara odiaba el dinero, símbolo del capitalismo.

El poder comunista por su naturaleza tiene un mando único: el que manda arriba decide sobre todos y quienes lo critiquen o se le opongan abajo son liquidados.

Hablar de planificación como se hace en ese sistema es una aberración.

Mao ordena la Comuna y el Salto Adelante, y causa la muerte de decenas de millones de chinos.

Stalin en 1941 creía que no habría invasión ni guerra de parte de la Alemania de Hitler, lo que permitió a los alemanes ocupar un inmenso territorio y ocasionó la pérdida de millones de hombres a la Unión Soviética. Fidel Castro, con cada una de sus decisiones, ha llevado a Cuba a diversos desastres, incluidas sus numerosas guerras africanas y sus aventuras, que no han producido otra cosa que derrotas y miles de muertos en donde quiera que han ocurrido.

En una ocasión en que Guevara me defendía los estímulos morales, le pregunté:

—¿Los tuyos son morales o materiales?

Me contestó:

—Como comandante, gano 125 pesos mensuales, sueldo que como sabes me puse yo mismo, el pago verdadero es la satisfacción por el deber cumplido.

Le contesté:

—Sé que aquí todos nos pusimos el sueldo que creímos oportuno, excepto tú, que pusiste 125 ridículos pesos a los comandantes, que no alcanzan ni para tomar refrescos y ya empieza la corrupción en la vivienda, con las casas lujosas, caras, que necesitan criadas, jardineros, choferes...

—Niegas la austeridad—me replicó Guevara.

—No niego nada, Che, yo mismo me puse un sueldo de 500 pesos, que es lo mismo que ganan algunos periodistas y técnicos del periódico. Pero, Che, pienso que el poder, la fama y la gloria no son estímulos morales. Son estímulos materiales, contantes y sonantes. Si tú vas al trabajo voluntario, al otro día sales en la televisión y los periódicos y recibes elogios de la gente, que dice: «Qué bravo el Che, mira cómo corta caña, en el trabajo voluntario». Pero a la ama de casa, al obrero de la ciudad o al estudiante, que son millones, y cuyo acto es más impositivo que voluntario, que no conocen el campo y se matan trabajando y no rinden y no producen, no se les menciona personalmente.

—Así que también niegas el trabajo voluntario, Franqui.

—No niego nada, Che, hago afirmaciones basadas en hechos materiales.

—Las revoluciones cambian la realidad material, Franqui—me decía Guevara.

—Entonces, ¿por qué Marx, Engels y Lenin hablaban de materialismo, Che?

—No ignoro lo que dices Franqui, pero estoy convencido de que usando los mismos instrumentos del capitalismo, las leyes del valor, la autogestión administrativa, el mercado, los estímulos materiales y todas esas cosas que tú conoces, no se construye el socialismo.

—Es posible que tengas razón, Che—replicaba—, pero yo creía que el socialismo era una creación colectiva y no una construcción por la fuerza, desde la cúpula del poder. Es posible que una cooperativa voluntaria no funcione, pero en tu admirada Unión Soviética tuvieron que abandonar los sowjoses y convertirlos en koljoses, con ganancias, pérdidas, autonomía económica, estímulos materiales individuales, etc.

—Ya sabes, Franqui, que mi sovietismo no duró tanto tiempo. Ahora soy su crítico y me inclino hacia las ideas marxistas de Mao.

—Sí, me acuerdo de las críticas que me hiciste cuando *Revolución* publicó la caricatura de Siné, el humorista francés, en que aparecía Jruschov con un chinito detrás. En el folklore cubano un chino detrás siempre trae desgracias. Yo, el chino y el socialismo, los llevo por delante mientras viva.

Y sin oír más, Guevara se retiró.

LA MUERTE COMO MITO

La muerte en Bolivia lo convierte en el héroe romántico, a lo Byron. Hace olvidar sus errores, responsabilidades y fracasos. Y cuando se produce el fracaso universal del comunismo y la Revolución, queda un solo ídolo que salvar, el fetiche de Guevara. Es típico de la izquierda la revancha de querer ser la verdad a partir de la premisa, casi siempre justa, de las injusticias sociales, raciales, nacionales o económicas universales, generalmente negadas por la revancha de la derecha o de los que mandan. La izquierda radical se cree la abanderada de esos infelices, se aferra a sus utopías, se cree la verdad de la revolución y el socialismo, que imponen por la fuerza, generando la crisis cuando llegan al poder. Un mundo peor que el heredado, que en vez de ser el reino de la libertad y la abundancia, es el reino del hambre y del terror.

Unas semanas más tarde, invitado por Franqui en nombre del diario *Revolución*, se presenta Pablo Neruda, el poeta por excelencia, del que Guevara sabe de memoria centenares de versos. «Me había citado para la medianoche—cuenta Neruda—, pero era casi la una cuando llegué, retrasado por un acto oficial interminable». El Che era moreno, pausado en el hablar, con indudable acento argentino. Era un hombre para conversar con él despacio, en la Pampa, entre mate y mate. Sus frases eran cortas y remataban en una sonrisa, como si dejara en el aire el comentario. Me halagó lo que me dijo de mi libro *Canto general*. Acostumbraba a leerlo por la noche a sus guerrilleros, en la sierra Maestra. [...] Algo me dijo el Che aquella noche que me desorientó bastante, pero que tal vez explica en parte su destino. Su mirada iba de mis ojos a la ventana oscura del recinto bancario. Hablábamos de una posible invasión norteamericana en Cuba. Yo había visto por las calles de La Habana sacos de arena diseminados en puntos estratégicos. Él dijo súbitamente: «La guerra... La guerra... Siempre estamos contra la guerra, pero cuando la hemos hecho no podemos vivir sin la guerra. En todo instante queremos volver a ella». ¿Clave para una muerte anunciada?

Pablo Neruda, *Confieso que he vivido*,
Buenos Aires, Planeta, p. 439
4) P. K., p. 329

EL MITO DE GUEVARA

Un día un periodista romano, crítico del castrismo, dijo: «Tengo una nieta de 15 años que tiene al Che Guevara como su mito, por favor, no destruyan su mito».

No respondí su ingenuidad, pero me quedé pensando: los mitos son indestructibles porque, más que con la realidad, tienen que ver con la imaginación, el deseo y los sentimientos y aspiraciones humanas. Pienso que Guevara es el mito de la Revolución. El mito de Guevara en algo se asemeja al de Trotski, pero es menos militante, más espontáneo, además Trotski tuvo la mala suerte que lo mataron los «buenos» y no los «malos» como Guevara. La dimensión universal de Trotski caracterizó el mito de la Revolución bolchevique.

Por esas paradojas de la historia, su muerte lo convirtió en un mito, que sirve al consumismo juvenil capitalista, para vender camisetas o fotos, o hacer manifestaciones, fumándose un pito de marihuana, o para que sus supuestos restos llevados de Bolivia a Cuba alimenten el turismo castrista.

Existe el mito de Guevara. Pese a todos los fracasos económicos y políticos que tanto contribuyeron a la destrucción de la economía de Cuba y su sociedad, como a sus fracasos militares en África y a todos sus actos e intentos de guerrillas en América Latina, incluida la aventura militar de Bolivia. Será porque es, como dice Castañeda, lo que quedó de los años sesenta, su mito. Será por una foto, una foto en la que se parece a Rodolfo Valentino, que lo distingue de tantos revolucionarios feos que hay por el mundo. Será por la última fotografía, cuando su muerte, que ya se sabe que se parece a dos famosos cuadros. Será porque vivimos en una época en que todos los mitos revolucionarios han fracasado: Rusia, China, Cuba, Nicaragua, Salvador o África. Será porque murió luchando por lo que creía. Será porque los jóvenes siempre necesitan un mito. Será porque la sociedad de consumo capitalista lo convirtió en mercancía. Bien sea Guevara o los uniformes azules de los obreros o los libros marxistas, la mercancía que tanto odió Guevara. Será porque todavía queda en el mundo un porcentaje de nostálgicos del socialismo y de la Revolución. Será, nos dirá el pensador español Fernando Savater, por el mito del fracaso. Yo pienso que sí, que Guevara es un mito, el mito del fracaso.

EL CONGO

En una entrevista para el semanario marroquí *Libération* (17-23 de marzo de 1965) es más explícito: «La victoria en el Congo demostrará a los africanos que la liberación nacional abre el camino al socialismo; una derrota abrirá el camino al neocolonialismo. [...] Éste es el envite».

Jean Jacques Nattiez, *Che Guevara*, pp. 175-176
17) P. K. p. 438, 1965, África

AFRONTAR LA MUERTE

Ya en su primera entrevista con Nasser, Guevara le revela el secreto y le indica que ha decidido tomar personalmente el mando de un destacamento de cubanos negros que irán en ayuda de los rebeldes congoleños. En principio tiene la conformidad de Ben Bella, para que Argelia contribuya a la operación. Solicita una participación egipcia. «He pasado toda la noche andando por mi habitación en el hotel de los Shepheards, procurando decidir si tenía que decírselo», reconoce.

El testimonio de Heikal, que transcribe estas palabras en sus *Documentos de El Cairo*, es de gran importancia, aunque a veces vacile sobre la cronología. Confidente y consejero del Rais, asistió a las conversaciones, donde escuchó el relato de los propios labios de Nasser. Al saber el proyecto de su amigo, el presidente egipcio no oculta su escepticismo. Le habla sin cortapisas. «Me sorprende usted mucho. ¿Quiere convertirse en un nuevo Tarzán, en un blanco que se mezcla con los negros para guiarlos y protegerlos? Es imposible. [...] No tendrá éxito. Como blanco, lo descubrirán fácilmente, y si encuentran otros blancos que lo acompañen, proporcionarán a los imperialistas la ocasión de decir que no hay diferencia alguna entre ustedes y los mercenarios. [...] Si va usted al Congo con dos batallones cubanos y yo le envío un batallón egipcio, lo llamarán injerencia y eso hará más mal que bien».

La conversación prosigue otra noche en el domicilio personal de Nasser. El Che explica por qué se ha sublevado contra las prácticas egoístas de los países socialistas, vuelve a subrayar el papel de Cuba en América Latina y habla de Argentina. «Antes de Castro—dice—, sólo Perón había conseguido provocar un movimiento popular realmente serio; pero Perón se portó como un cobarde. No tuvo el coraje de afrontar la muerte y huyó». Y añade: «El momento crítico de la vida de un hombre es aquel en que toma la decisión de afrontar la muerte. Si decide afrontarla, es un héroe, termine en éxito o fracaso su empresa. Puede ser un buen o un mal político, pero si no es capaz de afrontar la muerte, nunca será más que un político». También ahí Nasser reacciona como un prudente hermano mayor. Le reprocha, como había dicho Montaigne, tener continuamente la muerte en boca. «¿Por qué hablar siempre de la muerte? Es usted un hombre joven. Si es necesario, moriremos por la Revolución, pero es preferible que vivamos para ella».

Por su parte, Nasser lo invita a visitar la monumental presa de Asuán, construida en el sur del país con la ayuda de los países socialistas. Guevara queda deslumbrado. El Rais, que opta a una segunda presidencia, lleva también a su fogoso amigo de gira electoral para la inauguración de una fábrica. «Nasser recibió una entusiasta acogida—escribe Heikal, honesto cronista del viaje—. Todos los habitantes de los pueblos corrían para saludar al coche, se apretujaban delante, intentando detenerlo. Guevara se mostró muy conmovido. "Eso es lo que yo quiero; eso es, el fermento revolucionario". "De acuerdo—replicó Nasser—. Pero no se puede tener eso—y señaló a la muchedumbre—sin aquello—y señaló la fábrica—. [...] El día de la revolución es la apoteosis del romanticismo, la noche de bodas. Pero después hay que tener éxito en el matrimonio, cumplir con la aburrida y difícil tarea de construir fábricas y desbrozar el suelo". Desengañada respuesta del comandante: "Después de la revolución, no son ya los revolucionarios quienes hacen el trabajo sino los tecnócratas, los burócratas. Y ellos son contrarrevolucionarios"».

Mohamed Hassanein Heikal, 18), P.K., p. 438

EL ASMA DE GUEVARA

La lucha contra la fuerte y continua asma que padecía fortaleció su voluntad. Voluntad de hierro, la suya. Y es posible que su mal humor, violencia y maltrato con sus subalternos fueran aumentando por su enfermedad. Como la prisa de su vida y la velocidad con que vivía.

GUEVARA Y TROTSKI

Es verdad que Guevara, en sus últimos tiempos en Cuba, habló del conflicto Stalin-Trotski, afirmando que no lo creía posible en la isla, aun si la similitud existía.

Muchas de las tesis de Guevara coincidían con las de Trotski: la militarización de los sindicatos, los estímulos morales, el hombre nuevo, el retorno a los orígenes del marxismo-leninismo, la necesidad de la revolución mundial... Un numeroso grupo de trotskistas de varios países trabajaban en el Ministerio de Industria. Sus relaciones y documentos con el jefe del trotskismo internacional, Ernest Mandel, en su polémica con Carlos Rafael Rodríguez y el ministro Mora, cuando Mandel defendió sus tesis, publicadas por Guevara en las revistas del Ministerio de Industria, eran grandes.

La relación de Guevara con el pueblo cubano era distante, más de admiración que de simpatía, aun en los primeros tiempos; su distancia venía de su suficiencia, su arrogancia y su dogmatismo, de sus desaciertos económicos y de su rígida y centralizada planificación.

Guevara además sabía que una lucha contra Fidel Castro, sin el Ejército y la Seguridad, que no los tenía, era suicida. A pesar de su distancia y desacuerdos, nunca superó la fascinación que Castro ejercía sobre él.

La solución que encontró para no volverse un burócrata miserable, después que incluso su Ministerio de Industria fue reducido, fue encontrar la manera de hacer la revolución en otras partes del mundo, África o América Latina, y para eso no se le ocurrió otra cosa que entrar en conflicto con los soviéticos, con los partidos comunistas, con los gobiernos africanos y con el propio Fidel Castro.

Guevara no era un suicida, pero era un dogmático y estaba convencido de que era posible hacer la revolución en los continentes pobres, con sus famosos «dos o tres Vietnam».

La experiencia no era su fuerte ni la tomaba en cuenta. Todos los intentos de hacer revoluciones y guerrillas en América Latina fracasaron ridículamente.

Si en la Unión Soviética y Europa del Este el socialismo había degenerado, según Guevara, se debía a errores de dirección y no a la naturaleza del sistema.

EL FRACASO

Para Guevara, sus creencias eran la realidad. Su falsa teoría de que la guerrilla, y no el Movimiento o el Partido, era «la madre de la lucha revolucionaria», lo llevó al fracaso y la muerte de todos los participantes y los intentos de aplicar esta estrategia en Guatemala y Argentina, y finalmente con su muerte en la campaña en Bolivia, tan mitificada mundialmente, a pesar de su breve duración, de su inexistencia combativa y de la falta del apoyo campesino y popular.

La última vez que recuerdo haber discutido el tema con Guevara fue la noche del 2 de enero de 1964, al comienzo de la recepción palaciega, cuando me preguntó qué me parecía su reciente artículo sobre el papel fundamental de la guerrilla en la insurrección cubana. Repliqué:

—Tú, Che, eres un raro marxista; para afirmar tu teoría, niegas los hechos y la realidad. No digo que la guerrilla no fuera la vanguardia, lo que afirmo es que una vanguardia aislada es derrotada y perece si no tiene detrás un verdadero ejército, en este caso la clandestinidad y el pueblo. Guevara me respondió:

—Un día la historia probará que los protagonistas de las revoluciones americanas son las guerrillas.

Guevara creó en Cuba los primeros campos de castigo para los revolucionarios que cometieran errores, equivocaciones o faltas, y los situó nada menos que en los pedregales de Guanahacabibes, el sitio más aislado de Pinar del Río. También creó el trabajo voluntario, siguiendo las prácticas soviéticas.

En 1965, a su llegada a Cuba, después de su discurso de Argel, en que acusó a la Unión Soviética de colonialismo en sus relaciones económicas con los países pobres, y provocó la ira soviética y de Fidel y Raúl Castro, éstos, junto al presidente Dorticós, al bajar del avión, en el aeropuerto de Rancho Boyeros, lo increparon por su indisciplina. Había hablado en Argelia como representante oficial de Cuba, sin serlo realmente. Guevara admitió su responsabilidad, se autocastigó y se fue a cortar caña, en un lugar aislado de la isla, según carta suya, o a reponerse al hospital de Topes de Collantes, según cuenta Benigno. Guevara no era tan ingenuo como para ignorar las consecuencias de sus actos. Ya no era ni el jefe de la industria ni el de la economía, y su papel futuro sería el de un burócrata obediente y menor, cosa para la que no estaba preparado. Por esa época él, tan fanáticamente pro soviético de 1960 a 1962, ya había descubierto la realidad del socialismo ruso, que no le gustaba, y pasando de un dogma a otro, se había vuelto pro chino.

P. K., p. 390

MI ÚLTIMA CONVERSACIÓN CON GUEVARA.
«CON FIDEL, NI MATRIMONIO NI DIVORCIO»

Estaba con mi familia en París, en 1965, ya sin responsabilidad alguna, con la incomprensión de los amigos progresistas por mi posición crítica, cuando recibí un mensaje de que Guevara iba a hablar en la Mutualité y que quería verme. La sala estaba repleta y me senté bien atrás en compañía de Ithiel León, subdirector de *Revolución*, que había logrado sacar de Cuba y que estaba colaborando en el formato de *Le Nouvel Observateur*, de Jean Daniel.

Guevara se me acercó y, con su clásica ironía argentina, me dijo:

—Acércate, que yo no como gente.

Le respondí:

—Como sabes, mis huesos y pellejos están tan curados y viejos, que ingerirlos indigesta.

Me echó el brazo por arriba, se alejó de los otros y de pronto me soltó al oído:

—Franqui, con Fidel ni matrimonio ni divorcio.

Quedé sorprendido y sin reacción por unos instantes, y en esos momentos los organizadores del acto se llevaron al Che. Me quedé pensando que era un absurdo, porque si él quería hacer la Revolución e irse de Cuba, estaba contra Fidel o con Fidel. Es una historia realmente trágica, que me ha impedido escribir un libro o una biografía sobre Guevara. Sabía por algunos amigos de confianza que trabajaban con el Che, entre ellos Heberto Padilla, que el argentino decía que, a pesar de la crisis de la Revolución cubana, no era posible el binomio Stalin-Trotski, o sea, Castro-Guevara. Guevara tuvo entonces posiciones trotskistas sobre los sindicatos, la economía, la imposibilidad de la revolución de un solo país, a pesar de su furibundo estalinismo. En el Ministerio trabajaban muchos trotskistas, y se carteaba con el secretario de la internacional trotskista Mandel, que lo apoyó en su polémica sobre los estímulos morales y materiales, la ley del valor y el mercado. Esos trabajadores hostigados a partir de que él salió en el 65 finalmente fueron echados del Ministerio.

Haydée Santamaría me había contado que le había referido al Che nuestras discusiones sobre la crisis de la Revolución cubana. El tema era qué hacer: suicidarse como los poetas rusos, intentar otras revoluciones, como Trotski, renunciar, ir a prisión, como Matos, u organizar una imposible oposición armada, como Ray o David Salvador, a su pesar intervenida y paralizada por la CIA, como lo demostraban playa Girón y las guerrillas del Escambray. A Haydée, consciente de la crisis, le era imposible romper el cordón umbilical con la Revolución, que para ella era Fidel, y había que hablarle con cierta ambigüedad.

La burocracia comunista sustituía al viejo rico, viviendo con sus privilegios y sin producir riquezas; el policía nuevo e implacable sustituía a la vieja guardia rural, la prisión, la tortura, el paredón; el papel del obrero, del pueblo, trabajar, servir y obedecer, sin derecho ni representación alguna; y para sustituir a Estados Unidos, la Unión Soviética, el nuevo amo.

Lo que entendí en París, de aquellas palabras del Che, era que él se iba a ir de Cuba para hacer la revolución en África y en América Latina.[7] Ambas, África y América Latina, serían su fracaso y su cruz. El Che se había sobrestimado, declarando la guerra a la Unión Soviética y desafiando a Fidel, el cual no iba a permitir que nadie le robara el protagonismo mundial, ni hiciera la revolución en esos continentes, ni aplicara sus teorías económicas de sustituir los estímulos materiales por estímulos morales, sin llevar cuenta y con una súper centralización, sin autonomía para ninguna empresa, cosa que aplicó en Cuba provocando grandes desastres, a partir de la salida del Che.

CASTRO Y GUEVARA

Las relaciones entre Castro y Guevara eran de mutua admiración. Guevara es el único personaje que Castro tomó en consideración por sus actos, ideas e iniciativas. La fascinación de Guevara por Castro era inmen-

---

7. Referencia que conté al escritor mexicano Jorge Castañeda y que él incluyó en su magnífica biografía de Guevara.

sa e indestructible, pese a sus conflictos, e incluso ante su derrota final y muerte en Bolivia, abandonado y solo, murió admirándolo.

GUEVARA SIEMPRE QUISO SER CASTRO, SIN NUNCA LOGRARLO

La estima de Castro por Guevara venía de que el argentino era el hombre de las grandes ideas y estrategias de las que él carecía.

Guevara precedía a Castro en casi todo y como todo lo hacía antes de tiempo, porque era un pésimo táctico, siempre fracasaba. Su problema era el dogmatismo fanático, para Guevara sus ideas eran más importantes que la vida. Castro es un maestro en el arte de la mentira, siempre miente y así gana y mantiene el poder. Para Guevara la realidad no existía, la realidad estaba en su cabeza.

INFLUENCIAS DE GUEVARA SOBRE CASTRO

Después del desastre de Alegría del Pío, en que Guevara fue salvado por el guajiro Crespo, mientras Fidel escapaba por los cañaverales en unión de Universo Sánchez y Faustino Pérez, y se salvó gracias a los campesinos de la célula serrana del 26 de Crescencio Pérez, que impidieron que cayeran en manos de los guardias. Guevara pasó un tiempo reponiéndose de sus heridas, en compañía de un pequeño grupo de expedicionarios, a los que se unirían más tarde los hombres y las armas enviadas por Frank País, como reconoce en su libro *Pasajes de la guerra revolucionaria*.

Con ellos, Guevara organizó la segunda guerrilla serrana. Guerrilla aventurera que se movía más y era capaz de bajar a las inmediaciones de la sierra Maestra, cosa a la que no se exponía Fidel.

Influido por la acción de Guevara, Fidel formaría otras guerrillas a las que llamaría «columnas», alternando la numeración para confundir al Ejército, para hacerle creer que eran más las que operaban.

A finales de 1957, Guevara crea el primer territorio libre en la zona de Hombrito. En el pequeño campamento había un horno de pan, un taller, una armería, una escuelita y un mimeógrafo que imprimió el primer ejemplar del periódico *El Cubano Libre*, y a la entrada, desafiante, una gran bandera con los colores rojo y negro del 26.

El territorio libre duró menos que un merengue ante las puertas de un colegio. La columna de Sánchez Mosquera arrasó fácilmente el territorio en una acción en que Guevara fue herido por segunda vez y estuvo a punto de caer prisionero.

Es increíble que Guevara pensara que con los escasos recursos de hombres y armas que tenía pudiera resistir al Ejército, en una zona poco protegida por el bosque y la montaña. Quizás estaba cansado del «pega y huye» ordenado por Fidel durante todo el 57; su error fue más táctico que estratégico. Hacer las cosas antes de tiempo era una de sus características, de anteponer sus ideas a la realidad. En 1958, cuando las condiciones lo permitieron, Fidel aplicó con éxito el fracasado experimento de Guevara, creando un extenso territorio libre que tenía como centro La Plata, sede de la Comandancia y de Radio Rebelde. Guevara era un marxista que negaba lo material, con una infinita confianza en sí mismo que lo llevaba a centralizar todo bajo su dirección.

Guevara confundía los momentos excepcionales con las realidades de cada día, sin comprender que la gente estaba dispuesta a inmolarse en un instante, como en la crisis del Caribe, cuando frente al peligro norteamericano, el pueblo se sintió abandonado por los soviéticos.

Sus palancas eran la centralización absoluta de la economía y la agricultura, un presupuesto que suprimió la autonomía y las cuentas, ganancias y pérdidas de las empresas estatales, que incluso intentaba suprimir el dinero, la creación del trabajo voluntario, aplicando la vieja consigna soviética, ya allí fracasada y sin uso, lo que causó que la gente de las ciudades destruyera gran parte de los cultivos. Promovía los estímulos morales en sustitución de los materiales. Enemigo de la pequeña empresa y de los trabajos individuales, al acabar con el remendón que arreglaba los zapatos de un pueblo, con el panadero que hacía el pan local, al obligar que lo pescado lejos de la capital viniera a ésta para regresar al interior después, careciendo de frigoríficos y de una red de distribución, con el mercado suprimido, el pescado se pudría, el pan no llegaba y el zapato enviado a los consolidados no regresaba nunca.

Aplicando esa idea, destruyó la economía cubana, después de afirmar falsamente que lo nuestro había sido una revolución campesina; más tarde afirmaría que había que destruir al campesinado porque era un agente del capitalismo.

Consecuencias: el desastre agrícola y económico y la siempre disminuida libreta de racionamiento.

ENTRE CASTRO Y GUEVARA: CONFLICTOS MAYORES Y MENORES

Castro—el que manda, el que otorga y el que concede—es a Guevara al que nombra primer comandante en 1957, cuando hacía la carta de pésame a Frank País por la muerte de su hermano Jossué. Es a Guevara a quien nombra jefe de la columna invasora, que debía intervenir y consolidar el Escambray y tomar militarmente la provincia de Las Villas, incluida Santa Clara. Es a Guevara al que entrega la economía en noviembre del 60, poniéndolo primero como presidente del Banco Nacional, después como ministro de la Industria en el 61, le concede absoluta independencia en su gestión, incluida la centralización del sistema presupuestario.

Pero además de flores, hay espinas en esta relación. Castro impide que asalte el banco de Sancti Spíritus en 1958, además de reprocharle su pacto con el Directorio, bestia negra de Fidel.

Y le prohíbe que la fuerza del Directorio, que había peleado junto a la suya en la campaña y en Santa Clara, lo acompañe en su marcha final hacia La Habana.

Guevara no entrará con Camilo en Ciudad Libertad; en vez de ir a Columbia va a La Cabaña, posición secundaria militar y políticamente. Por orden de Castro, que temía la imprudencia ideológica y política de Guevara y sabía que pese a su obediencia era una naturaleza independiente.

Hubo conflictos entre Guevara, Raúl y los comunistas, y Fidel Castro, al que reprochaban no hacer la Ley de reforma agraria, y fueron los que mandaron ocupar las tierras por la libre, cosa que públicamente Fidel criticó, mandó devolverlas y les hizo una advertencia clara. También por su viaje a Estados Unidos y por sus afirmaciones en Montevideo y en La Habana de una revolución humanista. Guevara reconocería más tarde que subestimó el pensamiento radical de Castro, al que calificó inicialmente de líder de la burguesía de izquierda.

Castro piensa que informar es compartir el poder y que hay que tener confianza ilimitada en sus actos y jefatura. Ni a él, ni a Raúl, ni a nadie informó de que su estrategia final sería primero derrotar a Batista y tomar el poder y luego ganar tiempo y no enfrentarse a Estados Unidos, cuando no podía ni mucho menos que aliarse con Rusia para declararse marxista leninista como lo hizo después de playa Girón.

En la Asamblea General del INRA de 1961, que la televisión transmitía, Guevara afirmó que había una crisis de producción, cosa que desmintieron Escalante y el propio Fidel. La crisis la había, y había sido provocada por los desastres agrícolas de la reforma agraria y por el fin de la reserva alimenticia y de otros recursos que tenía la isla, que en dos años un consumo exorbitante devoró.

Hay réplicas y críticas de Fidel Castro, unas directas y otras indirectas, a Guevara. El conflicto mayor fue entre el azúcar y la industrialización. Guevara era un partidario decidido de la industrialización de la isla, incluso de crear la industria pesada, y pensaba que con azúcar no podía haber socialismo. Guevara, inicialmente pro soviético fanático, fue responsable de las relaciones de la Unión Soviética y la Europa Central y del Este, y de toda la chatarra que le enviaron, como reconocería autocríticamente mucho más tarde. En 1964, cuando Castro decidió convertir a Cuba en la azucarera del mundo comunista, le dio un golpe mortal a Guevara. Le quitó la industria azucarera de su ministerio, la más importante. Había discrepancias sobre la Unión Soviética y la manera de construir el socialismo y el conflicto con China. Para Castro el apoyo soviético era fundamental, no lo iba a poner en peligro por cuestiones ideológicas. Castro siempre envidió a Mao, al que calificó de «viejo chocho» en su discurso de enero del 66.

A partir del 63 Guevara pasó de su inicial dogmatismo soviético a un nuevo dogmatismo chino.

Si se leen los discursos, discusiones y planteamientos de Guevara en los primeros meses del 64, se comprende que no tenía la más mínima intención de abandonar Cuba. Su aspiración suprema seguía siendo la industrialización e implantar sus planes económicos, después de todas las polémicas anteriores. Al quitar la industria azucarera, después del viaje y regreso de Fidel de la Unión Soviética, el destino de Guevara era convertirse en un burócrata de segunda, cosa que él no podía soportar y para la que no estaba preparado. Su política de crear el hombre nuevo y de evitar que Cuba tuviera que depender absolutamente de la Unión Soviética había fracasado y sólo le quedaba su idea de la revolución ininterrumpida en África y en América Latina.

Varios comandantes quedaron sorprendidos cuando el 2 de enero de 1964, en medio de una violenta discusión con Raúl Castro, el propio Guevara y el presidente Dorticós, Raúl gritó: «Franqui, tú y Guevara sois pro chinos», citando la revista *Revolución* que hacía el abogado Berges en París, en que aparecía un artículo de Guevara y una serie de fotos de la exposición de *Revolución*; la revista estaba patrocinada por los chinos, pero en realidad ambas cosas las había publicado sin pedir autorización. Guevara no se dio por aludido, mientras yo respondía: «Los chinos son estalinistas y ustedes saben que yo soy lo contrario, y cuando me llevaron a ver la momia de Stalin en la plaza Roja, en 1960, no me pude contener y grité: «Me cago en el coño de tu madre, hijo de puta».

Me sorprendió que Raúl, durante los primeros tiempos socio de Guevara, ahora lo estuviera atacando con furia. Raúl siempre tuvo un corazoncito soviético y de viejo comunista.

Después de su fracaso de África, el Che Guevara se refugió en Praga y se negó a regresar a La Habana. Quería desde allí ir hacia Suramérica, como lo confirma el propio Castro. Ramiro Valdés fue a buscarlo y consiguió traerlo a San Andrés de Caiguanabo, plan integral dirigido por Ismael Suárez Paz (Echemendía), núcleo utópico de un experimento comunista de Fidel Castro, que incluía escuelas, fábricas, café Caturra para el fallido cordón de La Habana, supresión del dinero y sitio de entrenamiento para Guevara y el grupo guerrillero que lo acompañaría a Bolivia. Después de su fracaso y muerte en Bolivia, por una de esas ironías castristas, los restos de Guevara fueron desenterrados allá y traídos a La Habana para servir de agente turístico revolucionario al apartheid del Comandante.

Primero recuperaron su mano, que por orden de la CIA le habían cortado, entregada por el ministro Arguedas a Tuttino, mensajero de Piñeiro. El ambiguo Arguedas, ministro de Barrientos, agente de la CIA y de Fidel Castro, fue quien indicó el territorio inicial donde operaría la guerrilla, el que proporcionó el diario del Che al Comandante, que no era un diario, sino las notas que durante toda su vida, día a día, anotaba Guevara, de las que hay en Cuba unas ocho valijas, de sus notas y actividades desde el 59 hasta su partida. En sus diarios, Guevara siempre cuenta descarnadamente lo que pasa, con espíritu crítico, aun si finalmente lo salva todo con viejos o nuevos dogmas marxistas o maoístas.

CASTRO, EL MITO DE LOS «DOCE» Y EL FRACASO
DE GUEVARA EN BOLIVIA

Fidel Castro, para quitarse responsabilidad en el desastre de Bolivia, insinuó que la derrota guevarista no se debió a errores estratégicos ni al abandono de su parte de la guerrilla, y cargó la culpa del fracaso a la impaciencia, mala salud y errores tácticos de Guevara.

Hubo en aquella aventura errores tácticos, casi todos producto de una estrategia que era una condena anunciada del fracaso y muerte de aquel pequeño grupo de hombres lanzados a una aventura sin salida.

En cualquier parte del mundo en que unos cuantos hombres invaden un país del que desconocen su geografía, su realidad, su manera de ser y su historia, su derrota es inevitable.

Castro, antes de atacar el Moncada, creó una organización de 1.200 jóvenes habaneros procedentes casi todos de la Ortodoxia, de los que salieron los asaltantes y un movimiento nacional el 26 de julio, que hizo la campaña de la amnistía, durante los 22 meses de prisión de él y sus compañeros, que a partir de 1955 envió hombres y recursos para la expedición del Granma, organización poderosa en la isla que salvó a Castro del desastre del desembarco y de la desbandada de Alegría del Pío; la toma de Santiago de Cuba y los sabotajes en todo el país paralizaron al Ejército, y la organización en la sierra de numerosos grupos de campesinos del 26, mandados por Crescencio Pérez, impidió que cayeran prisioneros de los guardias, y los condujeron a la sierra Maestra, en cuyo territorio vivían y al cual conocían como la palma de sus manos.

Durante el año 1957, los famosos «doce guerrilleros» recibieron cinco refuerzos de hombres, armas, dinero, medicinas, plantas de radio y periodistas famosos para que los entrevistaran. El Directorio Revolucionario atacó el Palacio Presidencial el 13 de marzo de 1957. Se organizaron conspiraciones con la Marina de Guerra; el 5 de septiembre, se tomó la ciudad de Cienfuegos, una de las mayores de Cuba; se hicieron miles de sabotajes; se ajustició al coronel Blanco Rico, Salas Cañizares y al coronel Cowley, estos dos últimos, grandes asesinos entre los jefes batistianos. Cuando la muerte por el asesinato de Frank País, el 30 de julio de 1957, se hizo una huelga, se creó una conciencia ciudadana en toda Cuba, mientras la guerrilla nómada de «pegar y huir» no pudo hacer más que tres o cuatro escaramuzas perdidas en las grandes, aisladas y extensas montañas de la sierra Maestra.

A principios de 1958, la clandestinidad ejecutó el espectacular secuestro del campeón mundial de automovilismo Manuel Fangio y organizó la Resistencia Cívica, los colegios profesionales y las instituciones que pidieron la renuncia de Batista. En abril de aquel año, el Departamento de Estado de Estados Unidos, ante la denuncia de los crímenes de Batista, realizada por el Movimiento con la colaboración de los principales periódicos de Estados Unidos, decretó el embargo de armas al Ejército, decisión que los privó de armas y recursos, y que repercutió profundamente en el ánimo de los militares que, abandonados por el Tío Sam, y con la creciente oposición del pueblo, incluida la abstención del ochenta por ciento de la población en las elecciones del 3 de noviembre de 1958, se pusieron a conspirar, se rindieron sin pelear el 1 de enero de 1959.

Como jefe de aquel movimiento que organizó toda aquella insurrección, incluido el Ejército Rebelde, podía pensar o creer que un espía brillante, Tamara Bunker, y una veintena de viejos y cansados guerrilleros extranjeros, sin un movimiento nacional, sin el apoyo de los comunistas bolivianos, con la oposición de los soviéticos, fueran capaces de repetir la victoria cubana.

¿Por qué no le envió refuerzos de hombres y armas? Tenía miles de latinoamericanos entrenados en la isla que hubieran podido abrir otro frente en Bolivia, incluso, ejecutar una operación de rescate.

Recuérdese cómo escaparon de Bolivia varios de los compañeros de Guevara, después del desastre de su derrota final en octubre.

Una vez liquidado Guevara, que pretendía dirigir la Revolución fuera de Cuba, con sus nada menos «dos o tres Vietnam», Castro preparó las condiciones para intentar convertirse en el jefe de la Revolución en el Tercer Mundo. En algunos casos, apoyando poderosas guerrillas, como en Nicaragua o El Salvador; en otras, enviando, según sus palabras publicadas por *Granma*, alrededor de medio millón de cubanos, entre militares y civiles, a combatir con armas soviéticas, en quince países de África y Oriente Medio.

Guevara, víctima de su dogmatismo fanático, del mito fidelista de los doce, de su tesis de guerrilla, no vanguardia, sino madre y creadora de la Revolución, incluso olvidándose de Lenin, que decía que «sin movimiento revolucionario no hay revolución», abandonado y solo, fracasa y perece en la más triste aventura jamás emprendida.

Después de enviar a la muerte y al fracaso más espantoso al pobre Patojo y al periodista Masetti, entre otros, se autoerige en el Fidel de África y los Andes, confundiendo primero la negritud y después el mundo indio y a Bolivia con Cuba. Escapa milagrosamente de África y fracasa y termina en la más desastrosa aventura guerrera emprendida en América Latina. Por esas paradojas de la historia, Guevara revive como el mito del fracaso de la Revolución.

En África y en Bolivia, el Che se quedó solo y abandonado. Primero fracasó y luego cayó finalmente.

GUEVARA Y OCHOA

El general Arnaldo Ochoa no bromea cuando afirma, ante Aleida, la hija del Che, que su padre fue un perdedor como cuentan Jean-François Fogel y Bertrand Rosenthal.

¡Qué ironía, Ochoa, el gran guerrero africano, el triunfador, el héroe de la Revolución, termina acusado falsamente de narcotraficante y fusilado! Ochoa, fusilado por la Revolución.

Guevara, abandonado, muere ante el enemigo.

Jean-François Fogel y Bertrand Rosenthal
20) P. K., p. 618

EN CUBA QUERÍAN DESHACERSE DE NOSOTROS

Recuerdo que un día, discutiendo con Antonio, Pacho, Marcos y Urbano, Antonio [el capitán Orlando Pantoja, del Ministerio del Interior] le dijo a Marcos: «Olvídalo, todo lo que querían en Cuba era librarse de nosotros». Y aquel muchacho tenía una gran experiencia en esa clase de cosas pues había sido formado en misiones de seguridad. Nos preguntó: «¿A ustedes qué les parece?». Alguno le respondió: «Creo que es eso, chico. Yo también veo así las cosas». El Che, que nos escuchaba, nos miró y dijo: «¿No creen que están removiendo demasiada mierda?».

Dariel Alarcón Ramírez «Benigno»,
Vida y muerte de la Revolución cubana, p. 569,
19) P. K., p. 569

LOS VEINTE YOGURES DE FIDEL

Una mañana caminaba por la Quinta Avenida, una de las más bellas de La Habana, cuando cruzó la caravana de Fidel. Éste se detuvo, me saludó, me preguntó que cómo me sentía y me dijo que había sido informado de mi enfermedad, que Norka le había dicho que mis hijos andaban en París con los zapatos rotos y que yo, con el orgullo de siempre, no pedía nada. Era una frase que Fidel Castro me repetiría durante muchos años y a la que siempre respondería con el silencio. Faustino Pérez, entonces ministro, me mandaba un litro de leche, y Fidel me lo reprochó, diciéndome:

—Podías habérmelo pedido.

—No he visto a Faustino—contesté—, ni sé quién le habló de mi enfermedad, pero es verdad que todos los días llega un litro de leche a mi casa.

—Desde mañana recibirás veinte yogures, que te enviaremos de una fábrica que tenemos cerca de La Habana, hablaré con Celia para que te mande a una casa donde haya de todo para tu alimentación.

E hizo seña al chofer de que arrancara. Le di las gracias y le dije:

—Con cinco yogures me basta, Fidel.

—Tú no cambias, Franqui—contestó, y partió a toda velocidad.

Los veinte yogures estuvieron llegando a mi casa hasta varios años después de mi partida de Cuba—y de mi ruptura definitiva—porque nadie podía cambiar una orden de Fidel.

Y me mandaron para una de las tantas fincas y casas que estaban a la disposición de Fidel en toda la isla. Se llamaba La Nina. Y era una antigua propiedad del dueño de las Cafeteras Nacionales, una cadena de puestos de café que funcionaban en toda la isla, con cafeteras de tipo italiano, pero que de cada colada producían veinte tazas de sabroso café, el famoso café de tres kilos. Era una de las tantas decenas de casas fidelizadas, donde había guarnición permanente, un cocinero y otro personal. En La Nina, por suerte no había nadie, porque ya había sido abandonada por el comandante. Fidel lo mismo se ponía bravo con una persona que con un lugar, o casi siempre con ambos. Si eso sucedía, y ocurría con frecuencia, el lugar quedaba abandonado a su suerte, sin que la importancia se tuviera en cuenta, y lo mismo ocurría con un ministro o un responsable, el cual quedaba congelado, sin tomar decisiones, con su departamento, su trabajo, no importa cuán grande fuera, paralizado. La zona donde estaba enclavada esta finca y su gran residencia era muy cercana a la capital, producía los mejores y más grandes pimientos morrones de Cuba. Fidel, que pensaba que todo lo de antes de él no servía, dedicó todas aquellas tierras a ganado, sembró pangola, sin esperar a que se pudriera la mala yerba, y todo fue un gran fracaso. Suponía que ésta era la causa de la pelea de Fidel con la finca, también que allí intentó un experimento para fabricar vinagre, que salió tan ácido y fermentado, que hubo que tirarlo; todavía estaban ahí los grandes tanques oxidados. Pero algunos lo atribuían a una máquina de lanzar béisbol, de gran velocidad, importada directamente de Estados Unidos, igual a las usadas en las ligas mayores, y que tenía Fidel como entretenimiento; sólo que su aterradora velocidad lo asustaba y dejó de usarla, sin admitir la causa. Otro dime y direte del por qué del abandono eran unos campesinos serranos; Nené y la China, que tenía allí de administradores; uno, la tierra, y la otra, las casas, las grandes residencias vacías, muy codiciadas por comandantes y dirigentes, graciosamente regaladas por Fidel, al igual que las fincas, los automóviles, los grados o cualquier bien material o cargo, y naturalmente las desgracias, sustituciones, castigos, misiones o fusilamientos. Estos personajes imitaban al Comandante y caían en desgracia. Nené tenía que sembrar maíz, que cortaba tierno para los tayuyos y tamales que gustaban tanto a Fidel. Este hombre que amaba los guisos de maíz, odiaba su cultivo y le declaró la guerra. No hacía mucho tiempo que había enviado al médico Kourí, a contratar por el mundo especialistas en la alimentación de ganado, sí, premios Nobel mejor. Dos especialistas ingleses, Willy y Preston, fueron contratados, y Fidel les entregó el feraz valle de Güines, que tenía las mejores tierras de cultivo de Cuba, famoso desde la colonia por su feracidad, para que tuvieran allí un instituto de experimentación de ganadería y otras ciencias. Los muchos conflictos de estos científicos con Castro se hicieron públicos en un congreso de ciencia presidido por Núñez Jiménez. En Europa, desde su importación, después del descubrimiento de América, el maíz había sido un gran alimento, e incluso en una ocasión había salvado a Venecia de una hambruna; además se usaba como magnífico alimento para el ganado. Los ingleses lucharon por implantar el sistema en Cuba, pero en el choque con Fidel quedaron *out*. Nené creyó que podía hacer lo mismo que el Comandante y cultivó el maíz para otros que conocía desde la sierra, y cuando Fidel descubrió su indisciplina, lo mandó castigado para Isla de Pinos.

Celia mandó para La Nina una cocinera negra, de origen haitiano, y Velaz, el viejo comunista gastronómico, ahora mayordomo del Palacio, enviaba camiones de alimentos, frutas, vinos y toda clase de exquisiteces. En desgracia, sin trabajo ni salario, me cebaban como a un cochino y de poco servía la vergüenza que me daba el que allí se botaran tantas cosas de la que carecía el pueblo, y no podía pasar de hacer algunas ayudas a la «compañera doméstica», como llamaba con su cinismo Carlos Rafael Rodríguez a las criadas, para que se llevara a su casa algo de lo que allí se botaba.

Por suerte tuvimos poco tiempo en La Nina. Un día fuimos enviados a la Isla de Pinos, no como presos, ni castigados, sino para que me repusiera de la enfermedad. Celia me dijo que allí estaba el comandante Pinares, célebre guerrillero, que conocía de la sierra, el cual nos invitaría y cuidaría. Nunca me gustó Isla de Pinos, ni su naturaleza, a pesar de sus magníficas toronjas, no me parecía Cuba, pero no estaba en condiciones de decidir nada y para allí fuimos. Pinares me instaló en una pequeña casa, ocupada antes por Enrique Oltuski, castigado por dos años allí. Pinares estaba viviendo sus últimos tiempos en Cuba. Como militar había recibido el «honor» de acompañar a Guevara en su aventura boliviana. Hombre de gran valor, astuto guerrillero, Pinares era todo lo contrario de Guevara y tenía plena conciencia de las dificultades que iba a tener con el argentino, como del seguro fracaso, de aquel intento enloquecido. Con su típico humor negro, nos hacía reír, diciendo a su atribulada mujer: «Ve buscándote otro marido, porque esta vez quedarás viuda muy pronto». Y así fue.

Mi estancia en La Nina, como en Isla de Pinos, por lo que comprendí después, eran intentos de Celia de hacer que ocasionalmente pudiera encontrarme con Fidel, y éste le aceptara que trabajara con ella en la recopilación de documentos de la historia de la Revolución, algo que sentía como suyo, desde la sierra Maestra y que compartía conmigo, aun si por razones diferentes.

Un día que Fidel andaba por la isla, me invitó a visitarlo. Estaban en la finca y hermosa casa de Cajigas, una de las más bellas residencias del interior de Cuba, que ahora formaba parte de la colección de Fidel.

La visita para mí fue un galletazo sin manos. Allí grababa horas y horas Fidel Castro (con él, un periodista norteamericano, Lee Lockwood). Lo que no había conseguido con mi historia y mi trabajo, ahora Fidel Castro se lo regalaba a aquel reportero norteamericano. Como la entrevista se prolongaba, dije a Celia que no me sentía bien y desde lejos moví la mano y dije adiós a Fidel. Celia había hecho un aparte y comentaba con Margot mi mal estado físico, y Margot con franqueza le contestó: «Carlos no tiene trabajo, no tiene dinero, nadie le llama ni lo visita, es un apestado, un cadáver viviente, ¿cómo crees que tiene que sentirse un hombre de su energía en esas condiciones?». Celia movió la cabeza, no dijo nada, pero no se olvidó de lo que había oído.

LEJOS DE VIETNAM, PERO MÁS LEJOS DE LOS CRÉDITOS

A finales de 1967, Castro me pidió que fuera a Europa para convencer a mis amigos y conocidos del continente de que asistieran al Congreso Cultural de enero del 68. Se negaban a venir porque José Llanuza, ministro de Educación, los había invitado anunciándoles que tendrían sólo derecho a la palabra, no al voto, que se reservaría a los escritores y artistas revolucionarios del llamado Tercer Mundo, según el ministro, no contaminados por el capitalismo como ellos.

—Fidel—respondí—, sólo un analfabeto como Llanuza puede ignorar que los escritores y artistas del mundo occidental son mucho más libres, iluminados y críticos que los de los países pobres, por razones obvias. Fidel—pregunté—, ¿crees que Jean-Paul Sartre y los otros aceptarían semejante humillación?

—Sí, sí, Franqui, ésa fue una estupidez de Llanuza, no consultada conmigo, que no comparto. Diles que pienso que son ellos, y no los viejos comunistas, la vanguardia de la cultura y de la revolución mundial —concepto que repetiría en su presencia en el discurso ante el Congreso—. Tienes absoluta libertad para invitar a todos aquellos que creas que deban venir, el Ministerio de Relaciones Exteriores comunicará a las embajadas cubanas en Europa de esta decisión mía.

Era el momento de mayor conflicto entre Fidel Castro y los soviéticos, los viejos comunistas de Europa y de América, y aun si no me hacía ilusiones, me pareció que importantes escritores, artistas y periodistas del viejo continente podían acentuar el conflicto con su presencia crítica.

Al llegar a París, me reuní con varios grupos y con algunos representantes de los directores de cine que conocía: Alain Resnais, Agnes Varda, Joris Ivens, Chris Marquet, Robert Klein y Armand Gatti, entre otros.

Me dijeron que estaban filmando una película, cuyo título era *Lejos de Vietnam*, que las escenas seguirían el orden del abecedario y que habían reservado para Cuba la «g» de guerrilla. Conocedores de mis libros y experiencias, me preguntaron qué sugería:

—A mi parecer—respondí—, lo mejor sería hacerle una entrevista sobre el tema a Fidel Castro, filmada en las montañas, con un simulacro de acciones guerrilleras, un proyecto que tenía desde la sierra Maestra y en el que Fidel Castro se había comprometido a participar.

Les encantó la idea y me dijeron que a mi llegada a Cuba, cuando tuviese el asentimiento del Comandante, les avisara para mandarme el equipo de filmación.

Regresé después de invitar a centenares de escritores y artistas ingleses, franceses, italianos, alemanes y de otros países europeos, incluidos profesores, filósofos y periodistas.

Hablé con Fidel, que se encantó, y quedamos en filmar la entrevista en las montañas del Escambray con su escolta representando al ejército enemigo.

Avisé a los franceses y poco tiempo después llegó Robert Pi, fotógrafo del Partido Comunista Francés, con el prestigioso fotógrafo de cine Willy Kurant.

Pi vino acompañado de una bella joven vietnamita, que provocó el ataque amoroso de numerosos comandantes. Preocupado y celoso, no la dejaba ni un instante sola. Abandonó la filmación y mandó a Willy Kurant conmigo para hacer la entrevista guerrillera con Fidel Castro. En la cima de las montañas del Escambray, Fidel, con un rifle fal de balas lumínicas, respondía a mis preguntas disparando a su escolta, el supuesto enemigo que trataba de avanzar hacia el territorio guerrillero.

Las balas lumínicas estallaban cerca de los «invasores» que intentaban avanzar desde centenares de metros, en los bajos de la montaña. Castro, que es un buen tirador, hacía blancos allá abajo, que Kurant filmaba desde distintos ángulos, repitiendo las escenas con el asentimiento del Comandante, mientras éste contestaba a mis preguntas. La filmación terminó, y los franceses, después de ver que el color, la luz y las escenas filmadas eran de calidad, se fueron y las incorporaron entre los mejores momentos de la película que ya estaban editando.

Finalmente la película se estrenó en París, donde la vi más tarde. Para mi sorpresa, a pesar de los más de trescientos créditos que tenía, mi nombre y mi persona habían desaparecido en una hábil edición.

Cuando protesté, me dijeron que el motivo había sido no molestar a Alfredo Guevara, director del Instituto de Cine, que había protestado furioso porque la entrevista la había hecho yo y no el ICAIC.

No era la primera vez que desaparecía de una escena, ni sería la última.

Algunas desapariciones fueron tan ridículas que hacen reír. En 1965, durante una sesión de trabajo del libro que Feltrinelli, Riva y yo hacíamos con Fidel Castro, éste, con su fijación con los espaguetis desde la época de la prisión, desafió a los italianos (Feltrinelli y Rivas) a una espaguetada en la calle Once, clamando que la suya sería la mejor. Feltrinelli llevó varios paquetes y comenzó la apuesta. Naturalmente, como siempre, Castro afirmó que los mejores eran los suyos y los italianos, por cortesía con el Comandante y autor, asintieron. Ante mi silencio, Castro demandó mi opinión y, riéndome, contesté:

—A mí me gustaron más los de Valerio Riva.

Fidel Castro replicó entre broma y serio:

—Ya te figuras que, porque estuviste viviendo en Italia, sabes más de espaguetis que todos.

Riéndome, contesté:

—Para mí, nadie le gana a los italianos haciendo espaguetis.

Años después vi en la televisión italiana el filmado, y otra vez me habían desaparecido de la espaguetada.

1967-1968: EL SALÓN DE MAYO Y EL CONGRESO CULTURAL

¿Por qué, entonces, en 1967 y 1968 intenté de nuevo con el Salón de Mayo y el Congreso Cultural dar otra batalla, traer a grandes escritores y artistas europeos y de todo el mundo a Cuba? Conté del 61, cuando salí de Cuba, regresé en diciembre y me fui en enero del 62, aceptando una invitación egipcia para entrevistar a Nasser. De ahí pasé a la India, donde entrevisté a Nehru. Regresé a Florencia, donde encontré muchos escritores y artistas, en la reunión de la Comunidad de Escritores Europeos, que presidía Jean-Paul Sartre. Allí hablé largamente con el poeta turco Nazim Hikmet, que conocía desde el 60, el famoso comunista turco, que vivía en Moscú, que se horrorizaba de lo que ocurría en Cuba. Nazim para salvarme, quería que yo fuese a estudiar marxismo al instituto de Moscú. «¡Qué horror!—le dije—. Prefiero la prisión antes que irme a estudiar en lo que no creo».

El periodista italiano Valerio Riva, entonces director de la editorial Feltrinelli, una de las grandes casas editoriales de Italia, la casa preferida de la izquierda, se interesó por mi libro de *Los Doce*, que después publicaría. Le propuse publicar a escritores cubanos y le hablé de la posibilidad de hacer una historia de la revolución, solicitando la colaboración de Fidel Castro.

En 1966, ocurrió un nuevo conflicto entre los rusos y Fidel Castro, tenía que ver con las guerrillas de América Latina, que no eran dirigidas por los partidos comunistas de esos países, que se le oponían. Con la política castrista en África de apoyar guerrillas, los estímulos morales, el conflicto ruso-chino, Castro que no se definía; Guevara que abandonaba la difícil África y comenzaba su aventura boliviana, las relaciones ya para el 67 eran tan tensas que Fidel Castro mandó retirar los pocos millones de dólares que tenía en los bancos de Moscú, y en sus sucursales europeas, causando sorpresa e indignación a los gobernantes soviéticos, que enviaron a La Habana al premier Kosiguin para arreglar la polémica, cosa no conseguida entonces. Después le aplicarían la reducción del petróleo y el comandante se acomodaría. Una contradicción que vivíamos con intensidad, aun si no me hacía ilusiones, sabía que Castro no rompería nunca su alianza estratégica con la Unión Soviética, que era la base de su poder, quería tener una fuerza mayor, usaba de su astucia y de su simpatía. No es muy conocido que Fidel Castro, al llegar a Moscú, en 1963, y al prepararle Nikita un recibimiento multitudinario—conocía su vanidad—para calmarlo de las iras de la pasada crisis del Caribe, consiguió, quizás sin proponérselo, darle una especie de aire nuevo a la cansada revolución rusa. Cuentan muchos escritores rusos, hoy disidentes, entonces comunistas, que la presencia de aquel joven barbudo, con tipo de héroe griego, que venía de un sitio tan lejano del mundo, tan próximo a Estados Unidos, aparentemente con nuevas ideas, les dio la impresión de un renacimiento del socialismo y tranquilamente compraron ellos también, viejos y experimentados, la ilusión que vendía el comandante.

La historia siempre tiende a ser contada por los héroes y el poder de los grandes países. Es muy difícil que alguien entienda que un pequeño país pueda jugar un gran papel en la historia, aunque este papel haya sido negativo. Realmente Fidel Castro convirtió a Cuba en una protagonista mundial, consiguió manejar a su manera a las dos grandes potencias, acabó con los poderosos y equilibrados «no alineados» de Nehru, Nasser y Tito, entre otros, y estuvo a punto de conseguir que estallase un conflicto atómico cuando la crisis del Caribe.

Viví esos acontecimientos, mirando las cosas mientras pasaban, estudiando después los documentos y los hechos, comprendí como en realidad Fidel Castro convirtió el conflicto con Estados Unidos en lo que realmente no era, usando como fondo todas las historias pasadas, en que aquella gran potencia había tratado a Cuba como una colonia, ignorando su lucha por la independencia, oponiéndose a ella, interviniendo después o manejando hasta 1934, a través de la enmienda Platt y sus embajadores, la política cubana. También era cierto que a partir de esa época, y a consecuencia de fenómenos internos como la Revolución del Treinta, que derogó la enmienda Platt, y de cambios en Estados Unidos, esa política fue superada, y he contado otras veces cómo en la lucha contra Batista fue importantísimo el embargo de Estados Unidos a la venta de armas al Ejército del dictador, que lo privó del abastecimiento militar necesario, teniendo que recurrir a las viejas carabinas de Trujillo o tratar de comprar aviones a los ingleses, que llegaran tardíamente, y que ese embargo, decretado en marzo del 58, fue decisivo, por la influencia que dentro de Cuba tenía cualquier acción de Estados Unidos, y en este caso particularmente dentro del Ejército, en la clase media y en toda Cuba, y ciertamente en 1959 hubiera sido posible conseguir reformas y amistad, no digo que sin dificultad, pero ciertamente.

Castro jugó con unos y con otros, jugó con la historia del petróleo, que desencadenó el conflicto, diciendo que era petróleo venezolano—era petróleo ruso—. Castro creó un clima de tremendos conflictos verbales, amenazas que todavía no eran en realidad. Castro amenazaba, Estados Unidos contestaba con una amenaza mayor, Castro con otra, y esa guerra de palabras se convertiría después en guerra económica, en nacionalizaciones. La Unión Soviética veía esta revolución lejana con mucha simpatía, pero desconfiaba de una revolución no hecha por comunistas. Su política de entonces no buscaba un conflicto con Estados Unidos, precisamente con la estrategia de la coexistencia pacífica, la única que permitiría, según Jruschov, el desarrollo del socialismo, que ya tenía una gran crisis interna con diferencias entre los servicios secretos, los militares, el gobierno y el Partido, y Jruschov, que temía la competencia de la poderosa industria militar norteamericana y que entonces no quería jugar la carta del desafío a Estados Unidos, y sí como en el caso de Egipto, usar a la isla heroica, a la isla de la libertad, como una aliada, pero sin compromisos.

Fidel Castro se las ingenió para inmiscuir a los rusos en su aventura, y cuando éstos vinieron a darse cuenta, ya la isla se había convertido en socialista, pese a su oposición de 1960 y principios de 1961, a las medidas radicales, a los conflictos con Estados Unidos y a la nacionalización, y en realidad aquella decisión le sería fatal, porque no se ha estudiado con profundidad lo caro que ha sido al mundo comunista Fidel Castro, lo caro que le fue a la Unión Soviética, primero, su aventura cubana, después, el desencadenante conflicto con Estados Unidos, y por último, sus aventuras africanas, y el expandirse, sobre todo en la época de Breznev del imperio soviético sobre el mundo, con un avance, una fuga hacia adelante, sin resolver los problemas internos, que sería una de las causas primeras del conflicto y finalmente de la muerte natural de la sociedad comunista rusa.

Celia Sánchez, enemiga de siempre de los viejos comunistas y de los rusos, aprovechó el conflicto para recuperar los manuscritos de la guerra que le habían quitado en el 61, cuando por decreto habían pasado estos preciosos documentos a un recién creado Museo de la Historia, dirigido por la dirigente comunista Geisha Borroto, por orden de Raúl Castro, con la complicidad de Fidel Castro. Yo tenía los más importantes documentos de la lucha revolucionaria, pero los había escondido y había desobedecido la demanda oficial de que los entregara. No es que los considerara de mi propiedad personal, pero formaban parte de una vida común de tantos compañeros, y además yo los había ido recogiendo, pensando en historias futuras y en sus peligros y olvidos. Mientras estaba en la lucha clandestina era responsable de propaganda del Movimiento 26 de Julio; director clandestino de *Revolución*, cuando estaba en la prisión; en el exilio o después en la sierra Maestra, dirigiendo Radio Rebelde, aquella mi vocación periodística e histórica hizo que muchos compañeros me vieran como la persona ideal para un día ser el cronista de aquellos acontecimientos, entre ellos Camilo Cienfuegos, el cual, con una nota de puño y letra, me haría responsable al irse de la sierra, al final del 58, cuando la invasión, al entregarme el archivo donde se conservaban las partes militares y notas de la guerra que él tenía. Me los entregó con la condición de que algún día debía de publicarlos, cosa que comencé a hacer desde los primeros días del triunfo, con grandes dificultades, polémicas y conflictos. Después cambió la situación, quisieron que los entregara, me negué rotundamente.

Por esos días de 1966, Celia Sánchez hacía una visita a la Isla de Pinos. Se encontró con Margot y le preguntó qué me pasaba, y Margot le contestó: «Pero Celia, tú no sabes cuánto tiempo lleva Carlos sin trabajo, sin recursos, pidiendo prestado para nuestras necesidades, marginados, apestados, nadie nos visita, nos llama por teléfono, ni habla con nosotros, excepto tú, algunas veces Haydée y uno que otro antiguo compañero». Entonces ella me llamó y me dijo que si quería dirigir la Oficina de Asuntos Históricos, en la calle 11 y 12, para recopilar los originales, documentos y todo lo que se refería a la guerra y a la clandestinidad. «Tú siempre te preocupaste por la historia, tú eres la persona indicada». Esa historia había sido uno de mis caballos de batalla, sabía que Fidel desde el poder empezaba a mitificarla, ignorarla y cambiarla, a convertir a los comandantes en héroes, y a «desaparecer» los revolucionarios de la clandestinidad.

Acepté, y no me arrepiento, dado que recogí con la colaboración de un grupo de personas miles de documentos. Los clasificamos, mecanografiamos, microfilmamos, mandamos algunas personas a Europa a estudiar técnicas de conservación e hicimos más de doscientos libros, en los que toda la historia está recogida, tanto en términos generales como en lo particular, sin la exclusión ni la cancelación de muchos que como Huber Matos, Ray, Cubelas, Sorí Marín, Díaz Lanz, David Salvador, por mencionar sólo algunos, ya habían sido cancelados de la historia.

Alguna vez, camino a la oficina o cuando Celia me llamaba, me encontraba con Fidel Castro bajando, frío, por las escaleras de la calle 11. Seriamente, sin detenerse, decía: «Hola. Respondía con la misma moneda. Pero pronto el trabajo de recopilación histórica, los tomos pasaban de centenares, Celia enamorada de aquellas cosas, que tanto amaba, las enseñaba constantemente a Fidel Castro, no menos impresionado que ella, por aquellos papeles que él consideraba suyos. Era típico de Fidel Castro actuar así. Lo encontrabas, no te daba la mano, casi no te miraba, era una manera de mantenerte a distancia. Conocía los peligros de la situación, hacía mucho tiempo que había abandonado mis ilusiones sobre aquel hombre, sabía que no podía cambiar. Por dignidad, respondía con la misma moneda, cosa que no era común y que le sorprendía. En aquella casa de la calle 11, no eran muchos lo que entraban, aun si la casa de Celia estaba en el primer piso y la casa de Fidel en el piso de arriba y en la azotea. Era uno de los que entraba hasta el primer piso, pero sin merecer «la preciosa mano del comandante».

FIDEL, IMPRESIONADO

Celia me dijo que Fidel estaba muy impresionado con el trabajo y que tenía ganas de conversar conmigo. Le dije que por qué no lo traía por la oficina, a 50 metros de su casa, por cuyas calles pasaba todos los días y que nunca había visitado. Celia me dijo que me avisaría. Y un día fui invitado, no a calle 11, abajo, a calle 11, arriba.

El Comandante, contento, bebía un buen vino francés y comía sus mejores quesos. Me ofreció, fueron sus palabras, «exquisitos bombones». Le contesté que prefería un vaso de vino, acompañado de roquefort. Se rió, me lo ofreció, y me dijo:

—Tú no cambias.

—¿Por qué?—pregunté.

—No aceptas lo que te ofrecen, quieres lo que te gusta.

—Honor del paladar: nacionalizarte una buena copa de vino y de queso—agregué.

—Ahora recuerdo—dijo Fidel, memoria de computadora la suya—aquellas botellas que me bebieron en septiembre del 58, cuando la partida de Camilo, en la sierra, y el papelito de Camilo, que me recuerda tus palabras, seguro que tú participaste también.

Respondí con el silencio. Y pasamos a mirar los manuscritos, los microfilmes y a revivir los viejos y nostálgicos tiempos guerrilleros, que siempre volvían feliz al Comandante. De pronto Fidel me dijo:

—Tú conoces bien Francia, ¿qué pudiéramos hacer allí para ganar simpatía? Tengo necesidad de que me vendan muchas cosas, de que den créditos para comprar camiones Berlitz y maquinarias para la industria azucarera. ¿Se te ocurre algo Franqui?

Fidel—respondí—, hay una exposición francesa que es una maravilla, la vi en el enorme parque de exposiciones de Moscú: toda la tecnología, la industria, la ciencia, la agricultura, los productos franceses, centenares de los quesos que te gustan, los vinos, el coñac, el *champagne* y cuanta maravilla produjo aquel país; también su cultura, costumbres, libros, cuadros, voces de sus poetas y artistas que pienso verías cuando tus viajes a Moscú.

Fidel me interrumpió:

—Te dije que no cambiabas, Franqui, y es verdad.

Respondí:

—Tú me preguntaste, y yo te contesté.

—Sí, si traigo esa exposición que vi en uno de mis viajes a Moscú, con la escasez, el racionamiento, falta de cosas que tenemos, con toda esa mierda de los países socialistas, aquí arde Troya.

—Pensaba que podía ser un estímulo.

—No, no, Franqui, no me tomes el pelo.

—Los franceses, Fidel, aman mucho su cultura, la Escuela de París, donde nació toda la gran pintura de este siglo. Hay en París una exposición anual, llamada Salón de Mayo, que nació como la primera exposición de la libertad, al terminar la guerra. Ha visitado ya dos o tres países del mundo. Podríamos traerla e invitar a pintores, poetas, escritores, novelistas y periodistas.

—Me interesa, me interesa—dijo Fidel.

—Podríamos instalarla en el pabellón Cuba en La Rampa.

—Sí. ¿Costaría mucho?

—Unos cuantos cientos de miles de dólares, Fidel, pero me comprometo a financiarla con una emisión de sellos que pediríamos a los pintores y que el mercado filatélico compraría inmediatamente.

—Pues vete para París y métele mano, Franqui.

—Una condición, Fidel...

—¿Cuál?

—Yo me encargo de eso fuera de toda burocracia, tú me garantizas que aquí nadie se va a meter con esos artistas, con sus bellas mujeres, sus minifaldas, son barbudos, hippies, bohemios, anárquicos, van a volver loco aquí a mucha gente y no soportarán que los vigilen o que se metan con ellos.

—Hablaré con Ramiro, tienes mi palabra, Franqui, pero me gustaría que en los jardines del pabellón estuvieran mis vacas—agregó Fidel.

—De acuerdo, Fidel, las pondré como arte pop.

—Franqui, ¿no se podrían poner armas y otras cosas?

—Fidel, si ésta es una exposición de propaganda, de armamentos, no funcionará, hay que rodearla de un aire de fiesta, de música. Puedes poner si quieres radares, que parecen esculturas. Yo traeré flores y plantas tropicales, que representan la naturaleza cubana.

—¿Pangola también?

—Sí, sí, pangola también, Fidel.

—En eso quedamos Franqui.

Fidel cumplió su palabra y yo la mía.

¿Por qué lo hice? Pensaba (pienso) que todo lo que tuviera que ver con la libertad era necesario en el largo y difícil camino de sobrevivir a un régimen como aquél: el contacto vivo con la revolución artística del siglo, la presencia de sus poetas, pintores, escritores, pensadores y periodistas, tocaría las nuevas generaciones, el respiro de libertad, de la poesía, del arte es un aliento poderoso en épocas difíciles. La cultura cubana vivía tiempos difíciles, se fortalecería, agudizaría el conflicto con los poderosos sectarios del poder encabezados por Raúl Castro, Ramiro Valdés y otros, sería un golpe al mundo soviético, horrorizado de estas actitudes, y en un momento de conflicto, tenían horror de todo lo que fuera moderno y libre. Pensaba también que esa contradicción transitoria, pero importante, del máximo líder con Moscú permitiría ciertas resquebrajaduras y la posibilidad de luchar contra él.

Estas cosas darían un aire europeo de apertura al mundo comunista cubano, no lo ignoraba, pensaba (pienso) que primero que la imagen externa, estaba la situación en el interior de la isla. De la experiencia vivida, intuía que aquella política conflictiva con los soviéticos, de parte de Fidel Castro, era más aparente que real. A Fidel le gustaba creerse que era independiente y que podía discrepar, pero estaba seguro de que cuando lo apretaran, volvería al carril, no rompería su pacto con el diablo, no iba a poner en peligro su poder, su estrategia de largo alcance y su alianza con la Unión Soviética y el mundo comunista. Los soviéticos nunca mandaron directamente en Cuba, pero Cuba era una copia trasplante del sistema comunista ruso, la punta de lanza del pacto de Varsovia, el elemento de penetración en América Latina, en África y en otras partes del mundo, la base de espionaje y en algunos casos de respuesta militar soviética, cierto, pero todo eso no venía manejado, como en otros países, a través de un partido comunista, débil o satélite, sino a través de un caudillo, con un ejército y una policía que le respondía y que eran suyos, y los viejos comunistas pro soviéticos habían sido unos tras otros eliminados, y aquellos que, como Carlos Rafael Rodríguez, sobrevivían, eran absolutamente fieles a las tesis fidelistas.

Pensaba que debía hacer esto sin hacerme ilusiones, intuía que la libertad de hacer cosas por la libre, de transmitir en directo por televisión, de dar aquel aire de fiesta y de alegría, típicos de Cuba, no iba a durar mucho, e imaginaba que el riesgo primero, de la buena imagen, que esta política tendría en Europa y en el mundo sería anulado si como pensaba ocurría, aun si deseaba equivocarme, cuando la política oficial volviera al sectarismo y anulara lo que entonces se hacía.

Algunos europeos me reprocharían después del 68 el que los embarcase en aquella aventura, que duraría un tiempo tan breve. A los que conocía bien, los advertí antes de invitarlos. Mientras estaban en Cuba, muchos, como Pierre Golendorf, son testigos de mis advertencias, de que no confundieran aquella breve feliz aventura con la realidad. Una serie de coincidencias contribuyeron a que la mayoría de aquellos artistas se entusiasmaran y quisieran redescubrir la «revolución del arte y la libertad».

Desembarcaron en el aeropuerto de La Habana, en el mismo instante en que de otro avión descendía el primer ministro de la Unión Soviética, Kosiguin. Vieron con sus ojos la mala cara que Fidel Castro le puso, cómo la televisión oficial no dio más de tres minutos al encuentro y cerca de una hora a la visita de ellos.

El trópico, como siempre, produjo la clásica euforia, conocida desde los tiempos de Colón, la luz, el color, la forma de moverse y hablar de los cubanos, los encantos secretos o públicos de la todavía no deteriorada gran ciudad de La Habana, el clima de «libertad» que no habían encontrado en otros países comunistas, la maravillosa fiesta alrededor de la exposición, la belleza arquitectónica del pabellón Cuba del arquitecto Fuentes, los jardines que allí hicimos nacer, las grandes vacas fidelistas, metidas en sus vitrinas, los radares, el baile popular y toda aquella fiesta de la calle 23, hacia el Malecón, que la televisión transmitía en directo, mientras se pintaba el mural colectivo.

También el ron, la fiesta, los daiquiris, la rumba, la conga y las mulatas. Era una experiencia desconocida, desbordante. Juan Goytisolo, buen amigo, conocedor de la realidad, trataba de frenar aquel entusiasmo loco, sobre todo de los franceses. Otro acontecimiento impresionaba, era el cordón de La Habana, centenares de miles de personas hacían trabajos voluntarios en aquellas tierras cercanas a la capital, donde Fidel Castro intentaba hacer una de las más grandes plantaciones de café del mundo, café de llanura, para la que había movilizado, como siempre, prácticamente a toda la capital, y aquel acontecimiento multitudinario en el que participaron los invitados, también los envolvió.

Un día para mi sorpresa, supe por llamada de Fidel Castro que un grupo numeroso de aquellos artistas y escritores le habían dirigido una carta, pidiéndole ingresar en el Partido Comunista. Fidel, con aire desconfiado, me preguntaba qué pretendían y no creyó mucho mi respuesta de que no lo sabía.

En la historia de esa famosa carta, está la firma de críticos del comunismo como Marguerite Duras, Mascoló y tantos otros, casi sin excepción, sólo falta la de Roland Penrose, que dijo que le parecía ridículo que un lord inglés pidiera su ingreso en el Partido Comunista de Cuba. Algunos de esos artistas se sorprendieron cuando les dije, al comentar la carta, que yo no era miembro del Partido Comunista Cubano, que no tenía un cargo oficial, que nunca había sido invitado a ingresar en el Partido, que no lo había pedido, ni lo pediría, que la mía era una situación particular, en un país no muy racionalista y que, si se me había permitido hacer aquella exposición, era entre otras razones, por interés de la política con Europa, que no podía dar garantías futuras de nada, que ellos debían saber que ya el intento de Lunes de «Revolución», había terminado en el 61 muy mal, que todo era muy incierto todavía, que imaginaba que ellos conocerían cuán contradictorias podían ser las revoluciones en los países comunistas. Claro que en esta carta no estaban los nombres de algunos de la experiencia de Jorge Semprún, Rosanna Rosanda, K. S. Karol, Fernando Claudín o Juan Goytisolo.

Era por esa época responsable de artes plásticas en el Consejo de Cultura el escultor Tomás Oliva, uno de los más jóvenes, entre los muchos y buenos escultores cubanos—Lozano, Estopiñán, Gay García, López Dirube, simpatizantes de la revolución, ya exiliados—. La escultura había sido renovada desde tiempos anteriores a la Revolución, pero con la excepción de Tomás Oliva, casi todos estaban fuera. Agustín Cárdenas, que no estaba exilado, vivía en París desde hacía once años. Tomás Oliva trabajaba el hierro en la línea de González, una escultura agresiva, bella, musical, que suprimía volúmenes, figuración de planos espaciales. Fue así que tuvimos la idea de hacer un museo de arte contemporáneo, del que La Habana carecía. Bellas Artes era una especie de mastodonte; tenía, sí, muy buenas colecciones, pero miraba mucho más al pasado, que a lo contemporáneo. En 1966, yo había presentado allí una excelente exposición de Wifredo Lam, convencí al pintor de donar la sala que llevaría su nombre, con muchos cuadros pintados allí y otros que venían de personas que abandonaban el país y que habían sido recuperados. El *Tercer Mundo* fue uno de los grandes cuadros de esa colección de obras originales. Con dibujos, aguafuertes, libros... Pero la sala no duró mucho, porque la directora, una escultora comunista burócrata, Marta Arjona, en breve tiempo la cerró.

Oliva habló con el arquitecto español Rayo, profesor de la facultad de la Universidad, que fue uno de los arquitectos que hizo el proyecto de transformar la funeraria Caballero en el Museo de Arte Contemporáneo. La Rampa, la esquina de 23 y L, a partir de Radio Centro y de otros grandes edificios, como el hotel Habana Libre, era ahora el corazón de La Habana, y la Funeraria quedaba allí a unos pasos, no más bajar unos pasos de L, por 23, hacia el Malecón, al costado de La Habana Libre. Los artistas del Salón de Mayo presentes en La Habana donaron obras; otros, ausentes como Calder, donaron las obras expuestas.

El museo fue inaugurado en enero de 1968 cuando el Congreso Cultural, al que asistían centenares de los más prestigiosos escritores, poetas y artistas de todo el mundo, a los que Castro exaltó en un discurso: «Son ustedes, y no los comunistas, la vanguardia de la revolución en el mundo»—entre atronadores aplausos.

Dos meses después, en marzo de 1968, Castro decretó la llamada «ofensiva revolucionaria», que liquidó todas las actividades privadas existentes, incluidas las culturales, y una especie de ley seca, con el cierre de bares y cafés. Al Museo de Arte Contemporáneo le entraron a mandarriazos, operación dirigida por Lisandro Otero.

CREER ES VER

Santo Tomás de Aquino, con cierto realismo, afirmaba: «Ver para creer». No niego sus razones. Sólo que la fe (religiosa, filosófica y política), hace que veas lo que crees, aun si no es real, incluso cuando es lo contrario.

Me interesa contar la experiencia, no de la fe religiosa, que no tenía, sino de la fe política, que, aunque si brevemente, padecí con intensidad.

Creer es una necesidad humana.

El ser necesita algo muy superior a su pequeñez, a sus interrogaciones, en un espacio y un tiempo inmensos, y frente a las bellas cosas, o a la dureza de la vida, o a la interrogación sin respuesta de la muerte y del más allá y de tantos misterios.

Quizás es fácil que quien no tiene fe religiosa sea propenso a tener fe política.

Y si la fe religiosa fue un peligro en la época inquisitorial más allá de Cristo y de su humanismo, hoy ha perdido buena parte de su poder terrenal en Occidente, al menos, mientras en el mundo árabe musulmán un poderoso fundamentalismo religioso amenaza a todos.

De niño mi problema era que no encontraba a Dios en las desigualdades de la naturaleza, los accidentes del nacer, casi siempre un cuerpo maravilloso, otras veces ciego, enfermo, feo, monstruoso, que no me parecían sus obras. Dios debía ser sólo lo bello, perfecto, maravilloso, y ni hablar de la sociedad, de sus desigualdades, ni del egoísmo humano, ni de una Iglesia Católica españolizante, más unida a los poderosos que a los humildes, poco cubana. En el pueblo en el que nací el cura era un tipo de armas tomar, disparaba contra los mambises en la guerra, y si no pagabas, no te bautizaba, aparte de ser el padre de muchos hijos del pueblo. No era el mejor clima para un niño imaginativo e inquieto, que procedía de una familia independentista. Quizás el no tener fe religiosa me llevó a tener fe política, entre otras razones porque es difícil para un pobre aceptar para toda la vida un mundo que niega toda oportunidad. Vivía a pocos kilómetros de una carretera, cerca de un pueblo en el centro de Cuba. Allí encontré una escuela pública y una maestra excepcional, Melania Cobos, que me enseñó a pensar. Procedía de una familia pobre, pero instruida, y encontraba libros que leer de historia de la lucha de la patria, de sus poetas y de sus pensadores, en las casas de mis tías maestras. Terminado el sexto grado de la escuela pública, para un niño campesino pobre, no había escuela superior ni instituto, la escuela para maestros estaba en Santa Clara. Universidad había una sola entonces, y en La Habana, y no pasaba de diez mil la población estudiantil del país.

Para un obrero azucarero como mi padre, la vida era dura y difícil. Si a eso unimos la dictadura, el plan de machete, la corrupción política, la injusticia, los pescadores en el río revuelto, la policía y la protesta de los militantes socialistas y los sindicalistas, no es difícil comprender por qué sentí desde niño esa vocación revolucionaria contra la injusticia.

La injusticia me volvió revolucionario; la trágica experiencia vivida me enseñó que si la revolución no era la sola injusticia, era la injusticia mayor.

LA MISMA PIEDRA

Dos veces había tirado la misma puerta, la segunda, sin saber que era la primera, tropezar con la misma piedra no es cosa de juego, pensaba, pienso, que no llegué a la revolución a través de la teoría intelectual, como les ocurre a tantos intelectuales o clase media marxista o revolucionaria. Fue la injusticia social, la falta de libertad y de oportunidades, la que me llevó primero al Partido Socialista y más tarde a la revolución.

Si te dan palos y no eres masoquista, te rebelas y agarras el palo más próximo para acabar con los que te golpean.

Más que la teoría, es la necesidad la madre de la revolución, y no dudo que, más allá de los descomunales fracasos del comunismo, los hombres volverán a rebelarse lógicamente en el futuro, y no sé si sufrirán la terrible experiencia vivida por aquellos que, como yo, desilusionados del socialismo, volvieron a la revolución, para ver que ésta, como el camaleón, se volvía comunista.

Como si hubiera un mecanismo casi fatal que condujera a la revolución no comunista, no marxista, a la misma práctica del sistema y el poder comunista.

Los enemigos de los pobres son los mismos: son los ricos, son los poderosos, son sus agentes directos y encubiertos, leyes, policías, prensa, religiones. Los ricos siempre más ricos, los pobres siempre más pobres. La revolución no la hace el proletariado, de alguna manera parte del sistema, la hace la juventud, casi siempre marginada, aun si pequeñoburguesa y con aspiraciones de ocupar su lugar, y las masas desposeídas, esas que Marx llamó despectivamente «lumpen» y hoy se califican de marginales, que tienen odio porque eran carne de cañón antes de la revolución e instrumento de poder para acabar con sus enemigos en la revolución.

Nacionalizar no es socializar, es fortalecer el Estado, a expensas de las desigualdades, de la propiedad privada. Sustituir al partido con un ejército guerrillero, y al secretario general con un comandante en jefe. Usar la violencia necesaria contra el enemigo en el poder implica seguirla usando después desde el poder.

Pienso que la norteamericana fue más una revuelta nacionalista e independentista de los hijos de los ingleses contra sus padres, que les negaban independencia y desarrollo autonómico, en un mundo que crecía, en peligro de desintegrarse, con una cultura de revolución industrial, reforma, protestantismo y democracia, y que de allí nació un conflicto entre democracia y esclavitud, un conflicto entre imperio y democracia. Venció el norte al sur, y desde entonces convivieron democracia e imperio, unas veces para bien y otras para mal.

La Revolución Francesa quizás sea la única revolución verdadera ocurrida en el mundo. Produjo la libertad en conflicto con la igualdad, y con la fraternidad que se esfumó, entre el terror aniquilante y suicida, y el imperio napoleónico imperial, que al final dejó como saldo una democracia no muy humana, pero, como diría con cinismo Churchill, «el único gobierno malo, pero posible».

Por ahora mueren las peligrosas y bellas utopías, construcciones de libertad, cuyo armazón de hierro no es la libertad, sino la prisión.

LA CONTRADICCIÓN PERMANENTE

Yo mismo no entendía aquella extraña cosa que, penetrando en mi mente, no podía romper definitivamente. A pesar de que la negaba, me oponía a ella, veía su nefasto resultado y pensaba que si su presente era horrible, peor sería su futuro, sin esperanza.

Tremendo y peligroso, el virus de la revolución; cuando te penetra, te contagia y te aprisiona en sus redes laberínticas.

Personalmente, no tenía nada que conservar, tenía sólo que temer, ni cargos, ni honores, ni historia, ni trabajo, ni un sitio cualquiera donde vivir en paz. Sabía que en la revolución la caída es como la fuerza de grave-dad, que te arrastra y terminas en la prisión o el cementerio, nadie ni nada en que sostenerse, todo te empuja. Implacables, los enemigos no se conforman con tu desgracia. Quieren acabar contigo definitivamente. Era su lógica, que era la misma de la revolución.

Sabía que mi desgracia no se debía a intrigas, sino a un golpe de mala suerte, cosa que solía ocurrir. Ni siquiera a la acción de los muchos y po-derosos enemigos que tenía en el poder. Yo era el causante de mi propia desgracia, por aquella permanente contradicción de estar y no estar, de hacer de mis síes continuos no. Casi como si yo fuera dos personas que luchaban a muerte una con la otra.

No pensaba que mi cara estuviera totalmente devorada por mi más-cara, sólo en parte y como acto de legítima defensa. El teléfono sonaba y un intelectual francés[8] me reclamaba, me exigía, que Cuba oficialmente apoyase el Mayo francés, el movimiento estudiantil de la época, pregun-tándome el por qué del silencio, qué pensaba Fidel. «Aquí los jóvenes marchan con el Che y Cuba en sus pancartas». ¿Qué podía responder? «Trataré de hablar con Fidel». Y no era mentira. Sonaba el teléfono de Celia Sánchez, una y otra vez, y le contaba y reclamaba una conversación y nada. Silencio. La presión y las palabras de las llamadas aumentaban, que si nuestro silencio era traición...

Un día me encontré por casualidad por la calle con la caravana de Fi-del. Se paró un momento y, sin invitarme a entrar a su máquina, me dijo: «Franqui, yo no puedo apoyar el Mayo francés. Si no tengo camiones Berlitz, con crédito de aquel gobierno, la zafra de los 10 millones se va al diablo y pone en peligro la Revolución». Y con un hasta luego partió ve-lozmente.

Estaba autorizado verbalmente para operar a mi hijo más pequeño, pero encontraba resistencia por todas partes para salir, no sabía entonces que Fidel tenía miedo que Haydée Santamaría y yo cayéramos por París y nos mezcláramos con el Mayo francés.

Quería irme de Cuba, ya no soportaba más, me sabía en desgracia ab-soluta. La última tablilla de salvación, que era Celia Sánchez, me abando-naba a ojos vista. Había sido llamado a su casa, donde Menocal, oficial de la Seguridad, que investigaba sobre un viaje no autorizado de un camión

---

8. Alain Joutrof.

de la Oficina de Asuntos Históricos al aeropuerto, para buscar medicinas del comandante Vallejo, ayudante de Fidel, algo realmente increíble. La fuga de un joven revolucionario, que se ocupaba de la caja fuerte de los manuscritos y que una noche por temor a ser detenido por problemas sexuales se fugó. Era alguien venido por vía de Celia Sánchez, a través de su amigo el capitán Pacheco, pero fue tan decente que no se llevó nada, huyó sólo porque estaba acusado de homosexual y conocía la gravedad de la acusación.

Celia intervino su propia oficina, como si no fuera de ella, era su táctica habitual cuando tenía un problema grave, la soga quebraba por el responsable ante ella, aun si nada tenía que ver con el asunto, y de protectora pasaba a enemiga.

¿Cuáles eran las razones o sinrazones de aquella vieja contradicción mía que me impedía romper definitivamente con la Revolución? De otra parte me resistía a continuar apoyándola, negaciones que me salvaban de ser un burócrata, un muerto viviente, un repetidor de consignas, un cínico absoluto, que decía lo contrario de lo que creía y que obedecía ciegamente, no importa qué locura, qué injusticia o crimen había que cometer contra el mejor amigo, el más inocente compañero, no, burócrata, no, nunca.

En realidad fue un proceso muy largo aquel mío, de estar y no estar, de actuar y ser, como si fuera otra mi propia acción y lo que es más importante la de la revolución misma. La pasión del luchador y la lucidez del periodista que veía desde arriba, fríamente, lo que estaba ocurriendo en la clandestinidad, la sierra Maestra, a principios del 59. Entre finales del 59 y principios del 61 fui sumergido por los acontecimientos tremendos que ocurrían y dejé de ver, de pensar, me volví un consignero, era una guerra de golpes y contragolpes con enemigos poderosos, Estados Unidos, los intereses creados internos, y con una buena parte de los antiguos compañeros, cuyo espíritu democrático los llevó a la oposición, aun si fueron víctimas casi siempre de sus poderosos aliados, o de la CIA, que los sacrificó en sus luchas y organizaciones, como la guerrilla del Escambray o la resistencia clandestina, que terminaron por destruir. A principios del 61, desperté y vi la pesadilla con mis ojos de siempre. Fue uno de los peores momentos de mi vida. Aquel sueño, aquella necesidad humana, aquella utopía, se había vuelto comunismo, copia al carbón del comunismo soviético, que asesinaba la originalidad y cubanía de la Revolución; su carnicero era el propio Fidel Castro.

Había vivido un momento así en 1946, cuando joven comunista romántico descubrí en La Habana y el periódico *Hoy* el virus canceroso del comunismo real, y rompí sin titubear, sin otra familia que el Partido, que era la que tenía. Una de las decisiones más difíciles de mi vida: quedarme solo y buscarme, a pesar de mi silencio, la hostilidad del poderoso Partido, que me hizo la vida imposible.

Pero no era lo material lo que me dolía. Era el saber que, navegando por los mares procelosos y oscuros de una sociedad injusta e inhumana, el barco—el Partido—, cuya brújula salvadora me llevaría al reino socialista de la libertad, la igualdad y la abundancia, no me llevaba a ese paraíso terrenal, prometido, sino al infierno del socialismo real.

Sin marcha atrás y sin marcha adelante, sin saber nadar, me tiré a luchar solo en el mar violento de la vida, a riesgo de perecer, sabiendo que el remedio era peor que la enfermedad, pero sin olvidar la peligrosidad de ésta. No había nacido para ser ni señor comunista ni señor burgués. Seguiría siendo uno del pueblo, ése era mi mundo, entonces había perdido un partido y un ideal, pero ahora perdía una revolución y una patria.

El primer impulso, la primera necesidad, fue tomar tiempo y distancia, reflexionar, ver claro, y entonces, usando de la autonomía de *Revolución*, me convertí en el reportero internacional de mi propio periódico, aun si mi nombre aparecía en el machón como director, en realidad a partir de mayo del 61 y hasta bien entrado el 63 cuando fui destituido, estuve fuera de Cuba.

No soportaba, ni soporto, el tango como música, ni el espíritu de su letra; me parece el llanto de un tarado o de un derrotado, por el amor perdido; pero no ignoraba la razón de aquella vieja letra: «El viajero que huye, tarde o temprano detiene su andar...».

Si la Revolución estaba perdida, ¿debía buscar mi salvación individual? No, me parecía que mi responsabilidad estaba en luchar contra ella, pero, ¿cómo? Sabía de su fuerza, conocía la confusión de entonces, cuando millones de cubanos vivían aquella fiebre y no veían otra cara que la del viejo mundo que destruían, era muy pronto para ver la horrible cara del monstruo que nacía, que quizás no querían o no podían ver.

Sabía que el poder comunista llevaba en sí mismo el germen de su muerte, un sistema que acaba con todo; era eficaz como poder represivo, pero como todo lo destruía, incluso al individuo, y nada creaba, y era absolutamente improductivo económicamente e incapaz de crear nuevas instituciones, excepto la del terror, terminaba por paralizar y autodestruirse, pero su fin estaba lejos, de ahí el peligro que avanzase por el mundo pobre, donde eran otras las injusticias que le abrían el camino.

No sé si estaba equivocado, pero no me gustaban las tres únicas soluciones lógicas para aquella situación: una, escapar a Europa, no me era posible a Estados Unidos; las otras dos, suicidarse como los poetas rusos, muchos dirigentes lo hicieron en Cuba, o hacerme matar por el enemigo, la fuga hacia adelante, como muchos guerrilleros cubanos, el Che Guevara, entre otros. A mí me parecían ambas vías falsas. Respetaba a los que tomaban uno u otro camino, a los demócratas verdaderos, o a los revolucionarios, que no soportaban el fracaso de la Revolución; sentía, por responsabilidad individual, que la única forma eficaz de luchar era desde dentro, sin hacerme ilusiones de victoria, simplemente tirar la piedrecita un día y otro día, por minúsculo que pareciera mi golpe.

Pienso que preparé mi mente para vivir y afrontar esta difícil situación, de forma permanente, de estar y no estar, decir no cada día y decir sí aparentemente. Los adversarios me ayudaron: era tal la hostilidad que despertaba, que la campaña que hacían contra mí tropezaba con la psicología de Fidel Castro, que no aceptaba que le impusiesen nada, porque eso era compartir el poder, y compartirlo era empezar a perderlo según su manera de pensar. Pedir mi eliminación, acusarme de traición, quererme encerrar, terminaba con su negativa, no porque me estimara o no me conociera, eso se haría cuando él lo dispusiera. Yo, como los otros, era un pez con el anzuelo tragado, se me podía dar cordel, tiempo, viajes a Europa, usarme; siempre habría tiempo para sacarme de circulación.

Conocía la situación y sus peligros y los jugaba dándome cabezazos de aquí y allá. Un día, o la cuerda se rompería y sería libre, o me arrancarían los dientes y también sería libre.

Todo eso contribuyó a una ambigüedad que no entendían ni unos ni otros, y ni a veces yo mismo. Me aferraba a la cuerda que me aprisionaba y tuve oportunidad de romperla, gané así cierta confianza suicida, pensaba en el azar, en que todo no estaba perdido y que era mi deber no buscar la solución individual, sino correr los riesgos y hacer que mil goticas de agua contribuyeran a horadar ese duro hierro que era la revolución.

Prisionero y libre. Siempre pensé en la lucha, no como algo heroico, personal, sino como una forma casi anónima de cambiar la vida, de crear instituciones, y no de hacerme un nombre, tener grado o jefaturas. Estaba contra el viejo poder y me horrorizaba aquel que nacía y que decían que era mío también. Vivía la situación de aquel peligroso tiempo y de aquel peligroso poder, de su naturaleza enemiga de lo popular, sin pensar en los días peligrosos. Me importaba la eficacia de una acción, no su recompensa, como gloria o vanidad individual. Mientras pudiera hacer algo, por pequeño que fuera, y la circunstancia lo permitiera, lo haría. Había corrido muchos peligros, que afronté con miedo, pero con dignidad, nunca fui suicida, ni aspiré a ser héroe, estaba y estoy contra los héroes, que me parecen falsos ladrones de la gloria ajena. Así fui descendiendo escalón a escalón, desapareciendo de la vida oficial revolucionaria, hasta que llegué al último momento en que ya no podía hacer nada dentro de Cuba y debía comenzar a hacerlo afuera. Usaría la palabra, contaría la historia, escribiría artículos y libros, daría a conocer con humildad y valor la verdadera historia de la Revolución cubana, y lo haría con mi tono, sin traicionarme, ni mentir, ni ocultar mi responsabilidad; sabía que así sería eficaz contar sobre aquellos que desde el poder eran los enemigos del pueblo. Si la verdad era revolucionaria, no podía equivocarme, sería otra hormiguita trabajando con humildad cada hora de mi vida.

6

EL EXILIO

El exilio cubano ha vivido una doble experiencia: el horror de la Revolución y la vida democrática en Estados Unidos y otros países. Los cubanos, más preparados y hábiles, con más experiencia y audacia que otros latinoamericanos, en mejores condiciones por la experiencia del mundo económico norteamericano que habían conocido en Cuba, aparte de las simpatías con que fueron acogidos, muchos de ellos empresarios, ejecutivos, profesionales, técnicos, comerciantes, científicos y escritores, con la voluntad férrea de una lucha por reconstruir sus vidas individuales y la simpatía de una sociedad en la que venían a vivir, del flujo permanente de una mayor cantidad de compatriotas, han construido una comunidad económica y profesional de primer orden.

En el ámbito político y colectivo el exilio está muy lejos de ser lo que es en el orden individual. Quizás no podía ser de otra manera, quizás es una vieja condición cubana, la capacidad del desarrollo individual y la incapacidad de la relación colectiva, por haber vivido poco la experiencia democrática. Después de tantos años de vivir en un país democrático, el exilio ha creado riquezas y tiene muchos méritos, pero no sé si está realmente preparado para la democracia. Naturalmente hay muchos exilios, otro de los conflictos, cada exilio y cada exilado, una historia y una experiencia diferentes.

No es de sorprender que una mayoría de ese exilio, me refiero al viejo exilio, que de alguna manera había apoyado la Revolución, olvide ahora este hecho, que lo borre de su memoria, y que si le enseñan una foto, diga tranquilamente que no es él la persona a quien estás indicando; no ocurre lo mismo con el exilio más joven, que aparte del Mariel son gentes nacidas dentro de la Revolución, que si fueron pioneros o milicianos o cualquier otra cosa, fue más bien porque la sociedad era así, más que por un acto de voluntad individual, pero que en su mayoría son apolíticos.

Ni se puede olvidar la cantidad de actos heroicos de miles de compatriotas exilados que han regresado a Cuba, en acciones peligrosas, muchos de los cuales han sufrido largas prisiones, muerte, por su amor a la libertad. Ni la cantidad de los nuevos Baraguá, que han pasado más de veinte años en las prisiones, son miles, demostrando el amor a la libertad en las condiciones más difíciles de los mejores cubanos. Ni todas las intrigas, odios, rencores del pasado y del presente, ni la habilidad de los agentes castristas de dividir, de intrigar dentro del exilio.

Ni las injustas campañas internacionales, según las cuales «ignorando» los males del castrismo, éstos son cargados al exilio miamense.

TRES MESES DE RETENCIÓN

Desde el mes de abril del 68 teníamos listos los pasaportes para salir, pero fuimos retenidos durante tres meses, hasta el 7 de julio, cuando definitivamente partimos.

No se nos permitió que nos acompañara nuestro hijo Carlos, al que sin consultarnos habían becado en Vento.

Seguiríamos reclamando su salida, y en caso de no conseguirla, regresaríamos después de la operación de Camilo. Y sabiendo el destino que nos esperaba, la única solución, bien difícil entonces, era escapar clandestinamente de la isla. Después supimos que la primera retención se debió a que Fidel Castro temía que Haydée Santamaría y yo, que también tenía que operar un hijo en Europa, nos uniéramos al Mayo francés. La segunda fue debida a la Seguridad. Finalmente Carlos salió de Cuba el mismo día de la invasión rusa de Checoslovaquia y se nos unió en Saint Gallen, donde Camilo había sido operado por el doctor Van Herter, un eminente oculista en la pequeña y bella ciudad de la Suiza alemana, frente al lago Constanza, que en verano se hiela de forma tan impresionante que se puede pasear a caballo sobre él. Allí recibimos la ayuda del galerista Laresse y de sus compañeros. Cada noche Laresse nos invitaba a las comidas y fiestas que hacía en un castillo cercano. Un extraordinario grupo de personalidades del arte y la cultura trabajaban en libros de arte, en los talleres de su galería, y se reunían allí noche a noche. Allí conocimos y confraternizamos con el poeta Ungaretti, acompañado de una bella brasileña, a pesar de sus años, que, con el pintor italiano Pietro Dorazio, hacía un libro de arte; al dramaturgo Ionesco, que trabajaba con el pintor alemán Otto Dix y que nos contó que cuando lo invitamos al Congreso Cultural estaba tan borracho que en vez de llegar a La Habana llegó a México; mientras el escultor vasco Eduardo Chillida colaboraba con el filósofo alemán Heidegger. Con todos confraternizamos y con algunos de ellos comenzamos una duradera amistad. Heidegger nos miraba sorprendido cuando le contábamos a través del traductor que habíamos publicado algunos de sus textos en *Lunes de Revolución*. Ungaretti escribió en la lámina de cedro de una caja de habanos un bello poema que dedicó a Camilo. Ungaretti era muy exuberante y simpático. Laresse nos servía de traductor en las conversaciones con Otto Dix, e Ionesco y la brasileña lo hacían con los italianos. Con Chillida, escultor capaz de hacer levitar líricamente grandes volúmenes de pesantes materiales, desafiando la ley de gravedad, así como con Dorazio, iniciamos una bella relación que duró muchísimo tiempo.

De Saint Gallen fuimos a Zurich, donde Krugier, ex director del Circo Suizo y director de la galería Maegth en la ciudad, nos prestó un apartamento en el que estaban todavía los últimos animales circenses. De allí partimos a vivir a un apartamento de Ginebra, donde durante un buen tiempo nos hospedó nuestro amigo Orlando Blanco, y de allí partimos para Italia, vía Arona, Roma.

MI EXILIO. ITALIA

En la estación de Arona nos esperaba el pintor Valerio Adami, uno de nuestros invitados de la reciente experiencia del Salón de Mayo en Cuba. Dos niños, diez maletas, Margot y yo fuimos muy bien recibidos por Camila Adami, heredera de aquella gran mansión frente al bello lago de Arona, y dramática historia para ella y su familia. Durante la guerra los nazis, aliados de Mussolini, detuvieron a su padre, judío, y lo desaparecieron, instalando allí su cuartel general. Cuando la resistencia creció los partisanos «la hicieron su comandancia».

Pasamos unos días con ellos, tomamos un tren para Roma y allí nos instalamos en el bello apartamento frente a la isla Tiberina que nos prestó nuestra amiga de siempre Laura González. No llegaban a mil los dólares que nos quedaban. Mientras proyectaba hacer un libro de arte con la colaboración de mis amigos pintores, hablé con el impresor milanés Giorgio Upiglio, que tenía un prestigioso taller de gráfica, para que se encargara de la costosa impresión de la obra.

Conocía Roma de pasada, bella ciudad llena de ruinas históricas, tantos tesoros, pintura, escultura, arte, dejados a la incuria destructora del tiempo, destructor con la complicidad e indiferencia de los italianos, contemplarlo y admirarlo me causaba dolor, a pesar de la belleza de la ciudad, cuya eternidad parecía estar más allá de los pesares de la vida de cada día. Finalmente encontramos un apartamentico barato en la vía Sagramozo, una calle no asfaltada, cerca del puente Milvio, uno de los más antiguos construidos sobre el Tíber, cerca de la Farnesina.

Roma es la ciudad en que siempre dicen sí a todo, sólo que los síes son buenas intenciones y casi nunca realidad. Los milaneses al contrario son concretos, para ellos el sí es sí y el no es no. Empecé el lento trabajo del libro con viajes, contactos, apoyos y llamadas telefónicas. Upiglio me hizo un adelanto para la edición. Mis textos poéticos fueron iluminados por Joan Miró, Antoni Tàpies, Asger Jorn, Corneille, César Baldacini, Eduard Pignon, Paul Rebeyrolle, Valerio Adami, Emilio Vedova, Wifredo Lam, Piot, Kowalski, Gudmundur Erro, Agustín Cárdenas, Jorge Camacho y Alexander Calder. El compositor Luigi Nono usó mis textos para la música del concierto *Y entonces comprendió*, que grabó Ricordi y que acompañaba a los ciento cincuenta ejemplares de la edición; un libro que nos permitió sobrevivir durante muchos años.

LA DIFÍCIL VIDA ROMANA

Era difícil esta nueva vida romana de la libertad, perdido el hábito de subir a una guagua, las de Roma, llenas de gente, el tráfico endemoniado, tener que pensar cada día en qué gastar lo poco que teníamos, conseguir pequeños anticipos con editores.

Quien diga que no le gusta lo bello y lo bueno es hipócrita o anormal. La cuestión es qué precio pagar por ello. No fue nunca mi aspiración, al triunfo de la revolución, volverme señor, hacerme rico. Tenía un cordón umbilical con los de abajo que nunca quise, ni pude, ni quiero, romper. No hice una revolución, exponiendo mi vida y la de mi familia, para volverme un nuevo rico, con la justificación de que los dirigentes tienen que vivir bien para trabajar bien y que se lo merecen. No podía mirar cara a cara a la gente, desde un carro con chofer, aun si el carro era de los más modestos, o desde una casa, algo más discreta que las de mis antiguos compañeros, pero siempre casa de rico. Si la pobreza romana me molestaba físicamente, espiritualmente sentía que me había liberado de tantas cosas, de mis debilidades humanas, aun si más que la cuestión personal, el gran problema era el fracaso de la Revolución, su barbarie.

Margot se avergonzaba de que invitara a aquel apartamentito romano a Alberto Moravia, Dacha Maraini, Francesco Rosi, Laura González, Valerio Riva, Rosanna Rosanda y otros romanos famosos, que conocían la casa de La Habana y que en ella habían fiesteado al son de Chapotin y del lechón asado. A mí no me importaba nada, me volvía a sentir más digno de pobre romano, que de falso nuevo rico cubano, a mí no me ocurrió lo que a otros, que la Revolución quitó riquezas y privilegios, a mí me los dio, renunciar a ellos me pareció más revolucionario que aceptarlos. El picadillo, los frijoles negros, el boliche asado y otros platos criollos de Margot seguían siendo bien sabrosos y aceptados por los amigos romanos.

La casa de Francesco Rosi y de su mujer Giancarla, en el número 36 de la vía Gregoriana, uno de los sitios más bellos de la ciudad, era uno de esos salones que dan fama a Roma, por allí pasaban todos: Fellini, Antonioni, Monica Vitti, Pontecorvo, Tonino Guerra, Yanussi, Silvana Mangano, Corbucci, Alberto Ronchey, Trombadori... Socialistas, sesentaiochistas, comunistas, extremistas, esnobistas, allí había de todo. Discusiones apasionadas, vinos, pastas y comidas excelentes, y unos anfitriones inteligentes. Casi todo estaba permitido en los salones romanos, se discutía de todo, estaba permitido hasta un pestañazo para tomar un segundo aire, siempre animados por la anfitriona inteligente, pero de mente crítica, y uno no sabía por qué, con esa vocación política, no estaba en el Parlamento. Aquellas noches tan romanas duraban casi hasta el amanecer; a veces, en otros salones, se jugaba al póker; se decía que los democristianos eran los maestros y que casi siempre ganaban a los de izquierda, y no era raro que alguien, si tenía una pérdida cuantiosa, no se comprometiera con un cheque, sino que lo hiciera firmar a la mujer, casi siempre rica.

Ambiente normal en el mundo romano, en el mundo intelectual, en el mundo progresista o no, pero no era el ambiente para alguien que venía con la amargura de una revolución perdida y que tenía una psicología guajira como la mía. Comprendía la belleza y la eternidad de Roma, pensaba que esa larga, casi infinita vida, le había dado una especie de eterno pesimismo, estaba más allá del bien y del mal, sonreía a los males, a las desgracias o a la suerte o las bondades de este mundo, cosa que no estaba en mi espíritu. En aquellas reuniones, cuando se hablaba de pintura, de música o de literatura, allí tenía mi palabra. Trágica cuando tenía que hablar de revoluciones, de Cuba, del socialismo. No se trataba de palabras, de mis desgracias, tenía la sensación que era como esos monos que se hacen todas las noches el haraquiri delante de un público. Nunca me gustó hacer de bufón, aun si la mayoría de las personas que iban allí eran gentes (que sí vivían bien, no lo que se llamaron ricos, eran intelectuales, gentes del cine, periodistas famosos, escritores) comprensivas con nuestras desgracias.

Roma, la ciudad más vieja, más inteligente y más descreída del mundo, donde todo ha pasado, todo pasa y no pasa nada, aquella gran agencia turística vaticana, como decía el pintor Asger Jorn, que vende a Cristo y a san Pedro, la ruina de una arquitectura, la eternidad del tiempo que todo lo destruye, como decía Jiri Pelikan, el exiliado y dirigente checo de la Primavera de Praga y diputado del parlamento europeo; a la pregunta de que cuando caería el comunismo, respondía: «No olviden que hasta el poderoso Imperio Romano cayó». Roma, una ciudad de claridad mediterránea, bella, era muy difícil para mí por estas circunstancias. Allí todo es sueño real, y lo único real es la palabra. Roma, la ciudad de los síes, sólo que sus síes son pura ilusión. Un no puede ser un sí y un sí romano es un no travestido de sí. Dos años vivimos allí, cerca de aquel puente Molo, el más viejo de Roma. Entre las alegrías de entonces estuvieron la visita de Miguel, el padre de Margot, que disfrutó de sus nietos, y de Estrella, su hermana, que nos acompañaron unos meses en tiempos difíciles.

Fue por la época de la bomba de piazza Fontana. Recuerdo que fui a separar un asiento en una compañía de aviación, por una calle cerca de la vía Veneto, donde también pusieron un petardo, cuando estalló aquella de Milán, en la Banca del Lavoro. Aquella horrible bomba mató infinidad de personas y creó un clima de histeria en Italia. Bomba atribuida primero a los anarquistas, que costara la muerte al viejo anarquista Pinelli, el que después se sabría inocente, que de una manera misteriosa cayó desde la ventana de un piso alto de la comisaría de policía de Milán cuando era interrogado por el comisario Calabresi, más tarde baleado en las calles de Milán por grupos terroristas; bomba de las que se acusara a un bailarín anarquista, Pietro Valpreda, condenado y después absuelto; más tarde condenarían a un fascista, también absuelto; al final, como casi todas las cosas de Roma y de Italia, nunca se supo realmente quién había puesto la bomba de piazza Fontana. La última cola fue la del entonces director del periódico *Lotta Continua*, acusado y condenado de ser el director intelectual del atentado a Calabresi, el profesor Adriano Sofri, que todos pensaban y sabían inocente. En todo aquel clima de histeria en que se mezclaba todo, una sola voz de duda. Incluso el Partido Comunista. Uno de sus miembros en Milán acusaba al bailarín anarquista, estaba en la fila de los que creían culpables a los anarquistas.

Sólo Rosanna Rosanda y el grupo del Manifiesto hicieron una gran campaña sobre la inocencia de Pietro, el anarquista, que al final fue declarado inocente. Rosanna, una mujer extraordinariamente inteligente y humana, con una fe inconmovible en el comunismo, la expulsaron del Partido con los otros del grupo, por hacer la revista *Manifiesto*, que pedía cambios, el nombre escogido, el retorno a Carlos Marx, de ahí la palabra «Manifiesto», y si le decías que no era posible que el fracaso del comunismo en el mundo se debiera a errores de comunistas en todas partes, te decía siempre que había que volver a la fuente original, a Marx. Admirable esta mujer, por su humanismo, por su sensibilidad humana, se ocupaba de todos. No era como otros, gente inteligente, pero fría, como Luigi Pintor, que jamás se interesó en saber una palabra sobre Cuba. Rosanna fue una de las que nos ayudó siempre, de las que siempre quiso que me integrara a la vida italiana.

Me gusta Italia, y después de cubano, me siento italiano. Integrarme en la vida de Italia era perder mi cubanía, no critico ni condeno a tantos de mis compatriotas que en otras partes del mundo, queriendo o sin quererlo, se han vuelto ciudadanos activos del país en donde les tocó vivir, me parece lógico. No era ésa mi manera de sentir y de pensar, pienso, no sé si en el amor, tendrá razón el viejo bolero, de que ausencia quiere decir olvido, pienso que en cuanto a la cubanía, ausencia quiere decir ser más cubano. Como decía Lydia Cabrera, «se ve y se siente más claro cuando se puede mirar de lejos aquella isla lejana y desgraciada, y sentirse uno más parte suya, de su cultura, de su vida, de su música, de su mundo tropical, de sus gracias y desgracias».

Podía integrarme a aquella parte de Italia, sus ciudades, fuentes, plazas, una parte de su cultura, del Renacimiento o de la época moderna, etrusca, románica, de su poesía, admirar a Montale, sentir a Ungaretti o la literatura del genial Italo Calvino, nacido en una estación experimental cerca de La Habana, cuando su familia vivía allí, uno de los grandes novelistas y escritores del siglo. Me sentía en mi casa en Venecia, Florencia, Siena y Pisa. No me identificaba con su naturaleza, soy un animal de los trópicos, no quería integrarme a su política, que no comprendía, menos a un cierto cinismo, un «menefreguismo», el dejar hacer, corrupción y permisividad que han corrompido a Italia. Admiraba la lengua italiana, que algo aprendí, no seriamente, no quería que devorara mi español caribe. Un exilado que había perdido su revolución, una familia, una patria, amigos, un paisaje, no había perdido su lengua, su música, el olor y color de su vegetación, el sabor de sus recuerdos, sus recuerdos mismos. Alguien que está solo cuando los otros hablan, se divierten o ríen. No me siento exilado en el arte, de una época o de otra. Si un exilado es sensible, es un artista o escritor, la lejanía y el imposible de la patria perdida lo hacen ser más y más de ella, y ésa es la razón de que tantas obras de arte, literatura y poesía hayan nacido en el exilio, con la imprescindible dimensión universal e individual que el arte exige, pero con las raíces de autenticidad de la tierra de donde se viene. Lo más permanente de la cultura cubana, de Heredia a Martí, Cabrera Infante, a Reinaldo Arenas, a Cirilo Villaverde, Cervantes, Lam, Lydia Cabrera, ha nacido en el exilio, en estos dos siglos de lucha por la libertad y la independencia de aquella isla del Caribe.

En medio de los conflictos políticos, el caso del anarquista Valpreda, acusado por todos, defendido por el Manifiesto, algunas verdades comenzaron a salir. Recuerdo aquel día que, caminando por una calle de Roma en busca del puesto en el avión para mi cuñada Estrella, que regresaba a Cuba, estalló aquel petardo.

Uno de los dos fallos más peligrosos de la justicia es condenar a alguien por su historia: al presunto culpable, no importa su inocencia, lo condena su pasado. Me pregunto cuántos presuntos culpables de este tipo pasaron cerca de cada delito de este y otro tipo, que ocurre en cualquier lugar del mundo. A Valpreda se le acusó por ser anarquista, y según la lógica de que detrás de cada acto, crimen o atentado, hay un complot, lógica peligrosa, muchas veces no verdadera. Como cualquier ciudadano del mundo, he pasado cerca de lugares donde han ocurrido cosas, he tenido encuentros fortuitos. Una noche en la misma Roma, queriendo terminar un manuscrito, me fui a dormir a la más pequeña posada. Escogí por azar una cerca del Tíber. Y al otro día al amanecer, cuando me levanté a escribir, me di cuenta de que en la posada había un grupo de guerrilleros venezolanos y latinoamericanos, que tenían allí una reunión. Allí, en la vieja posada, yo, inocente, había dejado mi nombre en el registro, ¿a quién hubiese convencido de que no tenía nada que ver con aquella reunión, de que había pasado la noche en el mismo lugar que aquellos señores, la mayoría de los cuales desconocía, excepto uno, sin que supiera qué hacían allí, ni de qué trataban? Digo que la coincidencia y la culpabilidad basadas en el pasado es una de las grandes injusticias de la justicia. Había vivido en mi vida revolucionaria circunstancias parecidas. Preso en el Buró de Investigaciones, la tarde del 13 de marzo, cuando el asalto al Palacio, en la lógica del coronel Faget estaba que, por no haber hablado, ellos no habían descubierto el asalto al Palacio. No había hablado, ni sabía que había un asalto al Palacio Presidencial, tantas veces ocurren así las cosas.

En mis últimos meses en Cuba, había escrito unos textos raros, con una escritura casi automática, una explosión que Virgilio Piñera y otros amigos escritores me habían elogiado. Elogio, con sorpresa. Me tenían sí como un hombre de cultura; algunos, como Virgilio, sentían por mí una gran admiración, por las cosas que me habían visto hacer, mi batalla por la cultura, mi defensa de los homosexuales, de los perseguidos, de los infelices... Tenía un cliché del que era difícil liberarse, era un revolucionario, no un escritor. Tengo una imaginación pictórica velocísima, a la que no se corresponden las manos cuando escriben. Mi pasión por la pintura, la intuición que me hace comprender cuándo una impresión plástica añade algo particular, a la primera mirada, me digo, ése es pintor, me ha ocurrido, en mi país con Lam y otros, allá por los años cuarenta, cuando los que «sabían» los despreciaban, como el chino loco, copiador de Picasso, Amelia Peláez, siempre en discreta sombra, a su manera tan cubana como universal de crear una especie de cubismo criollo, de filtrar la difícil luz y los sorprendentes colores tropicales, o de aquél, de vida tan breve como fugaz, el guagüero miedoso, Acosta León, que un día en los años sesenta, me iría a ver al periódico *Revolución*, con aquellas prodigiosas cafeteras-palmeras, que eran sus cuadros surreales y cubiches, que compraríamos para el periódico y que después regalaríamos a Haydée Santamaría para la Casa de las Américas, única colección que existe en Cuba de aquel que se fue por miedo y que por miedo regresó, y una noche oscura, llegando a La Habana, en el barco que lo traía de Francia, desapareció en el mar, en el que quiso morir.

Aquel Lam, que redescubrió una Cuba que yo sentía en mis orejas, que no había visto con mis ojos, que con mis ojos la miraba como naturaleza y que él la volvió pintura, poniendo la papaya, el guano, la palma, el plátano, la caña, el culo de las mulatas, el misterioso mundo de las ceremonias negras cubanas, los conflictos entre el mundo blanco y el negro y otros conflictos, la relación del mundo vegetal y humano, en el campo del surrealismo y de cubismo criollos.

Cuando mi mano juega sobre el papel, sale una espiral, nunca supe por qué. Si sabía que no pintaría nunca, porque pienso que sé lo que es la pintura y sé que no soy pintor. De aquella espiral misteriosa me parece que nacieron aquellos textos, que eran una manera de pintar con la palabra, impresionaron a muchos pintores europeos, que me sugirieron hacer con ellos libros de arte. El primero, *El círculo de piedra*, que aparte de las bellezas de los dieciséis artistas que conmigo colaboraron, de los magníficos grabados del que hiciera el impresor milanés Upiglio, nos permitiría vivir varios años.

Nadie en Cuba había estimulado mi vocación por la pintura. Particularmente Lam usó mis textos cuando organicé en el 50 su primera gran exposición de dibujos, en La Habana, cuando escribí después un trabajo sobre su pintura para *Carteles* y otras publicaciones. Al triunfo de la Revolución, en el 59, conocí como dije antes a Eduard Pignon y a Helen Parmelin, su esposa, pintor exuberante él, crítica inteligentísima ella, y con Michel Leiris, los únicos verdaderos amigos de Picasso, a quien me hicieron conocer. Hicimos tantos planes que la burocracia hizo fracasar, como la famosa paloma de Picasso, que nunca la dejaron volar, o la escultura-edificio para el museo y biblioteca frente al Malecón. Incluso el museo cerrado, donde Pignon había hecho un magnífico mural.

En el año 67, cuando el Salón de Mayo, hice amistad con un pintor rebelde por excelencia, Paul Rebeyrolle, que se había despedido del partido francés en el 56, cuando los rusos invadieron Hungría, con un cuadro irónico titulado *Hasta luego, yo espero.* La muerte de Guevara lo había impresionado. Paul es un hombre con una prodigiosa capacidad de recrear lo real, de hacerlo pintura. Un día que pasé por su estudio en París, vi los extraordinarios cuadros que había pintado sobre la muerte de Guevara para su próxima exposición en la galería Maeght. Desde Roma, le escribí una carta-reflexión, que para mi sorpresa, él y el poeta Jacques Dupin me pidieron si podían usarla como texto para el famoso *Derriere le Miroir*, que Maeght publicaba y Dupin dirigía. Fue mi bautizo pictórico-artístico. Comencé entonces una relación con pintores, que me dio satisfacciones, hice tantos trabajos, me permitió ganarme la vida con dignidad, en el difícil mundo europeo.

Un día me encontré con Joan Miró en la magnífica Fundación Maeght, de Saint Paul de Vence. Tenía Miró allí una extraordinaria exposición. Miró vio cómo miraba sus obras, con aquella gentileza suya me dijo que escogiera algo, que me lo iba a regalar. Había allí, aparte de los cuadros, bellas y grandes litografías de colores fuertes, me pareció que no tenía derecho a tanto, cogí el catálogo de la exposición, Miró, sorprendido, tomó un lápiz y sobre él dibujó un raro Franqui con una cariñosa dedicatoria.

Estaba por allí Herbert Marcuse, que presenté a Maeght y los amigos pintores. Marcuse venía erizado de Roma. En aquella ciudad, donde todos son amigos personales, aun si enemigos políticos, Marcuse fue invitado a la casa de un poeta «de extrema gauche» y terminó sin saberlo comiendo en casa de una marquesa, que no era la bella y deliciosa marquesa roja Leticia Palestrini, la joven marquesa que tenía Stalin en el fondo de cada asiento de su casa y que un día se ofendiera conmigo por decirle: «Gracias por permitirme poner a Stalin bajo el culo». El pobre Marcuse al otro día daba una conferencia en la universidad, donde le reprocharon en una asamblea tener un corazón de izquierda y una panza de derecha por la comida tenida.

Tenía el complejo de comer con gente que pudieran parecerle burgueses, pero al fin lo convencí de comer con mis amigos pintores. A la exposición de Miró fue también su amigo de siempre, Sandy Calder, Miró tan sobrio, Calder tan explosivo. Sandy me pidió un trago cubano, miré, había de todo, comencé a mezclar ron con naranja, hielo y otras cosas, al poco rato Sandy, Miró y los otros empezaron a gritar: «¡Viva Cataluña libre!», «¡Viva Cuba libre!» y otras libertades ante los ojos aterrados de Marguerite Maeght, que pensaba que aquello era un complot mío, que iba a asustar a los millonarios norteamericanos. Sus coleccionistas, que estaban en la fiesta y que ella tan poco conocía, pues éstos estaban de lo más divertidos, se reían y bebían mis rones, al son de Cuba libre, que en la confusión no se sabía, si era la de Castro o la mía, que comenzaba en mi exilio. Fui desde entonces el terror de Marguerite Maeght, no así de su esposo, que tenía tremenda tabla, que me decía, en parte era verdad, que él había impreso en su tipografía muchos volantes del Mayo francés. Antoni Tàpies me contaría que Yiyita Maeght se asustaba cuando lo veía conmigo. Una noche que fue al teatro de París, donde la magnífica Adriana Mouskine dirigía sus 1789, recreando la Revolución Francesa, era tal la intensidad de la pieza, que en un momento en que gritaban «¡Abajo los burgueses!», la pobre Yiyita, asustada, se quitó su collar de perlas y se lo escondió en el seno. Aquella magnífica exposición y fiesta terminó con una gran comida en la cercana residencia de los Maeght, ya entonces medio borrachos, unos se tiraban medio vestidos a la piscina, otros gritaban, Ugo Mulas, el gran fotógrafo de Milán, tiraba sus fotos y la bella Lili se reía, cuando por los grandes árboles que rodeaban la casa apareció un mono. Entonces Margarit Maeght le pidió a Krugier, director del Circo Suizo y próximo director de la nueva galería Maeght, que le agarrara el monito, que era muy lindo. Krugier se levantó, en unión de una bella francesa que estaba allí. Entonces me alcé y, con un francés inventado y alcohólico, improvisé un discurso, por la libertad de los monos, que tuvo grandes aplausos de Dupin, Rebeyrrolle, Miró, Calder y de la concurrencia. Krugier, un gran señor, sería después mi gran amigo, se sentó, mientras Margarit Maeght me miraba furiosa y el monito se perdía saltando entre los árboles. Meditando sobre mi vida revolucionaria, improvisé mi futuro epitafio: «Carlos Franqui: Salvador de un mono en Saint Paul de Vence».

La impresión de *El círculo de piedra* duró casi un año. Mientras los pintores hacían las litografías, Upiglio mandaba fabricar un papel especial de gran belleza para tirarla. Upiglio me daba algunos anticipos, con los que iba subsistiendo, mientras el libro terminaba. Faltaban muebles en nuestro apartamento y un día Rosanna Rosanda, con su generosidad, nos envió unos que había heredado de una tía, dos escaparates, que siempre nos acompañaron, una mesa, una cómoda que regalamos a Miriam Acevedo, que había llegado precisamente a Roma para trabajar en el concierto de Luigi Nono, *Entonces comprendió*, con mis textos.

Otras cosas nos había regalado Laura González. Íbamos resolviendo nuestros problemas. Los niños iban al cine parroquial, que costaba pocas liras, muchas veces tenían los zapatos medio rotos. Pese a las dificultades materiales, la sensación de libertad era una cosa física que gozábamos. Meditaba sobre Cuba, tomaba tiempo, distancia. Era tal la atmósfera de la isla, que para sobrevivir, había que autocensurarse, cuidarse continuamente. Cuando estaba en Cuba, ni el mejor amigo, compañero de clandestinidad, aun aquellos con los que había compartido prisión, tortura, posiciones críticas, desgracias, se atrevía a decir lo que pensaba, y si alguien lo hacía, era tan raro que se convertía en sospechoso. Un famoso comandante decía a un amigo común, por una discusión tenida: «Chico, Franqui estará conspirando». Boca sueltas, tipo Serguera, decían cosas para provocarte y contarlo, y había que tener mucho cuidado, sospechábamos que los mandaba Raúl, y sus técnicas de sonsacarnos, típicas del mundo comunista, que bien ilustra la historia que cuenta ese gran periodista italiano Giorgio Boca, en su libro sobre Togliatti, cuando el dirigente militar de las Brigadas Internacionales Comunistas, en la guerra de España, Vittorio Vidale, el comandante Carlo, el famoso estalinista, al expresarle sus preocupaciones sobre el frente, Togliatti que conocía los métodos estalinistas, le respondió: «Tú sabes, Vittorio, que estoy obligado a informar de tus palabras al Buró Político de la Internacional Comunista». El mismo clima que había dejado en la isla.

En Europa me había encontrado un clima de confusión grande todavía. Pensé que había que trabajar en forma seria, como una hormiguita. Europa está repleta de ex, que fueron conocidos en sus países, ahora exilados. Algo bien patético, no sé si por pudor, por orgullo o inteligencia, decidí que era mejor que me consideraran no por lo que fui, sino por lo que iba a ser o lo que era ahora. Debía recomenzar otra vez desde el principio. Para ello era necesario escribir la historia de la Revolución, un libro que me llevaría años. Tenía una enorme fuente documental que había sacado de Cuba y la memoria de lo vivido. No quería dar mi versión personal de los acontecimientos. El desafío era quitar a aquel material histórico su carácter frío, burocrático, que no se podía leer, hacerlo vivo, sin que dejara de ser documental. No había una fuente de la Revolución cubana. Había convencido a Valerio Riva de la Feltrinelli en el 63, del intento de la biografía de Fidel, dispuesto una vez más a ser el «negro» anónimo, me importaba poco lo personal, aun si tenía pocas esperanzas, conocía bien a Fidel, y aquélla fue una aventura que viví sabiendo que difícilmente iba a tener éxito. Si no lo tuvo, no fue por mi culpa, hice todos los esfuerzos.

«DIARIO DE LA REVOLUCIÓN CUBANA»

El material que tenía para el libro era abundante: mi propio archivo como director de *Revolución* clandestina primero, como preso político después, como responsable de organizaciones del 26 en el exilio unos meses, como responsable de propaganda del Movimiento y posteriormente durante mi estancia en la sierra Maestra, como director de Radio Rebelde, adonde iban los partes de Fidel Castro y los otros comandantes, los documentos del Movimiento, la correspondencia, las conversaciones con el exterior y las de la clandestinidad en clave, más el archivo que me había dejado Camilo Cienfuegos, archivo oficial de la sierra cuando la invasión del 58, a lo que había que agregar las conversaciones con Castro, los documentos de la Oficina de Asuntos Históricos, que dirigí junto con Celia Sánchez durante el 66 y el 67, las investigaciones sobre Guevara y otros.

Aspiraba a hacer una obra que fuera la fuente incontrovertible de la Revolución cubana de 1952, hasta la toma del poder en 1959, que debía cerrar el libro contado por todos: Fidel Castro en primer lugar, el Che Guevara, Camilo Cienfuegos, Raúl Castro, Huber Matos, Frank País, Faustino Pérez, Armando Hart y tantos otros dirigentes de la clandestinidad. Incluí al Directorio Revolucionario y los principales acontecimientos ocurridos en aquellos años. El papel decisivo de la clandestinidad y el de la guerrilla como vanguardia, así como la actitud crítica de los comunistas durante estos tiempos. Vanguardia importante el movimiento juvenil, profesional, estudiantil y obrero, verdadero protagonista de la historia, como prueban las cartas y documentos.

Una simple legible y auténtica historia de aquellos largos conflictos y difíciles años.

De manera que consideraba aquellos documentos, la mayoría recopilados en la clandestinidad, muchos en la sierra, tan míos, como de otros, sin propiedad de nadie, con la obligación de publicarlos, sin cambiar sus palabras, junto a grabaciones que había hecho, cuando la obra *El libro de los doce*, indispensable a la historia, como diría después K. S. Karol en su crítica del *Nouvel Observateur*, cuando salió *Diario de la Revolución cubana*. Los materiales conservaban su autenticidad, estaban usados en el libro a la manera que la pintura contemporánea se hace un gran colage, afirmó Karol, con certeza. La pintura me servía de respiro espiritual y de sostén económico, modesta debía ser la vida de un disidente, pues lo más eficaz, aparte de su inteligencia y conocimiento, es su moral. Una tarea tan dura como contar todos los días una tragedia es que los otros te oigan, y si no eres un franciscano en tu vida personal, eres inútil o te vuelves un frío.

HISTORIA DE ALGUNOS DOCUMENTOS IMPORTANTES

Una buena parte de los manuscritos cayeron en mis manos cuando llegué a Radio Rebelde, en mayo de 1958, a 31 de diciembre de 1959, incluidos los archivos del Ejército Rebelde, que guardaba Camilo Cienfuegos, el cual me los entregó al partir para la invasión, con una nota suya que me hacía responsable de su futura publicación. Las cartas de la prisión de Fidel Castro (de 1953 a 1955) dirigidas a Nati Revuelta, me las dio el propio Castro, cuando intentaba hacer el libro de la Revolución en 1964-1965, así como las diferentes grabaciones sobre su niñez, el bogotazo y otras que entonces le hice. Otros formaron parte de las muchas grabaciones que hice con varios comandantes y dirigentes, para *El libro de los doce*. Algunos fueron publicados primero en la clandestinidad y después en *Revolución*, a partir del 59. Otros formaban parte del archivo de Celia Sánchez, que me los entregó en el 66, cuando dirigí la Oficina de Asuntos Históricos.

Los documentos más escabrosos de los primeros tiempos de la guerrilla eran absolutamente secretos, tanto para la clandestinidad como para la propia guerrilla, en el año 58, y naturalmente para el público. Se conocieron gracias a la publicación que hizo el Che Guevara en su libro *Pasajes de la guerra revolucionaria* y después en otros, en los que con su habitual crudeza, cuenta tal y como ocurrieron. Fidel Castro, que nunca había hablado ni escrito sobre aquellos dramáticos acontecimientos, como los fusilamientos simbólicos y otros, a partir de la narración de Guevara hizo breves comentarios tratando de justificarlos.

Todos reunidos formaron el núcleo principal del libro *Diario de la*

Revolución cubana, en sus ediciones española, francesa, inglesa e italiana, considerado por la crítica como la fuente original de la insurrección y la lucha contra la dictadura de Batista, y han sido reproducidos por innumerables autores en muchísimos libros, algunas veces otorgándome crédito y en otras ocasiones no.

EL CÍRCULO DE PIEDRA

El círculo de piedra estuvo listo para satisfacción mía, no hablo de mis textos, criticados elogiosamente por poetas y pintores, no soy el indicado para calificarlos. Un magnífico trabajo, emulando unos pintores a otros. El trabajo del impresor, el cuidado de la tipografía, del papel, de la cubierta y de todo el libro de parte de Upiglio fue estupendo, puse el amor y pasión posibles, mientras me divertía en convertir cada página de los textos para ser mirado como el círculo redondo, que como por casualidad en cada página se ve y se convierte en un círculo pictórico para adivinar lo pintado. La primera exposición fue en la galería de Georgio Marconi, una de las mejores de la vanguardia de Milán. Todo el mundo se asombraba de la belleza del libro, pero para mi flaco bolsillo triste no hubo nada, pues no vendimos allí ni un solo ejemplar. Paul Rebeyrolle, que vino con otros pintores a la exposición, dijo a Marconi que me diese 1.000 dólares que debían pagarle por una litografía, y así sobrevivimos un tiempito más. Fui a Barcelona a ver a Gaspar, y que en tiempos difíciles compraba Picasso y Miró. Gaspar se encantó con el libro y me compró ocho ejemplares por 12.000 dólares. Por justicia compartí la mitad con Upiglio, un respiro económico, hizo un buen catálogo y una mejor exposición en su sala de Barcelona, y así comenzó la historia de este libro que echó a andar y que mucho nos ayudó.

CORRÍA EL AÑO 1970

Corría el año 1970 y mi situación era bastante rara oficialmente. Había condenado por principios la invasión rusa de Checoslovaquia, oponiéndome al apoyo de Fidel Castro. Tuve entonces el primer conflicto con Wifredo Lam, a quien la Embajada Cubana encargó que tratara de evitar la condena del grupo del Salón de Mayo y el Congreso Cultural, cosa que ellos rechazaron indignados, publicando una declaración de condena muy crítica. Me negué a participar en la gestión de Lam, lo critiqué y le enseñé el texto de mi crítica a aquel acto imperialista, que acabó con el intento checo de un socialismo con rostro humano.

A partir de entonces, mantuve estrechas relaciones y contactos, y apoyé las acciones del grupo de exilados checos en Europa: Pelikan, Goldstücker y otros. Goldstücker, traductor de Kafka, ex prisionero de los nazis, condenado a cadena perpetua cuando el proceso estalinista contra Slánský, ex rector de la Universidad de Praga, Arthur London, autor de *Las confesiones*, uno de los más extraordinarios libros sobre las autocríticas y los procesos del mundo comunista, todos ellos apoyaron mi condena al castrismo. Organicé en la sede de la revista *Cambio 16*, que dirigía José Oneto en Madrid, una reunión contra la ocupación rusa, donde participaron figuras como la del socialista Miguel Boyer.

En la Bienal de Venecia, dirigida por Ripa de Meana y dedicada a la crítica del comunismo ruso, London fue uno de los que apoyó mi carta protestando por la prisión de Armando Valladares.

Las discusiones en los círculos amigos de Roma y París eran furiosas.

En Cuba, la ira de Fidel Castro era tal que impedía que mi nombre se pronunciara en su presencia. Ante su silecio, la burocracia no sabía qué hacer. Me sumergieron en una especie de limbo. A mi casa en La Habana, donde vivía mi madre, atendida por familiares míos y de Margot, continuaba llegando el boletín de la COR y los veinte yogures de las fábricas de Fidel Castro, y nadie se atrevía a dar la orden de suspenderlos.

GARCÍA MÁRQUEZ: UN VIAJE SORPRENDENTE

A principios del 69, viviendo en Ginebra, en el apartamento de Orlando Blanco, recibí una llamada telefónica de Italia, de Gabriel García Márquez, en que me pedía que nos viéramos en Milán, que tenía que conversar conmigo. Le contesté que no tenía visa italiana y que con el pasaporte que tenía su obtención duraría tiempo. Nos pusimos de acuerdo para vernos en el café de la estación de la frontera suiza-italiana. Al otro día allí nos encontramos García Márquez, Mercedes, su mujer, Margot y yo. Estuvimos unas dos horas conversando. García Márquez fue muy nebuloso, pude intuir dos cosas: una, que iría a Cuba; otra, cuál era mi posición definitiva si pensaba regresar pronto. Conocía a García Márquez de cuando trabajaba en *Prensa Latina*, en La Habana, allá por el año 60, junto con Plinio Mendoza y otros latinoamericanos, bajo la dirección de Masetti.

Nuestro primer encuentro europeo ocurrió en el 68, a su regreso de un viaje por Checoslovaquia, con Carlos Fuentes, Julio Cortázar y Mario Vargas Llosa. Pasó con Mercedes por Ginebra, a su regreso a Barcelona, donde entonces vivía, y vino a verme a la casa de Orlando Blanco, y tuvimos una agradable conversación. En esa época había ocurrido la invasión soviética de Praga y venían muy impresionados los cuatro por lo que allí habían visto. Después los encontré varias veces, cuando vivía en Barcelona, y pareció nacer una amistad entre nosotros. Gabo me soltaba la lengua, yo aceptaba el juego, me interesaba mucho que supiera lo que ocurría en Cuba, la crisis irreversible de la Revolución, el caudillismo de Fidel Castro, Cuba una provincia rusa, no en el sentido satélite, a donde mandaba Fidel Castro, pero sí en el sistema ruso y comunista.

Lo que más interesaba a García Márquez era la personalidad de Fidel Castro, me hacía contar sus anécdotas e historia, y eran muchas aquellas que conocía del Comandante.

UNA CITA PELIGROSA

Al final de 1970 tenía yo que ir a ver a Miró y a Tàpies. Proyectaba hacer un libro de arte con mis textos y litografías de pintores amigos. Nunca me quisieron cambiar el pasaporte, aun si no era diplomático, ni empleado del gobierno, ni recibía salario alguno. Aquel viejo pasaporte diplomático, con el que siempre salía y entraba a Cuba, era una manera de controlar mis movimientos, y el de otros como yo. Para pedir una visa necesi-taba una carta de la Embajada Cubana, cosa ya casi imposible. Mis relaciones con el mundo oficial eran malas. No había roto oficialmente todavía. Sí había condenado la invasión rusa de Checoslovaquia, que Fidel Castro había aprobado en un discurso que horrorizó a los centenares de artistas y escritores que habían ido a Cuba a finales del 67 y principios del 68, cuando el Salón de Mayo y el Congreso Cultural de La Habana.

Recuerdo que Wifredo Lam quiso hacer una gestión con Marguerite Duras, Mascoló y otros, para pedir que no condenaran la invasión. Me negué a secundarlo. La hizo sin resultado alguno. Tenía alguna relación con Baudilio Castellanos, el embajador de Cuba en París, lo conocía de la clandestinidad, caía siempre por *Revolución*, como casi todo el mundo, cuando estaba en desgracia, en los primeros tiempos, y allí publicaba uno que otro artículo. Bilito, así le decían a Castellanos, era un viejo amigo de Fidel Castro, uno de sus abogados del juicio del Moncada, a principios del 59, fue al Instituto de Turismo, hizo un buen trabajo de desarrollo turístico y rápidamente fue desplazado. Años más tarde pidió permiso a Fidel para reconstruir la industria alimenticia cubana, no existía entonces un ministerio que se ocupara de aquello, solicitó préstamos a la banca, se dedicó a recoger todo lo que había abandonado en el país y lo puso a funcionar. En poco tiempo producía quesos en Isla de Pinos, conservas alimenticias, pescado en Cojímar, infinidad de productos que hacían las delicias de las cocineras, en un país que carecía de tantas cosas. Pero la burocracia no perdona, el éxito de Bilito enfureció a aquellos que no podían admitir su fracaso, aquel que por la libre era capaz de producir lo que ellos no hacían, entre ellos, el ministro de Comercio, Luzardo, un viejo comunista. Eran poderosos y plantearon que era necesario crear el Ministerio de Industria Alimenticia. Acusaron a Castellanos de libretero y conflictivo. Fidel Castro, para resolver la bronca, en vez de nombrarlo ministro, lo envió a París como embajador. Durante una semana estuve en París, y algo me decía de no ir a la embajada. Wifredo Lam, que entonces tenía por amigo, conocía mis dudas y preocupaciones, la situación de Cuba, sus crisis y las mías. Día a día me incitaba a ir. Pensaba que lo hacía para que resolviera mis problemas de visa española. Un domingo, cuando estaba con él en su casa, me decidí, Lam llamó a Bilito, y nos encaminamos hacia la avenida Foch, donde estaba la embajada. Bilito nos recibió eufórico y gourmet: tenía allí nada menos que uno de los mejores cocineros de Cuba, un bar, un barista muy famoso por sus mojitos y daiquiris y, para que no faltara nada, un maestro del torcido que hacía unos grandes habanos, venido de H. Upman con las mejores capas y tripas, que torcía habanos para los visitantes. Aquel refrigerador de Bilito estaba lleno del más maravilloso marisco y pescado, allí había todo lo que en la isla no había: camarones, ostras, langostas, langostinos, pargos, serruchos... Las mejores frutas: criollas, mangos, toronjas, caimitos mameyes colorados, guanábanas. Todo cuanto tierra y mares de Cuba producían, estaba allí, al alcance de nuestros paladares. Tan espléndido desayuno se me hizo sospechoso. Bilito mandó a hacer mojitos y daiquiris. Me molestaba la arrogancia de esta embajada, cuando en el país no había casi nada, y me di cuenta de que los mojitos estaban bien cargados y que Bilito quería emborracharme. ¿Para qué?, me dije, ¿querrán tirarme la lengua, o que me duerma, para cuando despierte encontrarme camino de Cuba? Estaba bien alerta, no había ido desprevenido, tenía conmigo una pistola bien cargada, la que me había dejado Norka Korda, por algo era yo un veterano de la clandestinidad, un conocedor de las maniobras de la Seguridad, de Piñeiro y de Ramiro Valdés.

Con el pretexto de mis males estomacales, espaciaba el trago y los manjares, simulando una borrachera que realmente no tenía. En un momento dado, Bilito me dijo que tenía que hablar conmigo a solas, conduciéndome a un cuartito, en el pasillo de la embajada, en que estaban las claves. Antes de entrar vi que no había nadie. Era evidente que aquella conversación iba a ser grabada y oída desde otra habitación de la embajada, en que estaban los hombres de la Seguridad. Consciente de los peligros que corría en aquel territorio diplomático, me dispuse a contestar lo que suponía que Bilito me iba a preguntar. Castellano comenzó diciéndome que en Cuba, en la calle 11, en la casa de Celia y de Fidel Castro, había preocupación por mi tardanza en regresar, y que él, como mi amigo, me aconsejaba hacerlo lo más pronto posible. Que Celia Sánchez recibía críticas a causa de esta larga ausencia mía y que Fidel Castro estaba preocupado con mis declaraciones.

Lo interrumpí, fingiendo estar más borracho de lo que estaba, le contesté que me hacía muy feliz con aquellas palabras, pero que no entendía por qué no me habían contestado desde La Habana, que había enviado varios mensajes sobre brigadas de cortadores de cañas, de escritores, mejores con la pluma que con la mocha, que estaban organizando en España, pero que no había recibido ninguna respuesta. Bilito me dio un abrazo y bajó la guardia, me daría la carta para el embajador de España, pidiéndole la visa, le había dicho que tenía que entregar allí unos textos antes de continuar el viaje para La Habana, y con disimulo Bilito tocó con su mano derecha, algo que no pude ver, supuse que era la grabadora, iba a decirme cosas que no quería que oyese la Seguridad. Entonces pregunté:

—Bilito, esta conversación, en la casa del embajador y del viejo amigo, ¿es personal u oficial?

—Ambas cosas—respondió.

Agregué:

—Bilito, en mi última conversación con Fidel Castro, éste me dijo: «Franqui, feliz tú que eres libre, que puedes ir a donde quieras, puedes estarte el tiempo que quieras fuera, aquí no hay ningún trabajo que yo pueda ofrecerte, ni grande ni pequeño, tal es la oposición que tu persona suscita entre los otros» —y pregunté—. Bilito, ¿es de Fidel Castro, este mensaje?

Me respondió no con la palabra, con la cabeza y entendí que no.

—¿Es de Celia?—E hizo el mismo gesto—. No puede ser de Dorticós o Roa, dado que yo no soy diplomático ni tengo cargo alguno. Queda sólo Piñeiro.

Bilito, siempre mudo, me echó una mirada, que interpreté afirmativa. Hablé entonces del concierto de Luigi Nono con textos míos, estrenado por la radio italiana en el anfiteatro de Roma, que había provocado conflictos musicales y políticos en el mundo cultural italiano. Nono había sido acusado de pro chino, y algunos habían dicho que se usaba la radio oficial para hacer una política guerrillera, un funcionario de la embajada de Cuba había recibido una felicitación oficial por el éxito de aquel evento.

—¿No me digas?—respondió Bilito, sorprendido—. A mí y a los otros dos embajadores cubanos que asistieron (Luis Orlando Rodríguez, embajador en Viena, y Alcalde, embajador en Suecia) nos fue duramente criticado avalar oficialmente, con nuestra presencia, un concierto de música contrarrevolucionaria.

—Pero si Nono, además de miembro del comité central del Partido Comunista Italiano, es uno de los artistas más izquierdistas de aquel país—repliqué.

—Franqui, Franqui, no conoces tú cómo se piensa en Cuba, ya se acabaron los libretazos del 67—me respondió Bilito.

—Bilito—pregunté—, ¿si me ofrece un trabajo en Cuba, quiere decir que las palabras de Fidel y la situación ha cambiado?

Respondió:

—Tú vete tranquilo y no te preocupes de lo demás.

Castigado, me di cuenta, pero no lo dije, era algo que conocía por otros amigos. Se creían que yo, tan imbécil siempre, regresaría como había ocurrido en el pasado, esta vez se equivocaban. Antes de terminar, dije a Bilito:

—Te comunicaré mi vuelo a Madrid, tengo la impresión de ser seguido por cubanos, no sé quiénes, he tenido que pedir prestada una pistola por si acaso—y se la enseñé—. ¿No te parece una buena precaución?

Me miró con sorpresa y no dijo nada. Salimos del cuarto y regresamos al salón, donde Lam, con los ojos más abiertos que nunca, esperaba mientras Bilito, pese a que era domingo, se iba a su despacho a atender una comisión de holandeses que acababa de entrar. Venían muy bien vestidos, eran ejecutivos. Media hora después regresó Bilito con cara de grave preocupación y una carta en la mano, y nos dijo:

—Estos capitalistas no entienden nada.

—¿Cómo, cómo Bilito?—preguntábamos.

—Sí, imagínense que podían ganar millones de pesos con sólo hacer un estudio para el proyecto de Fidel, en la ciénaga de Zapata.

—¿Qué proyecto?

—Un maravilloso proyecto, Franqui, que sólo puede ocurrírsele a Fidel. Se trata de desaguar todo el mar Caribe, entre la ciénaga de Zapata y Guanahacabibes, todo el sur de Cuba, hacer un gran lado artificial, de más de 500 kilómetros, en la costa.

Oí aquello y en el momento pensé que me había vuelto loco. Como Bilito se alejó un momento, para buscar una copa de daiquiri, pregunté a Lam qué había oído, el cual, asombrado, me repitió lo mismo que había oído antes. Bilito, casi sin palabras, me hizo comprender que aquella gestión fallida era su última esperanza. Ningún grupo económico ni científico de los muchos que en los países nórticos se ocupan de recuperar tierra a los mares había aceptado enviar una comisión para estudiar el proyecto del Comandante, y con un gesto Bilito me hizo comprender que aquél era su fin; yo, de la misma manera, asentí. Nos despedimos. Yo feliz de haber escapado de aquella trampa. Lam tuvo una crisis de conciencia al salir de la embajada, me comentó que él conocía todo, que estaba contento de que no hubiese ocurrido nada, que le habían pedido que me llevara aquel domingo a la embajada, que ahora que yo regresaba a Cuba podía decírmelo, que me pedía excusas por haber «desconfiado» de mí. Lo miré fijamente y no dije nada, fue para mí un golpe muy duro conocer de su propia voz la traición de un amigo, de un gran pintor y de un hombre que conocía la realidad de Cuba, con el que el año antes y tantas otras veces había dado grandes batallas por un arte y una cultura libres. Tomé un tren para Barcelona, y allí fui recibido con el cariño de siempre por Tàpies y Miró, que me ofrecieron la colaboración para el libro y me pusieron en contacto con galerías y editoriales de la ciudad. Llamé por teléfono a García Márquez, me invitó a visitarlo. Vivía puerta con puerta con Mario Vargas Llosa y Patricia. Conocía a Mario desde 1962, cuando joven periodista llegó a reportar la crisis del Caribe y estuvo en mi casa y conversamos con mucha franqueza. García Márquez quedó sorprendido al verme llegar descompuesto. Entonces le conté la historia de la embajada y el proyecto de Fidel de convertir las aguas de la costa caribe de Cuba, entre la ciénaga de Zapata y la península de Guanahacabibes en un lago de agua dulce. Gabo puso cara seria, trajo el manuscrito de *El otoño del patriarca*, y me leyó el fragmento de una escena que era exactamente igual. Lo felicité por el acierto, y su respuesta fue el silencio, pero cuando salió el libro, el lago marino de agua dulce había desaparecido.

UN ENCUENTRO EN PARÍS CON GABRIEL GARCÍA MÁRQUEZ

De paso por París, García Márquez me llamó y me dijo de vernos en un café de Saint Germain. Después de saludarme, García Márquez pidió al camarero dos buenos whiskys, diciéndome:

—Franqui, te ofrezco el whisky de la buena conciencia...

—Será el de la mala conciencia—contesté, riéndome.

—No Franqui, el de la buena conciencia, tú bien sabes que el dinero que tengo me lo gano con mis libros.

—Lo sé Gabo, lo sé—respondí—, pero se supone que quienes piensan como tú y yo, saben que el dinero, símbolo del capitalismo, aun si ganado con talento, es malo...

Gabo como siempre, me pidió que le contara historias del jefe de la Revolución y, en esta ocasión, de Guevara. Le conté algunos episodios de mis discusiones con el Che, de sus contradicciones, de su capacidad de reconocer la realidad, a diferencia de Fidel, para el cual la única realidad eran sus palabras, mientras que Guevara siempre resolvía sus contradicciones con un nuevo dogma; fanático de Stalin y de los soviéticos, primero, al ver con sus ojos la experiencia del fracaso, dio un salto adelante y encontró el dogma del comunismo chino, y cuando entró en contradicción con Fidel, se volvió él mismo el dogma: salvar la Revolución perdida, haciéndola en otra parte del mundo, nada menos que dos o tres Vietnam.

—No me gustan los que pierden el poder—respondió Gabo. Se levantó y me dijo que tenía que irse a una entrevista periodística.

Me quedé pensando en la eterna fascinación de Gabo por el poder, su libro más famoso es entre otras cosas poder y soledad.

Esa fascinación del novelista al encontrar en la realidad su personaje favorito, se convirtió en su bufón y novelador.

¿Estaría equivocado yo con mi desconfianza con el poder?

Sabía que la utopía anarquista era, y es, irrealizable.

Sabía, por haberlo vivido, que el poder logrado por el comunismo en el mundo, y por Fidel en Cuba, era peor que todos los poderes opresores que existen o hayan existido.

Es fácil y hasta lógico para un escritor o artista famoso tener un corazón de izquierda y una barriga de derecha.

Es la llamada buena conciencia.

Las turbas universitarias y juveniles, y los rabiosos, les hacen la vida imposible a los escritores y artistas que por su rigor moral son críticos de todo tipo de dictadura y de injusticias, tienen el coraje de criticar a los dictadores de izquierda, como a los de derecha, a los comunistas, etc. Los compañeros de viaje dicen: «Con la izquierda todo, contra la izquierda nada». Lo decía y practicaba Alejo Carpentier. Cuando por una aventura amorosa en Francia, se tardó en llegar a París, y se rumoró que se había exilado. Al enterarse, respondió: «Como si yo no supiera que el escritor que se pelea con la izquierda está muerto». Alicia Alonso, la famosa bailarina, recibía una subvención de Batista. Bailó para Trujillo en Santo Domingo y despreció en Caracas a las mujeres oposicionistas, diciendo que Fidel era igual que Batista, para después volverse fidelista y costarle a Cuba muchos millones de dólares.

El caso de Alejo es significativo. Durante los años del batistato estuvo en el extranjero, sin hacer ni decir nada. Al triunfo de la Revolución, regresaron él y Alicia Alonso, gracias a un artículo mío en *Revolución* defendiéndolos, para pasarse enseguida con sus viejos amigos comunistas y entrar en el reparto del botín.

La Seguridad desconfiaba de Alejo, como de todo el que pensara, y no había pasado por alto ciertas similitudes narradas en el *Siglo de las luces* con la Revolución cubana. Fidel Castro, que sabía de sus debilidades, le tenía simpatía. Después de su primera peripecia burocrática, Alejo decía a su secretaria: «El poder es peligroso, hay que estar lo más lejos posible de él, pero no contra él». Alejo, de consejero cultural de Cuba en Francia, paso a paso fue demostrando su «fidelidad» y terminó nada menos que elegido miembro de la Asamblea del Poder Popular.

«EL GENERAL EN SU LABERINTO»

Éste es un libro en el que García Márquez intenta, sin lograrlo, reflejar la debilidad y flaqueza humana de un Bolívar en la vejez y derrotado, ensuciando la justa fama de libertador de América, y todo porque entre el poder y la dictadura, que le hubiesen hecho amo de América, Bolívar prefirió renunciar porque él se sentía un libertador y no un tirano. Bien lo dijo Martí: «Su fama crecerá como la sombra cuando el sol se pone».

A García Márquez esa fascinación por el poder le dio gloria como novelista, pero manchó sus manos de sangre, como le dijo Octavio Paz en la ceremonia de toma de posesión del presidente mexicano Salinas de Gortari, cuando al llegar Castro, García Márquez empezó a aplaudir y los otros lo siguieron a coro, menos Octavio Paz, que respondió con un sonoro y estridente chiflido. Entonces García Márquez le gritó:

—Qué bien chiflas, Octavio.

Y Paz le respondió:

—Qué bien aplaudes, Gabo.

Y más tarde le llamó por teléfono, a él y a todos, y le preguntó:

—¿Ya te lavaste las manos, Gabo?

—¿Cómo que si me lavé las manos, Octavio?

—Sí, porque cuando se la diste al Comandante, en la comida ofrecida en tu casa, te manchaste con la sangre de sus crímenes.

La patente de izquierda permite a García Márquez tener casa, millones y riqueza en Colombia, México y Cuba, cuentas bancarias, etc. No condenar el narcotráfico que destruye su país, no denunciar los crímenes de la guerrilla colombiana o hacer silencio cuando el jefe guerrillero Flavio Vázquez envió a disparar y a matar por celos y envidia al padre Camilo Torres, el famoso sacerdote, padrino de uno de sus hijos, y la respuesta de Márquez fue el silencio. Además de entrevistarse en Moscú y llevar al jefe de la siniestra GPU en muchas ocasiones mensajes referidos por la prensa moscovita.

Cínicamente, García Márquez escogió la «sopa comunista», entre otras cosas porque según sus palabras, y en eso se equivocaron el Comandante y el escritor, el comunismo iba a triunfar en el mundo, y si él se peleaba con ellos, su obra iba a desaparecer definitivamente.

¡OH, VANIDAD DE VANIDADES!

García Márquez, precavido y generoso en abril del 61, dirigía *Prensa Latina* en Nueva York, creyendo y equivocándose, cuando la invasión, pensó que detrás del invasor iban a estar los gringos, puso pies en polvorosa, una fuga larga y continuada con el castrismo, al que no se incorporaría hasta después del vergonzoso proceso Padilla, que defendió haciéndose perdonar, después de pasar una decena de años en silencio y sin visitar la isla. No es la única vez que puso pies en polvorosa. En Barcelona lo hizo tres veces, una cuando la protesta contra Franco, por la muerte y condena de Puig Antich, otra cuando artistas y escritores famosos se reunieron en Montserrat y pidieron su respaldo, sin que él lo hiciera, yéndose de Barcelona, y la otra vez cuando le llevaron el manuscrito de la Operación Ogro y su reacción fue abandonar la ciudad condal precipitadamente.

Pintores como Diego Rivera o Siqueiros, artistas de cine, directores hollywoodienses, en cuyas películas, que unas veces dirigen y otras actúan, contribuyen notablemente a la violencia, al crimen, a la exaltación de los peores sentimientos, a la muerte, a la guerra, a las violaciones y jamás rechazan un papel, pero eso sí, se limpian yéndose a La Habana, o a otros sitios, apareciéndose siempre como progresistas y hombres de izquierda. Su clave: el corazón de izquierda; el bolsillo y la barriga de derecha.

García Márquez piensa y actúa como Goethe y otros que le antecedieron, el genio en el caso del alemán; el mundo olvida las debilidades, flaquezas, errores o canalladas de los hombres de talento y lo que recuerda es su obra; cínica, pero realista, esa práctica de estos izquierdosos.

INTELECTUALES OPORTUNISTAS

El católico Cintio Vitier, después de excluir a Nicolás Guillén de su antología de los diez poetas cubanos y sin que el batistato nada le importara y contra el que nada hizo, aprovechó la censura de PM y el fin de *Lunes* para montarse en el lujoso carro del poder, y ya no hubo nadie que lo desmontara.

Retamar, Otero y talentos menores, con Barnet, Pablo Armando y Harold Gramatges, hicieron perdonar su pasado para convertirse en perros de presa de la cultura oficial.

Ejemplo de su cinismo se retrata en la carta contra Neruda, al que siguiendo órdenes de Castro acusaron de siervo del imperialismo. Increíble calumnia. Muchas cosas había en el armario del chileno, como en el de Alberti, Aragón, Guillén y otros, sus cantos a Stalin, los rublos que recibían, el silencio por los crímenes y las invasiones soviéticas. Incluso cuando Picasso, Leiris, Pignon, Calvino, Rebeyrolle y tantos otros prestigiosos artistas intelectuales de todo el mundo rompieron con el comunismo, entre ellos François Furet, después de la invasión de Hungría en 1956, Neruda y los otros continuaron tranquilamente sirviendo al sistema.

Tal es el lacayismo de esta colección de oportunistas, y todos ellos, incluido Benedetti, el pintor Mariano Rodríguez, Retamar y el mismo Armando Hart, ex esposo de Haydée Santamaría, silenciaron el nombre de Santamaría, suicidada como protesta cuando el marielazo, el 26 de julio de 1980, y borrada del Pabellón de los Mártires, y al dedicarle un número de la revista *Casa de las Américas*, por ella fundada, en que se referían a los colaboradores muertos, hablaron del venezolano Otero Silva y otros, pero silenciaron el nombre de Haydée.

Los que nunca hicieron nada contra Batista se volvieron «revolucionarios» y la mayoría de los poetas y escritores progresistas antibatistianos se le opusieron al volverse comunista la Revolución: Carlos Montenegro, Emma Pérez, Ernesto Lecuona, Agustín Acosta, Lino Novás Calvo, Labrador Ruiz, Isabel Pérez Farfante, Leví Marrero, Jorge Castellanos, Roberto Estopiñán, Calixto Masó, Severo Sarduy, Agustín Fernández, Jorge Camacho, Cundo Bermúdez, Rolando López Dirube, Guillermo Cabrera Infante, Heberto Padilla, Alfredo Lozano, Hilda Pereda y Néstor Almendros.

ROSANNA ROSANDA

Rosanna Rosanda es una de las mujeres más cultas, inteligentes y humanas que haya conocido, sólo prisionera de no poder renunciar a la utopía marxista. Amiga común de los Sartre, me contaba, riéndose, cómo una vez llegó sin avisar y encontró a Sartre inquieto y nervioso al recibirla. Al mirar hacia un mueble que había en el estudio, vio unas lindas piernas de mujer que la madera no escondía y tuvo un ataque de risa que sorprendió al filósofo.

Discutía frecuentemente con Rosanna, era demasiado inteligente y honesta como para ocultarse el fracaso del socialismo real, al que criticaba, incluida Cuba, pero retornaba siempre al limbo materno, el Manifiesto comunista, llamando así a su grupo disidente de izquierda, que, expulsado del Partido Comunista Italiano, estaba entre Sartre y Louis Althusser como el último filósofo y pensador marxista, Rosanna siempre rescataba a Marx.

Le oponía, sin convencerla, un argumento lógico: cómo es posible pensar que todos los miles de comunistas que han tratado de aplicar el marxismo a la práctica del poder lo hayan interpretado mal, aplicado mal. «Hay algo, Rosanna, aunque te duela, que ha fallado en la teoría misma, la idea del proletariado como vanguardia universal. El mismo Trotski tuvo que reconocer el valor universal de la cultura burguesa, la idea de totalidad que conduce a la dictadura, el papel preponderante de lo económico y de lo material, el excesivo poder de la voluntad, la desaparición paulatina del estado que magnifica en vez de disminuirlo. ¿Por qué el utópico reino de la libertad y la riqueza en la práctica es siempre más el reino de la esclavitud y la miseria, y el hombre, en vez de ser hermano del hombre, es el feroz lobo estalinista que fusila y aprisiona a sus propios compañeros por el solo hecho de continuar pensando con la cabeza que los volvió revolucionarios?».

Lenin habrá forzado a Marx, como Stalin habrá forzado a Lenin, o Mao a Marx, pero negar la paternidad marxista de ellos no parece posible. Rosanna utilizaba su prodigiosa lógica para hacer aparecer a Marx siempre puro e inocente, esperando en su utopía futura para cambiar el mundo, en fin había que regresar a la fuente original, al Manifiesto.

EXTRAÑA VISITA

Un día, en nuestro apartamentito de Sagramoso 25, en Roma, recibí una carta de un editor norteamericano que me rogaba llamar al hotel Hilton de Roma. Ver el sobre y entrar en sospecha fue la misma cosa. La razón, simple. Venía dirigida a Carlos Franqui Mesa. Mesa es mi segundo apellido, sólo que nunca lo he usado y ni mis amigos lo conocen. Entonces, ¿por qué este editor lo conocía? Era evidente que lo había conseguido a través de la policía de Roma a causa de mi estancia en Italia. Durante años de violentos conflictos en Cuba, con responsabilidades, en desgracia, o en el extranjero, en una época en que la CIA buscaba a cualquier cubano, importante o don nadie, ni aun los grupos oposicionistas cubanos del exilio, ni aquellos que habían sido mis compañeros y amigos, me habían conectado. La Seguridad que a casi todo el mundo pedía informaciones, a mí al contrario, me vigilaba y me hostigaba dentro de la isla y fuera. He contado los conflictos con Ramiro Valdés, su jefe, cuando en 1960 quiso designar los corresponsales del periódico cuando Castro fue a la ONU en Nueva York.

Uno de nuestros problemas en Cuba fue la permanente hostilidad de la Seguridad del Estado, que no fue gratuita, por nuestra concepción de la revolución, de la legalidad revolucionaria y por las protestas contra sus barbaridades, guerra abierta, una intervención mía en más de un caso significó que, si a alguien le pedían diez años de condena, le pusieran quince. Lo que motivó que por el más elemental sentido de humanidad no hiciéramos más peticiones. En los primeros tiempos, tuve que ingeniármelas para que algunos de nuestros reporteros o colaboradores fueran los que se encargaran de sacar personas de Cuba, particularmente el periodista Abelardo García Berrí, un viejo amigo, gran reportero, no político, una persona decente, un enemigo de las injusticias, que mucha ayuda nos prestó en la época de la clandestinidad. Reportero en la policía, estaba informado y tenía que tener relaciones con todos los cuerpos de seguridad. García Berrí se las ingeniaba para dar información de detenidos, torturados, de los que corrían el peligro de ser asesinados, y muchas de esas informaciones salvaron la vida de amigos. Al triunfo, con esa capacidad de reportero, de conocedor de su oficio, y de las debilidades de los jefes, hizo buenas relaciones, antes las tenía, pese a su posición de opositor, ahora volvió a tenerlas con Raúl Castro y con muchos otros jefes, necesitaba tenerlas, apoyaba la Revolución, pero comenzaba a tener un espíritu crítico con lo que veía. Fue él nuestro hombre allí dentro, el que consiguió centenares de permisos para cubanos que querían salir de Cuba y que por esta vía lo consiguieron. No está en mi conducta publicar esos nombres, pero la lista existe y está en poder de García Berrí.

Debo decir que sentía un cierto orgullo, en esto de que la policía, amiga o enemiga, no se equivocase conmigo, ni yo con ella. Si vivo en un país democrático, respeto la ley, y la policía no tiene que tener relaciones conmigo, ni buenas ni malas, ni hablar siquiera; y si vivo en una dictadura, mala o «buena», de derecha o de izquierda, el policía es mi enemigo, y soy su enemigo, él te liquida, o tú con tu oposición acabas con su poder. Aunque parezca esquemático, es verdadero. Muchos compatriotas han cometido errores, dentro o fuera de la isla, por no darse cuenta de lo peligroso que es cualquier conversación con un policía. Si hablas con él, piensa que hablas con todos, en lo cual puede tener un poco de razón, pero además interpreta lo que le dicen exactamente al revés de las intenciones de lo que le dices o cuentas. Emilio Guede, en el año 63, había pasado un momento por una exposición de fotografías que tenía en París a hablar conmigo, en nombre suyo y del movimiento de Ray, como viejos compañeros de la clandestinidad. Me negué, no estaba de acuerdo, pese a la crisis que vivía. En aquella sala, la embajada y el Partido Comunista Francés habían mandado miembros para que la cuidaran, agentes de la Seguridad para que me vigilaran.

Tengo por norma afrontar los problemas, aun si difíciles, no huir de ellos o soslayarlos.

Llamé al editor norteamericano del Hilton. Al oír su voz por teléfono, percibí que era la voz de alguien que hablaba español con un acento extranjero. Le dije:

—Señor, usted es un editor muy bien informado, conoce hasta mi segundo apellido, creo que por primera vez un policía se ha equivocado conmigo, y si eso es así, dígamelo para mandarlo a «aquel país».

—Perdone, señor—me respondió—, no soy editor, pero no me equivoqué con usted, ni pretendo ofenderlo o hacerle ninguna proposición, la verdad es que soy enviado especial del presidente Nixon. Usted sabrá que muy pronto hará un recorrido por China, la Unión Soviética y el mundo comunista. El presidente quisiera comenzar su viaje por La Habana. Pero con cuantos diplomáticos cubanos hemos tratado de hablar nos huyen como la peste y pensamos que usted sería, por su historia y posición, no tendría miedo de hacer algo que pensamos útil para su país y para el nuestro.

—Señor—le respondí—, no soy de los que piensa que se me va a pegar algo por hablar con cualquier persona, sea ésta adversario, enemigo, amigo o simpatizante, ni alguien a quien asusten los norteamericanos, pero usted, que conoce hasta mi segundo apellido, sabrá cuál es mi posición, que vivo en Europa, que no tengo relaciones oficiales con Cuba ni quiero tenerlas y que soy la persona menos indicada para una gestión de esta naturaleza.

—Sí, sí, conocemos su posición, pero pensamos que ha tenido usted una relación personal con Fidel Castro y con Celia Sánchez, y creemos que es el único capaz de no tener miedo de hacerles llegar un mensaje del presidente Nixon. Usted puede tomar la guía telefónica, ver los números de la embajada norteamericana de Roma, telefonear allí y preguntar si yo estoy en calidad de misión presidencial. Allí saben que estoy en misión de la presidencia, no cuál es mi misión. Una vez comprobado esto, si está de acuerdo, nos podemos ver en el Hilton, pues la conversación es para tratar de restablecer relaciones entre Cuba y Estados Unidos.

—Señor—contesté—, por única vez y para que no haya equivocación, yo lo veré mañana a las nueve, no en el Hilton, en público, en el «aire libre» del café Canova, en Roma, allí en la piazza del Popolo. Allí estaré sentado leyendo el periódico *Revolución*. Le aclaro de forma definitiva que cualquiera que fuesen los resultados de su mensaje, que en el orden personal trataré de hacer llegar a Celia Sánchez y a Fidel Castro, yo no intervendré en más nada en el futuro, ni aceptaré que alguien venga a hablar conmigo de estas cosas.

—De acuerdo—respondió—, nos veremos mañana en el Canova.

Terminé la conversación telefónica. Me quedé meditando, pensando que por hacer un servicio a mi país me podía ver envuelto en un lío, y estaba yo muy viejo para que me ocurriera semejante cosa, sin comerlo ni beberlo. Vi la guía telefónica y el teléfono dado aparecía dentro del elenco de la Embajada de Roma. Me fui al Manifiesto, conté la historia y les pedí que me dieran una mano, después de consultar, si creían correcto que participara en aquella gestión. Desde el Manifiesto se llamó al teléfono de la embajada y confirmaron que se trataba de un representante del staff presidencial.

Puntualmente, al otro día nos encontramos en el café Canova, que está en la piazza del Popolo, en el centro de Roma. El señor me informó que trabajaba en el staff presidencial de Nixon, que éste pronto visitaría Pekín y Moscú y que quería comenzar el viaje por La Habana, que el gobierno de Estados Unidos aspiraba a tener conversaciones secretas en Europa, al igual que lo hacía con Vietnam, que estaba dispuesto a derogar el embargo, a aceptar el régimen castrista y a no hacer reclamaciones por las indemnizaciones. Que si Castro estaba de acuerdo en realizarlas que se lo hicieran saber al presidente vía la Embajada de Roma.

Expliqué al norteamericano que intentaría esta vez hacer llegar un mensaje a Fidel Castro, pero que le aclaraba terminantemente que bajo ninguna circunstancia, dado mi posición crítica y mi permanencia definitiva en Roma, iba a recibir más mensajes o personas, y así terminó la breve conversación con la promesa de que se respetaría mi decisión, que realmente fue cumplida.

Como conocía qué fácil es enredar a cualquiera en una jugada de espionaje, tomé mis precauciones. Las mesas que dan para la piazza del Popolo estaban casi todas ocupadas. Llegué con anticipación y en la mesa de al lado un amigo periodista, con una buena grabadora escondida, grababa lo que conversamos el representante norteamericano y yo. Como no había tiempo y nunca me gustaron las pendejadas, no llamé a Celia Sánchez, única persona en Cuba que creía capaz de aceptar mi llamada telefónica, pero conociendo lo desconfiado que era el Comandante y mis enemigos de la Seguridad, tomé enseguida un tren para Albisola Mare, una playa en la costa de Italia, después de Génova, donde tenía su casa el pintor Wifredo Lam, y desde allí llamé a Celia diciéndole que había un ayudante del presidente Nixon de paso por Roma que quería enviar un importante mensaje del presidente de Estados Unidos a Fidel Castro y que preguntara al Comandante si quería recibirlo o no, porque todos los diplomáticos, según él, se negaban a encontrarlo. Celia, muy interesada, me agradeció el gesto. Ella conocía mi situación, me pidió el número de teléfono de Lam, me dijo que no me moviera de la casa, que Fidel estaba por las inmediaciones de la sierra, pero que en cuanto lo localizara me daría su respuesta. Pasó un día y nada. Al segundo recibí su llamada, me dio luz verde para que encontrara el enviado de Nixon y me dijo que Fidel Castro me agradecía el valor del gesto. Entonces dije a Celia: «Lo haré pero te pido una carta sobre este asunto, porque no quiero que mañana se me mezcle en una historia de espionaje y además que cualquiera que sea el desarrollo de esta iniciativa la persona encargada de este asunto sea otra, porque aquí empieza y termina mi participación».

Fui muy riguroso en no manifestar opiniones sobre el asunto, sólo dije que me parecía confirmada la seriedad de la persona que efectivamente formaba parte del staff presidencial de Nixon. Celia dijo comprenderme y me prometió la carta. Regresé a Roma, fui a ver al embajador Leiseca, redacté el informe y días después Celia envió un oficial designado para el caso, que me pidió la carta que naturalmente entregué. Celia me mandó la suya y me dijo que habían confirmado la intención del presidente Nixon de comenzar las conversaciones y de iniciar sus viajes por La Habana, pero que a Fidel Castro no le parecía oportuno ni una cosa ni la otra, y así terminó aquel interés norteamericano que no fue el único para arreglar las cosas con Castro.

LA DETENCIÓN DEL POETA PADILLA

Uno de los colaboradores de *Revolución*, en 1959, fue el poeta Heberto Padilla, que vivía fuera de Cuba, donde ejercía el periodismo y la enseñanza de idiomas. Su talento, don polémico, cultura y memoria—hablaba muchas lenguas, había leído mucho—, su ingenio y don de improvisación le hacían el *enfant terrible* de los círculos literarios; capaz con sólo dos buenos tragos de improvisar imitaciones literarias perfectas de Alejo Carpentier, Nicolás Guillén o José Lezama Lima en presencia de éstos. La imitación es algo que no sé por qué inquieta al artista, es como si descubrieran su mecanismo, el juego creativo que tanto esfuerzo cuesta, y alguien con facilidad lo imita, segundo huevo de Colón, frecuente entre falsificaciones pictóricas.

En *Revolución*, Padilla hizo artículos, crónicas, reportajes, colaboró en *Lunes* y fue corresponsal en Europa, Moscú, y tiró muchas piedras polémicas literarias, normales entre generaciones de escritores, inoportunas en los momentos en que todo lo escrito parecía ser oficial, aun si no lo era. El periódico desde el punto de vista literario tenía una línea de rigor y de contemporaneidad y una total libertad artística. No admitíamos nunca el populismo barato, la décima ramplona, la cursilería, el picuismo. Defendimos la obra de arte, incluso aquellos que eran considerados malditos como Heidegger, Ezra Pound, Borges y bestias negras de la izquierda y los proles de la época. Era un periódico con ese tono, su estética entre el cartel de la música popular y la línea picassiana, o experimental de los pintores y poetas franceses de los tiempos del cubismo y Apollinaire. Por los años sesenta y tantos, ambos en desgracia, yo más que Padilla, nada es más peligroso en el socialismo que esa lenta e implacable persecución que se aplica contra alguien independiente, y que no importa si ha perdido toda posición en el poder, es implacablemente perseguido. No vivíamos muy lejos Padilla, Fernández y yo. Mi casa era el triángulo en que ambos caían, aun si hablábamos más de literatura que de política. Un día Padilla escribió en el *Caimán Barbudo*, un artículo polémico y de oposición al caudillismo de Fidel Castro.

No me lo enseñó antes de enviarlo, cosa que le agradecí, pero al leerlo, y preguntarme mi opinión, le contesté: «Como sabes, tengo una cierta experiencia revolucionaria, he sufrido cárceles y torturas, y pienso todavía que soy capaz de dar mi vida por mis ideas, pero no estoy preparado para hacer y dirigir una oposición que no creo posible, que sólo me conduciría inmediatamente a veinte años de prisión. Hay muchos de mis ex compañeros irreductibles rebeldes en las prisiones que son los nuevos Baraguás, mi función crítica es otra. Seré más eficaz haciendo otro tipo de oposición que todavía no se ha hecho, contando la historia y peleando con las ideas. No confundas La Habana con el Moscú de Estuchenko y otros que conociste allí de donde vienes, son dos épocas y situaciones diferentes.

La poesía de Padilla es muy esencial y de suma claridad, y comenzó a reflejar lo que estaba pasando, que era bien dramático. Es y será un testimonio interno de la tragedia, de la barbarie y de la infamia implacable del castrismo. Padilla sería protagonista de escándalos. Uno, el de los ataques de verde oliva, reflejado en Europa por *Le Monde*, que tenía en Cuba entonces como corresponsal a Saverio Tuttino, antes corresponsal de *Unitta* y que tomó posiciones fidelistas, rompió con los comunistas italianos y después se apartó, y que siempre mantuvo amistad con Barba Roja-Piñeiro, el cual le encargó más de una misión, entre ellas la gestión con Arguedas, el boliviano, para la recuperación de las manos del Che Guevara; Tuttino, que había sido expulsado de Cuba, como corresponsal de *Le Monde*, el mismo día de la expulsión, había dejado su automóvil al comandante Piñeiro, es posible quizás, en este caso que Raúl Castro y los otros fueran quienes lo expulsaran y que Piñeiro, con su habilidad, lo chantajeara y lo utilizara.

El escándalo mayor ocurrió al darle la Unión de Escritores, a Padilla, su premio de poesía, por su magnífico libro *Fuera del juego*, otorgado por un jurado prestigioso, en que estaban Lezama Lima, al que Padilla había puesto banderillas literarias, el inglés Cohen, el catalán Salvat y otros. Los sectarios pusieron el grito en el cielo, obligaron a la Unión de Escritores, como condición para publicar el libro, que fuese prologado por un texto difamatorio atribuido a José Antonio Portuondo y Lisandro Otero, que por esa época andaba por Chile y que hizo una declaración contra el crítico inglés Cohen de tono fascista. Esa coletilla de censura provocó preocupación y protestas internacionales en el mundo de las letras. Juan Goytisolo redactó un telegrama que envió a Haydée Santamaría, directora de la Casa de las Américas y que firmaron con él, Cortázar, García Márquez, Fuentes y Vargas Llosa, entre otros, en el que se declaraban solidarios de su política revolucionaria y cultural y expresaban su preocupación por el prólogo al libro de Padilla. La Seguridad interceptó el telegrama y entonces José Llanuza, un antiguo protegido de Haydée, en los tiempos difíciles, y de Armando Hart, ministro de Educación, lo entregó a Fidel, metiendo cizaña contra Haydée. Fidel, que no cree en nadie, llamó a Haydée indignado, a su casa de la calle 11, y la acusó de estar apoyando una política contraria a la Revolución, con el telegrama en la mano. Haydée, sorprendida, no conocía el telegrama, no lo había recibido, lo leyó y quiso darle la interpretación verdadera, que Fidel se negó a oír, levantándose y dejándola sola y consternada. Era inconcebible que Fidel Castro desconfiara de la más leal de sus compañeras, pero ésa es su naturaleza. En el clima del fracaso de la zafra de los 10 millones de toneladas de azúcar de 1970, sobre la que Fidel Castro en un discurso había jugado su prestigio y que fue para los cubanos como la última esperanza de salir del naufragio, se vivió una gran tensión en todo el país, la gente hablaba abiertamente en las calles y asambleas. Fidel hizo un discurso autocrítico y habló incluso de una revolución cultural a la china, para echar al pueblo encima de la vieja burocracia. En una asamblea de la Universidad de Oriente, los estudiantes fueron al fondo de la cuestión crítica, responsabilizaron a Fidel Castro de ser el principal causante del fracaso. Entonces la atenta Seguridad del Estado le dijo a Fidel que había una peligrosa oposición en todo el país, que era necesario eliminarla enseguida. Castro se apareció en la Universidad de Oriente, convocó una asamblea y, a gritos, indignado, ante los aterrados profesores y alumnos, dijo que allí, donde él mismo en el 53 había comenzado la Revolución, nadie en la asamblea en que había sido injuriado, había salido ni por casualidad a defenderlo—era verdad—. Aquello terminó con los habituales castigos y depuraciones en campos de caña para los estudiantes.

Es en ese clima, que Padilla lee en la Unión de Escritores sus magníficos últimos poemas, llamados *Provocaciones* ante un público intelectual de centenares de jóvenes críticos que lo aplauden furiosamente. La suerte del poeta estaba echada, aun si él mismo no lo sabía o no quería comprenderlo. Padilla se había convertido en el personaje de referencia crítica para todo periodista o escritor que visitaba la isla en busca de la verdad no oficial. Fidel Castro, que una vez más recurrió a la represión, ordenó prisiones masivas, decretó la Ley contra la vagancia, por la cual, según cifras oficiales ofrecidas por Castro en un discurso, más de ciento cincuenta mil personas, en su mayoría obreros, fueron a campos de trabajo, castigados, incluidos disidentes, religiosos, sospechosos, inocentes y a los no oficialmente integrados, golpeó al mundo intelectual con la detención de Padilla y de Belkis Cuza, ocurrida simultáneamente con la del fotógrafo Pierre Golendorf y con la declaración de persona no grata del escritor chileno Jorge Edwards, encargado de negocios del Chile de Allende en Cuba, y amigo y ex secretario de Pablo Neruda, cuya experiencia está muy bien contada en su extraordinario libro, *Persona non grata*, uno de los pocos que, con su frialdad e inteligencia, y su condición de diplomático de un país amigo, desconcertó a Fidel Castro, en su última conversación, que creyó destruirlo y se encontró que le devolvieron una a una todas sus amenazantes palabras, y que en ese libro plasmaría un fiel retrato del caudillo cubano. Golendorf, uno de los grandes fotógrafos de arte de París, tenía una historia de lucha contra los alemanes, era un comunista convencido y a veces sectario. Wifredo Lam, su amigo, sugirió invitarlo cuando el Salón de Mayo de 1967. Vino Golendorf y se enamoró de Cuba y de su Revolución. Como buen francés, era algo rousseauniano y buscaba el paraíso perdido a lo Rimbaud y Gauguin. Golendorf era un artista en búsqueda de la revolución perdida. Traté de que no se quedase. Golendorf era uno de los que decía al pan, pan, y al vino, vino, que le cantaba las cuarenta a cuantos burócratas, policías o dirigentes se interponían en su camino, y desde el primer momento fue antipático a la Seguridad, por sus posiciones de izquierda y por tener una cámara, uno de los instrumentos más peligrosos del mundo comunista. Quise convencerlo de que no volviera a Cuba, pero fue imposible, y en su segundo viaje, en el 68, Golendorf decidió quedarse sin que yo pudiera hacer más nada.

Henze, el músico alemán, de Marino, cerca de Roma, que con Luigi Nono había firmado la primera carta, cuando pedí su firma para la segunda, me explicó que en su casa estaba el compositor cubano Leo Brouwer y que había recibido una llamada telefónica de La Habana de Alfredo Guevara, director del ICAIC, ordenándole que se fuera de la casa de semejante contrarrevolucionario. Henze, un hombre bien ingenuo, se aterrorizó.

En la casa de Luigi Nono, ausente en ese momento, de Venecia, otro compositor cubano, Fariñas, a quien Nono, en viaje hacia Chile, había dejado su bella casa. Recibió otra llamada oficial, ambos naturalmente se aterrorizaron. Una de las cosas logradas por Ugné Karvalis en París fue que Pierre Golendorf fuera excluido del texto de la carta protesta por el caso Padilla, diciendo que había que esperar la información de Regis Debray. Una injusticia. Días después la prensa internacional publicaría la conocida autocrítica de Padilla y sucesivamente la infamante reunión de la UNEAC, nuestra respuesta fue una carta de ruptura, esta vez redactada por Mario Vargas Llosa, que llevó la firma de los más importantes artistas y escritores del mundo, que hasta ese momento habían apoyado la Revolución cubana, casi sin excepción, todos la firmaron. La carta produjo un gran impacto mundial. La detención de Padilla, el obligarlo a hacer la autocrítica, la autocrítica misma en la UNEAC, fueron para el mundo un síntoma claro de que la Revolución cubana estaba perdida y de que el estalinismo, en este caso Stalin-Castro, había impuesto allí régimen de terror del mundo comunista.[9]

9. FIRMAS DE LA CARTA DE RUPTURA: Claribel Alegría, Simone de Beauvoir, Fernando Benítez, Jacques-Laurent Bost, Italo Calvino, José María Castellet, Fernando Claudín, Tamara Deutscher, Roger Dosse, Marguerite Duras, Giulio Einaudi, Hans Magnus Enzensberger, Francisco Fernández Santos, Darwin Flakoll, Jean Michel Fossey, Carlos Franqui, Carlos Fuentes, Ángel González, Adriano González León, André Gortz, José Agustín Goytisolo, Juan Goytisolo, Luis Goytisolo, Rodolfo Hinostroza, Mervin Jones, Monti Johnstone, Monique Lange, Michel Leiris, Mario Vargas Llosa, Lucio Magri, Joyce Mansour, Dacia Maraini, Juan Marsé, Dionys Mascoló, Plinio Apuleyo Mendoza, Istvan Meszaris, Ray Miliban, Carlos Monsiváis, Marco Antonio Montes de Oca, Alberto Mora-

LAM Y PADILLA

Poco tiempo después de que Lam se prestara a llevarme a la trampa de la embajada, se presentó el caso Padilla. A insistencia de comunes amigos, telefoneé a Albisola Marina y leí a Wifredo Lam el texto. Me contestó que no podía firmarlo y que pasara por Albisola para recoger las cosas que yo tenía en su casa. Días después me recibió en la puerta con varios paquetes, diciéndome: «Es la última vez que nos vemos. Siempre te dije que los sentimientos no cuentan». Nunca di importancia a esa frase que le oí en varias ocasiones. Furioso, recogí los paquetes sin examinarlos, y al abrirlos, en Roma, descubrí que estaban las fotografías del Salón de Mayo de 67, pero que faltaban dos libros de *El círculo de piedra*, valorados en miles de dólares. Fue entonces cuando le escribí una larga carta, de más de treinta páginas, reprochándole su traición e indicándole lo deleznable de sus actos.

Después de la protesta mundial por el caso Padilla, Lam, de acuerdo con las embajadas castristas de Europa, y por orden de la Seguridad de Estado, se dio a la tarea de perseguirme. Fue a ver a todos mis amigos pintores para que no colaboraran más conmigo (Miró, Calder, Rebeyrolle, Adami...) y les pidió en su nombre y en el de Cuba que no trabajaran más conmigo. Como no le hicieron caso, fue a museos, fundaciones y galerías, con el mismo objetivo. Se negó a que un libro que yo había conseguido en meses anteriores, que Polígrafa, la editorial catalana, publicara sobre su pintura, y para la cual había escrito un texto, que mucho le había gustado al leerlo, saliera con mi nombre, exigiendo que él lo haría sólo con un autor francés y eso no fue lo peor. Se fue a una reunión de galeristas, pintores y escultores en la Bienal de Venecia y les dijo que yo era el famoso Viejo, que dirigía las Brigadas Rojas, informando lo mismo a la policía italiana. Por suerte no se lo creyeron, la canallada y el peligro se basaban en que yo había sido el primer cubano que había hecho contacto con Giangiacomo Feltrinelli, al que había invitado a Cuba y puesto en con-

---

via, Maurice Nadeau, José Emilio Pacheco, Pier Paolo Pasolini, Ricardo Porro, Juan Pronteau, Paul Rebeyrolle, Alain Resnais, José Revueltas, Rosanna Rosanda, Vicente Rojo, Claude Roy, Juan Rulfo, Natalie Sarraute, Jean-Paul Sartre, Jorge Semprún, Jean Shuster, Susan Sontag, Lorenzo Tornabuoni, José Miguel Ullán, José Ángel Valente. Véase en el pliego de fotografías la carta de Julio Cortázar a Carlos Franqui.

tacto con Fidel Castro. Entre los personajes e instituciones invitados en mis viajes a Europa, a partir del 59, Feltrinelli fue uno de los más importantes. Lo había escogido por su publicación de *El doctor Zhivago*, de Pasternak, y por la relación que había hecho con su director Valerio Riva y los conflictos que tenía con los comunistas italianos y los soviéticos. Era, además, un magnífico editor.

En 1963, cuando después de varios meses en Europa, con mi familia, sin hacer caso a los recados de volver, ni enviar una crónica o trabajo alguno para *Revolución*, en el que mi nombre seguía apareciendo en el machón como director, y al que a pesar de mis desacuerdos anteriores no podía renunciar, renunciar en Cuba era un acto contrarrevolucionario, que se penaba con muchos años de prisión, desde el caso del comandante Huber Matos.

Fui sustituido en octubre de 1963, sin avisarme, pero la reacción del colectivo del periódico ante el comunicado de Fidel Castro, que insinuaba que yo era un contrarrevolucionario, motivó un paro general y la intervención del presidente Dorticós, suprimiendo las insinuaciones y agregando la palabra «compañero». Para no embarcar al colectivo me vi obligado a regresar, aun así dejé a Margot y a los niños en Italia, y con la colaboración de Valerio Riva, director de la Feltrinelli, logré un contrato de 25.000 dólares para que Fidel Castro escribiera la historia de la Revolución, en la que yo haría «el negro» y recibiría el treinta y tres por ciento para los gastos, lo que motivó viajes de Feltrinelli y Riva a Cuba, y sus encuentros con Castro.

Fidel Castro, sabiendo de la riqueza y contactos económicos de Feltrinelli en Europa, quería que se ocupase de la venta de todos los productos cubanos fuera de la isla, cosa que no interesó al editor italiano.

FELTRINELLI, GUERRILLERO

Destituyó a Riva como director de su editorial, se alejó naturalmente de nosotros y publicó el diario del Che en Italia.

Una madrugada, al descender del tren en la estación Central de Milán, me encontré con Giangiacomo, acompañado de dos personas, bajando valijas de lona de una camioneta que al cargarlas, a simple vista, pese a la oscuridad, parecían rifles. Lo saludé y al darse cuenta de que miraba los sacos de las valijas, me dijo: «Son para la guerrilla de Cerdeña».

Después se sabría que unos bandidos sardos le habían robado armas y dinero a Feltrinelli.

Sus aventuras revolucionarias terminaron de forma trágica y triste, al intentar volar una planta eléctrica y estallarle por inexperiencia el explosivo que colocaba.

Por suerte la policía no se creyó la acusación de Lam. Era un opositor bien conocido en Italia y Europa, pero algunos sectores de la vieja izquierda radical y de medios culturales, a los que la calumnia de Lam pareció cierta, en más de una ocasión empezaron a mirarme como si en realidad fuera yo el peligroso viejo. En 1980, ya en silla de ruedas, Lam asistió a los gigantescos actos de repudio del Mariel, en La Habana, con un cartelón pidiendo paredón para los que se iban de Cuba. Poco antes de morir en París, Lam comenzó a mandarme recados a través de pintores de que fuera a verlo, dije a sus amigos: «Díganle a Lam que siento lo que le pasa como ser humano, pero que para mí su muerte ocurrió hace mucho tiempo». Bien lo decía su inspiradora y maestra Lydia Cabrera: «Lam es un extraordinario pintor, pero una mala persona».

JEAN GENET

Las criadas y *El balcón* de Jean Genet eran bien conocidas en La Habana, por haber sido puestas en escena por los diferentes grupos durante la ola teatral de los años cuarenta, cuando se estrenaron en la isla obras de Lorca, Giraudoux, O'Neill, Ionesco, Strindberg y otros.

Además de los clásicos griegos, españoles, ingleses y franceses, y autores cubanos como Virgilio Piñeira. Actrices como Miriam Acevedo, actores como Vicente Revuelta, directores como Francisco Morín, Adela Escartín, el grupo Adad, Eduardo Manet y muchos otros, regalaron su talento. Al triunfo de la Revolución, varios comandantes y ministros del gobierno fueron a vivir a casas de ricos y comentaban, sorprendidos, que la antigua servidumbre, que no pudo acompañar a los señores a su salida de la isla, los miraba con desprecio al quedarse en las residencias de sus antiguos amos y les decía que ellos carecían de señoría. Castro, como siempre, encontró más tarde una solución desgraciada, puso a criadas, ex prostitutas y gente parecida a estudiar taquigrafía y ante el fracaso le dieron un curso rápido de choferas y las pusieron a manejar las guagüitas llamadas «las polacas», por su origen, que terminaron casi todas fuera de servicio.

Mi amigo, el escritor Juan Goytisolo, me presentó a Jean Genet, por el que sentía admiración. Salimos por París un día y Genet nos condujo a la bella plaza de Victor Hugo, donde están la casa y el museo del famoso poeta y novelista. A mí me impresionaron mucho los dibujos de Hugo, a pesar de mi poca afinidad con su poesía, y así se lo expuse.

Conté a Genet cómo en la práctica revolucionaria, la tesis de su obra quedó confirmada para mi sorpresa. Quizás la mayor diferencia entre los viejos ricos y los nuevos comandantes, ni unos ni otros tan refinados y exquisitos, estaba en las señoras que sí tenían una cultura y una humanidad que chocaba con el primitivismo de los nuevos arribados. Pero no siempre fueron tan cordiales mis encuentros con Genet. En 1967, cuando fui a invitar a escritores, pintores y artistas, primero para al Salón de Mayo y después para el Congreso Cultural de La Habana, conversé con Genet diciéndole cuánto me gustaría su presencia en Cuba, pero por respeto a su persona me parecía indelicado invitarlo a un país donde se perseguía y despreciaba oficialmente a los homosexuales, política que yo criticaba, discriminación a la que él naturalmente se oponía.

También comentamos favorablemente en alguna ocasión su viaje a Palestina y Jordania en compañía de mi amigo, el joven médico, Alfredo Melgar, que había renunciado a la Juventud Comunista en Cuba, después del apoyo de Fidel Castro a la invasión de Praga, y que se fue a socorrer como médico a los luchadores palestinos.

Mi último encuentro con Genet ocurrió en el bulevar de Poisonniere, en la esquina del apartamento de mis amigos Monique Lange y Juan Goytisolo. Encontré a Genet delante del periódico *Le Humanité*, donde colaboraba. Tuvimos una discusión sobre el comunismo y Genet me soltó que yo pensaba como Poniatowski, el aborrecido ministro del Interior de Francia. Le repliqué:

—Tus insultos no me tocan pero, ¿no te parecería interesante la escena en que el dramaturgo sale de colaborar con el periódico comunista *Le Humanité* en París mientras otro dramaturgo por escribir en su ciudad es enviado a Siberia?

Genet me contestó que si yo prefería el capitalismo al comunismo con todos su errores, él no.

—Te recomiendo que leas a Lenin Jean, le dije.

—¿Crees que no lo he leído?—me contestó.

—Pues recuérdate entonces del extremismo, enfermedad infantil del comunismo, aunque el tuyo y el de otros como tú es el del extremismo senil de los viejos que no hicieron la revolución y en su vejez se convierten en furibundos extremistas.

Genet, furioso, entró en *Le Humanité* y yo seguí para la casa de Juan Goytisolo.

LUIGI NONO Y «ENTONCES COMPRENDIÓ»

Luigi Nono, excelente músico, extraño su comportamiento. Soy de ésos, y no parece que son muchos, que gustan de la música electrónica, atonal, serial, como quiera llamársela. Sorprende que un mundo de tanto ruido, de inaudita violencia, en el trabajo, la calle, el transporte, el cine, la discoteca, se sorprenda de esa corriente musical. El rock, el concepto de orquesta y el concepto de sonido y de música cambian con la situación antes narrada. Es natural que la orquesta nueva use los elementos brutos y que cualquier cosa pueda ser un instrumento musical, si está usada con el talento que la música exige.

He oído mucha música contemporánea, me parece de las mejores, no porque sea esnobista, que lo acepte todo, no, como los incapaces de oír, ver o sentir lo nuevo, sé que es música difícil. ¿No lo es Wagner todavía? Si hay que usar otros instrumentos, otra orquesta, no aquella tradicional de los instrumentos, llamémoslos de alguna manera humanos, los nuevos sonidos electrónicos, mecánicos, toda una orquesta, el desafío es que se vuelva música y no insoportable ruido, peligro, no de hoy, de siempre.

Sin duda aventura peligrosa para quien la hace y para quien la oye, pero no se puede ignorar la nueva sonoridad, ni la paz nostálgica de la vieja época de sonidos suaves, armónicos o bellos. A partir de Schönberg, fui llegando a Varèse y Nono. Nos conocimos en La Habana, hacia el final de los años sesenta, no recuerdo bien si cuando el Salón de Mayo o el Congreso Cultural.

El Mayo europeo, intento de revolución radical, protagonizada por jóvenes, por estudiantes, no por los viejos comunistas, estremeció a Europa y a las universidades de casi todo el mundo y se apartó de la olvidada Unión

Soviética, o de la olvidada China, de ese comunismo deteriorado, mientras una inmensa multitud andaba en busca, como Rousseau, de la revolución perdida, debía aparecer por arte de magia, allá, donde menos Marx la supuso, es decir fuera de Occidente, esa gente puso de moda a Cuba, que con sus conflictos con los soviéticos entre 1966-1967, las guerrillas románticas y la muerte de Guevara y con una «cierta libertad cultural», que en aquellos años se consiguió en la isla, y que algunos me atribuyen en el bien y en el mal, y que yo me asumo sin ingenuidad alguna, no porque me hiciera ilusiones todavía, sólo porque creía en dos o tres cosas; la solución tenía y tiene que nacer, en la isla, y para hacerla nacer había que agudizar el conflicto con los soviéticos y el comunismo, y me parecía que las semillas eran y serán cultura, libertad y juventud, y que hacerles oír música, ver arte, leer cosas nuevas, lo mejor de la cultura universal, publicar libros, eran y son semillas que nacerían primero, después, como confirma Reinaldo Arenas, y su peligrosidad fue probada con la rapidez de aquellos contra los que iba dirigida, que casi al nacer la asesinaron en Cuba.

Al llegar a Europa en el 68, particularmente a Italia, en el 69, volví a encontrar a Nono. No todos los oídos estaban preparados para oír, otros no querían oír, sólo los más receptivos: un Karol, una Rosanna, un Vargas Llosa, un Goytisolo, un Plinio Apuleyo Mendoza prestaban atención a las razones que exponía. Nono parecía compartirlas, al menos las sentía y me ofrecía en lo personal cierta solidaridad que me era tan necesaria. Cuando salió la edición de mis poemas en Guanda, extraordinaria editorial italiana, que debió su fama a dos libros, uno, *Los cantos pisanos* de Ezra Pound, que esta editorial publicó antes que nadie, y el de Lorca, el poeta mártir, esta editorial pudo publicar ediciones poéticas universales, en ella salió mi libro *El círculo de piedras*. Nono me llamó, y me dijo que le gustaban mucho los poemas, que le gustaría que hiciéramos un concierto, que necesitaría de mis ideas y de la presencia de una cubana, como Miriam Acevedo, que él había conocido en Venecia, donde interpretó la extraordinaria obra de teatro cubano *La noche de los asesinos*, de José Triana. Dije a Nono que estaba preparando un libro de arte, con Upiglio, en Milán, con la colaboración de quince pintores. Él me dijo que necesitaba mi contribución para el concierto.

El disco que la casa Ricordi grabaría de su concierto debía ir en el libro y a mí me pareció una idea bella para enriquecerlo. Los textos que Nono escogió como materia prima de su poema fueron: *El muro, La de-*

saparición de Camilo y Los caballos, entre otros. Nono, que siempre tuvo una preferencia por la voz humana, por la voz femenina, por su singularidad y belleza y como equilibrio y contraste a los instrumentos y los elementos mecánicos con su frialdad y violencia, incorporó a Miriam Acevedo, con su bella voz y con su cultura musical cubana, y a tres cantantes y actrices italianas de talento, que fueron los fundamentos del concierto.

Asistí entre sorprendido y satisfecho al nacer de aquella obra, en la que Miriam Acevedo le dio un tono cubano, que a Nono le gustó. Después se preparó la grabación electrónica, la parte más difícil, donde mezclaban con las voces humanas solistas que la humanizarían. Dentro de los aciertos de la música de Nono, está ése, el uso de la voz humana rompiendo las palabras en sonidos fragmentados, le da ese tono trágico, humano y bello a su música y equilibra la rudeza de la electrónica.

Pienso que después de Nono, nadie aportó al concierto aparte de mis textos, tanto como Miriam Acevedo, era ella la voz y el aliento de lo cubano, sus intervenciones muy eficaces.

Nono, como otros compositores contemporáneos, estimulaba la libertad y creatividad del intérprete, que es su instrumento, su solista, y así pasó con Miriam Acevedo, con las otras cantantes y con el sonidista Marino Sucre, que trabajaba en los estudios de la radio Milán, preparados en las condiciones más modernas para la música experimental. El estreno se hizo en la sala del Foro Itálico, de la radio en Roma; su violencia y belleza conmovieron, escandalizaron y provocaron al público, que terminó entre muchos aplausos y no pocos gritos de protestas y chiflidos. Nono me había dicho que preparaba un final sorpresa, y la sorpresa fue una grabación con aire de la Tricontinental de La Habana, con fragmentos de las cartas de despedida del Che Guevara. Traté de convencerlo de que aquel final no tenía nada que ver con el espíritu de mis textos, ni de la música por él compuesta, y que era como ponerle a una tragedia un final feliz, que pese a su talento no se correspondía con su música y sí con cierto triunfalismo realista socialista y que incluso la muerte de Guevara no era el principio de una revolución, sino el fin de una que moría, la Revolución latinoamericana que moría al nacer.

En realidad aquel breve e inútil final como que se perdió en la confusión del concierto. Nono salió, recibió aplausos y chiflidos, yo también, la crítica italiana fue muy buena, Massimo Mila y otros reconocieron el valor del concierto y dieron a mis textos los mejores votos.

El concierto fue oído en muchos teatros de Italia, en la Picola Scala de Milán. Con humor pensaba en los grandes carteles con mi nombre, puesto en las grandes vitrinas del famoso teatro, y me decía recordando a tantos cantantes y músicos cubanos que serían felices de haber visto allí su nombre, con todos los derechos, y ahora aparecía el mío, por escribir unos textos a los que la crítica reconocía su valor. Bien aplaudido y mejor criticado, fue el concierto en Torino. La música provocó una ovación y hasta yo tenía que ir a saludar desde el escenario. Lo mismo pasó en el teatro del conservatorio. Nono, como siempre, con su sectarismo y sus complejos, por aquellos aplausos que consideraba burgueses, tomó la palabra, hizo un violento discurso contra los Agnelli y la ciudad por ellos dominada, que no venía al caso y que irritó a los asistentes, muchos de ellos de izquierda. Nono no soportaba esos aplausos, necesitaba justificarse políticamente, comprendiendo que eran los burgueses, aun siendo de izquierda, los que podían comprender su música, mientras que él quería que fueran los proletarios.

Era una historia tragicómica, cuantas veces puso su magnífico concierto *La Fábrica* a los trabajadores, en que musicalmente aspiraba a reproducir la alienación fabril, la alienación de los obreros, de los explotados trabajadores, la música que hacía para ellos y que éstos respondían con el silencio, diciendo que para ruidos tenían con el de la fábrica.

La más increíble de estas cosas de Nono ocurrió en el concierto-festival de Amsterdam. Se puso el concierto, era una noche dedicada a la música de Nono, tres composiciones y dos horas de duración, que ya eran mucho, para el más entrenado de los oídos y para el más civilizado de los espectadores y de los públicos.

Las dos primeras partes, incluida *Entonces comprendió*, pasaron muy bien, grandes aplausos y mucha atención, en la tercera, *No debemos consumir a Marx*, a Nono se le ocurrió lo inconcebible, declamar una serie de consignas políticas, de gritos y de lemas revolucionarios, pensando provocar al público, fue un duelo que no terminaba nunca, aquel público impasible oía, veía, callaba, indiferente, educado, sin la más mínima reacción. A Nono, enloquecido, no se le ocurrió otra cosa que interrumpir el final del concierto y hacer un discurso y llamó a la juventud y la invitó a seguirlo a la calle, con una bandera roja al son de la Internacional, y naturalmente, se quedó solo, absolutamente solo, ni un solo acompañante, el músico Luigi Nono marchando solo ante la indiferencia de la sala, que recuerde ésta fue la última vez que se puso el concierto, pero ésa es otra historia.

En 1971, cuando detuvieron al poeta Padilla, pedí a Nono su firma para la primera carta y él no sólo estuvo de acuerdo, sino que incluso la llevó a *L'Unittá*, el periódico del Partido Comunista Italiano, del que era miembro del comité central, que naturalmente no la publicó pese a su protesta.

Invitado al Chile de Allende, entonces en todo su furor socialista, Nono se asustó con el escándalo Padilla.

De buen comunista y de intelectual acomplejado, Nono se hizo el haraquiri autocrítico y nos invitó públicamente a Juan Goytisolo y a los otros firmantes del documento a seguir su ejemplo y a no colaborar más con la revista *Libre*, que se editaba en París, con el pretexto de que ese dinero procedía de Patiño, el dueño de las minas de Bolivia, tumba del héroe Guevara.

Nono deliraba. *Libre*, que dirigía Plinio Apuleyo Mendoza, y en la que colaborábamos muchísimos escritores latinoamericanos, incluidos García Márquez, Fuentes, Mario Vargas Llosa y Julio Cortázar, era costeada por Albina de Boisvoivray, una bella joven de la izquierda francesa, productora de filmes progresistas de Alain Resnais, Costa-Gavras, Semprún y tantos otros, que incluso cuando la guerrilla de Bolivia había viajado allí para interesarse por la muerte de Guevara y hasta había traído fotografías.

Lo que olvidaba Nono era que el viejo Patiño, un indio boliviano de origen humilde, se volvió muy rico explotando las minas y con los prejuicios de la gente de su origen no quiso que sus hijas se casaran con cholos y las llevó con la madre a París, comprando una especie de hotel de la villa donde crecieron y se casaron, naturalmente, con franceses. La madre de Albina se casó con un aristócrata de apellido Boisvoivray, buen francés, que terminaría viviendo en la bella campiña de Jamaica.

Albina, educada y formada en París, era una joven inquieta y progresista que patrocinaba proyectos culturales, y a artistas y escritores de izquierda. Era realmente una tercera generación, que muy poco tenía que ver con su abuelo. Juan Goytisolo, en nombre de todos, rechazó públicamente la estúpida calumnia de Nono y así terminó la amistad, no así el concierto.

Un día Nono reeditó *Entonces comprendió,* el concierto con música de Nono y textos míos, impreso por la casa Ricordi, incluido en mi libro

El círculo de piedra, iluminado por Miró, Calder, Jorn, Tàpies, Lam y otros pintores. Nono lo reeditó con la Deutsche Grammophon, el bello disco obtuvo el premio musical del año. Nono no cambió la grabación de la Ricordi, pero suprimió mi nombre, me calificó en la carátula de contrarrevolucionario y en vez de reproducir mis textos, dio una versión de ellos que los contradecía con afirmaciones calumniosas.

EL MURO

«En el muro de piedra a la altura de un hombre la tela blanca sobresalía en el color negruzco de la piedra. Cinco líneas horizontales a la altura de la cabeza de la piedra. Cinco golpes secos, uno sólo no cinco ni seis, sino uno, sólo que el último, el sexto, fue apagado por el primero».

Es un texto contra todos los fusilamientos del pasado o del presente, en Cuba o en cualquier parte del mundo. Su nombre me lo sugirió el asesinato de mi amigo y compañero Frank País, el 30 de julio de 1957, en el llamado callejón del Muro, de Santiago de Cuba, y fue escrito en Cuba en 1964. Sin publicarlo, Nono lo sustituyó, diciendo «necesidad revolucionaria del muro de las fusilaciones», sin derecho a reclamar a la Ricordi, donde el disco y la carátula decían lo correcto, que lo cedió de acuerdo con el contrato firmado por Luigi Nono. Era la nueva edición censurada por él. Como yo no era miembro de la Sociedad de Autores Italianos, no sólo nunca pude cobrar mis derechos de autor, sino que tampoco tenía una base legal para la reclamación. Fue un acto despreciable.

En 1981, invitado por el director de la Bienal de Venecia, Luigi Carluccio, para presentar y escribir un texto de introducción del ballet de Joan Miró y Jacques Duhin, *El pájaro luz*, que la Bienal de Venecia de ese año estrenó en el teatro *La Fénice* con música del compositor italiano Bussotti, estábamos en una conferencia de prensa en el teatro para la presentación del ballet que días después se estrenaría, cuando apareció Luigi Nono y delante de todos para que lo vieran vino a darme un abrazo. Fríamente le dije también para que todos lo oyeran: «No, no, no. Nono, tus calumnias y mentiras no las puedes lavar con un abrazo de Judas; si tienes conciencia, hazte la autocrítica de tu infamia». Un día, si el tiempo me lo permite, haré mi réplica del concierto, no censurando a Nono, como hizo Nono conmigo, sino editando el concierto con mis textos y su música.

CARLOS FRANQUI: MITIFICADOR Y DESMITIFICADOR
DE LA REVOLUCIÓN CUBANA

La primera vez que oí decir: «Carlos Franqui, mitificador de la Revolución cubana en Europa, y en gran parte del mundo, y a partir del 68, uno de sus mayores desmitificadores», quedé sorprendido. Mi natural sentido del humor y de la distancia me decían que había algo de muy exagerado en la singular apreciación.

Me importó, más allá de una vanidad que no tengo, saber yo mismo si debía cargar con tan tremenda responsabilidad.

En esta reflexión trataré de contar lo ocurrido, cómo sucedió entonces, cuáles fueron mis intenciones, los resultados y las consecuencias, en qué medida todo aquello escapó de mis manos, en qué sentido lo que hice fue correcto o no, analizar si esa situación, esa mitificación, hubiese sido posible, lo que pudo haber sido o no, sin mis iniciativas. ¿Cuánto había de nostalgia rousseauniana, socialista universal, por la revolución perdida, cuando por primera vez llegué a Europa? Esa historia comienza a principios del 59, pero tenía antecedentes: históricos unos, personales otros. La isla se sintió siempre atraída por todo aquello que estaba, pasaba o venía de allende los mares, como de allende los mares vinieron sus pobladores: españoles, europeos, negros africanos, chinos, los habitantes nativos, los siboneyes eran pocos, no estaban desarrollados, no tenían una cultura como los aztecas, incas o mayas, y fueron rápidamente aniquilados, desapareciendo sin dejar huella profunda en la vida, en la cultura cubana, y si en algo sobrevivieron, fueron como símbolos de protestas, en el momento en que Cuba se distancia de los españoles y quiere recurrir a lo autóctono o genuino, sin que tuviera todavía la capacidad de entender lo negro, una de las madres de Cuba, tan cercana todavía la esclavitud.

Cuba siempre se sintió atraída por Europa, en la isla, cultura, independencia y libertad fueron una trinidad permanente; en el altar del dios de la Revolución, Varela y Heredia, Saco y Luz y Caballero, uno de los pocos que conociera a Goethe. Céspedes, padre de la patria, que inició la guerra independentista, el 10 de octubre de 1968, escribía poemas y canciones, como la *Bayanesa*; Perucho Figueredo compondría nuestro himno nacional, entre conspiraciones y combates, inspirado en Mozart y la *Marsellesa*, y qué decir del gran compositor cubano Cervantes, con sus influencias románticas o chopinianas, del danzón, danza grande y cubana, traída por ingleses con sonidos franceses, y que alcanzaría su cubanía allá por 1877, con el talento del músico matancero Miguel de Failde, sin hablar de Martí, renovador de la poesía y de la lengua castellana, cubano universal, el poeta, escritor y pensador de la última guerra independentista y del mundo americano, capaz de intuir, al verla por vez primera, la fuerza de luz del impresionismo, de descubrir imperios, y al fin de siglo de la atormentada nación rusa, decir que allí ocurriría una revolución.

La isla venía de aquellos y otros lares, no estaba anclada a una cultura indígena, semiarrasada por la conquista, como México y Perú. El isleño pensaba en las tierras de sus ascendientes, tenía la lengua española, la cultura occidental, estaba penetrado por el ritmo, la alegría y muchas cosas de la cultura negra en su cuerpo, que era toda clandestina en su espíritu. De siglos, los latinoamericanos nos sentimos atraídos por Europa, es allí, y no al Norte, donde se han dirigido nuestras miradas, aun si no se encontró siempre la misma comprensión y simpatía allende los mares.

Si añadimos la importancia que a partir de los años treinta tuvieron en Cuba las revoluciones artísticas contemporáneas, para el renacer de una cultura cubana, Lydia Cabrera y sus cuentos negros, Caturla y Roldán, Wifredo Lam, Guillén y otros, que redescubrieron desde el interior nuestros mundos, viniendo de París y también a la Revolución de 1930, revolución política, influida de ideas socialistas y nacionalistas, que cambió en cien días la historia de Cuba.

Únase a ello el surgimiento de una impresionante fiebre de creación artística, de nuestra joven generación en los años cuarenta: teatro, poesía, música, novela, cuento, ensayo, filosofía, pintura, escultura, arquitectura.

Devorábamos el teatro de Genet, O'Neill, Shakespeare, Ionesco, Giraudoux; leíamos a Pound, Neruda, Paz, Eliot, Vallejo, Faulkner, Hemingway; oíamos a Beethoven, Bach, Stravinski; leíamos literatura griega, romana, inglesa, francesa, alemana, rusa, norteamericana, los clásicos castellanos. Tres intentos anteriores a la Revolución tuvieron mi impulso: la revista *Nueva Generación*, la sociedad Nuestro Tiempo, su revista cultural, en su sede en 1951, hicimos la primera exposición de dibujos de Lam y estrenamos en versión castellana *La pasión según San Mateo*, de Bach.

La creación colectiva y personal fue interrumpida por el golpe de Batista, el 10 de marzo de 1952, no tenía sentido la cultura sin libertad, no compartíamos, ni comprendíamos, ni aceptábamos la lúcida y terrible tesis del poeta cubano Lezama Lima, de que «Cuba era un país frustrado en lo esencial político». Tesis, no de un cínico que disfrutaba del poder, sino de un poeta apolítico de origen rebelde en los años treinta, al margen del poder y con una grandeza extraña y solitaria.

Entre estas aventuras me tocó encontrarme con Fidel Castro en 1953, en un programa sobre el ataque al Moncada, en el Canal 2, de televisión.

En el programa «Reportajes fílmicos», entre col y col, metía siempre una lechuga, lecturas de poemas de Martí, Neruda, Vallejo, Miguel Hernández, Lorca, una imagen violenta, como cuando decía «el muerto está de pie» y el censor, que sólo leía, lo pasaba y la imagen que se veía, era la de Guiteras, asesinado en 1935. Cuando estaba en la sierra Maestra, comencé a tener dificultades con Fidel Castro, por las lecturas de estos textos poéticos o filosóficos, dichos de una manera que pudiesen llegar al oyente, porque pensaba que una estación de radio, que era la estación de la libertad, que era la voz de la cultura, no tenía que preocuparse del rating, el rating lo daba la censura enemiga, pero sí tenía que preocuparse de los elementos de formación de la cubanía y de su cultura, y tuve el primer conflicto con Fidel Castro, por su concepción populista y propagandista. Quería que yo metiera la radionovela revolucionaria, cosa a la que me opuse y que él aceptó, dado que no tenía tiempo para ocuparse de Radio Rebelde y alguna libertad tenía que concederme, y en otro orden, según sus propias palabras, la radio se convirtió en un instrumento muy eficaz. El 1 y 2 de enero de 1959, al llegar a Santiago, después de jugar otra vez con la Radio Rebelde, desde Palma Soriano a Santiago, un papel protagonista, en ausencia de Fidel Castro.

Fidel Castro, que al final de la guerra había visto su estrella eclipsarse, por la fulminante victoria de Guevara en Santa Clara, retomaba el país, con su larga marcha, una marcha innecesaria, que de alguna manera recordaba a la marcha de Mussolini sobre Roma, en circunstancias muy diferentes. En aquellos días, cuando caminaba por las calles libres de Santiago, me interrogaba sobre qué hacer, sobre mis conflictos de los últimos meses con Fidel Castro, por su caudillismo y militarismo, por su negar al movimiento de la ciudad, a la clandestinidad, por intervenirlo, por dividirlo, por su evidente intención de no compartir el poder, que sólo compartía cuando teníamos una posición de fuerza, que le era infranqueable, como ocurrió durante tanto tiempo. Había pedido yo por carta, a finales del 58, que me sacaran de la sierra, pues consideraba cumplido mi deber. La caída de Batista al precipitarse los acontecimientos impidió mi salida, el papel que jugara en aquellas últimas horas, el renacer del 26 en La Habana y en otros lugares, evitando la anarquía y la venganza, me hicieron pensar que no era cuestión de abandonar la lucha entonces, el acto de Raúl Castro que envió al Ejército a retomar el periódico de Santiago de Cuba, donde Euclides Vázquez Candela, de organización y propaganda, hacía elprimer número de *Revolución* y fue sustituido por la fuerza por el capitán Cause, editando no *Revolución*, sino *Sierra Maestra*, fueron también causas de mi determinación de estar y no estar.

Ya he contado como, sin una reunión, en una conversación, sólo con unas palabras, mientras tomaba un jeep, Fidel Castro, que me había reconocido el papel jugado en los últimos momentos difíciles, me pidió que le gestionara un salvoconducto manuscrito del presidente Urrutia, que lo autorizara legalmente a nombrar de forma provisoria alcaldes y ordenar medidas de orden público durante los días de su marcha a La Habana, como su delegado y jefe del Ejército Rebelde.

Debo reconocer que me sorprendió entonces la «humildad» de Fidel Castro, comprendí que por orgullo no quería pedirlo a su recién nombrado presidente, con quien casi ya no se hablaba, y fue entonces que me encargó con Faustino Pérez y otros miembros de la dirección allí presentes, para tratar que se nombrase el gobierno lo mejor posible, que le dejara vacante algunos ministerios claves, en sorprendente simulación de legalidad de Fidel Castro, un hombre que después sería él mismo la única ley, en estos días del primero de 1959, él, que a la hora de despedirse, allá en Santiago, me dijo:

—Tienes oportunidad de erradicar injusticias sociales, podrías ser el ministro de Trabajo.

Le respondí:

—Acepto que haya patrones y obreros como una necesidad, pero por simpatías y procedencia, carezco del equilibrio necesario para conciliar sus conflictos.

—¿Por qué no te ocupas de la Hacienda?—me respondió Fidel, que había ofrecido a Raúl Chibás, que no la aceptó, hasta había pensado en él, para la presidencia, en vez de Urrutia.

Le contesté, riéndome:

—Pero Fidel, si yo no sé nada de Hacienda, ni de economía, hay economistas en el Movimiento, como Boti, Pazos, Cepero Bonilla.

Entonces él me respondió:

—Haz lo que quieras, pero acuérdate que aquí nadie sabe nada de gobierno.

Lo cual era una rotunda verdad. Le contesté que no pensaba que sería útil como ministro, que podía hacer una gran revolución cultural libre, sin ministros y sin burocracia, traer a Cuba poetas, escritores, novelistas, músicos, arquitectos, filósofos, cineastas y profesores para que nos echaran una mano, matemáticos, científicos...

—Imagina una Habana, ciudad sin árboles, con calles y paseos y plazas con las más bellas plantas y flores tropicales. Aires Libres y música; pintar la ciudad con los más bellos colores, incorporar a nuestros artistas, junto con el pueblo, calle por calle, y hacer de La Habana una de las ciudades más atractivas del mundo.

—Eso sí que no, Franqui—me respondió irritado.

Y se perdió con las calles de Santiago, con su escolta y las múltiples gentes que lo rodeaban. Me quedé perplejo un instante, preguntándome si era el momento de irme, o de seguir combatiendo por mis ideas. No era militar, no tenía por qué obedecer una disciplina, era civil y miembro de la Dirección del Movimiento 26 de Julio, aquel movimiento que, por su acción en ciudades, campos y montañas, consiguió el apoyo del pueblo y derrocó a la dictadura, junto con otros grupos como el Directorio, con una dirección «asilada» en la sierra Maestra, fantasmal, ya sustituida por el Ejército Rebelde, y unos cuantos comandantes, los únicos exaltados en la victoria.

Después de cumplir mi misión y de conseguir que se nombrase el primer gobierno decidí: «Dejaré Radio Rebelde, que no tendrá una gran función con el cese de la censura, haré un periódico que esté dentro y fuera, que esté y que no esté, que pueda tomar distancia». Nuestra sección clandestina preparaba un primer número en La Habana, en los talleres del antiguo periódico batistiano *Alerta*, un periódico que intentaría contar la verdad, mientras ahora se hacía desaparecer por arte de magia la verdad histórica, habíamos vencido con la verdad, y ahora en el poder, Fidel Castro comenzaba con la mentira.

Un periódico que se batiría contra los intereses creados, conservadores, anexionistas, comunistas y sus poderosos apoyos entre nosotros,

Raúl Castro y Che Guevara, contra cualquier intento militarista, que trataría de que el movimiento clandestino reviviera, que se batiría por una cultura moderna nueva, cubana y universal, que daría una batalla en el movimiento obrero, las elecciones sindicales, dentro de la universidad, los institutos, que alentaría a los mejores hombres de la clandestinidad, una batalla para que se conociera la verdadera historia de la Revolución, sobre todo la anónima de la clandestinidad.

Abandoné la caravana de la victoria fidelista y me dirigí a La Habana solo a hacer *Revolución*.

Si exagerado es calificarme de mistificador de la Revolución cubana, más lo es considerarme su desmitificador.

Mi trabajo crítico a partir de junio de 1961, de forma personal, lo hice en conversaciones privadas con algunos amigos y simpatizantes, dentro y fuera de Cuba: Juan Goytisolo, Mario Vargas Llosa, Carlos Fuentes, Julio Cortázar, K. S. Karol, Jorge Semprún, Fernando Claudín, Pablo Picasso, Michel Leiris, Jean-Paul Sartre, Simone de Beauvoir, algunos del grupo surrealista, Valerio Riva, Italo Calvino, Rosanna Rosanda, Laura González, etc.

Dentro de Cuba, en la lucha contra el sectarismo que nos invadía, la discusión de la Biblioteca cuando la censura del documental *P.M.* y del fin de *Lunes de Revolución*, en algunas reuniones del Consejo de Ministros con la presencia de Fidel Castro, a las que llevé documentos y fotografías, pruebas de persecución, minutas de detención, torturas, de las arbitrariedades económicas, de la destitución de líderes sindicales y estudiantiles, de la persecución a los revolucionarios no comunistas, la estupidez de construir las Organizaciones Revolucionarias Integradas (ORI) con una escasa minoría, casi toda de viejos comunistas, excluyendo casi un millón de milicianos integrados a la Revolución, que trabajaban, luchaban y la defendían anónimamente. Hice denuncia de las barbaridades de la Seguridad, de las primeras oleadas de detenciones masivas cuando Girón, de la operación P, los calderazos de Cárdenas, etc.

Usando el viejo método de guerrillero, de ataca y retírate, me iba al extranjero a hacerles entrevistas a presidentes, a congresos internacionales o a hacer reportajes sobre Argelia.

El acontecimiento de la crisis del Caribe lo usamos para informar a los lectores de *Revolución*, el periódico más leído de entonces, de las traiciones y deslealtades de los comunistas soviéticos, anteponiendo las reacciones nacionales y antiimperialistas populares, exaltando las decisiones críticas de Fidel Castro sobre Jruschov. Cuando el pueblo gritó: «Nikita, mariquita, lo que se da no se quita».

Esas acciones produjeron reacciones y en octubre del 63, fui destituido como director de *Revolución*. En Europa, mi crítica posterior al 64 y 65 chocó con un infranqueable muro de silencio.

En el 66, cuando el conflicto de Castro con los soviéticos, cuando pude volver a mis andadas por una batalla por la historia, la cultura, el Salón de Mayo y el Congreso Cultural del 68. Batalla inicialmente ganada y finalmente perdida. Fidel Castro fue obligado por los soviéticos en el 68, con el cese del envío del petróleo, a volver al carril y a apoyar la intervención en Praga. Liquidados todos mis intentos, no tuve otra alternativa que regresar a Europa, y esta vez de forma definitiva. Comencé entonces una tarea: contar la historia documental de cómo se había hecho la Revolución de 1952 a 1958.

Casi siempre fueron los acontecimientos los principales desmitificadores del castrismo, entre ellos dos fundamentales: el primero, el apoyo de Fidel Castro a la invasión soviética en Checoslovaquia, para acabar con el popular intento reformista, eliminando la dirección comunista, presa, acusada de construir un socialismo de rostro humano; el segundo, la detención del poeta Padilla y su típica autocrítica de corte estalinista, la expulsión del escritor chileno Jorge Edwards, encargado de los negocios del Chile de Allende en Cuba y su formidable libro *Persona non grata* y la detención del fotógrafo francés Pierre Golendorf.

El fracaso de la zafra de los 10 millones, la autocrítica de Castro, el descontento provocado por la nueva crisis, la Ley contra la vagancia, que envió por tres años a más de ciento cincuenta mil trabajadores y opositores al trabajo obligatorio a los gulags tropicales, según cifras oficiales, y finalmente el aberrante Congreso Cultural, que retrató los horrores del castrismo.

Naturalmente que participé de forma activa en todas las cartas, protestas, documentos, críticas, reuniones y coloquios que aquellos trágicos acontecimientos provocaron, afirmo: ni fui el único mistificador de la Revolución castrista, ni el único desmitificador, sin que niegue la responsabilidad negativa o positiva, que tuve en la mitificación y desmitificación de esa Revolución.

Fui invitado a la Bienal de Venecia por Carlos Ripa di Meana, su director, a instancias de Paolo Flores D'Arcais, que dirigía el Círculo Operario del Partido Socialista de Roma. Allí obtuve el apoyo de prestigiosos asistentes: Arthur London, autor de *Las confesiones*, Edwards, Goldstücker, el rector de la Universidad de Praga, Jiri Pelikan, el director de la televisión checa, y de otras prestigiosas personalidades.

En la recogida de firmas de la histórica carta de ruptura de 1971, cuando el vergonzoso proceso a Padilla, que causó un impacto mundial y en el que fueron muy activos Juan Goytisolo y Mario Vargas Llosa, entre otros, hubo una reacción espontánea de indignación en Europa y América Latina que facilitó el trabajo.

Triste fue para mí que Julio Cortázar, que estimulaba mi trabajo poético y sobre historia, con el que conversaba con frecuencia, firmante de la primera carta privada, no de la segunda, al escribir su texto autocrítico me lo dedicase, como se reproduce en esta increíble carta. Claro que tuve una participación muy activa en toda esta situación.

Fui invitado a numerosos coloquios y encuentros de esa época, organizados por el Partido Socialista, el Manifesto, *Stampa Sera* de Torino, *Cambio 16* de Madrid, *Mondo Operaio*, las ediciones Antrophos de París, la Universidad de Estocolmo y otros. En el encuentro del Manifesto de Venecia, Louis Althusser, llamado el último filósofo del marxismo, hizo una aseveración tan ingenua como increíble, al decir: «El gran fallo del marxismo es no tener una teoría del Estado». Sorprendido, pregunté: «Con todo el respeto, Althusser, si Marx afirmó que, al desaparecer las clases explotadoras y todas las otras, desaparecía el Estado, ¿cómo iba a preocuparse por una teoría del Estado que iba a desaparecer al crearse el reino de la abundancia y la libertad?». El filósofo abrió los ojos pero no respondió.

En una reunión con los obreros de la FIAT, que recuerda Ezio Mauro director de *Repubblica*, que de aquel encuentro escribió su primera crónica periodística, el disidente y héroe ruso general Grigorenko afirmó que lo más cerca que había visto de socialismo eran las leyes sociales norteamericanas que protegían a los desvalidos, provocando un escándalo enorme, pero no pudieron replicarme cuando les dije: «Conozco la pobreza porque la sufrí. Sé que es difícil trabajar en una fábrica día a día, sin tiempo para nada, con riesgos grandes, con un salario que casi no alcanza y con la posibilidad de ser despedido en cualquier momento, pero si les contara a los obreros de América Latina que ustedes al menos tienen una casa o un apartamento para vivir, alimento, refrigerador y un automóvil, responderían: "Eso es lo que nosotros queremos". Si pudiéramos contarle a los obreros del mundo comunista de vuestros poderosos sindicatos, libertad y conquistas, ellos que tienen el peor patrón del mundo, el estado burocrático y opresor, no me creerían».

En el convenio del Partido Socialista Italiano de Roma, se nos pidió a cada uno una definición muy breve del socialismo real, la mía fue: «El comunismo es eso que acaba con todo lo que se le opone en su primera fase, lo paraliza todo en la segunda y se autodestruye en la tercera y última fase». Piero Ostellino, director del *Corriere della Sera*, que fuera corresponsal en Moscú, calificó la mía como la más clara definición dada. En una reunión en París se escandalizaron cuando afirmé que para mí Lenin era tan culpable como Trostki por su concepción totalitaria y dictatorial del mundo. Sin duda que el gran culpable del monstruo en un país atrasado al sustituir el pueblo por los soviets, a éstos por el Partido y al Partido por su tiranía fue Stalin.

UNA CARTA DE OCTAVIO PAZ

Paseo de la Reforma, n.º 389-104
México 5, D. F.

22 de mayo de 1980

Querido Carlos:

Estoy en deuda contigo. Desde hace mucho quería escribirte pero, como quería hacerlo largamente, no encontraba nunca el momento propicio. Después pensé que te vería en la reunión del Pen Club en Nueva York; por desgracia, a última hora, tuve que renunciar a mi viaje. En fin, ahora me decido a enviarte estas líneas tardías. Perdóname.

Tienes razón en pensar que «los premios dañan». Pero no podemos evitarlos—son parte de los riesgos del escritor moderno—, y el único remedio contra ellos es aceptarlos con escepticismo, como una vacuna contra peores infecciones. También tienes razón en pensar que «la política es el fracaso de la literatura», sólo que, de nuevo, no hay manera de evitarla: la política es nuestro destino de hombres modernos. Tal vez «destino» sea una palabra con una carga bárbara, homérica; así, agrego que la política es un destino que, para cumplirse, reclama nuestra libertad. O sea: hay que asumir la política. Pero asumirla significa no identificarse enteramente con ella, preservar nuestra alma en plena lucha. Esto es lo que tú hiciste y por esto, al perder el poder, ganaste la estimación y el respeto de todos nosotros. Y ésta es, creo, la diferencia entre ellos y nosotros. Para ellos, la política es un absoluto al que todo y todos—hombres, obras y cosas—deben someterse. Su exigencia es la misma de los antiguos cristianos que tanto escandalizó a los paganos. Sólo que el nuevo absoluto, además de ser más feroz que los antiguos, es grotesco: no es un dios, sino una abstracción sin cara.

Una de mis grandes aficiones es la poesía china. Entre mis poetas, hay tres o cuatro contemplativos chinos. Al principio, me turbó saber que aquellos poetas abstraídos en la contemplación de un paisaje sin historia y cuyos poemas eran himnos a la vacuidad, también habían sido funcionarios y que algunos habían sido, incluso, ministros y gobernadores. Después comprendí que en ellos las dos actitudes—la renuncia a este mundo y la acción sobre este mundo—eran complementarias. En las últimas semanas, he leído y releído traducciones de poetas griegos y latinos, una tradición de poesía más activa que la china y más directamente enlazada a la historia, y otra vez me ha impresionado ver en todos estos poemas la presencia constante de la política con su cortejo de príncipes, demagogos, caudillos, masas enloquecidas y engañadas, tratados violados y, siempre, la guerra. Tu frase, quizás, podría invertirse, con una leve corrección: «La literatura es el fracaso de la revolución». Quiero decir: la literatura es la venganza de la imaginación contra el fracaso de la justicia. La literatura es asumir la condición a un tiempo insignificante y trágico de los hombres—comenzando por la de cada uno de nosotros—. La literatura es la crítica de la política convertida en absoluto, la afirmación de lo singular frente a la totalidad. En este sentido me siento, como tú, más cerca de Kundera que de Solzhenitzin. Quizás el ruso es un profeta, pero con frecuencia los profetas terminan en inquisidores. Solzhenitzin es un personaje religioso y a medida que pasan los años mi ambivalencia frente a las religiones—todas—es más violenta: me atrae su sed de totalidad, me repugnan sus iglesias y sus sistemas teológicos. Me defiendo de sus absolutos con la duda y la ironía. Mis modelos son Sócrates y Lao She, que sabían sonreír.

Te confío todo esto porque tus reflexiones sobre lo que ocurre en el mundo me han impresionado. Creo que el peligro no es el poderío del imperio ruso, con ser tanto, como la debilidad moral, la miopía y el egoísmo de sus adversarios. Las democracias burguesas no han podido—no han querido—ganarse la amistad de los pueblos pobres. Tampoco han sido capaces de recobrar el temple, la entereza y la lucidez. Pero vivimos el fin de un período, no el fin de nuestra civilización. Los imperios «socialistas» llevan en la sangre la tiranía en el interior y la guerra en el exterior: se destruirán unos a otros. ¿Seremos capaces de impedir que, antes, nos destruyan a nosotros? Si Occidente desapareciese, desaparecería por un siglo o más la posibilidad de cambio. Mi generación y la tuya se enfrentan a un gigantesco equívoco histórico: el «socialismo» no ha sido la solución, la respuesta creadora a la crisis del capitalismo, como creían los fundadores en el siglo pasado, sino al contrario, ha sido el tiro por la culata, la respuesta regresiva. Los regímenes marxistas-leninistas no han curado a las sociedades modernas de sus males: no sólo no han extirpado la explotación de los trabajadores, sino que han transformado la sociedad de clases del capitalismo liberal en la sociedad de castas del capitalismo burocrático totalitario. No hay nada paralelo a esta regresión salvo, quizás, el derrumbe del mundo antiguo: la caída del Imperio Romano de Occidente—Bizancio es otro tema—significó una vuelta a la barbarie, a esa edad oscura de que hablaron los historiadores del siglo pasado. Pero el «socialismo» totalitario es una regresión más profunda aún que la que fueron los reinos bárbaros que sustituyeron en Occidente al Imperio Romano, entre los siglos v y vii. Si por un milagro histórico, el imperialismo yanki desapareciese de pronto y en su lugar surgiesen regímenes «socialistas» en nuestros países, esos regímenes se harían inmediatamente la guerra entre ellos y se devorarían los unos a los otros. El triunfo de cada «socialismo» no significa la paz, sino la guerra santa universal y permanente—la guerra ideológica.

Lo más triste de todo es que mientras en Europa la «inteligencia» sale, así sea a medias, de su letargo marxista-leninista, en América Latina la realidad atroz del «socialismo real»—por ejemplo, Cuba y su boat-people— no sólo no conmueve a nuestras pensantes cabezas de chorlito, sino que fortalece su devoción hacia Castro. Los García Márquez y los Cortázar no son excepciones, sino legión. En México, además, cuentan con el apoyo del gobierno que, como en los tiempos de Echeverría, se inclina más y más hacia un demagógico pro castrismo, doblado ahora de un pro sandinismo igualmente demagógico. En esta actitud, se juntan un antiamericanismo irracional y populachero con un maquiavelismo no menos irracional y miope.

Nuestros gobernantes—sobre todo en el Ministerio de Relaciones Exteriores—creen que con esta política pueden neutralizar y comprar a la izquierda nativa—no se equivocan quizás—y también conjurar el peligro que viene de Centroamérica—en lo cual se equivocan burdamente—. En México, como sabes, desde hace más de medio siglo ser «de izquierda» es una profesión burocrática.

Vuelta se ha vuelto—valga el inepto juego de pabras—una isla. Estamos rodeados tanto por las eternas envidias literarias como por el odio teológico de la izquierda, no curada aún ni de su antiguo estalinismo ni de su más reciente y virulento castrismo. Pero seguimos y persistimos. Naturalmente, no abdicaremos: la literatura y el arte son y seguirán siendo el centro de nuestra revista. Pero continuaremos nuestra razonada crítica política y quisiéramos ampliarla. Ojalá que tú pudieses ayudarnos. Te necesitamos. Tenemos una sección que se llama «Letras, letrillas y letrones». A mí me gustaría mucho que tú colaborases en ella con cierta frecuencia, por ejemplo, cada dos meses, con notas sobre temas de política internacional y política cultural. En general, las notas de «Letrillas» son pequeños artículos con una extensión de entre cuatro y ocho páginas escritas a máquina a doble espacio. Por supuesto, tú podrías escribir sobre todos los temas que se te ocurran, ya sean de política o de arte, de moral o de literatura. Nuestros honorarios son modestos: entre 100 y 120 dólares por nota. Además, claro está, con menos frecuencia, podríamos publicar un ensayo largo, de unas veinte a treinta cuartillas. Los honorarios: entre 250 y 350 dólares. Por correo aparte y aéreo te envío los últimos números de la revista.

Con la esperanza de que aceptes esta invitación, te envío

Un gran abrazo
Octavio Paz

P. D. Estaré en Europa en junio, en Alemania y unos días en París. Puedes escribirle, durante mi ausencia, a Enrique Krauze, secretario de Vuelta: Leonardo da Vinci, 17 bis, México 19, D. F.

EL CONGRESO CULTURAL DE VALENCIA

En 1987, al cumplirse cincuenta años de la celebración del Congreso Mundial de Intelectuales Antifascistas de Apoyo a la República Española en 1937, fuimos invitados por sus organizadores—Octavio Paz, Juan Goytisolo, Jorge Semprún, Vázquez Montalbán y Fernando Sabater— Guillermo Cabrera Infante, Heberto Padilla, Marta Frayde y yo, y la Unión de Escritores y Artistas de Cuba, oficialmente, que tardó meses en responder, después de consultar con los soviéticos, que finalmente no asistieron. A última hora llegó la delegación oficial, que dirigía Lisandro Otero e incluía a Miguel Barnet, Félix Pita Rodríguez y Pablo Armando Fernández. Como había un plazo para enviar las ponencias e indicar en las comisiones en las que deseaba participar, y para que fueran reservadas habitaciones, que no fue cumplido, a los delegados oficiales no les quedó otra opción que intervenir pidiendo la palabra en breves intervenciones y no fueron alojados en los hoteles donde estábamos centenares de invitados.

Sabiendo que mi ponencia sería atacada por ellos, había escrito la primera sobre América Latina, pero me inscribí en la sesión de Historia, y allí improvisé otra crítica sobre el castrismo que los enfureció. Otero, Fernández y Barnet empezaron a interrumpirme y los puse en su sitio. Conté como me había tocado, como director de *Revolución*, junto con Celia Sánchez, Haydée Santamaría, intervenir para la libertad de Lisandro Otero, reportero del periódico, detenido en abril del 61, cuando playa Girón, junto a su esposa Marcia Leiseca, en la recogida masiva de la Seguridad y de los comités de defensa, cuando más de cien mil cubanos, gran parte de ellos, sin que hubiesen cometido acción alguna, fueron detenidos, y hubo que llevarlos a los estadios de béisbol, inaugurando una práctica que haría tristemente famosa más tarde Pinochet y no su precursor Fidel Castro. Relaté las muchas veces que, incluso con el propio Castro, discutí por las acusaciones contra Pablo Armando por su homosexualidad, algo que ni uno ni otro pudieron negar. En la sección final del Congreso, comunistas y castristas furiosos introdujeron el grupo del bailarín Antonio Gades, de cuyo hijo era padrino Castro, buen bailarín, de una fidelidad a Fidel rayana en el servilismo. Cuando el director de cine italiano, Francesco Rosi lo escogió para hacer su película *Carmen*, el bailarín y coreógrafo, le dijo: «Rosi, tú firmaste la primera carta sobre el asunto de Padilla, tengo que pedirle permiso a Fidel, a ver si me autoriza a trabajar contigo». El permiso fue otorgado y sólo así Antonio trabajó con Rosi. Semprún, que ocupaba el turno, era una de las bestias negras de estos sectarios, que por su fama de escritor de izquierda y por su historia de comunista, que soportó los campos de concentración de Hitler y dirigió la clandestinidad del Partido Comunista Español y la resistencia junto con Claudín, y que por estimar en los tiempos finales del fascismo que no había condiciones en España para una acción violenta, Carrillo los expulsó, cambió su postura, algo que le resultó muy eficaz, Semprún, era odiado por los sectarios.

Un ex coronel fascista de la época de Franco, que al final se le opuso, desde el público, comenzó a gritar que Cuba era el prostíbulo yanki y que antes todas las cubanas eran unas putas, a lo que Marta Frayde y Miriam Gómez airadas, respondieron con toda dignidad: «Había en la Cuba precastrista, tres zonas de prostitución en La Habana, unas mil prostitutas aproximadamente, otros mil en el resto de la isla, pero cuando un marino yanki se salía de los puertos y se metía en otros barrios habaneros, salía apuñaleado, porque si algo no permitían los cubanos es que nadie se metiera con sus mujeres». Al final, el gran proxeneta de Cuba, Fidel Castro, con su turismo sexual y sus palabras: «Ellas lo hacen porque les gusta, están muy preparadas, no tienen sida, el cuerpo es libre, han convertido a Cuba en un prostíbulo». El ambiente se caldeó cuando tomó la palabra Jorge Semprún. Empezaron a gritarle «¡Fascistas!» a Semprún y a Octavio Paz. En el colmo del disparate y de los gritos, intentaron, animados por Fernández y Otero y Barnet, pasar a la acción, mientras que nosotros, encabezados por Octavio Paz, silla en mano, los rechazábamos, mientras Montalbán trataba de calmar la furia. Entre las cosas increíbles que suelen ocurrirle a un escritor crítico del castrismo como yo fue que el escritor italiano Antonio Tabucchi leyera una brillante tesis sobre la historia de los desaparecidos de las fotos oficiales, del mundo totalitario, fascista y comunista, con una mención de mi nombre y de la famosa foto de la caída de Batista, en Radio Rebelde, en que yo quedé entre Castro y el locutor Mendoza, y de la que fui posteriormente cancelado, primero con una mancha negra y después con una blanca. Hubo disputas por adquirir quién podía publicar la tesis de Tabucchi. José Miguel Ullán la quería para *Diario 16*, pero no pudo conseguirla. Finalmente fue publicada por otro diario, pero mi nombre una vez más fue omitido.

En otra ocasión, al hacer una crónica sobre el Che Guevara, se me atribuyó la firma de una carta crítica contra él, en enero del 59, cuando fue en este caso todo lo contrario, Guevara me dirigió una carta como director de *Revolución* preocupado por los ataques de un comentarista de *Carteles*. Tengo el suficiente sentido del humor para saber que esta censura de periódicos importantes no era por otra cosa que por el fanatismo, el sectarismo, el oportunismo político de una izquierda y de unas instituciones «serias», pero que no lo son tanto.

EL CARACAZO

En varias ocasiones estuve en Caracas, ciudad que nunca me gustó. Al tiempo del boom petrolero, cuando Caracas, según la prensa, como decía Juan Goytisolo, era la ciudad que más whisky bebía en el mundo, había subsidio para todos, a nadie preocupaba la corrupción, porque el tiburón se bañaba y salpicaba a todos.

Invitado por Planeta, que había publicado mi biografía de Castro, llegué a Venezuela en 1989, días después de la partida del Comandante, invitado a la toma de posesión de Carlos Andrés Pérez. La protesta de algunos militares y de la colonia cubana allí exilada provocó que el gobierno presionara a los medios y que durante una semana Castro hiciera el abuelo bueno ante el silencio cómplice de periodistas, que no le hicieron una sola pregunta sobre los desastres y crímenes cubanos.

Abochornados, muchos medios y periodistas me ofrecieron sus pantallas y páginas para que me expresara libremente. Conociendo que mis incontrovertibles argumentos chocarían con el infranqueable «creer es ver», terminaba todas mis intervenciones contando que no se olvidaran de la yetatura de Castro, que tenía tan mala suerte que a todo el que tocaba lo hundía: compañeros, militares peruanos, Allende, etc. Era mi penúltimo día en Caracas y en esta ocasión, pese a las gestiones de mis compatriotas, no había podido ver al presidente. En la mañana fui invitado a desayunar en la casa de Gustavo Cisneros, que se había negado a que Castro se hospedase en su bella mansión en medio de una espléndida naturaleza y maravillosas obras de arte.

Gustavo, como siempre, me recibió cordialmente y me preguntó si había visto a Carlos Andrés. Le contesté: «Esta vez, no. La vez anterior, sí».

Gustavo tomó el teléfono y unos minutos después éramos recibidos en su residencia. Conocía a Carlos Andrés desde su exilio en Cuba. Después lo había encontrado en el 57, en Costa Rica. Me saludó calurosamente y comenzó a hablar.

Por entonces temía que los norteamericanos invadieran Nicaragua en pleno conflicto. Interrumpí como pude y empecé a contarle brevemente los problemas en Cuba. Le referí de Gustavo Arcos, preso en Cuba, amigo de Carlos Andrés, y al decírselo al presidente éste tomó el teléfono, llamó a Fidel Castro y le dijo:

—Hay ahí un viejo amigo mío que quisiera que me mandaras para Venezuela.

—¿Quién es?—preguntó Castro.

Y al responder Carlos Andrés que era Gustavo Arcos, respondió:

—Se queda aquí porque es más amigo mío que tuyo.

El presidente me interrumpió y me dijo:

—Todas las semanas pasa por aquí García Márquez, que es verdaderamente el ministro de Relaciones Exteriores de Cuba y el vocero de Fidel Castro. Yo necesito una contrainformación que oponerle. ¿Por qué no vienes como mi asesor para asuntos cubanos? Como conozco tu independencia, no querrás trabajar para el Gobierno, pero se te podría encontrar una cátedra o un trabajo fuera del Gobierno, o en la televisión.

—Le agradezco, señor presidente, su confianza por el ofrecimiento, pero tengo todavía unos ineludibles compromisos en Italia y Europa. Lo pensaré y le daré mi respuesta por vía de don Gustavo.

Llamaron a la prensa y nos fotografiaron e informaron que Carlos Franqui había sido recibido por el presidente Carlos Andrés Pérez.

¿Por qué no acepté la tentadora oferta del presidente Pérez? Por las mismas razones por las que, pese a mis buenas relaciones con los socialistas italianos, con una definida posición crítica del castrismo, rara en la izquierda, nunca quise integrarme a aquel partido, ni a la Democracia Cristiana corrompida, donde personas como el ministro Malfatti, honesto, mucho me ayudó. No se comprendía, pese al ambiente caldeado que se sentía en la calle y en todas partes como una caldera que está por reventar, la tranquilidad del presidente, la poca vigilancia de toda la ciudad, mientras los rumores crecían de que estaba por estallar una gran protesta popular. Al día siguiente partimos a presentar el libro en Bogotá y allí nos enteramos del tremendo caracazo, la gran protesta popular que estremeció a la capital venezolana y al gobierno de Carlos Andrés Pérez.

En otra ocasión, el día antes de una votación en Ginebra sobre la violación de los derechos humanos del Gobierno de Castro, amigos del exilio me pidieron intervenir con Carlos Andrés, pidiendo la abstención de Venezuela en la votación. Conseguí hablar con Gustavo Cisneros que me contó que acababa de regresar de una recepción en palacio. Me prometió llamar en apoyo de la gestión, que fue positiva.

ORIANA FALLACI

Admiraba a Oriana, no la conocía, aun si vivía cerca de su amada Florencia natal. Su libro *Entrevista con la Historia* es el más extraordinario espejo de los dictadores del sigo xx, retratos en la voz de esos siniestros personajes, sometidos a un interrogatorio periodístico de una inteligencia y de una eficacia insuperable.

Conocía su coraje, y honestidad reportando la guerra de Vietnam, o la matanza mexicana de las Tres Culturas, donde fue herida.

Mi libro *Retrato de familia con Fidel* la impresionó, e hizo mucho para que se publicara en inglés e italiano.

Un día recibí una llamada suya, fui a encontrarla, conversamos largamente sobre el drama cubano y fuimos a disfrutar de la mejor comida florentina en un bello restaurante en la plaza Michelangelo, desde cuyas ventanas se contempla la bellísima ciudad.

Oriana me comentó que intentaba entrevistar a Fidel Castro. Berlinguer, el dirigente comunista italiano, consultado por la diplomacia castrista, había informado de su honestidad, mientras García Márquez hacía todo lo posible para su encuentro, afirmando que sería el más extraordinario diálogo entre la extraordinaria periodista y «el más inteligente de los jefes de estado del mundo».

Oriana quería saberlo todo sobre Cuba; yo le informé de lo que sabía del personaje y de su destructora obra, advirtiéndole que debíamos tomar precauciones para no ser vistos juntos. Por experiencia sabía que a partir de que aceptara la entrevista, la Seguridad del Estado la vigilaría constantemente e informaría de todos sus movimientos, así como de lo que hacía. Oriana, riéndose, no hacía mucho caso a mis advertencias.

Oriana llegó a Cuba y fue conducida ante Castro en el Palacio Presidencial, que la primera cosa que hizo usando su tradicional táctica fue ponerle la mano encima de uno de sus muslos. La reacción de Oriana fue retirársela enseguida.

Castro, que conocía de su entrevista con el ayatollah Jomeini, le preguntó qué pensaba del personaje. La respuesta fue una andanada crítica tremenda. Castro la saludó y le dijo que ya se verían. Más tarde puso como condición que Oriana tendría que entregarle todas las grabaciones, para que él las revisara, modificara y editara. Castro, asustado ante el valor y la inteligencia de Oriana, decidió, defraudando la curiosidad morbosa de García Márquez, que sólo si controlaba y decidía personalmente lo grabado en las conversaciones, daría la entrevista.

Oriana se negó rotundamente y prefirió tener una victoria moral a hacer una entrevista mediatizada, extraña a su ética periodística.

Como me lo contó cuando encontré de nuevo a Oriana, esta vez en Nueva York, donde residía. El libro de Oriana sobre Líbano me parece el más extraordinario de lo publicado sobre el dramático conflicto sufrido por aquel país, llamado la Suiza mediterránea, en el que convivían cristianos, musulmanes y judíos. Nación destruida por la presencia de fuerzas extranjeras protegidas en su territorio.

El rey de Jordania árabe resolvió un idéntico problema, eliminando a miles de palestinos, cuando el septiembre negro, una matanza que supera la cantidad de todas las otras ocurridas a los palestinos.

Enferma, Oriana se retiró a su apartamento de Nueva York y pidió a sus amigos que respetaran su silencio.

Después del criminal atentado terrorista de Al-Qaeda contra la ciudad de Nueva York, Oriana rompió su silencio con dos lúcidos libros en que denuncia el peligro del islamismo y su odio contra Occidente.

LA VIOLENCIA

La violencia nace y se hace.

Es innegable que en la naturaleza humana hay instintos violentos y muchas contradicciones. Hay infinidad de costumbres, actos y acontecimientos sociales que engendran y alimentan la violencia.

Condenar la violencia, no practicarla, amar y luchar por la paz, son bellos ideales, aun así en muchas ocasiones la realidad contradice estos sentimientos.

Hay peligros sociales violentos y malignos que no se pueden enfrentar pacíficamente: la interminable dictadura de Trujillo, otras de América Latina, de África, de Asia...

A esa violencia hay que oponerle la resistencia, incluso la guerra, forma suprema de la violencia, los atentados, los sabotajes; la pasividad convertiría a los pueblos y a la humanidad en sus esclavos.

En ocasiones, para que la civilización, el progreso y la libertad perduren es necesario que se sacrifiquen y mueran millones de personas en cruentas guerras o rebeliones.

¿Puede alguien negar la necesidad y la justicia de la tremenda victoria que significó para el mundo la última guerra mundial, con sus millones de muertos?

Si el Norte antiesclavista, dirigido por Lincoln no hubiera enfrentado y vencido al Sur esclavista en una cruenta guerra, ¿qué hubiera sido de la democracia norteamericana?

Entre las paradojas más tristes de la no violencia está que Gandhi, el padre del pacifismo indio y de la no violencia, que con su acción extraordinaria logró la independencia de su país, cayera abatido, no por el opresor colonialista inglés, que había derrotado, sino por un conciudadano suyo.

La afirmación categórica de que toda forma de lucha violenta engendra inevitablemente violencia es falsa. Innumerables acontecimientos históricos prueban cómo guerras y acciones colectivas violentas suprimieron la violencia opresora, y a su victoria establecieron la paz y la libertad y terminaron con la violencia.

Es verdad que, en otros acontecimientos históricos, la lucha opositora violenta contra la violencia en el poder generó una violencia mayor que la derrotada, como prueba la historia del comunismo mundial.

Si la lucha violenta, la guerra o la rebelión están sustentadas en la realidad, no en las falsas palabras de un caudillo, que se las puede llevar el viento, en el espíritu democrático y libre de sus protagonistas, y de los seguidores y de las multitudes y pueblos que lo apoyan, entonces, la violencia vencedora generará paz y libertad, y no violencia.

Si por el contrario los protagonistas de la violencia están inspirados o son impulsados por tesis ideológicas violentas, como el comunismo, el ya derrotado fascismo, sobre la vieja violencia vencida, nacerá a la toma del poder y a la victoria, una más violenta todavía.

Lenin, Trotski, Stalin, Mao, Pol Pot y Fidel Castro multiplicaron el terror, la violencia y los crímenes de los regímenes violentos que derribaron. Esa violencia, hoy documentada, supera los cien millones de muertos.

La Revolución Francesa fue necesariamente violenta, engendró un terror y un contraterror abominables, pero, como su naturaleza era libertaria, al final imperaron democracia y libertad en casi todo el mundo. Lo mismo pasó con la Guerra de Independencia norteamericana, con la victoria del Norte contra Sur, y la victoria mundial contra el nazi-fascismo.

Intuí siempre que la violencia no era una solución. ¿Cuál lo es? ¿Fatalidad, resignación, sufrirla sin protestar? En ese conflicto sin solución, al asumir la violencia intelectual, rechacé la personal. Participé en una lucha violenta, contra una tiranía violenta, sin practicar la violencia, ni en la clandestinidad, ni en la guerra. La prediqué, sin ignorar la responsabilidad moral de predicarla, y sin resolver esta contradicción, ni ignorar la enorme diferencia de predicar una cosa y no hacerla. Era como si desde lo más profundo de mi intuición algo me dijera que no matase porque matar no tiene regreso, ninguna razón justifica acabar o atentar contra la vida del otro, la violencia es el mal monstruoso, que los otros te imponen, a veces hay que practicarla como mal necesario, me decía, como afrontar el nazifascismo, que amenazaba la humanidad sin la guerra, sin toda la barbarie de la guerra, que va de la muerte a la destrucción de ciudades y de poblaciones inocentes, incluso la bomba atómica, es fácil ahora protestar del horror atómico, no era la misma cosa cuando se supo que los nazis tenían la posibilidad de construirla, eliminando la mala conciencia de los grandes científicos, para construir el más monstruoso instrumento de muerte jamás construido en la historia de la humanidad. Tan monstruoso, que, prácticamente después de los dos experimentos de Hiroshima y Nagasaki, no se pudiera usar más, determinando el fin de las grandes guerras. En aquella época sólo sabíamos que había un enemigo peligroso que quería aniquilar la humanidad, al que había que oponerle la violencia si queríamos la libertad, la democracia. Cuando la primera bomba atómica acabó con la fuerza de los japoneses, todo el mundo libre la aplaudió, me encuentro entre ellos y me parece que era casi natural que eso ocurriera. Si hago esta referencia es para decir cómo los acontecimientos pueden ser vistos de manera diferente, cuando ocurren y al ser juzgados después, fríamente. Después supimos que aquella bomba no fue absolutamente necesaria, conocimos sus horrores y si hubiéramos tenido conciencia de lo que aquella bomba hacía, de lo que hizo con la población civil, nos hubiéramos indignado y hubiéramos protestado, que es también una manera de decir, como el desconocimiento de las cosas, hace que tengamos reacciones, que no son las que debimos haber tenido. En la historia de Cuba, los mejores cubanos habían predicado la violencia necesaria contra el colonialismo español, que nunca quiso darle libertad a la isla. Céspedes, Agramonte y Martí habían ordenado una violencia sin odio, en la guerra por la libertad, la habían practicado Bolívar y los independentistas en América del Sur, en México y en Estados Unidos, los más ilustres patriotas.

GUERRA Y PAZ

La guerra es la suprema violencia, la paz mundial maravillosa, a veces justa, otras utópica e impracticable.

Hay muchos tipos de guerras y de violencias, de intentos de dominar al mundo o a un pueblo.

La fuerza no entiende otro lenguaje que el de la fuerza.

¿Aceptó el imperio inglés el derecho del pueblo de Estados Unidos de ser libre e independiente? ¿Aceptaron alguna vez los reyes de Francia que los franceses dejaran de ser sus miserables esclavos?

¿Aceptó alguna vez España conceder no ya la independencia, incluso la autonomía, a sus colonias de América y a Cuba?

Hitler, Mussolini, Hiro-Hito y el nazi-fascismo intentaron dominar al mundo por la fuerza y fracasaron, a que sirvió que le entregaran Checoslovaquia para evitar la guerra.

LA VIOLENCIA EN CUBA

En sus cinco siglos de historia, Cuba ha vivido cuatrocientos años sometida al colonialismo español, siete años de ocupación militar americana, treinta y dos de enmienda Platt, veinte años de gobierno autoritario, veintiún años de dictaduras militares, treinta años como semicolonia soviética, cuarenta y cinco bajo la tiranía castrista y menos de veinte años de paz y gobierno democrático.

¿REVOLUCIÓN O CONTRARREVOLUCIÓN?

El desencadenarse las revoluciones es natural. Es fácil predicar la calma desde arriba, desde el privilegio, el poder, el buen vivir, y que los maltratos de siempre sean aceptados tranquilamente por quienes sufren las consecuencias.

Claro que hay una gran diferencia entre las revoluciones comunistas y las revoluciones no comunistas, incluida la Revolución Francesa, que pese a su terror y a sus errores cambió la faz del mundo. Lo mismo puede decirse de la revolución inglesa, la Revolución Industrial, la revolución norteamericana, la revolución científica y tecnológica y de la revolución artística y literaria del siglo xx. Esas revoluciones han cambiado profundamente la sociedad y la vida. Piénsese en la invención de la máquina de vapor, que acabó con la esclavitud y produjo la industrialización, el descubrimiento de la electricidad, que acabó con las tinieblas y la oscuridad, o en los numerosos descubrimientos de la ciencia médica, que han vencido o evitado enfermedades mortales, muertes prematuras; o en instrumentos de la libertad de movimiento, como los automóviles, libertad de caminar, o el avión, libertad de volar, que han reducido el tiempo y el espacio. Si la revolución es aquello que produce grandes cambios, no puede calificarse de revolución aquello que es exactamente lo contrario y que, más que hacer cambios, lo que hace es destruir a la sociedad y retrotraerla hacia los viejos tiempos, con diferentes nombres. El nombre apropiado no sería «revolución» sino «contrarrevolución», y no es que se pretenda salvar un nombre insalvable en todos aquellos países donde ha ocurrido una revolución comunista, sino aplicar el rigor y conceptos de la palabra.

La violencia parece estar en el cuerpo y en el alma de las revoluciones comunistas. Estas contrarrevoluciones aniquilan, pero no crean ni cambian. Matan y sólo viven para construir nuevos poderes para pequeñas minorías y jefes tiránicos, que acaban paralizándolo todo y finalmente se autodestruyen.

Las revoluciones comunistas enseñan a matar. En ellas, se aprende fácilmente a matar. Esas revoluciones no se rigen por normas ni leyes, ni son fuentes de derecho. A la toma del poder usan la muerte y el terror como si la muerte y el terror fueran el alimento y el sustento de los nuevos poderes.

¿REVOLUCIÓN TRAICIONADA O REVOLUCIÓN TRAIDORA?

Desde que Trotski escribió su célebre libro *La revolución traicionada*, eximiendo a la utopía y al marxismo de la idea del fracaso de la revolución y del proceso ruso, y culpando a Stalin y a sus métodos, la tesis ha servido para explicar el fracaso de las revoluciones, atribuyendo a la acción de sus jefes y salvando a la revolución misma de su desviación y fracaso involuntario. En esta idea hay una verdad: los jefes revolucionarios esgrimieron los gritos de pan, tierra, libertad, independencia o democracia, futura justicia social, mientras estaban en la oposición y querían tomar el poder, pero una vez alcanzado, se olvidaron de sus promesas e hicieron lo contrario de lo predicado. Lenin, Mao o Fidel Castro. Pero ésa es una parte de la verdad. No toda la verdad. Ni siquiera la principal verdad. Nadie piensa hoy que Trotski, de haberse quedado con el poder, hubiera salvado la Revolución rusa. La idea de la dictadura del Partido, del control total del poder, de todos los poderes y del centralismo democrático que establece la jefatura del secretario general o jefe único y no la del pueblo, al que hay que imponer por el terror la revolución, con el control total de la economía, la sociedad y la vida, que todo lo paraliza y aniquila, incluso al mismo ser humano cuando aniquila a la propia sociedad.

Ya no la revolución traicionada, sino la revolución traidora, o la revolución imposible... Una revolución incapaz de crear «el reino de la libertad y abundancia» que proclamaba Marx no parece cosa de este mundo. Una revolución así necesitaría otros seres humanos, otros pueblos y otras sociedades. ¿Cómo terminar con el egoísmo individual, palanca de los males y todos los bienes de la civilización? Una «sociedad de santos» que ni Cristo ni san Francisco pudieron crear. Cristo, en el humilde pesebre, o san Francisco predicando la pobreza y la humildad, contra el egoísmo y la riqueza. ¡Qué dirían ambos si llegaran al Vaticano, después de entrar en esa especie de tijeras o cadena que son sus columnas y ver la riqueza y las joyas! Creo que exclamarían: «¡Mi reino no es de este mundo!».

No me refiero a la Revolución Francesa, a la norteamericana o a la inglesa u otras revoluciones, que, por las condiciones en que ocurrieron, por su espíritu democrático o libertario, aunque después crearan imperios, crearon también democracia y libertades e hicieron avanzar la civilización. Cosa que no hizo y que no podía hacer la Revolución rusa.

La convivencia social tiene muchos discriminantes y límites. Las grandes luchas contra la injusticia en el curso de la historia han creado progreso y democracia, imperfectas, pero susceptibles a cambios.

El estallido de las revoluciones es natural. Fácil predicar la calma desde arriba; difícil sufrir siempre la injusticia abajo.

EL ACONTECIMIENTO MÁS TRÁGICO DE LA HISTORIA DE CUBA

Es una verdad incontrovertible que el triunfo de la Revolución castrista ha sido, y es todavía, el más trágico acontecimiento de la historia de Cuba.

Como participante en esa revolución destructora tengo una responsabilidad que mi conciencia no olvida ni un minuto.

Cuando me hago la pregunta, «¿pude actuar de otra manera?», la respuesta es «no», y no me refiero a esas certezas de que habla Octavio Paz, de que el pasado no se puede cambiar, sino a otra hipotética, pero posible cuestión, de lo que pude o no hacer entonces.

Es trágico saber que se estuvo obligado a participar en una revolución cuyas consecuencias fueron monstruosas.

Estas páginas no buscan una justificación imposible, ni siquiera una explicación lógica, intentan descubrir el porqué y los sin porqués de la cuestión que me concierne a mí y a los otros.

En 1952, cuando el coronel Batista da su golpe militar y liquida la democracia, los jóvenes que no podíamos ser cómplices de aquel crimen, fuimos colocados en la alternativa de oponernos, de no hacer nada o de irnos de la isla.

La mayoría de los cubanos que no simpatizaban con Batista no hizo nada, la vieja generación de la Revolución del Treinta, cansada y derrotada, los políticos, los ricos, los poderosos, la prensa, la Iglesia y todas las instituciones cubanas se limitaron a criticar de palabra el crimen sin hacer nada.

Los jóvenes actuamos como pudimos en espera de que la oposición y sus jefes nos ofrecieran formas de lucha eficaces, que nunca se produjeron, y entonces nos vimos obligados a la acción.

Intento redescubrir lo que pasó a través de mis actos, de la acción de mis enemigos y de la pasividad de los poderosos de entonces.

Creía estar vacunado del virus del comunismo, cuyo partido había dejado en 1946, cuando tenía 25 años, al descubrir que aquella maravillosa utopía era una monstruosidad, 14 años después, partiendo de una rebelión que se proclamaba no comunista, ni marxista, sino humanista y martiana, fui manipulado como millones de mis compatriotas y sin darnos cuenta nos convertimos en una revolución comunista.

Me había curado del virus del comunismo, no del de la Revolución, sin intuir todos los peligros que esta palabra tan ambigua conlleva. Si en mi breve estadía en el comunismo, pudieron influir ideas socialistas y el ambiente antifascista de entonces, en que hasta el ingenuo presidente Roosevelt hablaba, no se puede decir lo mismo de mis motivaciones de 1959-1960. La idea intelectual comunista en las revoluciones es siempre algo abstracta, teórica o irreal. No es lo mismo la conciencia de que la pobreza, la miseria, la injusticia, la prisión y las torturas son males que deben eliminarse, y la experiencia de vivir, de sufrir esos males. Hablar del hambre no es lo mismo que ser pobre o sufrir la pobreza; más que una idea intelectual, la revolución se produce a consecuencia de las desigualdades y de las injusticias.

Hay una peligrosa y milenaria carga de injusticia en muchas partes del mundo y cada vez que la palabra de un demagogo, de un grupo de fanáticos o de locos o de idealistas, despierta el instinto, las multitudes se rebelan y «acaban con la quinta y con los mangos». A mí me dieron muchos palos. A mi familia le dieron más palos; a los pobres, a los campesinos, a los negros, a los que quisieron la independencia, a todos los molían a palos. ¿Cómo respetar a los que nos molían a palos? Casi todos los que reciben palos, cuando cogen un palo olvidan los sufrimientos de los otros y los tratan de nuevo a palos. Se vuelven señores o se vuelven comunistas o lo que sea.

La injusticia de los señores me llevó a la revolución, pero desde niño supe que no quería ser señor y que el poder es siempre cosa de señores.

Ésta verdad que me hundió un tiempo en la mierda histórica, me abrió los ojos y me hizo descubrir que el poder de la Revolución y del comunismo era el más grande enemigo del pueblo del que yo venía, el más grande conocido en la historia de la humanidad.

Ésta es la interrogación a la que durante años, día a día, he sometido mis actos de entonces y las circunstancias en que se produjeron.

Pienso que hay muchas cosas escondidas en el armario del comunismo, la Revolución y las causas que la engendraron, y qué mejor laboratorio que éste para ser conejillo, laboratorista, clínico y narrador de una experiencia compartida y desgraciada, con muchas víctimas, responsabilidades mayores y menores, en esta historia de la que nadie es inocente.

¿QUÉ HACER?

Cuando se comprende que la Revolución está irremisiblemente perdida, que su efecto destructivo amenaza con matar al pueblo que la quiso y es demasiado tarde para cambiarla, ¿qué se puede hacer?

¿Salvar la responsabilidad personal, oponérsele de frente, irse, fugarse, suicidarse, oponerse desde dentro del monstruo mismo, intentar hacer otra revolución en alguna parte? Guevara y otros lo intentaron en África y Bolivia, el teniente Félix Pena, los comandantes Eddy Suñol y Alberto Mora, Haydée Santamaría y el ex presidente Dorticós, entre otros muchos, se suicidaron.

El comandante Huber Matos escogió la primera opción: salvó su responsabilidad histórica. Tuvo que estar veinte años en prisión y su acto facilitó a Fidel Castro eliminar al ala democrática y nacionalista de la Revolución y sustituirla por los radicales y los comunistas.

Manuel Ray, ministro de Obras Públicas, David Salvador, secretario general de la Confederación de Trabajadores, Emilio Guede, dirigente del 26 de Julio y otros se opusieron, muchos otros se fugaron. Escogí, no sé si con razón o sin ella, la última.

Me parecía que, si el país se hundía no valía la pena salvarse. La primera opción podía ser heroica, romántica, no eficaz. La segunda, heroica, pero imposible.

Una revolución engendra una confusión que dura mucho tiempo

hasta que descubre su terrible rostro, y cuando eso ocurre ya es demasiado tarde.

La Revolución fue mayoritaria por un largo período. No creía, como otros, que Estados Unidos invadiría la isla y resolvería el problema. Me equivoqué en otras cosas, no en ésta. La CIA, interviniendo la oposición interna y paralizando la guerrilla del Escambray, acabó con la única forma de oposición que hubiese podido resistir, como ocurrió más tarde en Nicaragua. La expedición de Girón fue el conejillo de indias que indicó a Estados Unidos que tenía que sostener la oposición democrática nicaragüense en vez de intervenirla. Esa política hubiera evitado el éxodo masivo, y en la medida en que se descubriera qué cosa era la realidad de la Revolución, la gente se iría incorporando a la lucha contra la dictadura castrista.

Me parecía mortal la ilusión del intento de rehacer la Revolución castrista con otras revoluciones del mismo tipo. Entendía y respetaba los suicidios, pero no los compartía. Morir sí, pero rebelándose, no suicidándose.

¿Era posible, lógica, la opción que adoptaba? Sabía que era difícil, casi imposible, pero sentía el deber de intentarla con todos los riesgos que conllevaba: la natural incomprensión externa y el matemático e insuperable peligro interno. Bien difícil «el estar y no estar» que intentaba. Pero ésa fue la opción que elegí en el 59 oponiéndome a la penetración comunista; en el 61, oponiéndome al sectarismo; en el 62, haciendo pública la traición de la Unión Soviética durante la crisis del Caribe, y denunciando internamente en reuniones del Consejo de Ministros: prisiones, torturas, abusos y persecución de revolucionarios, destrozo económico, etc. Y fueron esas razones las que causaron mi destitución como director del periódico *Revolución*.

Me quedaba la palabra. Había sido un testigo excepcional; contaría lo ocurrido. Era la única y última opción, y fue ésa la que emprendí.

LA REVOLUCIÓN PERDIDA

De esta revolución perdida, lo más grave es la destrucción de las formas de vida de un pueblo que encaraba las durezas y dificultades de la existencia con el humor, la música, el amor, la alegría con su ritmo mestizo entre afro-andaluz-tropical y caribe, en que «no más sentía la conga, el muerto se iba de rumba». Pueblo paciente, pero rebelde en momentos decisivos de su historia.

Aquella que según el libro de Juan Bosch, *Cuba la isla fascinante*, era casi un edén, según el famoso escritor izquierdista, es cuarenta y cinco años después, además de una ruina moral, «el reino del terror y la miseria» que finalmente ahora el mundo descubre.

Esa revolución perdida destruyó la historia de Cuba, sus grandes caídas salvadas por sus grandes momentos. Hoy por no tener nada, no tenemos historia, aun si nos queda un poco de aventura, humor y rebeldía.

De la experiencia vivida aprendí que las utopías se convierten en prisiones, sin que olvide las injusticias y desigualdades de este mundo, ni piense que poderes y riquezas liberarán al mundo de sus eternas desgracias. Quizás cambiar la vida sea un mito poético al que se opone el egoísmo individual. Los que sufren, como trabajan, el tiempo le es alienado y les impide crear una nueva cultura que sustituya a la existente y transforme a la sociedad. La historia de las revoluciones confirma que mientras en ella esté a la cabeza un caudillo, con los instrumentos represivos y no la conciencia de la colectividad, habrá sólo tiranía disfrazada de revolución.

Durante cuatro años entre contradicciones y conflictos participé de una manera activa en aquella revolución perdida, y en mi conciencia, en este libro, como en otros, asumo la responsabilidad. Durante cuarenta años de mi vida me he dedicado humildemente a deshacer los entuertos de aquella monstruosidad. Sin vender el alma al diablo ni olvidar que si la cura revolucionaria mata, la enfermedad social es para quien la sufre la muerte de cada día.

Pienso, sin ser un iluso, y afirmo que el fracaso de la revolución y el socialismo por su naturaleza destructiva han hundido las esperanzas colectivas en un Marx de males.

Si el «pesimismo de la razón» ha liquidado el «optimismo de la voluntad», si la libertad ha eliminado la igualdad, si pese a la extraordinaria Revolución Francesa de libertad, igualdad y fraternidad, y la economía ha arruinado la igualdad, pienso que un día se alzará, nueva y poderosa, la esperanza real de una nueva fraternidad humana.

CASTRO ES LA REVOLUCIÓN

Fidel Castro: Cartas de la Prisión, 1953-1955

Publicadas por mí en *Diario de la Revolución Cubana*. Ediciones en español, inglés, francés e italiano. De la edición española, existen en Cuba doscientos ejemplares adquiridos por Castro, que los numeró al entregarlos a los miembros de la élite, diciéndoles que el libro decía la verdad, aunque su autor fuera un contrarrevolucionario.

Prisión de Oriente

En cuanto a mí, sé que la cárcel será dura como no lo ha sido nunca para nadie; preñada de amenazas, de ruin y cobarde ensañamiento, pero no la temo, como no temo la furia del tirano miserable que arrancó la vida a setenta hermanos míos.

1) p. 85

Prisión de Isla de Pino

Además, estoy estudiando a fondo *El capital* de Carlos Marx, cinco tomos enormes de economía, investigada y expuesta con el mayor rigor científico. He comenzado también a estudiar autores cubanos: Félix Varela, Luz y Caballero, etc.

2) p. 88

27 de enero de 1954

Me preguntas si Rolland hubiera sido igualmente grande de haber nacido en el siglo XVII. El pensamiento humano está indefectiblemente condicionado por las circunstancias de la época. Si se trata de un genio político, me atrevo a afirmar que depende exclusivamente de ella. Lenin en época de Catalina, cuando la aristocracia era la clase dominante, habría podido ser un esforzado defensor de la burguesía, que era entonces la clase revolucionaria, o pasar simplemente ignorado por la historia; Martí, de haber vivido cuando la toma de La Habana por los ingleses, hubiera defendido junto a su padre el pabellón de España; Napoleón, Mirabeau, Danton y Robespierre, ¿qué habrían sido en los tiempos de Carlo Magno sino siervos humildes de la gleba o moradores ignorados de algún castillo feudal? El cruce del Rubicón por Julio César jamás habría tenido lugar en los primeros años de la República antes de que se agudizara la intensa pugna de clases que conmovió a Roma y se desarrollara el gran partido plebeyo cuya situación hizo necesario y posible su acceso al poder. Julio César fue un verdadero revolucionario, como lo fue también Catalina, a la par que Cicerón, tan reverenciado por la historia, encarnaba el genuino aristócrata de Roma. Eso no fue óbice para que los revolucionarios franceses anatematizaran a César y endiosaran a Bruto, que clavó en el corazón de aquél el puñal de la aristocracia, suficiente para comprender que la República en Roma era la monarquía en Francia; que la plebe luchó contra aquélla al igual que luchaba la burguesía contra ésta; muy lejos estaban pues de sospechar que un nuevo César estaba a punto de surgir en las Galias, y éste sí que copió de veras y con razón el emperador romano.

Las doctrinas de Marx culminan en el campo social el esfuerzo de los socialistas utópicos y sintetizan en el campo filosófico el idealismo y el materialismo alemán, aunque Marx, además de filósofo, cae en la categoría del genio político, y como tal su papel dependió por entero de la época y el escenario en que vivió.

El genio literario, filosófico o artístico tiene un campo considerablemente más amplio en el tiempo y en la historia que el mundo de la realidad y de la acción, que es el único escenario donde surgen los genios políticos.

3) pp. 90-91

Marzo de 1954

Victor Hugo me entusiasmó lo indecible con *Los miserables;* sin embargo, a medida que pasa el tiempo me voy cansando un poco de su romanticismo excesivo, su ampulosidad y de la carga, a veces tediosa y exagerada, de erudición. Sobre el mismo tema de Napoleón III, Carlos Marx escribió un trabajo formidable titulado *El 18 brumario de Luis Bo-*

naparte. Poniendo estas dos obras, una al lado de la otra, es como puede apreciarse la enorme diferencia entre una concepción científica, realista de la historia, y una interpretación puramente romántica. Donde Hugo no ve más que un aventurero con suerte, Marx ve el resultado inevitable de las contradicciones sociales y la pugna de intereses prevalecientes en aquel instante. Para uno la historia es el azar; para otro, un proceso regido por leyes. Las frases de Hugo, por cierto que me recuerdan nuestros propios discursos, llenos de fe poética en la libertad, la santa indignación contra los ultrajes y confiada esperanza en su retorno milagroso.

4) p. 92

4 de abril de 1954

Son las once de la noche. Desde las seis de la tarde he estado leyendo seguido una obra de Lenin, *El estado y la revolución*, después de terminar *El 18 brumario de Luis Bonaparte* y *Las guerras civiles en Francia*, ambos de Marx, muy relacionados entre sí los tres trabajos y de un incalculable valor.

Tengo hambre y puse a hervir unos espaguetis con calamares rellenos. Mientras, cogí la pluma para hacerte unas líneas más ya que te robé tiempo por la tarde. No te había dicho que arreglé mi celda el viernes. Baldié el piso de granito con agua y jabón primero, polvo de mármol después, luego con lavasol y por último agua con creolina. Arreglé mis cosas y reina aquí el más absoluto orden. Las habitaciones del Hotel Nacional no están tan limpias... Me estoy dando ya dos baños al día obligado por el calor. ¡Qué bien me siento cuando acabo! Cojo mi libro y soy feliz en ciertos instantes. Me han servido de mucho mis viajes por el campo de la filosofía. Después de haber roto un buen poco la cabeza con Kant, el mismo Marx me parece más fácil que el padrenuestro. Tanto él como Lenin poseían un terrible espíritu polémico, y yo aquí me divierto, me río y gozo leyéndolos. Eran implacables y temibles con el enemigo. Dos verdaderos prototipos de revolucionarios.

Me voy a cenar: espaguetis con calamares, bombones italianos de postre, café acabadito de colar y después un H. Upmann 4. ¿No me envidias? Me cuidan, me cuidan un poquito entre todos... No le hacen caso a uno, siempre estoy peleando para que no manden nada. Cuando cojo sol por la mañana en shorts y siento el aire de mar, me parece que estoy en una playa, luego un pequeño restaurante aquí. ¡Me van a hacer creer que estoy de vacaciones! ¿Qué diría Carlos Marx de semejantes revolucionarios?

5) p. 97

15 de abril de 1954

Condiciones que son indispensables para la integración de un verdadero movimiento cívico: ideología, disciplina y jefatura. Las tres son esenciales, pero la jefatura es básica. No sé si fue Napoleón quien dijo que un mal general en batalla vale más que veinte generales buenos.

6) p. 107

CASTRO, EL CARCELERO

• Fidel Castro: veinte meses en prisión
• Los prisioneros de Castro en sus cuarenta y cinco años de poder: 1 millón de presos, 3 millones de años en prisión.
• Más de dos millones de exiliados y emigrados.
• Decenas de miles de fusilados y desaparecidos huyendo de Cuba.
• Redadas masivas.
• 1959. Son detenidos miles de miembros del antiguo Ejército.
• 1960-1961. Novecientos siete combatientes del Escambray prisioneros.
• Miles de familias deportadas del Escambray y de otras zonas guerrilleras.
• Abril de 1961. Son detenidas más de cien mil personas cuando el desembarco de playa Girón.
• 1961. Ernesto Guevara habla del terror rojo. Más de veinte mil cubanos opositores son condenados a veinte años de prisión. Son los históricos presos rebeldes plantados que cumplieron 400.000 años en las prisiones de Castro.
• 1962. Operación P. Son detenidos miles de pederastas, prostitutas y proxenetas.
• 1964. Más de cien mil cubanos son enviados a los campos militares

alambrados de Camagüey—UMAP—, unidades militares de ayuda a la producción. «Delito»: ser homosexuales, religiosos, hippies, amantes del jazz, el rock y los Beatles, o no ser partidarios de la Revolución. Entre ellos, el joven Jaime Ortega, hoy cardenal, y el célebre cantante Pablito Milanés, más tarde arrepentido.

SALIDAS MASIVAS

• 1965. Camarioca, Matanzas, Castro anuncia que todo el que quiera irse de la isla puede hacerlo libremente.

Alrededor de un millón de cubanos pide la salida y se les envía por tres años a trabajos forzados en la agricultura.

• 1971. La crisis producida por el fracaso de la zafra de los 10 millones de toneladas de azúcar provoca grandes protestas.

Castro, copiando el Bando contra la vagancia del gobernador español Tacón, decreta la Ley contra la vagancia, que envía a trabajos forzados en la agricultura a más de ciento cincuenta mil personas, en su mayoría obreros, según cifras oficiales.

La aplicación de la Ley de peligrosidad social, que castiga el predelito—no el acto, sino la posibilidad de cometerlo—, es aplicada en cada uno de los centenares de eventos y convocatorias internacionales efectuadas en la isla en estos años; miles de personas fichadas como desafectos o no partidarios del comunismo son enviados a trabajos en la agricultura.

En los últimos años han ocurrido múltiples condenas de cinco años a opositores pacíficos: Vladimiro Roca, Marta Beatriz Roque, René Gómez Manzano, Félix Bonne Carcassés y autores del manifiesto martiano *La Patria es de Todos*. El médico Bisset y muchos otros.

En 2003 el castrismo condenó a setenta y ocho opositores pacíficos, incluidos veintiocho periodistas independientes, apenas de alrededor de veinte años, de los que ya han cumplido más de uno en las duras prisiones castristas, pese a la unánime protesta internacional.

Más de un millón de cubanos entre presos y castigados han pasado tres millones de años en las cárceles castristas, prueba contundente de la rebeldía del pueblo cubano y de su amor por la libertad.

EL PODER DE FIDEL CASTRO

A partir de que Fidel Castro adquiere un poder absoluto y total, que le dimos todos por opción, reacción, huida u omisión, se olvida su táctica secreta de democracia, tira por la borda el humanismo, el pan sin terror, libertad con pan y la revolución nueva «tan cubana como las palmas», etc. Se olvida del humanismo de cuidar a los heridos en la sierra, del respeto a los derechos individuales, y comienza su era de dictadura y de terror. Al tomar el poder de la nada, Castro cree que lo puede todo, y cuando le decíamos, ante los primeros errores y fracasos, que la paz como la economía no eran como la guerra y la lucha clandestina, respondía: «Tengan confianza en mí. Con un grupo de hombres, cambiaremos totalmente a Cuba».

La Revolución para él era un cambio continuo y total de hombres, instituciones, costumbres, leyes, cosas y lugares.

Nada de lo que había en Cuba antes de él servía. Todo había que cambiarlo. No es lo que decía, pero es lo que hacía. Su palabra era la realidad porque él todo lo podía y no se equivocaba. Se sentía un dios que todo lo podía; todo lo destruía para construirlo de nuevo. Mientras un novelista crea con la palabra un mundo imaginario, él creía que su palabra omnipotente cambiaría a Cuba. Audaz, astuto, maquiavélico, desde el primer momento pensó que la isla le quedaba pequeña. Lo dio a entender volando sobre los Andes, en el 59, y hablando del Brasil. Se arregló para convertir a Estados Unidos en su enemigo y a Rusia en su potente aliado, y a ambos los envolvió en su sueño y locura. Dijo que Estados Unidos se negaba a refinar el petróleo venezolano, que en realidad era ruso, y que técnicamente las refinerías norteamericanas no podían refinar. Ahí comenzó la famosa guerra de golpes y contragolpes que le permitió presentar a Estados Unidos como el enemigo de la soberanía, de la dignidad y de la independencia de Cuba, acabar con todo y hacerse con un poder total.

CASTRO NO SE EQUIVOCA NUNCA

Castro, el que no se equivoca nunca y al que todo pertenece, piensa que cada hombre tiene un precio: comandante, ministro, una finca, una casa, un automóvil, viajes, privilegios, un abrazo, una sonrisa, un cesto navideño, a veces envenenado. Con Castro, todo; contra Castro, la prisión, el paredón, la desgracia permanente.

A mí me tenía como un tipo raro, inmune a sus dones y privilegios, con una aparente debilidad, pero incapaz de romper el cordón umbilical con la Revolución. Es decir, Castro, que te piensa suyo. Muchos de sus primeros adversarios y críticos, a la hora de la verdad, regresaron en desgracia o se quedaron en la isla e invariablemente terminaron en el suicidio, la prisión. Yo debí ser uno más pero no lo fui.

Todos éramos peces clavados en su anzuelo. Si yo había soportado situaciones bien difíciles, incluso regresado después de ser destituido y estar en Europa con mi familia en diciembre del 63, yo seguiría regresando. Castro reconoce que fui crítico del comunismo desde la sierra Maestra, que decía lo que pensaba, sin importarme las consecuencias de mis actos y mis palabras. A partir de mi condena, a partir de 1968, de la invasión rusa de Praga, apoyada por él, Castro comenzó contra mí una guerra sorda y casi secreta usando de todos los medios de que disponía el régimen cubano para que no publicara y tratando de asfixiarme económicamente. Iban de visita a galerías, editoriales, museos, a casa de pintores y artistas como Miró y Calder. Una guerra persistente y silenciosa.

Durante años mi nombre no se podía pronunciar ante Castro, como lo recuerdan Roberto Fabricio y otros autores en sus libros y entrevistas.

Casi veinte años después Castro no pudo más y encargó a Gianni Minà, El Arrodillado, según Riva, y a García Márquez, que arreglaran las cuentas conmigo. Después de la pateadura ideológica y moral de su delegación propinada por nosotros en el Congreso Cultural de Valencia.

En la larga entrevista hace alardes de memoria, recordando mis críticas, y me califica de analfabeto. Verdades que mezcla con mentiras, afirmando que yo no sabía redactar, lo que dijo él en el 87 no era lo que decía en el 58, en su famosa carta testamento político.

Después habla de los partes militares. Castro no permitió jamás que ningún comandante hiciera un parte mientras estuvo en la sierra. Sólo después de que las columnas invasoras partieran al segundo frente o de la invasión de la isla, permitió partes militares. De 1957 a casi finales del 58, los informes de sus acciones debían ser enviados a él, que los transformaba y los firmaba entregándolos a Radio Rebelde, para que los transmitiera.

Castro, el hombre que más ha hablado en el mundo

En cuanto al hablar, tiene el récord mundial. Empezó con discursos y charlas televisivas eficaces en 1959, cuando estaba menos comprometido y gastado, en ese año pasaron de un centenar, y a finales de 1960 un día preguntó al director de los taquígrafos sobre sus discursos y comparecencias, a cuántas cuartillas ascendían, y éstos respondieron que pasaban de veinte mil.

En septiembre de 1960 durante su discurso ante la Asamblea General de la ONU, mantuvo expectantes a los delegados en Nueva York, durante la primera hora. La tensión disminuyó durante la segunda, y su palabrería se hizo insoportable en la tercera y en la cuarta, como dijeran experimentados periodistas internacionales. «¡Qué lástima que este hombre no sepa terminar sus intervenciones ni tenga en cuenta el tiempo de los demás!»—expresó un periodista italiano.

En sus cuarenta y seis años Castro ha pronunciado más de dos mil discursos de cuatro horas o más, equivalentes a unos 375 días y a unas 200.000 cuartillas, ¡qué horror! Cierto es, que desde hace muchos años, Castro habla, pero nadie lo oye. Si quisiéramos reunir sus palabrerías, habría que llenar 800 libros y requerirían varios años para que un condenado los leyera.

En 1965, después de regresar enfermo de Europa, fui a un cine cerca de casa. En esa época aún se exhibían dos películas interrumpidas por el noticiero oficial del ICAIC. Al comenzar el noticiero, la sala quedó casi vacía. Quedaron entre ellos, los inconfundibles agentes de la Seguridad, incluidos algunos que conocía, entonces aplaudí y unos pocos me secundaron tímidamente. Sabía que, de no hacerlo, los agentes hablarían de mi acto contrarrevolucionario, con las consecuencias que conocía. Terminado el noticiero, la sala volvió a llenarse. Repetí la experiencia en otro cine y siempre ocurría lo mismo, y en un acto en la plaza de la Revolución, mientras Castro hablaba, la multitud caminaba, forma cubana de no oír. Todos se dieron cuenta y entonces Castro dijo: «Hemos transformado el entusiasmo en conciencia». Mis discusiones con Castro sobre la cultura fueron muchas. Castro afirma en sus cartas de la prisión que «la cultura tiene una dimensión intemporal de la que carece la política». Quizás de todo lo que ha escrito y dicho durante los últimos cincuenta años, sus cartas de la prisión, dirigidas a la bella e inteligente Nati Revuelta, que era su confidente y de la que él se enamoró, expresan realmente sólo en esta ocasión lo que estaba pensando.

Castro ha escrito poco y hablado mucho. Las cartas son interesantes y sus partes de guerra eficaces como prosa militar. En Radio Rebelde le molestaba que yo mandara a la actriz Violeta Casal leer buena poesía y que me opusiera a su proyecto de radionovelas propagandísticas y de poca calidad. Después, en Nueva York, cuando su primer viaje, se negó a que fuéramos a ver el *Guernica* de Picasso, diciéndome que no intentara alfabetizarlo, que él prefería el zoológico y a él se fue.

Y para qué hablar de la supresión de *Lunes de Revolución*, en 1961, y de su discurso «con la Revolución todo; contra la Revolución nada». Castro se cree que él es el zar de todo, incluida la anticultura. En el libro de Minà, prologado por García Márquez, Castro con absoluto descaro afirma que «yo saqué a mis suegros de Cuba y que dejé allí morir a mi madre sola».

En 1968, al salir definitivamente de Cuba, Caridad Moreno, la madre de Margot, sufría de un cáncer y mi madre, Caridad Mesa, que tenía 80 años, padecía de arteriosclerosis y quedó al cuidado de nuestros familiares y los de Margot, que con ella vivían, además de tener una buena cantidad de pesos cubanos de mi salario en la Oficina de Asuntos Históricos. Mi madre, la de Margot y su padre, Miguel Padrón, murieron allí, y están enterrados en la misma bóveda del cementerio de La Habana. Castro habla del pago de nuestros viajes, pero no de la diferencia entre viajes oficiales, invitaciones y viajes no oficiales, pagados con mis derechos de autor, ni menciona que en el contrato con Feltrinelli, yo que hacía de «negro» tenía derecho al treinta y tres por ciento y él al sesenta y seis por ciento, y que de los 25.000 dólares del anticipo, me tocaban 8.333, y que a petición de Celia recibí menos y que la diferencia en pesos cubanos quedó para viajes.

La perestroika de Gorbachov

La perestroika de Gorbachov metió los demonios en el cuerpo de Castro, animal político, que con su instinto y olfato de poder, intuía el peligro que lo amenazaba. Con la guardia en alto recibió a Gorbachov, cuyas tesis, libro y divulgación se habían prohibido en la isla, y cuando el mayor general Ochoa, jefe y héroe del Ejército africano de Cuba y de la URSS en

África, en su presencia se puso a conversar en ruso con Gorbachov firmó su sentencia de muerte anunciada. Algunos de los que participaron entonces en aquellos procesos afirman que hubo un intento de parte de los servicios secretos soviéticos, como ocurrió en otras partes del mundo comunista, para sustituir a Castro, que fracasó, y ésa fue la razón de que el ministro de Seguridad, Abrahantes, que convivió y cuidó a Castro durante treinta años, pero cuya familia era de origen comunista, y que en determinado momento se puso a hablar con los intelectuales de reforma, motivó que al fin del proceso lo enviaran a morir en prisión. En ese proceso del 89 se fusiló al general Ochoa y a La Guardia, jefe del MC, oficialmente Departamento de Moneda Convertible, pero según el dicho popular, marihuana y cocaína. Castro eliminó a los hombres que, como en el caso de Ochoa, eran un peligro y a los que había mandado a ocuparse del narcotráfico, por lo que podía ser acusado. Era uno de los departamentos más grandes de Cuba, que desmanteló por miedo a ser descubierto, ya que había investigaciones muy serias en Estados Unidos. Y de esa manera dio dos golpes, eliminó adversarios y se quitó de encima la acusación de narcotraficante. El proceso fue totalmente ilegal y tuvo la oposición del pueblo cubano. El mismo Castro lo reconoce en sus palabras cuando dice que es bueno que la Dirección de la Revolución esté de acuerdo con el pueblo, pero que no es necesario que tenga que aceptar sus opiniones en casos como éste. «Los cambios son necesarios—afirma un general íntimo de Castro—, pero el viejo no quiere cambios, intentarlo es suicidarse».

La perestroika

Decir que la perestroika es el golpe de muerte del socialismo soviético por la acción de Gorbachov, como lo afirma Castro, es realmente absurdo. La causa del irreversible desplome del sistema soviético que terminó por destruirlo estaba en su propia naturaleza. ¿Qué sistema colectivo es ese en que un hombre en la cúpula puede destruirlo? Los chinos con su astucia milenaria entienden que no se pueden hacer reformas políticas pero hacen grandes reformas económicas y le dan un segundo y potente aire a su sistema, en complicidad con capitalistas, cuya patria es el dinero. ¡Qué diría Carlos Marx al saber que un capitalista puede ser miembro del partido!

Si está probado que no hay democracia sin desarrollo económico, no hay ningún acontecimiento histórico que pruebe que el desarrollo económico genere automáticamente democracia.

Por ahora, China es un extraño matrimonio entre el poder comunista y la economía del mercado. Nadie sabe a ciencia cierta cuál puede ser su futuro. Uno es que las nuevas generaciones en el poder terminen con reformas políticas y se arribe a una mayor liberalización, o que se mantengan así y que incluso en caso de crisis y guerra, con todo el poder adquirido, vuelvan a nacionalizar las riquezas que el capitalismo les dio.

Lo que estos cuarenta y cinco años demuestran es que con Castro no habrá reformas, ni siquiera reformas económicas, y la prueba es cómo en los últimos tiempos el aparato de poder vuelve a la centralización más absoluta y a la eliminación de las pequeñas autonomías, tanto de empresas estatales como a la persecución de los «cuenta propistas», incluso de los ciegos que tratan de vender por las calles de Cuba.

En la época de los coroneles portugueses en su visita a La Habana, Castro les dijo: «En una situación de crisis el poder se mantiene con el terror y el hambre». El terror para los opositores y el hambre para que la gente tenga que entretenerse cada día haciendo muchísimas actividades para sobrevivir.

El mantengo del comunismo soviético y europeo a Castro era total y le permitía el pleno empleo, atención médica a la población y una educación dogmática, pero generalizada. La libreta de abastecimiento daba lo elemental para subsistir, mientras fábricas, aparatos, periódicos, transportes y todo lo que hacía falta, además de los créditos, venían de allí, junto con las técnicas y armas del poder militar, policíaco, etc. El costo económico de la Cuba castrista era monstruoso, nada parecido a las relaciones económicas de la Unión Soviética con sus satélites europeos, pero Cuba era el caballo de Troya del comunismo en América Latina, África y el Tercer Mundo. Guerrillas, guerras africanas y una formidable plataforma militar y de espionaje a noventa millas del territorio de Estados Unidos. La vida era austera, no insoportable, y el comunismo parecía inmortal con todas las oposiciones violentas o pacíficas derrotadas y los opositores fusilados, en prisión o en el exilio. Además de la esperanza de una fuga o una visa salvadora que permitiera llegar al paraíso norteamericano.

¿Qué significó para el cubano la caída del sistema soviético? Materialmente los privó de todo, la crisis irreversible se agravó día a día, como reconoce el propio Raúl Castro. Los cubanos, que siempre nos caracterizamos por hablar con voces altísimas, habían aprendido a hablar tan bajo que nadie que no viviera allí los entendía y se inventaron una jerga popular, chuchera y gestual, digna de los napolitanos. Al caer el comunismo comenzaron a pensar; los primeros atisbos de libertad fueron los del pensamiento, después vinieron los de palabra y finalmente las críticas. La vida de cada día se convirtió en una aventura. Castro pensó que el turismo sexual era su primera fuente de ingresos, incluido el sostén de su aparato. Se alió con Meliá y otros hoteleros, decretó el apartheid turístico, económico y de entretenimiento, se unió a las empresas extranjeras, las cuales le pagan en dólares, mientras que él paga en pesos cubanos y mientras recibe mil dólares por cada obrero, ese mismo obrero no recibe más de 20 dólares por su salario.

Castro ha vendido a los peores capitalistas extranjeros: comercios, hoteles, playas, clubes, restaurantes, centros de diversión, industrias, tierras, el ron, el tabaco, el café, los mariscos, el teléfono, el agua, la producción cítrica, los yacimientos minerales, el níquel, el cobalto, las áreas petrolíferas...

Las bellas cubanas, que según él «si hacían el amor era porque les gustaba, no tenían sida y estaban muy preparadas». Castro es el primer jefe de estado proxeneta del mundo. Además de las bellas playas de la isla, incluida Varadero, en que se bañan sólo los turistas y visitantes extranjeros y se prohíbe la entrada a los cubanos. Si en la República Dominicana, la primera atracción era el turismo sexual, Cuba la superaría con un jineterismo de primera clase, en gran parte una generación de profesionales, hombres y mujeres, que no pudiendo sobrevivir con los salarios que recibían se dedicaron al turismo o al jineterismo.

Un renglón muy positivo sería el turismo médico: magníficas clínicas, buenos médicos, medicinas, instrumentos a los mejores precios del mundo, pero sólo para extranjeros, para ellas van todos los recursos clínicos del país, quitándoselos a hospitales y farmacias, en donde no existe ni siquiera una aspirina, en un país donde Castro fabricó 70.000 médicos, muchos de los cuales ha exportado como propaganda al extranjero. Después de licenciar cientos de miles de los combatientes enviados a las guerras africanas, en su inmensa mayoría negros, les permitieron que se dedicaran a la delincuencia. Habían dejado de ser carne de cañón y éste era su nuevo precio; con el apoyo de la Seguridad y la corrupción del aparato, se dedicaron y se organizaron en toda la isla con un poder verdaderamente extraordinario, usando muchas veces en complicidad con la policía los mismos instrumentos del Estado, como ocurre con el robo de la carne, en que hay una ley en la que alguien que mate una vaca puede ser condenado a cadena perpetua, y sin embargo estos delincuentes les roban la vaca al campesino, que no puede declararlo porque se la hacen pagar, o al propio Estado, y la meten en los camiones frigoríficos del gobierno para venderlo después a los hoteles del dólar del turismo.

CASTRO NACIÓ EN UNA FAMILIA RICA

La suya era una familia rica que lo hacía vivir como un miserable, como cuenta él mismo, cuando vivía en Santiago de Cuba de estudiante, por la avaricia de sus padres.

Castro odia la riqueza y la destruye, pero no puede vivir sin ella. Disfruta de lo mejor antes de destruirlo. Siempre decía: «No me den productos malos de los países buenos, denme productos buenos de los países malos». Él no tiene mentalidad de rico. Para el rico crear riqueza es lo primero, aun si la riqueza es desigual e injusta, y la miseria lo peor. Para que los otros consuman la riqueza que produce es necesario que tengan cierto poder adquisitivo, que es lo que ocurre en la democracia, además de los sindicatos y las luchas sociales que han mejorado el nivel de vida de los trabajadores. Antes se creaba riqueza con trabajo esclavo, como ocurre hoy en China y en otras partes. El capital no tiene patria, no es el proletariado la clase universal anunciada por Marx, sino el capital. El obrero puede ser consciente de la injusticia social de que le roban parte de lo que produce, pero se identifica con el producto de su trabajo, tiene orgullo de producirlo y distingue entre el rico y las riquezas, así como un campesino, a pesar de lo duro que es su trabajo, ama la tierra.

Castro nunca te dice lo que piensa ni lo que va a hacer, ni los otros lo saben, hay que obedecer y mentir.

REVOLUCIÓN ES DESTRUIR

Año tras año Castro destruye las riquezas de Cuba, la última víctima ha sido la industria azucarera.

En 1959 Castro heredó una sólida economía que él mismo reconoció, en su discurso de Santiago de Cuba, «que había roto el mito de hacer una Revolución sin el Ejército, contra el Ejército y sin una crisis económica».

Cuba era el primer productor de azúcar en el mundo. Nadie podía producir azúcar al costo y precio de los cubanos, producto de un pacto social entre hacendados, colonos y obreros, e incluido en un acuerdo con Estados Unidos con un diferencial por los precios para evitar las grandes subidas en momentos de crisis y mantener un mercado estable. Ya he contado como en el 62 anunció que haría un discurso contra la caña, el cual hizo que ya en el 63 Cuba tuviera una de las zafras más pequeña de su historia, que el azúcar se pusiera por las nubes y que perdiera sus mercados. En los últimos años la caída ha sido tan monstruosa que Cuba ha necesitado importar azúcar para su consumo. Cuando la zafra del 70, años antes empeñó Cuba en Europa, comprando maquinaria por miles de millones de dólares, doblando la capacidad industrial en menos de dos años, lo que al capitalismo cubano y extranjero le había costado más de cincuenta. Y puso toda la economía de la isla para producir una zafra de 10 millones de toneladas que convertiría a Cuba en la azucarera del mundo comunista aunque desde el punto de vista económico la Unión Soviética no tenía esa necesidad, era una manera de mantener al país atado económicamente al monocultivo y al monomercado. Todo eso fracasó, a pesar de los 8 millones, y el propio Castro tuvo que reconocer el desastre.

¿REVOLUCIÓN TRAICIONADA O REVOLUCIÓN TRAIDORA?

La teoría de Trotski no es que la naturaleza de la revolución comunista fuera la causante del fracaso soviético. La revolución había fracasado, no porque fuera mala, sino porque había sido traicionada por Stalin y la burocracia.

Algunos prestigiosos compatriotas, entre ellos Huber Matos, al referirse al desastre castrista lo califican de la revolución traicionada.

¿En el caso cubano es posible salvar la revolución y condenar sólo a Fidel Castro? No lo pienso. Fidel Castro era y es en realidad la Revolución, pero es cierto que hay grandes diferencias teóricas entre la doctrina del marxismo-leninismo y el castrismo, que es sólo una ideología del poder.

Cuando Belén, el joven Castro, alumno jesuita, criticó el proyecto de ley de Juan Marinello, del Partido Comunista, de nacionalización de la enseñanza, ingresó en la Unión Internacional Revolucionaria de Tro, que era uno de los grupos de tiratiros de la Universidad de La Habana, después pasó al Partido Ortodoxo de Eduardo Chibás y de las filas de su juventud se nutrió para el asalto al Moncada y la fundación del Movimiento 26 de Julio.

La historia me absolverá es un alegato reformista, no revolucionario, como son otros manifiestos, incluida la *Carta de la Sierra*. Castro nunca fue un teórico, siempre fue un táctico en búsqueda de la toma, consolidación y mantenimiento del poder. En el 58 declaraba públicamente que se oponía a las nacionalizaciones, usaba los símbolos cristianos y las parábolas bíblicas para llegar al poder. A principios del 59 se declaró humanista: «Pan sin terror, libertad con pan, ni dictaduras de derecha ni dictaduras de izquierda». En el 60 se declaró antiimperialista y en el 61, después de playa Girón, marxista leninista.

Cuando perdió el mantengo soviético se volvió mercantilista y se asoció con el capitalismo internacional y creó el apartheid turístico, económico y médico.

Infiel a todo, Fidel Castro sólo es fiel a sí mismo. Es decir a su poder total.

Como su fidelidad es sólo a sí mismo, es decir a Fidel, en vez de llamarse Fidel debió llamarse Infidel.

Castro traiciona siempre: sus palabras, promesas, compromisos, compañeros, amigos, incluso Sorí Marín, Guevara, Ochoa y Abrahantes.

Castro a partir del 61 utilizó todos los instrumentos inventados por el poder comunista: la nacionalización de la riqueza y los medios de producción, la prohibición de la propiedad privada, la destrucción de la Iglesia Católica, de la cultura y del arte, los métodos de terror de la Seguridad y todos los instrumentos represivos creados por el estado soviético, además, el trabajo voluntario y la emulación socialista. La única creación de Castro fue la de los comités de defensa de la Revolución, que copió de la Revolución Francesa. Lo que no ha hecho nunca Castro es traicionarse a sí mismo.

Castro usó magistralmente la ambigüedad internacional de la palabra «revolución», que para unos es una cosa y para otros la contraria.

Confusión multiplicada en la república, sobre todo a partir de la Revolución de 1933.

Castro siempre se negó a que el 26 tuviera un programa a pesar de que Frank País y Oltuski llevaron a México la tesis aprobada por la Dirección, que él jamás quiso que se publicara.

Los hombres y mujeres que, arriesgando su vida en ciudades y montañas de la isla, luchaban contra la dictadura de Batista, lo hacían por el restablecimiento de la Constitución del 40, derogada por Batista, contra las torturas, prisiones y asesinatos de sus esbirros, y por reformas democráticas y civiles.

El comunismo soviético y el Partido Comunista Cubano inspiraban temor a la inmensa mayoría de la gente, que en la isla se hacían llamar Partido Socialista Popular.

Lenin y Trotski, en Rusia, tomaron el poder movilizando el pueblo por la paz, contra la guerra, por el pan, contra el hambre y el terror; Mao, en China, con la consigna de la tierra para el que la trabaja y contra los invasores extranjeros; pero todos ellos a su manera y con sus realidades eran marxistas leninistas y los suyos, partidos comunistas. En Cuba todo dependía de un caudillo, Fidel Castro, que se decía demócrata y no comunista.

Pero lo que no sabía nadie el primero de enero del 59, ni siquiera Guevara y Raúl Castro, marxista el primero y comunista el segundo, como lo prueban las cartas de la prisión escritas entre el 54 y el 55, en las que Fidel Castro estudia a Marx y a Lenin y se propone hacer en Cuba, cuando pudiera, una revolución comunista.

Era la única manera de tener un poder total, de convertirse en un protagonista mundial, desafiando a Estados Unidos y teniendo el apoyo soviético, para no ser derrotado.

El dilema del 26 y de la clandestinidad era que Fidel Castro había sido su fundador, su jefe y creador único, nadie podía discutirle su jefatura y que los instrumentos creados para equilibrar su caudillismo—clandestinidad, milicias, resistencia cívica, el movimiento obrero y estudiantil, el aparato de propaganda y *Revolución*—sirvieron para la victoria y después fueron de una manera u otra aniquilados.

¡Qué paradoja! Una revolución comunista secreta, tan secreta que sólo sus secretos lo sabía su caudillo.

Y así el traidor a todos y a todo encontró y aplicó su instrumento perfecto, la revolución comunista, es decir, la revolución cuya naturaleza es traidora.

Aun después del desmoronamiento del 89, los instrumentos policíacos, militares, económicos y civiles de Fidel Castro siguen siendo los creados por Rusia, China o Vietnam. Si la revolución no fuera traidora en su naturaleza, ¿cómo es que todos sus jefes pueden traicionarse, uno tras otro, y quedarse siempre con el poder, y cómo es que en su historia nadie ha podido salvarla de su traición? La conclusión, en el caso de Cuba, es que la Revolución fue traicionada, pero además que era traidora.

CASTRO ES LA REVOLUCIÓN

La Revolución de Cuba hay que identificarla con un hombre: Fidel Castro. Al final, Cuba sería el espejo de sus pasiones, complejos, frustraciones, venganzas, locuras, crueldad, delirios de grandeza, de sus odios y de su afán de poder total.

En *Las meninas*, Velázquez, el pintor, pinta un cuadro, y el cuadro es una realidad que un espejo refleja, él es autor y actor, pero más allá de su pintura y sus modelos reales y de él mismo y de su autorretrato, la pintura refleja en el espejo otro espacio, un espacio que escapa a todos, incluso al pintor mismo, un misterio que vuelve fascinante la pintura, en su eternidad pictórica, más allá de la realeza, de la realidad y del autor mismo del cuadro, la creación que ya no pertenece ni se refiere a nadie, sólo a la pintura misma.

En el espejo de Fidel Castro, las imágenes precisas son su poder. Nada de lo que existía antes de él debía de quedar como era, no importa si era malo o bueno, el cambio tenía que ser continuo, total y permanente, el cambio sería su vida misma, era y es un cambialotodo, menos de sí mismo.

Antes de la descomunal tarea de echar abajo todo, de cambiarlo todo para después hacerlo todo suyo, primero tenía que destruirlo, para después hacerlo nuevo, como un novelista que trabaja con la imaginación o con personajes, creando una novela, él cree que puede cambiar la vida y la historia con sus palabras, como si sus palabras y sus deseos fueran como la voz de Dios omnipotente.

El trabajo con seres humanos, con la realidad, la naturaleza, los hombres, las cosas reales, las historias, las costumbres, las instituciones, la cultura, la vida misma, todo eso tenía que cambiarlo, con su poder total, lo hizo suyas, lo destruyó y entonces intentó construirlos de nuevo, a diferencia del pintor Velázquez, destruye pero no crea, destruir es fácil, cualquier famoso guerrero destruye, él destruye todo lo que está al alcance de su mano, que es tan larga que mete a la isla y su gente en un puño, aplastarlos es fácil, cambiarlos, revivirlos, imposible.

Es un destructor, un gran destructor.

No tiene una dimensión humana. Carece de sentimiento y de conciencia, él es todo, piensa que todo lo puede, que puede estar siempre en todas partes y que si él no está allí, aquello no sirve.

Actor, ejecutor, no delega jamás. ¿Cómo va a permitir el artista, que alguien ponga pintura o palabras en su obra? Ningún instrumento le sirve, usa sólo uno, el de ordeno y mando, es decir el militar y policíaco, para apoderarse del que existía, hizo una guerra y reclamó el apoyo de todos, para más tarde destruir el viejo Ejército, hacer el suyo, siempre obediente. En su locura y megalomanía, confunde la guerra y la paz, la guerra y la economía, la guerra, la sociedad y la vida, para él todos tienen que ser soldados obedientes, en una guerra permanente, con un resultado, la destrucción total.

Su niñez en el latifundio oriental de su padre será su modelo. Se rebela y acaba con aquel latifundio y con todos los latifundios, iguales a aquél, grandes, pequeños, inmensos, de ganado, arroz, caña de azúcar, café, frutos, menores, vianda, y también con los minifundios, pero las tierras, las casas, los cultivos y las propiedades no los comparte con el pueblo, los campesinos, no los reparte, ni los divide, si su viejo era rico, él será el único rico.

Cuba es una gran finca, imposible de administrar una finca de su tamaño sin confiar en nadie, ni en nada, ni en estructuras, ni en instituciones, ni hombres, él piensa que sí había 6 millones de cabezas de ganado que suministraban carne, leche y mantequilla, para el consumo del país, y cuero para la industria del calzado y otras industrias, creadas desde la colonia con razas y métodos apropiados al clima y bajos costos, con el método extensivo: muchas tierras, buenos pastos, mucho ganado, pocos hombres, buenos resultados productivos y económicos. Comenzó por estatalizarlas todas, y para ello necesitaba una burocracia enorme, de ciudad, que ignoraba qué era una vaca, un potrero, que debió de obedecer las órdenes y destruir y cambiar.

Sustituyó la vieja raza cebú criolla, de siglos, por otras que llamó F-1, F-2 y F-3, con la inicial de su nombre, con la mezcla de toros y razas importados, y cambió el método de cultivo extensivo y barato, para hacer uno caro, intensivo, y difícil, como se usa en Suiza o Francia, a cuyos países anunció que superaría en leche y carne.

Cambió pastos y potreros y crianzas tradicionales, por establos a base de pienso, importó científicos y cuando éstos dijeron que el maíz, esa plata americana que llegó a Europa y, ya por 1580 salvó la hambruna de Italia y otras partes y más tarde se extendió por los campos, como un magnífico alimento, también para el ganado, y que en Cuba es planta originaria, cuando los científicos ingleses por él contratados en el Congreso de Ciencias de Güines, una de las zonas más feraces de Cuba, hablaron del maíz como alimento, del uso del cogollo de caña y sus productos derivados, el primer científico del país los rechazó y desde entonces siempre disminuye la producción de maíz en Cuba. Por televisión dio clases de inseminación artificial, que sólo servían para que el doble sentido y el humor criollos hicieran chistes con el comandante inseminador, y la misma cosa hizo con el café, a pesar de haber hecho la guerrilla bajo la sombra de sus matas en la sierra Maestra, simplemente no quiso más el café de la montaña, quiso café de llanura, y puso a toda la población de La Habana a sembrar café, gastó centenares de millones de pesos y finalmente no nació una mata, y se acabó el café.

No es sólo la historia del ganado, la historia del café, la tabacalización, sino también la del arroz, que es un cultivo más complicado y que gracias a muchos esfuerzos emprendidos en decenas de años, con instalaciones muy modernas, regadíos en las zonas orientales de Cuba, producía una buena cuarta parte del consumo nacional de arroz, que era grande porque el arroz es uno de los alimentos que más gusta a los cubanos, y mandó destruir esos campos de arroz. A Manuel Suzarte, tesorero del 26 de Julio en la clandestinidad y encargado de dirigir la zona agrícola de Bayamo, le pareció aquello una cosa tan absurda que cuando trató de convencerlo de que no lo hiciera, terminó castigado y nombrado en París para estudiar agricultura. Llamó a su fiel Dermidio Escalona y éste acabó con los arrozales y la industria del arroz naturalmente, años más tarde quisieron sembrar arroz y no funcionó y lo mismo pasó con la idea de traer a los hijos de campesinos a la ciudad, en vez de hacer escuelas en el campo, y éstos no volvieron más.

Decidió acabar con la familia como célula de la vieja sociedad, separó a los hijos de los papás, ingresándolos en los colegios como becados. Los resultados fueron muy negativos. En su mentalidad, la ciudad es el enemigo, y si era grande, mucho mayor, su mayor enemigo, la ciudad de La Habana. Pensaba que todo lo que distrajera de pensar en él era su enemigo, incluida la música, el humor, el teatro y la cultura. Odiaba la música, la fiesta, la pachanga, que el cuerpo sea libre, odiaba la cultura, porque sabía que la cultura es una forma de ser libre y la sustituyó con el deporte, pensó que en el deporte hay solamente el desarrollo del cuerpo. Pese a sus orígenes católicos, acabó con la religión católica, con el comercio, la banca, la economía, las fábricas de ron, las textiles. Al final de su poder y de su vida, Fidel Castro lo tiene todo y no tiene nada, ni a nadie, tiene todo el poder, sí, pero ha destruido la riqueza, la historia, la cultura y gran parte de la vida de Cuba, haitianizando el país, lo ha regresado más allá del siglo XIX, el destructor de todo, se destruye a sí mismo, todavía manda, pero no gobierna.

EL FRACASO DEL SOCIALISMO

Pienso que el fracaso del socialismo es una de las más grandes victorias en la lucha por la libertad y una de sus más grandes tragedias, que además de sus más de cien millones de muertos, de su desastre social y humano, de su destrucción, ruina y miseria, asestó un golpe terrible a las necesidades y esperanzas de cambiar la vida o de hacer más justo el mundo, de eliminar la pobreza de muchos miles de millones de seres humanos, cuyo presente y futuro hay que sufrirlo para sentirlo de verdad.

Este fracaso es la victoria de la democracia y el capitalismo. La democracia, bello ideal y por ahora única forma de convivencia posible, se parece y refleja a los seres humanos con todos nuestros egoísmos, virtudes y defectos e imperfecciones, y el capitalismo es un sistema eficaz de producir riqueza, al parecer insustituible, que allí en los países desarrollados es soportable pese a sus desigualdades, pero que, en el mundo pobre y en las amplias zonas marginales del mundo rico, hace a los ricos más ricos y a los miserables más pobres.

Es vivir de ilusiones y morir de desengaños, creer en la palabrería de gobernantes y de países ricos de un comercio libre, sin aranceles, mientras se dan subvenciones a sus agricultores y a muchos sectores productivos, que ningún gobierno o partido podrá suprimir porque provocaría un conflicto que le haría perder el poder.

La riqueza crea riqueza donde hay riqueza y miseria donde hay miseria.

La igualdad política de la democracia no funciona en la práctica, las maquinarias políticas, con su poder, y la indiferencia de las llamadas minorías o mayorías silenciosas, hacen que se alternen en el poder o la oposición los mismos de siempre, los viejos partidos siempre poderosos que impiden el surgimiento de nuevas corrientes políticas renovadoras, los intereses creados, los medios de comunicación, más comerciales que libres, el mercado que premia la cantidad y ahoga la calidad, que margina a la cultura, palanca de todos los cambios sociales. En el capitalismo la herencia y el dominio del sistema mantienen en el poder a los ricos, a la clase media y alta, con la sola excepción de que algunos que tienen suerte o talento y que son de origen humilde pueden volverse ricos o poderosos. La globalización, con su poder, es casi omnipotente y es posible que mejore la vida de una parte del mundo pobre, pero no a los inmensos millones de segregados de la fortuna de ese inmenso mundo.

El fracaso del socialismo y su duro golpe a la esperanza han despolitizado a gran parte de las nuevas generaciones, que debían ser agentes y factores de nuevos cambios sociales. Un país pobre que produce poco tiene poco que repartir. ¿Cómo resolver el problema del enorme desempleo, del gran analfabetismo, de la carencia de seguridad, de la falta de retiro, de la atención a los ancianos y los niños desvalidos o de los ancianos sin retiro? Si estampan billetes, se crea una monstruosa inflación; si se siguen las reglas de préstamos del Fondo Monetario Internacional, los préstamos provocan estallidos y rebelión. El liberalismo económico tiene muchas dificultades para funcionar en el mundo pobre y el asistencialismo y el mantengo social reformista generan monstruosas inflaciones y hacen que la gente no trabaje. La miseria se comparte, pero no se reparte. La riqueza, para compartirla, hay que producirla.

La miseria es una de las peores escuelas sociales y humanas. Los caudillos tercermundistas, su demagogia, sus intereses en el poder, no son los de su pueblo, ni sus soluciones y esperanzas; sólo una gigantesca estampida en el mundo obligaría a los países industrializados a intentar mejorar la vida a los continentes pobres. La invasión de los pobres hacia los países ricos es otro de los factores que obligará a éstos a tomar un día en consideración a esas enormes zonas del mundo y no a darles créditos a gobiernos corruptos, sino a crear allí fábricas, hospitales, escuelas y nuevas leyes internacionales que equilibren el precio de los productos que importan y exportan.

El dinero no tiene patria. Marx se equivocó con su tesis del proletariado como clase universal. ¿Qué pasará con el desplazamiento de los capitales para países como China con una mano de obra barata y explotada y una producción sin competencia?

Una de las primeras practicas del capitalismo que aumentará el creciente desempleo en los países ricos.

Algunos piensan y quizás tengan razón que los grandes cambios e invenciones científicas ayudarán notablemente a solucionar los grandes males del mundo pobre. Sin duda que la invención de la máquina y de la industrialización contribuyó a mejorar la vida. No cabe duda de que, hoy por hoy, gente que vivía antes marginada, aunque no sean la mayoría, pero son una gran minoría, puede gracias a nuevas invenciones disfrutar de medios que le hacen la vida más llevadera. Es cierto que la posibilidad de las mejorías en las producciones agrícolas o en la lucha contra enfermedades terribles pueden también contribuir a cambios imperceptibles pero grandes, sin duda que en cada época de la humanidad frente a una crisis permanente siempre han surgido nuevas formas y nuevas ideas de cambiar la vida. Ya se sabe que el comunismo como estado monopolista del poder, la riqueza y de todo es el fracaso más absoluto y el más opresor, y ésa es una vía que ha quedado felizmente muerta; y es cierto que todos los intentos de la socialdemocracia han tenido gran repercusión en muchos países del mundo, pero tienen más dificultades en los países donde los recursos son menores, es cierto que reducir el estado y aumentar la capacidad privada ayudan a aumentar la riqueza. En los países pobres habrá que encontrar un equilibrio entre producir y consumir, entre la creación de riqueza y el mantenimiento de las necesidades sociales, sin que eso determine un mantengo improductivo sino que quien reciba ayuda del Estado tenga que convertirse también en un productor de riqueza.

LA COMISIÓN DE LA VERDAD

Una comisión de la verdad, como la dirigida por Desmond Tutú en África del Sur, con el lema de «sin venganzas, pero sin olvidos», que investigara los crímenes en la isla, debería partir de los cuatro siglos de la época colonial: aniquilación de la población india, la barbarie esclavista, la represión contra los regueros, el vil cadalso, las conspiraciones como la de 1844, la reconcentración de Weyler, lo ocurrido en las guerras mambisas...

Una segunda fase debería incluir la era republicana y todos sus gobiernos: el asesinato de prisioneros de la rebelión negra de 1912, el machadato, el ataque al Nacional y los crímenes de Batista, entre 1934 y 1939, incluyendo el asesinato del líder revolucionario Antonio Guiteras y de Aponte, en el Morrillo, el 8 de mayo de 1935, la represión contra sindicatos y campesinos...

El crimen político casi desaparece en el período democrático, particularmente durante los gobiernos auténticos, pero habría que investigar los cientos de muertes de la guerra de los tiratiros.

La tercera etapa comenzaría con el golpe militar de Batista, el 10 de marzo de 1952, que derrocó la Constitución del 40 y la democracia, sus primeros muertos, la carnicería del Moncada, el desembarco del Granma, los asesinatos colectivos de campesinos en la sierra Maestra, el segundo frente, los bombardeos, los asesinatos del Goicuría, de los exilados de la Embajada de Haití por el coronel Salas Cañizares, en cuyo asalto fue balaceado, la pascua sangrienta de Cowley, los bombardeos de Sagua de Tánamo, los asesinatos de los expedicionarios del Corintia, los asesinatos de opositores en todas las ciudades de Cuba, incluidos los de los famosos partes del Ejército en los alrededores de la sierra Maestra, con centenares de muertos cada día que no eran rebeldes sino campesinos.

Cifra aparte, es fácil descubrir, si se busca la verdad, que fueron muchos miles de crímenes continuados, los ocurridos entre el 56 y el 58, y no hablo de los muertos en combate, ni del recuento de los fusilamientos reales y simbólicos en la sierra Maestra, o del asalto a policías en las ciudades para apoderarse de sus armas. De los asesinatos del 13 de marzo, cuando el ataque a Palacio y los asesinatos de los Tigres de Masferrer, las torturas policíacas, etc.

El cuarto período de la violencia y los fusilamientos por el que debería comenzarse se inicia en el 59, con el castrismo y con los juicios a los criminales de guerra, muchos con sangre derramada y otros sin ella y por él.

Tendría que incluirse la represión en el Escambray, el terror rojo contado por Guevara, los paredones a partir del 61, incluidas las oleadas represivas como la operación de las Tres P, la UMAP, el ametrallamiento de los que huían de Cuba, las condenas en los juicios, a partir de Huber Matos, el juicio de Marcos Rodríguez, el fusilamiento del comandante Sori Marín, del comandante Morgan, de Eufemio Fernández, hasta llegar al proceso Ochoa—La Guardia, y no debían ignorarse los muchos crímenes castristas en las guerras, bombardeos y asesinatos en África. Los crímenes políticos del castrismo, su terror, sus cárceles y oleadas represivas durante todos estos años superan por mucho a los de sus antecesores, que fueron una de las causas de sus orígenes. Para que el estudio de esa necesidad de la investigación no pierda autenticidad ni actualidad, debería comenzar del presente al pasado.

Documentos, testigos, familiares y víctimas existen para la investigación de esa comisión de la verdad que debería estar asesorada por expertos extranjeros de derechos humanos, juristas de fama internacional, evitando todo matiz parcial o partidista. La historia del crimen político es una práctica universal monstruosamente desarrollada durante el fascismo, el comunismo o las dictaduras de derecha de Franco, Pinochet, las del Caribe, América del Sur, Somoza, Trujillo, Rojas Pinilla, Vicente Gómez, los militares argentinos... Esta investigación en Cuba debería crear una conciencia nacional que evitara su desgraciada repetición.

Todos los grandes acontecimientos históricos ocurridos en la isla terminaron sin que se juzgase a los responsables de los crímenes y abusos cometidos: la Guerra de los Diez años terminó con el pacto del Zanjón, que impidió juzgar los crímenes del Ejército español, de los cubanos de las guerrillas que asesinaban y asolaron el país durante veinte años, así como el de los voluntarios. La Guerra de la Independencia del 95, que terminó en el 98 con la intervención americana, que impidió juzgar los crímenes y los campos de reconcentración de Weyler, con sus cientos de miles de muertos.

En las condiciones en que nació en 1902 la República, todos los crímenes de un siglo quedaron en el olvido, la guerra contra los «independientes de color» del presidente Gómez quedó impune, así como las represiones obreras o racistas de Menocal y otros gobiernos. Ningún gobierno republicano juzgó jamás los actos de violencia ni los asesinatos de sus antecesores. El machadato cometió miles de asesinatos entre el 28 y el 33, cuando fue vencido por la Revolución, que duró sólo 120 días y fue derrocada en enero del 34 por Batista en su segundo golpe, sostenido por el embajador americano y los barcos yankis que sitiaban La Habana y las fuerzas conservadoras del país, afectada por las profundas reformas revolucionarias. El asesinato, el plan de machete, el aceite de ricino, continuó siendo dado por los mismos carniceros de Machado, cuyo oficio era asesinar. El Batista del 39 y 44, cuando su candidato perdió las elecciones y entregó el poder, no iba a juzgar sus propios crímenes. Ni la euforia de la victoria auténtica del 44 permitió juzgar los crímenes anteriores, lo que provocó el surgimiento de los antiguos grupos de revolucionarios, que desde la policía, comenzaron a hacer justicia con sus manos y terminaron convertidos en gánsters y en una guerra de infinitos atentados.

Y entonces llegó Fidel, y no es que mandó a parar, en vez de hacer la justicia necesaria, inició su política de terror y muerte. Se había prometido el restablecimiento de la Constitución del 40, suprimida por Batista, que prohibía la pena de muerte, y en los primeros 45 días con Miró Cardona de primer ministro y Urrutia de presidente, no hubo la voluntad de restituirla y se sustituyó por un nuevo estatuto constitucional que después Castro manejó a su antojo. Más que un interrogante sobre lo que pasará después del derrumbe del castrismo, y de las violencias que podrían ocurrir por los muchos crímenes y terrores, es de pensarse que no haya condiciones para un verdadero proceso jurídico que juzgue sus crímenes como ha ocurrido en otros países del mundo comunista.

Pero si no pueden ser juzgados materialmente, al menos deben ser conocidos y repudiados, y se debe crear una conciencia que impida su repetición futura.

LA GEOGRAFÍA Y LA HISTORIA

Si la geografía, como afirma Braudel, condiciona la historia, tesis que en cuanto a Cuba suscriben Fernando Ortiz y Leví Marrero, que piensan que su naturaleza geográfica la convirtieron en la llave del Golfo y en el antemural de las Américas y determinaron en la época precolombina el aislamiento de los imperios inca, maya o azteca, y que vegetara como un inmenso y bucólico bosque casi despoblado y primitivo, el descubrimiento y la conquista la hicieron el punto de partida para la colonización de México, la Florida, Centroamérica y el Perú, y ya le dieron una primera dimensión más allá de su frontera. La acción de piratas y de corsarios y las disputas de las grandes potencias por su localización, reafirmaron su geografía protagonista, incluida la toma de La Habana por los ingleses, el intento de los norteamericanos de comprarla a España y de esta última de negarle al poderoso autonomismo reformista la más mínima opción de cambio.

Jamás se ha reconocido el heroísmo y la grandeza de las revoluciones cubanas independentistas en su lucha contra más de doscientos mil soldados españoles y la hazaña de la invasión ni que Sagasta, jefe del Gobierno español, le dijera a la reina, en 1898, a propósito de una tardía autonomía, que Cuba más perdida de lo que estaba ya no podía estarlo. Se habla mucho de Numancia, pero jamás se menciona que los bayameses quemaron su ciudad antes que entregarla a los españoles.

Salimos del no menos poderoso imperio español para caer bajo el dominio o la sombra del nuevo gigante universal, Estados Unidos, los cuales bautizaron la revolución, con su enmienda Platt y derrotaron la revolución del 33.

La historia de la cubanía antes como ahora se usa para sus fines políticos o publicitarios. En el pasado afirmaban: «Los hijos de la colonia no están preparados para crear una nueva república». Ahora dicen que los hijos de la dictadura no podrán crear la democracia, pero aquí estamos nosotros los anexionistas, que nacimos allí y para salvar la isla con el poderoso apoyo de algún poder extranjero.

Siento que el mundo moderno le ha dado un gran golpe a la geografía y que hoy más que las posesiones militares, importan o el dominio económico o las guerras que se hacen con armamento sofisticado que no necesita bases generalmente obsoletas y caras.

El Caribe, que durante siglos fue el centro de las disputas de las grandes potencias, se convierte ahora en una especie de limbo olvidado, abandonado a su mejor suerte, y no será fácil revivir el pensamiento antillano de Hostos, Duarte y Martí, porque el fracaso de la economía y la política de los gobiernos de las islas ha hecho que la mayoría de la gente, como gran parte de la América Latina, pese a las pasiones antiamericanas, justificadas o no, de la elite, mire al Norte como sólo punto de salvación. En el caso particular de Cuba también implica las grandes dificultades que tendrá para liberarse sola o para recrearse y reconstruirse en el futuro, pero también eliminará la posibilidad, como en otras ocasiones, de una intervención extranjera. Así que si la geografía la condenaba ayer, mañana pudiera ser su fuente salvadora.

¿EL DESTRUCTOR DESTRUIRÁ CUBA?

¿La convertirá en la segunda Haití del Caribe? ¿Su herencia se encarnará en un Balaguer que la convierta en otra desgraciada República Dominicana? ¿De sus cenizas surgirá un movimiento anexionista que intentará convertirla en un estado norteamericano, lo que parece imposible si se analiza lo ocurrido a Puerto Rico en cien años?

¿Cómo y dónde encontrar los 50.000 millones de dólares que requerirían los primeros tiempos la reconstrucción de la libertad? ¿Cómo reaccionarían 11 millones de cubanos hambrientos después de casi medio siglo de sumisión si no encuentran en la libertad un inmediato progreso económico? ¿Conseguirá Raúl Castro, el heredero dinástico designado, convertir a la empobrecida isla en una pequeña China? ¿Cómo cambiar la costumbre de la mayoría de las nuevas generaciones cubanas formadas por el castrismo en la vagancia, el robo, la mentira, la moralidad y la prostitución, la identificación de Cuba con Castro, cuya esperanza es huir de la isla imposible?

¿Qué acontecimientos extraordinarios pueden ocurrir en América Latina y cuál sería la reacción de Estados Unidos? ¿Cómo esos conflictos afectarían a Cuba? Si como afirma en privado un mayor general castrista todavía en activo «quisimos crear un paraíso y construimos un infierno», si la Cuba de antes de la Revolución no era ni infierno ni paraíso, si destruir es fácil, construir difícil, reconstruir más difícil aún, ¿renacerá Cuba de sus ruinas actuales? ¿Un fuerte pedido popular de protesta derrumbará antes o después a la tiranía y a su sucesión y pondrá en fuga a los jefes de los aparatos del poder que tienen millones de dólares en sus cuentas extranjeras? ¿Será posible acabar con una delincuencia mala y poderosa que, permitida por la Seguridad, es una amenaza para la paz y devora las últimas riquezas?

¿Cómo afrontar los agravados conflictos raciales actuales? ¿Cómo reconstruir las ciudades, la mayoría de las viviendas, el inexistente transporte que afecta a la isla, la destrucción de la agricultura que abastecía el setenta y cinco por ciento del consumo popular con sus grandes industrias, azucarera, ganadera, cafetalera, arrocera, a las industrias de conservas, las industrias y comercios hoy obsoletos, las puertas eléctricas destruidas, los continuos apagones, los acueductos y alcantarillados, la contaminación de los campos, mares y playas, y lo que es más difícil la reconstrucción moral, cultural, espiritual, social, racial y humana de la mayoría de los cubanos? ¿Se podrá superar el peligro de la venta barata de las últimas riquezas de la isla a empresas nacionales o extranjeras y reafirmar las cooperativas y las pequeñas empresas que den empleo y que haga recuperar la estimación del cubano?

La historia de este casi medio siglo no chocará con la eterna geografía isleña. Nuevas generaciones un día descubrirán los indestructibles libros hoy desconocidos y censurados, la verdadera historia de la patria con sus luchas, sus grandes momentos y grandes caídas, su cultura y arte, uno de los primeros de América, y de esos descubrimientos debería surgir un renacimiento salvador. Sabios como el desaparecido Leví Marrero, autor de *Cuba: Economía y sociedad*, la colección más esencial y exhaustiva de nuestra vida, afirmaba que Cuba resurgió siempre después de los grandes desastres, en la colonia, cuando la independencia, la república y las dictaduras.

En los últimos tiempos surgió en la isla un fenómeno alentador: el de los cuentapropistas; que el poder tuvo que permitir por la crisis económica y el descomunal desempleo. Más de doscientos mil cubanos en las condiciones más difíciles y hostiles crearon pequeñas empresas exitosas.

Si en un futuro libre el cubano siente que puede rehacer su vida y progresar, se convertirá en protagonista de una nueva sociedad.

Casi tres millones de cubanos que viven fuera de Cuba podrían hacer grandes aportes al turismo y al comercio entre Cuba y Estados Unidos, a los capitales para la reconstrucción y a las técnicas profesionales.

Si triunfa el sentimiento de cubanía que acabe con el apartheid castrista y se fortalece el actual movimiento opositor, si como afirma el obispo Estiú hay una sola Cuba, la del interior y el exterior, Cuba, la isla mayor de las Antillas, volverá a ser protagonista de su destino inspirada en los ideales de Varela, Martí, Guiteras, Echevarría y Voltaire.

Hoy estará, como lo profetizó Guillermo Cabrera Infante, en vista del amanecer en el trópico; «Y ahí estará, como dijo alguien, esa triste, infeliz hidalga isla, estará ahí después del último indio, y después del último español, y después del último africano, y después del último ruso, y después del último americano, y después del último de los cubanos, sobreviviendo a todos los naufragios y eternamente dañada por la corriente del golfo: bella y verde, imperecedera, eterna».

CUBA, HOY

Los cubanos viven una realidad insoportable y la asocian a la idea de que el castrismo es la continuidad de la nación, de su historia, de sus revoluciones. No creen que esa crisis real tenga solución, ni que pueda ser cambiada, ni que puedan oponérsele con éxito. Su única esperanza y solución: irse de la isla.

Eso es lo que piensa la inmensa mayoría. Naturalmente hay una vanguardia, una minoría, que no piensa así. Ésa es la que lucha en las calles y en las cárceles, y que pese al terror y la represión en un momento dado ha conseguido la firma de más de veinte mil cubanos casi suicidas.

Lo único que en el futuro pudiera cambiar y sustituir esa mentalidad sería el deseo material de vivir una vida que le han suprimido los placeres materiales, espirituales y culturales, y disfrutar de una nueva realidad en que se sientan libres para pensar, leer, oír, hablar, sentir, mirar, moverse y vivir.

Sólo el comienzo de una realidad así los incorporaría al esfuerzo del cambio.

No sólo están casi muertas la idea de la nación y de su historia, la individualidad y los principios éticos y morales, sustituidos por mentir, robar, no trabajar y prostituirse para sobrevivir.

El cubano tiene hambre de todo y no cree en nada.

No hay un solo placer material. No hay como saborear cada amanecer un buchito de café, en la tierra del café, ni menos un café con leche, y no se diga un buen pedazo de pan, cosa que sólo los viejos conocieron. Pasa un año sin que se pueda comer un bistec, un arroz con pollo, un picadillo, un buen pescado. No hay frutas ni viandas. Ni un par de zapatos, ni vestido ni una medicina. Ni una guagua o un vehículo para trasladarse, ni cómo poder arreglar la casa que se derrumba o bañarse la inmensa mayoría de las veces, o cómo tener un poco de luz o que funcionen los viejos aparatos, ir a un cine a ver una buena película o la televisión, o ir a una farmacia que tenga medicinas o incluso ir a bañarse en las mejores playas del país o comer en los restaurantes que tienen de todo, asistir a los cabarets y hospedarse en los hoteles para extranjeros.

Se vive en la desconfianza, hay que cuidarse de todos y de todo, no existe una sola libertad, y así un día, un año, un decenio, cuarenta y cinco años, la vida de cada día, siempre igual, sin ilusiones, ni placeres, ni esperanzas, se sea niño, joven o viejo.

El cubano se refugia en el cuerpo, en el sexo, en el baile, en el ron malo o en la búsqueda del turista salvador o de la familia exilada, en el chiste ácido y violento contra los causantes de su tragedia. La inmensa mayoría no está con el sistema, pero piensan que luchar por cambiarlo sólo conduce al presidio o la desgracia, y son como el tendero del que habla Vaclav Havel, al sistema no le importa lo que se piensa, sino que le obedezca, por eso cuando lo llaman a los desfiles, allí están, y si no van, hay medios de control para sacarlos del trabajo y de todo.

El descontento es general y la apatía también.

El viaje del Papa mostró a cientos de miles de cubanos gritando «¡Libertad, Libertad!» en la plaza de la Revolución. Primer síntoma de la recomposición de una masa que cuando se sintió fuerte dijo sus palabras de libertad, animada inicialmente por Bisset y su grupo, lo que le ha costado continuas prisiones.

FUEGO FATUO: BELLO Y FUGAZ

Todo parecía bello, real y posible.

La belleza del instante, el sueño que parecía tener casa, la utópica realidad, el egoísmo, las desigualdades sociales y el individualismo que desaparecían, la generosidad, la esperanza en el cuenco de la mano, los ojos mirando el horizonte de felicidad. La felicidad iluminando la mirada. El cielo entre las manos.

De pronto todo se esfumó.

El sueño y la mirada se volvieron trágica pesadilla. Los ojos desmesuradamente abiertos no podían ver, ni la mente creer lo que veía, el terrible presente (el eterno presente) que no se iría nunca más.

ÍNDICE ONOMÁSTICO